Eugen Fink · Hegel

Eugen Fink

Hegel

Phänomenologische Interpretationen der
„Phänomenologie des Geistes"

KlostermannRoteReihe

Bibliographische Information der Deutschen Nationalbibliothek

Die Deutsche Nationalbibliothek verzeichnet diese Publikation in der Deutschen Nationalbibliographie; detaillierte bibliographische Daten sind im Internet über *http://dnb.dnb.de* abrufbar.

3., unveränderte Auflage 2012
© Vittorio Klostermann GmbH · Frankfurt am Main · 1977
Alle Rechte vorbehalten, insbesondere die des Nachdrucks und der Übersetzung. Ohne Genehmigung des Verlages ist es nicht gestattet, dieses Werk oder Teile in einem photomechanischen oder sonstigen Reproduktionsverfahren zu verarbeiten, zu vervielfältigen und zu verbreiten.
Gedruckt auf Eos Werkdruck von Salzer,
alterungsbeständig ∞ ISO 9706 und PEFC-zertifiziert.
Druck und Bindung: docupoint GmbH, Barleben
Printed in Germany
ISSN 1865-7095
ISBN 978-3-465-04142-9

Inhalt

I. Erläuternde Vorbemerkungen zum kosmo-ontologischen Denkansatz in Hegels „Phänomenologie des Geistes" und zum Zugang über eine phänomenologische Interpretation

   1. *Die phänomenologische Methode und die „Sache selbst": Selbstsein von Mensch und Ding. Substanz – Subjekt*   1
   2. *Ansich-sein, Fürsich-sein und Welt. Hegels Begriffe. Der „absolute Geist" und seine Kritiker. Sein als Lichtung (Wissen, Wahrheit)*   12
   3. *Das Sein und das Wissen. Sein des Wissens und das Problem des „erscheinenden Wissens" in der „Phänomenologie des Geistes". Das Absolute als das Wahre*   23

II. Hegels „Phänomenologie des Geistes"
    Interpretation der „Einleitung" und der Teile „Bewußtsein", „Selbstbewußtsein" und „Vernunft"

A. Einleitung

   4. *Hegels Polemik gegen eine der Philosophie vorgeordnete Erkenntnistheorie. Bestimmung des Wesens der Wahrheit. Erörterung des Begriffs „Darstellung des erscheinenden Wissens"*   35
   5. *Untersuchung und Prüfung der „Realität des Erkennens"*   46

B. Bewußtsein

a) Die sinnliche Gewißheit; oder das Diese und das Meinen

   6. *Allgemeine Problemexposition: das „Wesen der Wahrheit". Gliederung des Kapitels. Darstellung und erste Prüfung der „sinnlichen Gewißheit"*   57
   7. *Fortsetzung der ersten Prüfung: Jetzt und Hier. Zweite Prüfung: die sinnliche Gewißheit des Ich. Beginn der dritten Prüfung*   68

8. *Fortsetzung der dritten Prüfung: das Ganze der sinnlichen Gewißheit. Zusammenfassung der Ergebnisse aller drei Prüfungen* 78

b) Die Wahrnehmung; oder das Ding und die Täuschung 89

9. *Übergang von der „sinnlichen Gewißheit" zur „Wahrnehmung" und erste Bestimmung der „Seinsvorstellung" der Wahrnehmung. Prüfung der Dialektik des wahrgenommenen Gegenstandes: Einsheit – Allgemeinheit – Vielheit* 89

10. *Dialektik des Wahrnehmens: Selbstgleichheit – Andersheit. Die „ganze Bewegung" der Wahrnehmung. Überleitung zu „Kraft und Verstand". Rückblick auf Aristoteles und Kant (Kategorien)* 100

c) Kraft und Verstand, Erscheinung und übersinnliche Welt

11. *Entwicklung des Begriffs der Kraft und Gliederung des Kapitels. Kraft und Äußerung* 111

12. *Kraft als Dynamis. „Wirkliche" Kraft. Kraft als „Gedanke". Erscheinung und Wesen* 123

13. *Wahre und erscheinende Welt. Diesseits und Jenseits. Das „leere" Jenseits. Das Gesetz* 134

14. *Erscheinung und Ding an sich. Das Gesetz der Erscheinungen. Erscheinung und übersinnliche Welt. „Verkehrte Welt". Spiel der Kraft. Das Unendliche. Das Leben* 145

C. Selbstbewußtsein

d) Die Wahrheit der Gewißheit seiner selbst

15. *Übergang vom „Bewußtsein" zum „Selbstbewußtsein". Bestimmung des Selbstbewußtseins. Die Wahrheit der Gewißheit seiner selbst* 156

α) Selbständigkeit und Unselbständigkeit des Selbstbewußtseins; Herrschaft und Knechtschaft; Freiheit des Selbstbewußtseins; Stoizismus, Skeptizismus 168

16. *Die Momente des Selbstbewußtseins: Begierde – Leben. Das Selbstbewußtsein für ein anderes Selbstbewußtsein: Anerkennung – Kampf – Herrschaft/Knechtschaft – Freiheit. Stoizismus, Skeptizismus* 168

β) Das unglückliche Bewußtsein

17. *Endlichkeit des menschlichen Seinsverständnisses und unglückliches Bewußtsein*   179

18. *Die „ontologische" Dimension des „unglücklichen Bewußtseins" (gegen existentielle und historistische Interpretation des „unglücklichen Bewußtseins" und der Endlichkeit). Übergang zur „Vernunft": die Opferung des endlichen Bewußtseins*   190

D. Vernunft

e) Gewißheit und Wahrheit der Vernunft

19. *Bestimmung der Vernunft bei Hegel vor dem Hintergrund des alltäglichen und des subjektivistischen Verständnisses. Parallelen Hegel – Kant. Gewißheit und Wahrheit der Vernunft. „Unmittelbarer Idealismus"*   202

20. *Der bloß „versichernde Idealismus". Der „leere Idealismus" (Kant- und Fichte-Kritik Hegels)*   214

α) Beobachtende Vernunft
αα) Beobachtung der Natur

21. *Anorganische Natur: Beschreiben – Meinen – Vernunftinstinkt*   225

22. *Kritik des „Beschreibens": Unterscheidung von Wesentlichem und Unwesentlichem; Bestimmtheit und Allgemeinheit – Gesetz – Umstand*   236

23. *Organische Natur: Bestimmung – Verhältnis zum „Lebenselement" – Zweckbegriff – Inneres und Äußeres – Organische Eigenschaften (Sensibilität; Irritabilität; Reproduktion)*   248

24. *Sensibilität – Irritabilität - Reproduktion. Gesetz des Verhältnisses von Innerem und Äußerem (Gestalt). Gesetze des Innern: das „Reflektiertsein des Organismus" (Grade der Irritabilität; Kräfte). Gesetze des Äußeren (Schwere)*   259

25. *Gesetze des Äußeren (Kohäsion). Organische Idee. Gattung, Art, Individualität. Übergang zur Beobachtung des Selbstbewußtseins*   271

αβ) Die Beobachtung des Selbstbewußtseins in seiner Reinheit und in seiner Beziehung auf äußre Wirklichkeit; logische und psychologische Gesetze

26. *Gesetze des Denkens (Logik). Handelnde Wirklichkeit des Bewußtseins (Psychologie)*   282

αγ) Beobachtung der Beziehung des Selbstbewußtseins auf seine unmittelbare Wirklichkeit; Physiognomik und Schädellehre

27. *Leiblichkeit. Physiognomik. Schädellehre*   293

β) Die Verwirklichung des vernünftigen Selbstbewußtseins durch sich selbst

28. *Volksgeist und Individualität. Stellung des Individuums zur sittlichen Welt und seine Geschichtlichkeit. Glück. Der dreifache „Weg in die Bestimmtheit"*   305

βα) Die Lust und die Notwendigkeit

29. *Der erste Weg: Die Loslösung des Individuums von der sittlichen Welt (Genuß; Begierde; Genuß der Lust; die „leeren Wesenheiten"; leblose (abstrakte) Notwendigkeit; Macht der Allgemeinheit)*   316

ββ) Das Gesetz des Herzens, und der Wahnsinn des Eigendünkels

Der zweite Weg: Gesetz des Herzens gegen sittliche Welt (Widerspruch des allgemeinen Gesetzes und der Einzelheit; das „Wohl der Menschheit" als Prinzip des Gesetzes des Herzens; die Verwirklichung des Gesetzes des Herzens; Entfremdung von sich selbst; „Verrücktheit" des Bewußtseins)   321

30. *Der Wahnsinn des Eigendünkels. Verkehrtheit der allgemeinen Ordnung. Der Weltlauf*   328

βγ) Die Tugend und der Weltlauf

Der dritte Weg: Vermittlung von Weltlauf und Tugend (die Aufopferung; Versuch der Aufhebung der Verkehrtheit des Weltlaufs durch Kampf gegen sie; der vorübergehende Sieg des Weltlaufs über die Tugend; die Einsicht in die Notwendigkeit des Weltlaufs; Vermittlung von Fürsichsein des Weltlaufs und Ansichsein der Tugend; die Individualität als Zweck an sich selbst)   334

γ) Die Individualität, welche an und für sich selbst reell ist

31. *Durchdringung des Allgemeinen und der Individualität. Bewegung des Tuns an dem Tun selbst als Bewegung eines Kreises*   340

γα) Das geistige Tierreich und der Betrug, oder die Sache
selbst *(Individualität als ursprüngliche Natur; Bedeutungslosigkeit der bisherigen Kategorien für die Selbstbewegung der Vernunft; das „Werk der Vernunft"; die Sache selbst)* 345

γβ) Die gesetzgebende Vernunft (die beiden Imperative) 350

γγ) Gesetzprüfende Vernunft 351

III. Nachwort des Herausgebers 353

I. Erläuternde Vorbemerkungen zum kosmo-ontologischen Denkansatz in Hegels „Phänomenologie des Geistes" und zum Zugang über eine phänomenologische Interpretation

1. *Die phänomenologische Methode und die „Sache selbst": Selbstsein von Mensch und Ding. Substanz – Subjekt*

Phänomenologische Interpretationen der Philosophie Hegels – lautet der Titel dieser Vorlesung. Titel, Aufschriften, Namen bedeuten wenig in der Philosophie, die nicht von bekannten Dingen in einer vorbekannten Weise handelt, vielmehr alles Bekannte, Vertraute und Geläufige mit ihrer unentwegten Neugier, ihrer hellen Verwunderung, ihrem schwarzen Mißtrauen verfremdet, den Menschen aus der Verankerung im Umkreis des Gewohnten und Herkömmlichen herausreißt und ihn ins Fragwürdige aussetzt. Wenn die Philosophie in der Tat ein solcher bestürzender und umstürzender Vorgang ist, so kann sie doch nicht mit einem Sprunge über alles Vorfindliche und Gegebene sich hinwegsetzen und ihr eigenes Reich „neben" oder „jenseits" der gemeinen Wirklichkeit erbauen. Die Philosophie muß aus der Weltkenntnis und aus dem Lebensverständnis des vorphilosophischen, alltäglichen und ordinären Daseins sich herausarbeiten, allererst die Dimensionen aufbrechen, in denen ihre Grundfragen nach Sein, Wahrheit und Welt ausschwingen.

Zunächst halten wir uns auf in einer Welt, in der wir uns einigermaßen auskennen, die wir nach ihren Bereichen und Strukturen übersehen, – in der wir selbst einen Ort und eine Dauer haben, eingeräumt sind in den endlos-offenen All-Raum und verzeitigt in eine begrenzte Zeitweile inmitten der grenzenlosen All-Zeit. Wir wissen zwar, daß wir nur einen eng begrenzten „Ausschnitt" des Weltalls kennen, vorläufig noch auf einem kleinen Wandelstern gefangen sind, wenngleich unsere Projektile bereits das Schwerefeld der Erde überfliegen. Die Welt im ganzen liegt über alle unsere Erfahrungsbereiche hinaus, sowohl der alltäglichen, als auch der wissenschaftlichen Erfahrung. Und dennoch scheint sie in ihrer Typik uns verläßlich bekannt zu sein, wir kennen den weitesten Bezirk des Stofflichen, des Materiellen, das uns in der anschaulichen Umwelt sich als Erde, Wasser, Luft und lichthaftes Feuer zeigt, – wir kennen den engeren Bereich des vegetativen, den noch engeren des animalischen Lebens und darin wieder das Menschenreich nicht bloß als eine Provinz der Natur, sondern auch als Ursprungsfeld der „geschichtlich-gesellschaftlichen Welt", der Städte und Staaten, der menschengemachten Artefakte und Sinngebilde. Das Menschengeschlecht errichtet auf dem Untergrund einer vorhandenen Natur das Kulturreich, überzieht den Erdball mit den Zeugnissen seiner Schaffenskraft, erwirkt in werktätiger Freiheit ein riesenhaftes Instrumentarium von Arbeitsgeräten, Waffen, Spielzeug, Kultgegenständen, Wohnstätten und bildet im Mythos, in der Religion, in der Kunst – und anders in der Philosophie und in den Wissenschaften Grundformen der Weltauslegung aus, in welchen der kollektive Genius der Völker ebenso wie die schöpferische Kraft rarer und seltener Individuen sich ausspricht. Die Arbeit des Geistes schlägt sich gleichsam in Arbeitsgebilden, in Geistwerken nieder, die damit den Charakter des Vorhandenseins und einer allgemeinen Zugänglichkeit zu haben scheinen. Wenn z. B. eine Philosophie auch nicht zusammenfällt mit dem Buch, worin sie gedruckt steht, so ist ihr eine Verkörperung im Medium der Sprache und der Schrift nötig. Es entsteht der Anschein, sie sei als Kulturgebilde nicht viel anders vorgegeben als ein Kunstwerk oder ein Theorem der Wissenschaften. Es bedarf zum Nachverständnis gewisser Bedingungen, um Gebilde eines höheren Kulturniveaus zu apperzipieren. Das alltägliche und gewöhnliche Verständnis reicht nicht aus – und doch wird prinzipiell die literarisch dokumentierte Philosophie angesehen – wie etwas Vorhandenes, wie ein Stück aus der kulturellen Gesamtleistung und Selbstobjektivation einer bestimmten geschichtlich-gesellschaftlichen Welt. Unser vor-philosophisches Seinsverständnis operiert unbedenklich und unbedacht mit der Vorstellung vom Vorhandensein, subsumiert darunter wahllos alles, was irgendwie „ist", Welle und Stein, Baum und Strauch, Maikäfer und Mensch – und auch die menschlichen Werke, alles Natürliche und Künstliche.

Die Frage bleibt lange aus, ob das denkende Seinsverstehen, in welchem Welt und Dinge ausgelegt werden, selber unter die von ihm produzierten und gebrauchten Kategorien fallen kann. Mit dieser Frage wäre bereits philosophierend nach der Philosophie ausgespäht, wenn anders sie die Erschütterung und Umwälzung des menschlichen Seinsverständnisses ist. Auch Philosopheme sind uns ihrem allgemeinsten Typus nach bekannt, gelten als Tatsachen der Geistesgeschichte, sind verkörpert und realisiert in Druckwerken, sie liegen offensichtlich vor als ein Verband von Sätzen, – von Sätzen über Welt und Dinge, von Sätzen über Sachen und Sachverhalte. Was sind aber die Sachen der Philosophie? Kann man sie unmittelbar angeben und bezeichnen, stehen sie im Katalog der alltäglich verfügbaren Begriffe?

Und wenn Hegels Philosophie unser Vorlesungsthema sein soll, können wir dann, da er ja deutsch schreibt, geradewegs sagen, wovon dort gehandelt wird? Als Sprachwerk ist sie je vorgegeben und allgemein zugänglich, – allerdings ist sie das Werk einer Sprache, bei der uns Hören und Sehen vergeht, wenn wir uns nur ein wenig auf sie einlassen. Hegels Philosophie kann nicht aus ihrem Text so einfach aufgenommen werden wie sonst irgendwelche Vorgänge und Begebenheiten aus einem Bericht, – sie ist ein Denk-Vorgang, der gerade unsere festvermauerte Weltbekanntheit aufbricht und zerstört, – unsere eingefahrenen Sprachgewohnheiten auflöst. Bedarf sie deswegen der „Interpretation"? Alle Objektivationen des menschlichen Geistes, insbesondere die Sprachdenkmale vergangener Epochen, die literarischen Dokumente von Kulturen, in denen wir nicht mehr selbstverständlich leben, müssen interpretativ erschlossen werden. Wir können fremde Sinnwelten nicht unmittelbar verstehen, wir sind beständig in der Gefahr, unsere Vorstellungen und Wertschätzungen unkritisch zu übertragen und damit die im Kulturdokument für uns vorhandene, aber noch nicht aufgeschlossene fremde Sinnsphäre zu verfehlen oder gar zu verfälschen. Interpretation ist aber auch kein „Sichversetzen" in eine geistige Fremdzone, kein Hinüberwechseln in eine andere Optik des Erlebens und Denkens, ist nicht die „Selbstentfremdung" des Verstehenden. Vielmehr gehört zur Interpretation wesentlich die ausdrückliche Vergegenwärtigung der eigenen Situation, aus der heraus das Fremde und Andersartige in den Blick gefaßt wird. Das Moment der Perspektive und „Parteilichkeit" läßt sich nicht zugunsten einer unparteiischen Objektivität eliminieren aus dem geisteswissenschaftlichen Verstehen.

Es ist allerdings die Frage, ob eine Interpretation von textmäßig vorliegenden Philosophemen nur ein besonderer Anwendungsfall des geisteswissenschaftlichen Verstehens ist, – oder ob die Philosophie zu allen Versuchen des Nachverstehens noch abweisender sich verhält als sonst jedes noch so fremde Kulturdokument. Vielleicht stehen wir Alltagsleute der modernen Zivilisation den fast steinzeitlich lebenden Papuas Neuseelands näher als den Philosophen, die das Abendland geschaffen, sein Welt- und Seinsverständnis geprägt haben und noch prägen.

Wenn ein Interpretationsversuch „phänomenologisch" sein soll, wird damit eine bekannte und anerkannte „Methode" der neueren Philosophiegeschichte als das Verfahren bezeichnet, um Hegels Philosophie für uns aufzuschließen. Doch was ist denn die „phänomenologische Methode"? Etwa die Methode einer Bewußtseinsanalyse, die in höchstdifferenzierter Akribie die Prozesse beschreibt, in denen sich das Seiende in vielfachen Weisen der gegenständlichen und auch un-gegenständlichen Präsentation zeigt, darstellt, bekundet, als „Phänomen" gibt, etwa die Methode der Intentionalanalyse Husserls? Oder soll hier der Titel „phänomenologisch", den wir für unsere Auslegungsweise der Hegelschen „Phänomenologie des Geistes" reklamieren, von der Denkbewegung Hegels her bestimmt werden, also nicht auf vorgegebene Phänomene sich beziehen, vielmehr allererst etwas zum Aufscheinen bringen, was sonst sich im Dunkel des Ungedachten verbirgt? All das sind offene Fragen. Der Titel der Vorlesung hat den Anschein einer festen und eindeutigen Bezeichnung verloren. Es mag uns fraglich geworden sein, was „Phänomenologie", was „Interpretation", was Philosophie als Kulturdokument und was Hegels Philosophie sei. Die folgenden Untersuchungen sind von der Absicht geleitet, nicht nur einen Text zu verstehen, vielmehr zur „Sache selbst" vorzustoßen, die im Denkblick Hegels stehen mochte. Die Sache selbst, und sie allein geht uns an, – jeden von uns, sofern er sein Dasein zu verständigen strebt. Das Philosophieren mag in der großen Form den Heroen des Geistes gehören. Wenn wir uns aber mit ihm einlassen, können wir nicht als brave Bürger in der Geborgenheit einer fraglosen Weltdeutung verharren und dem Streit der Denker zusehen. Hier gibt es keine Kriegsberichterstatter aus sicherer Distanz, hier wird überall scharf geschossen.

Der Sache selbst wollen wir nachfragen und nachjagen. Aber wissen wir denn, was das ist: die Sache selbst? Wo und wann gibt es „Sachen" und „Sachverhalte"? Sachen, sagt man, sind alle Dinge und Sachverhalte, deren Beziehungen und Verhältnisse. Alle Dinge sind im Raum und in der Zeit, im einen Raum und in der einen Zeit der Welt. Sie stehen nicht in Beziehungen zueinander nur, sie sind insgesamt innerweltlich und haben einen seltsamen und schwer ansprechbaren Bezug zum Ganzen, zum Universum. Es sind alte Fragen der Philosophie, die das Dingsein selbst und ihre Weltinnigkeit betreffen. Wenn Philosophie wesenhaft Welt-Weisheit ist, so muß sie doch immer auch die Eigenständigkeit des innerweltlich Seienden, seine „Selbstheit" bedenken, muß dem Rätsel nachsinnen, wie die Welt alles Seiende umfängt, in allen Dingen anwest und doch davon verschieden ist. Die Parusie der Welt, das Walten des Unendlichen in allem Endlichen bedeutet nicht eine Beseitigung der Dinge, nicht ihre Entwirklichung. Es gilt, Weltinnigkeit und den Selbstand des binnenweltlich Seienden zugleich zu begreifen, ja wesentlicher noch: die Eigenständigkeit des vereinzelten, verendlichten Seienden gerade aus der Weltinnigkeit her zu denken. Das wird aber nicht geleistet, wo der Gedanke sich die spekulative Kraft zutraut, die Individuation, die Macht der Vereinzelung aufheben, die Zerrissenheit und Zerstreutheit des Vielen durchschauen zu können als einen leeren Trug und zugleich einen unmittelbaren Blick werfen zu können ins Herz aller Dinge, in die heilige Nacht des *hen kai pan*, des Eins und Alles. Das Viele ist nicht nichtig, das Abgegrenzte und Besondere ist kein unwirkliches Schemen, das Selbständige ist kein in vergeblichem Eigensinn auf sich Versteiftes, die Individuation nicht bloß der „Wahnsinn des Eigendünkels". Es ist eine phantastische Verstiegenheit, wenn das Denken die Vereinzelung in ihrer unauflöslichen Härte überspringen, wenn es die Schärfe der Ausgesetztheit aller endlichen Dinge übersehen, wenn es den reißenden Schmerz der Zerrissenheit, der in allem abgesonderten und besonderen Seienden umgeht, ableugnen und die Dinge „unmittelbar", gleichsam als geborgene Kinder der Großen Mutter „Natur" ans Herz legen will. Alles Aufgegangene und Erschienene, alle Phänomene sind als vereinzelte zu einem Selbst-Stand gelangt. Und wenngleich die Selbständigkeit der Dinge je schon überholt ist von der Macht und der Gegenwart des Alls, – wenn sie nur selbständig in sich bestehen, sofern sie den tragenden Grund der Erde be-stehen und aufragen in das Licht des Himmels, so ist doch ihre Selbständigkeit kein wesenloser Schein, kein Trug und kein „Schleier der Maja". Ein Begriff vom „Absoluten", der nur die schlechthinnige Verneinung der besonderen Existenz des Relativen ist, der die Negativität des Endlichen negiert, das Vereinzelte zu einem bloßen Moment oder Attribut herabsetzt, den scharfen Kampf der Gegensätze mildert, etwa in der Konzeption einer ursprünglichen Indifferenz aller Differenzen (des Ideellen und Reellen), der Natur und des

Geistes, der Materie und der Form, – ein solcher Begriff des Absoluten bleibt, ohne es zu wissen oder ohne es sich einzugestehen, gerade noch dem verfallen, was er zu überwinden sucht. Er denkt das Unendliche immer noch insgeheim am Modell des selbständigen Einzeldinges. Das „Absolute" bleibt eine bloße Negation des Endlichen und damit darauf rückbezogen, sei es als die „absolute Substanz" oder als das „Leben" oder als das „reine Werden". Die Nichtigkeitserklärung des Dinges wird bewerkstelligt mit den Mitteln einer ontologischen Spekulation, die operativ am Ding orientiert bleibt. Das philosophische Problem ist weder mit einer fixen Verabsolutierung, noch mit einer tiefsinnigen Negation der Endlichkeit des binnenweltlich Seienden gestellt, geschweige denn gelöst. Alle Dinge sind eigenständig und selbsthaft und gehören gleichwohl der Welt.

Was besagt aber Selbst-Stand und Eigenständigkeit des Seienden? Das ist eine Einleitungsfrage, die wir aufnehmen, um zu Hegels Problemen vorzudringen. Das Selbstsein des Selbständigen (als Grundstruktur der binnenweltlichen Dinge) wird bereits im alltäglichen Sprachgebrauch, wie auch in tieferer Weise in der Geschichte des abendländischen Ringens um den Seinsbegriff in einer Weite verstanden, welche durch zwei gegensätzliche Extreme umgrenzt wird. Selbstheit meint das eine Mal „Ansichsein", das andere Mal „Fürsichsein". Das eine Mal ist das Selbst von der Sache her gedacht, von der Sache selbst (vom *on kat' hauto*), das andere Mal vom Ich her, vom Ich als Selbst. Das bedarf einiger Überlegungen, um das Befremdliche herauszustellen. Selbstsein ist offensichtlich, obgleich wir ständig damit operieren, oder besser: weil wir immerzu damit umgehen, ein undurchdrungener Gedanke. Mit dem Begriff des Selbst durchdringen wir Seinsstrukturen, kennzeichnen wir Seinsweisen, bestimmen je und je die Verfassung des Seienden, – wir operieren mit dem Gedanken, gebrauchen ihn in einer Spannweite, welche zwischen den beiden Extremen eine Unzahl von Zwischenformen einschließt. Doch wir denken zumeist nicht eigens und ausdrücklich den Gedanken des Selbst aus. Im Felde der Philosophie finden wir immer wieder die Verlegenheit, daß das Durchdringende nicht durchdrungen, – das Lichtende nicht gelichtet, das Begreifende selbst nicht begriffen wird. Und das ist kein Mißstand, dem durch eine höhere Sorgfalt abzuhelfen wäre, durch eine größere Strenge des Denkens oder gar durch einen axiomatischen Aufbau. Es gibt in der Philosophie keine letzten „Urphänomene", auf die alles zurückleitbar ist. Das radikale Denken kommt bei keinen „radices", bei keinen letzten Wurzeln an, – es dreht sich im Kreise, um das, was noch eben Mittel des Denkens war, selber zu thematisieren, – und dabei bleibt wiederum anderes im Schatten des Ungedachten. Der Spott des gedankenlosen „gesunden Menschenverstandes" findet hier eine treffliche Ansatzstelle, um den Krebsgang und die Vergeblichkeit der Philosophie anzuprangern. Von der Selbstheit aus verstehen wir z. B. Weisen des Seins wie das Ansichsein und das Fürsichsein. Die Seinsauslegung hält sich dabei im unbefragten Spielraum der Doppeldeutigkeit von Selbstsein. Um diese ihrerseits zu bedenken, machen wir wieder Gebrauch von einem Verstehen von Sein – und so dreht sich die Besinnung im Kreise. Was ist „Ansichsein"? Vorläufig formuliert: das Insichstehen, Insichberuhen der Dinge, ihr einfaches Dastehen und Herumliegen, Vorhandensein. Die Dinge sind, indem sie ihr Sein an sich halten. Sie verschwimmen und verströmen nicht, sie bleiben in sich, bestehen auf sich, sind mit sich eins und einig. Wenn wir ein Beispiel nennen sollten des „Ansichseins", so würden wir wohl zunächst Dinge angeben, die „von Natur aus sind". Es gibt sie eben, sie sind einfach da, kommen vor: der Stein in der Berghalde, der Baum im Wald, die Krähe im Geäst. Dergleichen ist zwar verschieden in seiner jeweiligen Seinsart, jedoch gleich in der Weise des einfachen Vorkommens. Solches Seiendes „ist", ist unmittelbar, ruht in sich. Doch das Ständigsein solcher Dinge schließt nicht Bewegung und Bewegtheit aus. Vielmehr ist fast alles, was so in beharrlicher Beständigkeit vorkommt, auch in Bewegung: der Stein verwittert, der Baum wächst, die Krähe fliegt auf zur Nahrungssuche oder zur Paarung. In all diesen Bewegungen, seien sie physikalisch, vegetativ oder animalisch, stehen die bewegten Seienden in sich, sind mit sich selbst „identisch", halten ihr Sein an sich.

Für die erste Überlegung scheint das Ansichsein die Seinsweise der Naturdinge zu sein. Doch auch Werkgebilde artefizieller Art sind „an sich", stehen fertig da, sobald sie aus der hervorbringenden Tätigkeit entlassen sind, beruhen in sich, sei es ein Haus, eine Maschine oder ein Kunstwerk. Auch diese Dinge haben die Struktur einer relativ andauernden Identität mit sich selbst, haben den Charakter des Vorhandenseins, des einfachen und unmittelbaren Bestehens. Wie ist es aber mit dem Menschen? Ist er nicht auch ein Seiendes, das zunächst einmal vorkommt im Bestande der Dinge? Sicher ist er verschieden von Stein, Baum, Tier, doch kann er nicht selber sich sein Dasein geben, er geht hervor aus Prozessen, aus Naturprozessen der Generation. Auch der Mensch ist ein Kind der Natur, wenngleich ein verirrtes Kind, das weiter als jedes Lebendige sonst aus der Hut der Großen Mutter sich verloren hat. Doch auf dem Untergrund der naturhaften Vorhandenheit, die der Mensch mit allen anderen Dingen teilt, erhebt sich seine Freiheit. Er ist ein Wesen, das in freier Selbstbestimmung, in eigener Tat sich erst zu dem macht, was es wirkend-wirklich ist. Der Mensch lebt in Selbstgestaltung, Selbstverwirklichung — er ist nicht bloß „an sich", er hat sein eigenes Sein als eine Aufgabe, die er in den Entscheidungen seiner Freiheit so oder so bewältigt. Er existiert als sein Projekt, ist nicht bloß an sich „Mensch", er ist es vor allem „für sich", indem er sich zu dem macht, was er durch sich sein kann. Damit ist er selbsthaft und selbständig in einer neuen Weise, er verwirklicht sein Selbst in der Selbstbehauptung, vollbringt ein vitales Programm, realisiert Möglichkeiten, die seinem Wählen und Handeln sich auftun. Damit hat er nicht mehr nur die passive Selbstheit einer bloßen Sache, die es einfach gibt, die eben vorkommt, — er gewinnt eine aktive Selbstheit, die Selbstheit der Person, des Ich, der geistigen Freiheit, der in Entschluß und Tat sich realisierenden Existenz.

Weiterhin kann man sagen: das Sein des Menschen ist niemals nur ein unmittelbares Bestehen, nie ein einfaches Vorkommen, eher ein Sichzusichverhalten. Der Mensch existiert als „Verhältnis", als Verhältnis zu sich selbst und zum Mitmenschen und zur dinghaften Umwelt. Selbstverständnis ist mit Fremdverständnis verkoppelt, die Person ist als ein Umgang mit sich, mit Mitpersonen und mit dinghaften Sachen. Der Mensch lebt nicht nur in der Zeit, er verhält sich zur Zeit, er plant, trifft Vorsorge, arbeitet, bekümmert sich um den Tod. Er lebt nicht nur gesellig, er verhält sich zu seinem Geselligsein und gründet Familien, Städte, Staaten. Er ist nicht bloß geschlechtlich wie ein Tier, er verhält sich zu seinem Geschlechtsein in der Scham und in der Innigkeit des Eros. Er kommt nicht nur selbsthaft vor, er verhält sich ausdrücklich zu seinem Selbst in seiner Ehre und Würde, er hat Ideale und Idole, ist Krieger, Künstler, Weiser in seinen höchsten Möglichkeiten. Er kommt nicht nur als ein besonderes Seiendes inmitten anderer, binnenweltlicher Dinge vor, er verhält sich zum Seienden als solchem und im ganzen, existiert im Seinsverständnis. Wenn man das anführt, ist das menschliche Fürsichsein immer noch zu kurz genommen. Die Dimension der Freiheit wird zu eng gefaßt, wenn sie nicht ausdrücklich ausgelegt wird auf den Gegenbezug hin, auf den Gegenbezug zum Naturgrunde im Menschen. Jede Nacht sinken wir im Schlafe hinab in die einfache Ruhe des vegetativen Lebens, wenn die Lampe der Wachheit und damit der Entwurfsbereich der Freiheit erlischt. Aber auch der helle Tag des Bewußtseins liegt auf einem dunklen Grund, dessen unser Geist nicht mächtig ist. Die Selbständigkeit der menschlichen Freiheit muß sich behaupten und verteidigen gegen die fremde Gewalt der Triebe, gegen den „schuldigen Fluß-Gott des Bluts",[1] wie Rilke sagt. Die Frage taucht auf, ob eine Auslegung der menschlichen Existenz zulänglich und gültig ist, wenn sie Strukturen der Sorge, der Selbstbekümmerung, des Entwurfs und der Wahl der Möglichkeiten, des Todeswissens und des Gewissens, der Freiheit ins Zentrum der Betrachtung stellt. Gehört der dunkle Seinsgrund im Menschen, den Schellings „Philosophische Untersuchungen über das Wesen der menschlichen Freiheit ..." ursprünglich in Gott selbst und dann in abgeleiteter Weise im Menschen aufdeckte, nur einer empirischen Psychologie und Anthropologie an? Hegel hatte bereits ein tiefes Problem aufgespürt in der Dualität der menschlichen Geschlechter und wohl zum ersten Mal den „Mann" und das „Weib" spekulativ begriffen. Der Mann ist ihm vor allem der Täter, der Selbstverwirklicher, die Freiheitshandlung, der Krieger, der Staatsgründer, der geschichtliche Mensch. Das Weib aber ist für Hegel, wie seine Interpretation der Sophokleischen „Antigone" darlegt, die erdhaft mütterliche, den Unterirdischen verwandte Macht, die Quelle, Hegerin und Hüterin des Lebens, gleichsam das chthonische Element, das Ansichsein im menschlichen Dasein. Vielleicht könnte man sogar sagen, der Mensch ist nicht bloß mit seinem dunklen vegetativen Naturgrund, nicht bloß mit seinem Triebleben, mit Schlaf, mit dem Weibsein, dem Ansichsein verhaftet, – er ist es überhaupt und im ganzen. Sein „Fürsichsein" (seine Subjektivität und seine Vereinzelung) ist gerade die Weise, wie der Mensch „an sich" ist. In der Tat setzt Hegel so an. Das besagt: nicht nur die Rede von Selbstheit ist doppeldeutig (als Sache selbst und als Ich-selbst) und damit auch die Rede von Ansichsein und Fürsichsein, vielmehr werden die beiden Begriffe gebraucht und verbraucht, um innerweltlich eine Fundamentalunterscheidung auszusprechen zwischen der Region der unfreien Dinge auf der einen und der menschli-

---

[1] 3. Duineser Elegie, in: R. M. Rilke, Sämtliche Werke, ed. E. Zinn, Frankfurt 1955, I, 693.

chen Freiheit auf der anderen Seite. Die unfreien Dinge sind Naturdinge und Kunstdinge, das Mineral-, Pflanzen- und Tierreich und die menschlichen, gegenständlich vorhandenen Werke. Das Ansichsein, so verstanden, wäre die gemeinsame Seinsweise, die das Vorliegen des materiellen Stoffes, das Lebendigsein von Pflanze und Tier und das Zuhandensein der menschlichen Werkgebilde umspannt. Im Kontrast dazu stünde dann nur das prinzipiell unfertige, sich selbst bestimmende Sein der Menschenfreiheit. Die beiden Seinsweisen sind verteilt auf die zwei Provinzen der Welt, auf das Reich der Sachen und das Reich der Freiheit.

Ist damit schon der Horizont der Philosophie erreicht, wenn man die Welt, das Universum einzuteilen vermag und das Seinsverständnis zementiert? Die Frage nach der „Sache selbst" der Hegelschen Philosophie haben wir zu eröffnen versucht mit einer Erörterung des Selbstseins. Das Selbstsein, in sich aufgerissen als das Selbst der Sache und als das Selbst des Ich, wird zum philosophischen Problem, wenn Ansichsein und Fürsichsein nicht als zwei getrennte, in einem Ausschliessungsverhältnis stehende Seinsweisen genommen werden, vielmehr als Seinsweisen, die prinzipiell alles Seiende in der Welt durchwirken und durchmachten. Jedes Seiende überhaupt ist selbsthaft und selbständig, ist mit sich identisch, ist Substanz. Die Substanzialität kommt nicht nur dem Kieselstein, der Eiche, dem Vogel und dem Haus, Tisch und Bett zu, sondern grundsätzlich auch dem Menschen. Alles Binnenweltliche und Weltinnige hat die strukturale Verfassung der Selbstheit – im Sinne der „res", ist je ein Selbst im Sinne der Redeweise von der „Sache selbst". Alle Dinge im weitesten Sinne, der auch den Menschen einbegreift, sind „an sich", sind in sich selbst verhalten, halten an sich, stehen, – sie sind jeweils eines unter vielen, sind abgegrenzt gegen andere, haben mit ihnen Grenzen und Berührungen gemein, sind von ihnen getrennt und doch mit ihnen zusammengeschlossen. Alle Dinge – auch der Mensch – sind Träger von vielen Eigenschaften, sind ein unbezüglicher Kern von vielen Bezügen, sind je eine Mitte von Darstellungen und Äußerungen, sind je ein „Wesen", das von unwesentlichem Beiwerk umspielt ist, sind je ein Bleibendes im Wandel, ein Beharrendes im Wechsel, ein Einfaches in einer Mannigfalt von Zuständen, Phasen, Lagen, Orten.

Wenn wir uns jetzt so in der Bahn der überkommenen Auslegung der Substanz bewegen, in einer Auslegung also, an der viele Jahrhunderte des seinsbegrifflichen Denkens gearbeitet haben, fällt uns vielleicht auf, daß bereits das einfache und unmittelbare Ansichsein einer „Sache selbst" in sich schon einen merkwürdigen Unterschied mit sich führt. Wir sagen: die Sache selbst – nicht eine Eigenschaft, nicht irgendein momentaner Zustand, nicht irgendeine Lage oder Darstellung oder ein Aussehen. Das Selbst der Sache ist schon mit dem Unterschied behaftet. Das Selbst können wir nur denken, indem wir es gegen anderes abscheiden. Die Sache, die res im weitesten ontologischen Sinne kann nur „selbsthaft" sein, sofern in ihr der Unterschied bereits sein Werk getan hat, – sofern er das Einfache ihrer verschlossenen Seinsruhe verstört und sie hinausgetrieben hat in die Entgegensetzung des Einen gegen das Viele und Viele-Andere, – des Identischen gegen die Vielfalt der Bestimmungen, des Bleibenden gegen den Wechsel usf. In der Ruhe des einfachen und unmittelbaren Vorhandenseins aller Dinge haust der Unterschied. Das Selbstsein aller Sachen in der ganzen weiten Welt ist Vollzug reiner Selbstunterscheidung, – in spekulativer Kürze formuliert: das Wesen der Selbstheit ist der Unterschied.

Wie steht es aber dann, wenn versucht wird, den Gedanken des Selbstseins, so wie er am Ich, am Ego, an der Subjektivität orientiert ist, hinauszuheben und hinauszutreiben über eine binnenweltliche Region, eben über das menschliche Bewußtsein und seine Freiheit – und alle Dinge überhaupt, alle Dinge als „Subjekte" zu verstehen? Wäre dies nicht eine Ausschweifung des Denkens, eine phantastische Allbeseelung, ein atavistischer Rückfall in den primitiven Animismus? Aber handelt es sich bei einem solchen Versuch tatsächlich um eine unstatthafte Übertragung menschlicher Seinsweise auf das nichtmenschlich-Seiende? Durch eine bloße Übertragung der menschlichen Kategorie der Ichheit auf ichlose Dinge kann niemals das Problem exponiert werden, ob und wie alles Seiende in der Welt durch das Fürsichsein bestimmt ist. Im Gang der abendländischen Metaphysik hat sich die Selbständigkeit des Seienden so entfaltet, daß aus dem Selbst der Sache das Selbst des Ich hervorgegangen ist. Die Substanz, die Hypostasis oder das Hypokeimenon, ist das „Zugrundeliegende" – für alle Bestimmungen und Zustände, ist der Träger der Eigenschaften, das Bleibende im Wandel und das „Wesen" gegenüber allem unwesentlichen Schein und Aussehen. Daß dieses Grundwort: das „Zugrundeliegende", das vor allem die Substanz bedeutet, sich in der neuzeitlichen Metaphysik auf das ichhafte Selbst, das Ego, das menschliche Subjekt bedeutungsmäßig umstellt, ist keine bloße Einschränkung des Sprachgebrauchs, keine Begriffsverengung oder terminologische Änderung, – es ist der Widerschein einer radikalen metaphysischen Wandlung, eine Transsubstantiation der Substanz. In der Endzeit der Metaphysik wird gerade von Hegel die Substanzialität der Substanz, die innere Wahrheit der Substanz als das Subjekt begriffen, wie es der berühmte Satz aus der „Vorrede" zur „Phänomenologie des Geistes" formuliert: „Es kommt nach meiner Einsicht, welche sich nur durch die Darstellung des Systems selbst rechtfertigen muß, alles darauf an, das Wahre nicht als *Substanz,* sondern eben so sehr als *Subjekt* aufzufassen und auszudrücken". (19)[1] Auf diesen Satz und seine spekulative Tiefe werden wir noch öfters zurückkommen müssen.

2. Ansich-Sein, Fürsich-Sein und Welt.
Hegels Begriffe. Der „absolute Geist" und seine Kritiker.
Sein als Lichtung (Wissen, Wahrheit)

Weil Hegels Begriffe des Ansich-, des Fürsich-, des Außersich- und des Beisich-seins wesenhafte Begriffe eines wesentlichen Denkens sind, können sie weder terminologisch fixiert, noch erschöpfend erläutert werden. Wir kommen mit ihnen nicht leicht zu Rande, sie sind nicht überblickbar in ihrem Ausmaß und Umfang, in ihrer Tragweite und logischen Struktur. Sie erschöpfen uns, nicht wir sie. Und doch sind es einfache Begriffe. Das sagt nicht: primitive, unentwickelte, beziehungsarme Begriffe, im Gegenteil, sie bergen eine unübersehbare Fülle, einen inneren Reichtum, ein vielfältiges Strahlungsfeld und vor allem eine weitgreifende Bewegtheit in sich. Sie sind einfach, nicht weil sie Einzelnes meinen aus einem Bereich von Vielem, vielmehr weil sie die Dimension denken, in der je ein Einzelnes in einer Vielheit erst unterscheidbar wird. In monumentaler Weise denkt Hegel in diesen merkwürdigen Begriffen das Seinsproblem, er spricht damit den *logos* des *on* an, formuliert dergestalt seine ontologischen Grundbegriffe. Sind dies aber nicht abstrakte, formelle, überreflektierte Begriffe, die die Leere des allgemeinen, vor jeder Bestimmung liegenden Seins charakterisieren sollen? Hat das darin gedachte Sein noch Umriß, Gestalt,

[1] Alle sonst nicht weiter charakterisierten Nachweise nach G. W. F. Hegel, Phänomenologie des Geistes, nach dem Text der Originalausgabe herausgegeben von Johannes Hoffmeister, Hamburg ⁶1952 (PhB 114).

Faßbarkeit oder entschwebt es uns im Dunst des Unbestimmten, Vagen, das Alles und Nichts sein kann? Daß der Begriff des Seins, den Hegel mit Ansichsein und Fürsichsein anzielt und ebensosehr vom Selbstsein als Substanz, wie vom Selbstsein des Ich her als weltdurchgreifende Seinsweisen denkt, „leer" und „formell" erscheint, liegt an uns, – nicht an Hegel, überhaupt nicht an der Philosophie. Wir werden zunächst nicht davon angesprochen, berührt, ergriffen. Weil der zunächst unfaßliche Seinsbegriff uns kalt läßt, nennen wir ihn eine „eisige Abstraktion". Weil wir in der öden Leere unseres Alltagstrotts von ihm leer gelassen sind, schreiben wir ihm die Leerheit zu. Weil wir dazu nichts zu sagen vermögen, halten wir ihn für nichts-sagend – und machen doch, ohne zu merken, wie wir uns widersprechen, vom Ist-Sagen einen fortwährenden Gebrauch.

Der Gedankengang der letzten Stunde führte uns von einem noch einigermaßen verstehbaren Gebrauch von „Ansichsein", das die Seinsverfassung der Naturdinge und der menschlichen Werkgebilde bezeichnet – im Gegensatz zur Seinsweise des Menschen, dessen Verfassung als Bewußtsein, Geist und Freiheit mit dem Terminus „Fürsichsein" belegt werden kann, zu einer völlig anderen Charakteristik der beiden Hegelschen Grundbegriffe. Ansichsein, Fürsichsein (auch Außersichsein und Beisichsein) sind für Hegel keine regionalen Begriffe, die Provinzen innerhalb der Welt bezeichnen. Es sind universale Begriffe, die das Sein alles Seienden bestimmen, die angeben, wie in allen innerweltlichen Dingen das Sein „geschieht". Universal-ontologisch sind diese Begriffe. Das besagt nicht eine äußerste und leerste Allgemeinheit, die in ihrer Weite unbestimmt bleibt, – nur durch Hinausliegen über alle Arten und Gattungen hinaus umschrieben werden könnte. Vielmehr ist der Raum dieses merkwürdigen „Allgemeinen" gerade zu denken als das All, als das Universum, als die Welt.

Die unerhörte Schwierigkeit im Nachvollzug dieser kosmologischen Fundamentalbegriffe besteht darin, daß Hegel sie zwar beispielhaft immer verdeutlichen will durch einen Hinblick auf binnenweltliche Dinge, doch zugleich von dem innerweltlichen Beispiel abspringt zum weltweiten, universalen Sinn. Dieser Abstoß vom Modell, das Anheften und wieder Fallenlassen des welt-denkenden Gedankens macht das Verzehrende des spekulativen Denkens aus. Wir haben eine erste Annäherung versucht an diese seltsamen Begriffe, indem wir z. B. das Ansichsein anvisierten am Modell des in sich stehenden Dinges, das recht und schlecht einfach „ist", das in seinem Sein ruht, es an sich hält. Es sah dann so aus, als wäre das Ansichsein nichts anderes als die Substanzialität. Und anders dort, wo wir das Fürsichsein am Leitfaden des um sich selbst wissenden Ichs, des Subjektes im neuzeitlichen Sinne explizierten. Dort schien es, daß Fürsichsein gleich Subjektivität des Subjektes zu setzen sei. Strenger gedacht: es gibt Ansichsein nicht deshalb, weil es so etwas wie Substanzen gibt, sondern umgekehrt Substanzen sind nur möglich, weil es die welthafte Seinsweise des Ansichseins gibt. Und ebenso gibt es das Fürsichsein nicht, weil Subjekte vorkommen, vielmehr kann das binnenweltliche Seiende nur subjekthaft sein, weil es das weltdurchmachtende Fürsichsein gibt. Die Substanzialität und Subjektivität aller Welt-Innendinge gründen im Ansich- und Fürsichsein als Grundweisen, wie das Universum ist und sich ereignet. Und das bedeutet wieder, es gibt nicht Ansichsein und Fürsichsein analog wie es Hunde und Katzen, auch nicht wie es Tatsachen und Zahlen gibt. Ansichsein und Fürsichsein sind viel eher die Weisen des Gebens, die Weisen, wie Welt das Seiende sein läßt, aussetzt in ihren zeithaft schwindenden, gebrechlichen Selbst-Stand. Im Selbst-Stand der selbständigen und vereinzelten und doch durch tausendfache Verbindungen miteinander verketteten Dinge, – verkettet derart, daß kein Haar vom Haupte und kein Sperling vom Dache fällt, ohne daß ein Beben durch das Ganze läuft, – im Selbstand der Dinge geistert der Widerschein der waltenden Welt. Im Ansichsein wird gedacht: das in sich Gegründete, Ansichhaltende, Verschlossene, Ruhende und Ständige. Was ist aber das am meisten Ruhende, Gegründete, Ständige, wenn nicht die „Erde", die alle Dinge trägt, die, in sich verschlossen, aus ihrem bergenden Schoße alles Endliche und Vereinzelte aufgehen und zum Vorschein kommen läßt? Sie ist das Ursprünglich-Ständige, Feste und Bleibende. Von ihrem Stand und ihrem Bleiben hat einen Widerschein zu Lehen, was als einzelnes, endlich-Seiendes in sich steht, fest bleibt und verschlossen ist, – alles was ein Selbst ist als „Substanz". In der Selbständigkeit der Substanzen, in ihrem Ansichsein, spiegelt sich in einer rätselhaften Gebrochenheit der Ur-Stand der Erde. (Damit ist natürlich nicht der Planet gemeint, dieses Staubkorn im Weltall, sondern das weltweite Element, das sich zu Sternsystemen, Galaxien und Spiralnebeln ballt). Und was ist am meisten offen, in sich hell und offenbar, wenn nicht der lichte Himmel, in dessen Helle alle Dinge aufscheinen, erglänzen, Umriß und Prägung gewinnen? Die ursprüngliche

Helle scheint auch wider in allen Dingen, welche sie umfängt: das innerweltliche Seiende ist in sich aufgetan, offenbar, sich offenbarend, lichtend, sich darstellend für sich und für anderes, ist selbständig in der Weise des „Subjektes", sofern es im Widerschein des Lichts des Himmels steht. Im Fürsichsein des Seienden spiegelt sich das Ur-Licht des himmlischen Feuers.

Das mag als eine dunkle, mythische Rede erscheinen. Doch es sind die ältesten Mythen der abendländischen Philosophie, die immer wiederkehren im Geschichtsgange des Denkens. Die Philosophie ist nicht mythisch wie die Religion oder die Dichtung. Was man bei ihr mit dem Verlegenheitswort des Mythischen benennt, ist die unausdenkliche Gegenwart und Macht des Alls, das alles endliche Denken aufstört. Nicht wo Platon nicht mehr weiter kommt, greift er zum Mythos, – er weilt ständig in ihm, weil er das Element ist, worin das wesenhafte Denken sich bewegt. Die Präsenz des Unausdenklichen gibt seinem Philosophieren auch dort noch den tief ironischen und hintergründigen Ton, wo er in der schärfsten dialektischen „Gymnasia" begrifflich ringt. Erst wenn die Philosophie unter die Botmäßigkeit der einst aus ihr hervorgegangenen, aber nun emanzipierten Wissenschaft gerät, verschließt sich der mythische Ursprung. Bei Hegel ist das aber keineswegs der Fall, obgleich er als „Panlogist" verschrieen wird. Und wenn er selbst die Philosophie „die Wissenschaft" nennt, mißt er sie nicht am Leitbild und am Maßstab der positiven Einzelwissenschaften. Alles „positive", auf Sachbereiche oder auch auf Struktursysteme der Dinge bezogene Wissen gilt für Hegel als abgeleitet und abkünftig. Das eigentliche und wahrhaftig wahre Wissen ist ihm die Philosophie. „Daran mitzuarbeiten" – heißt es in der Vorrede zur ‚Phänomenologie des Geistes' – „daß die Philosophie der Form der Wissenschaft näherkomme, – dem Ziele, ihren Namen der *Liebe* zum *Wissen* ablegen zu können und *wirkliches Wissen* zu sein, – ist es, was ich mir vorgesetzt". (12) Das bedeutet keine Ausrichtung der Philosophie auf den methodischen Stil der vorhandenen Wissenschaften, vielmehr die Radikalisierung der Philosophie selber, eine entschiedene und härtere Zuwendung zu ihrem Wesen als Weltweisheit.

Hegels Grundbegriffe kosmo-ontologischer Art werden nicht begreiflicher und nicht klarer, wenn wir sie in den Blickbahnen der positiven Wissenschaften zu fixieren versuchen, sie als vorgegebene Dingmomente aufspüren wollen. Die Begriffe des Ansichseins und Fürsichseins denken das Sein, wie es welthaft in allem Seienden und durch alles Seiende hindurch waltet, denken das Sein im Seienden. Mit dieser Formel „Sein im Seienden" versuchen wir einen Unterschied zu fassen oder wenigstens vorerst anzudeuten, der Hegels Ansatz abscheidet von allen ontologischen Bemühungen, das Sein am Seienden, eben als dessen Seinsverfassung, dessen eidetische oder kategoriale Struktur zu fixieren. Hegel geht es nicht um eine in sich abgeschlossene Explikation der endlichen Dinge, nicht um die Bestimmung ihrer Dingheit rein als solcher oder ihrer Wesenheiten, – ihm geht es um die Seinsmacht, die alle endlichen Dinge durchströmt und durchherrscht, sie in ihr zeitweiliges endliches Gepräge schlägt und schließlich wieder daraus herausreißt. Hegel denkt, weil er den Begriff lebendig und das Leben begrifflich fassen will, den Seinsbegriff als das Leben des Universums, als die waltende Macht, die fügend und brechend über alle Dinge verfügt. Doch dabei ist die Welt selbst der hintergründige und unausgedachte Spielraum der Hegelschen Grundbegriffe wie Ansichsein und Fürsichsein. Welt ist der im Halbschatten verbleibende Horizont des Spiels, des dialektischen Spieles der universal-ontologischen Begriffe. Wie die Welt selbst der ursprünglichste Unterschied ist, eben als Gegenbezug von „Himmel" und „Erde", – wie sie das Aufklaffen einer Zwietracht des Offenen und Verschlossenen, des Weltdunkels und des Weltlichtes ist und dadurch die Eintracht des Ganzen bildet, so sind alle in der Welt ausgesetzten Dinge als „selbständige" Seiende vom Widerschein des Unterschieds bestimmt: sie „selbsten" (wenn diese Verbalisierung verstattet ist), sie selbsten gerade so, daß sie zugleich sich unterscheiden, in sich unterscheiden als Sache selbst gegenüber den Eigenschaften, Zuständen, Lagen und Phasen, dann von anderen Dingen sich unterscheiden, mit denen sie Grenzen gemein haben und so mit ihnen zusammengeschlossen und verbunden sind, – und ferner sich unterscheiden als unterscheidendes Ich von allen Gegenständen, die für das Ich sind.

Diese kurze und noch ganz vorläufige Überlegung soll darauf verweisen, daß das Ansichsein und Fürsichsein nicht an den Dingen, nicht am Seienden und Binnenweltlichen ablesbar und von dort her wahrhaft bestimmbar sind. Sein in den Weisen des Ansich und des Fürsich sind nicht Seinsweisen von Dingen, die dadurch in den Blick gebracht werden können und müssen, daß man das Seiende, an dem sie vorkommen, gleichsam vorführt, – oder wenn es nicht so einfach sich zeigen läßt, daß man eine Veranstaltung in Gang setzt, das versteckte

Ding schließlich noch aus seinem Verstecke aufzustöbern und wie ein scheues Wild zur Strecke zu bringen. Allerdings ist eine gängige und immer wieder nachgeredete Meinung, die nicht nur bei den Literaten der Philosophie, auch bei Denkern hohen Ranges vorkommt, daß Hegel seine Grundbegriffe schließlich doch ausmache, auffinde und fixiere in einem Hinblick auf ein ganz bestimmtes Seiendes. Dieses Seiende – sagt man – sei der „absolute Geist". Man räumt ein, er sei kein Seiendes wie sonst ein Ding, wie ein Baum, ein Mensch, er sei auch nicht etwas Einzelnes aus einer Art und Gattung, er sei nicht schlicht und simpel gegeben, liege nicht wie ein Befund der Natur oder der Kultur herum, – er sei kein unmittelbares Phänomen, müsse erst umständlich und schwierig zum Vorschein gebracht werden. Weil der besagte „absolute Geist" nicht vorgegeben und kein unmittelbares Phänomen sei, müsse er erst zum Vorschein gebracht werden, – es bedürfe dazu einer radikaleren „Phänomenologie", als es eine sachgetreue Beobachtung und Deskription von äußeren oder inneren Phänomenen sei. Man sagt mit Emphase, die hier nötige Phänomenologie müsse entdeckend in einem ganz besonderen und eigentümlichen Sinne sein, – es gehe nicht darum, etwas Verborgenes, das unserer Sicht entzogen ist, durch Freilegung vor Augen zu stellen, es handle sich nicht bloß darum, eine Hülle und Verhüllung, eine verbergende Decke abzutragen, nicht um ein analoges Verfahren, wie man vorgeschichtliche Funde aus längst überlagerten Schichten hervorgräbt. Die Töpfe, Spangen, Mauerreste, Münzen aus prähistorischen Fundstätten haben nicht grundsätzlich den Charakter des Sichentziehens. Anders, sagt man, sei es mit dem absoluten Geist. Er kommt nicht unmittelbar vor, ist kein vorbekanntes Ding unter Dingen. Eher ist er das Sein, das eigentliche Sein aller Dinge, aber deswegen gerade aus dem offenkundigen, allgemein offenstehenden Anschein, aus der Phänomenalität entschwunden. Es bedürfe einer Phänomenologie des Geistes im Sinne einer schrittweisen Zerschlagung der Phänomenalität der Phänomene, um das, was den Phänomenen zugrundeliegt, zu Gesicht zu bringen. Weil der absolute Geist sich nicht ohne weiteres „darstelle", sich in der Erscheinung der vielen und vielgearteten Dinge eher verberge, müsse er im Denken der Philosophie erst einmal „gestellt" und zur Selbsterscheinung und Darstellung gebracht werden. Dies könne allerdings nicht so geschehen, daß wir gebrechliche Menschen, die wir angesiedelt sind im Lande der Phänomene, in der Zone des je schon Offenbaren, aus eigener Kraft das geheime Herz aller Dinge (und damit auch unserer selbst) ans Licht ziehen könnten. Wenn es überhaupt möglich sein sollte, die Verbergung des Geistes zu durchstoßen, müsse im menschlichen Denken selber eine verborgene und heimliche Tendenz des absoluten Geistes mit am Werke sein, müsse er selber ins Licht drängen. Was zunächst einmal aussehe wie Menschenwerk und Menschenleistung, wie menschliches Wissen vom Geist, werde sich im Vorgang der Enthüllung schließlich erweisen als die Selbstoffenbarung des Absoluten selbst. Der Mensch sei nur der Durchgang, die bebende und zerbrechende Pforte für den Auftritt des absoluten Geistes in der Welt. Das menschliche Denken als Philosophie und philosophische Phänomenologie sei nur das flüchtige Medium des Selbstbewußtseins des absoluten Geistes. Im Denken vergehe der Mensch in den Geist, gebe er seinen endlichen Geist ebenso auf in den absoluten, wie die endlichen Dinge ihre fixe Selbständigkeit verlieren und zu Stufen und Momenten des absoluten Lebens herabsinken. Der Geist allein sei das Wirkliche, Wahrhafte und Seiende und zuhöchst Gewisse, – er sei die „Schädelstätte", wo alles Endliche geopfert wird, wo er seinen vermeintlichen Selbstand auflöst, wo das Absterben der Einzeldinge vollbracht wird und damit zugleich die „Auferstehung" in die wahre Unendlichkeit geschehe. Das Absolute ist Geist – und der Geist ist absolut. Es gibt nichts Wirkliches neben ihm, er ist alle Realität. Man sagt, Hegel sei von vornherein schon geleitet von der Vision des Absoluten als Geist, als Leben des Geistes, – dies sei seine entscheidende Ur-Intuition und Ur-Voraussetzung. Er stehe ständig im Vorblick darauf hin, auch wenn er anscheinend ganz schlicht und aufnehmend verfahre. Schon sein Begriff des Unmittelbaren als des Nochnicht-Vermittelten sei bereits vom Vermittlungscharakter des Geistes her gedacht, er stehe in einer ausgeprägten Voreingenommenheit und Vorentschiedenheit, wie sie den großen Denkern eigen sei, und es sei falsch, dies als Vorwurf aufzufassen.

In der Tat wäre ein solcher Vorwurf simpel und unverständig. Doch ist eben nicht entschieden, daß Hegel, wie behauptet wird, von einer metaphysischen Grundstellung ausgeht, für welche das EigentlichWirkliche der Geist und damit die Subjektivität des Subjektes ist. Wird in der charakterisierten Hegel-Deutung das „Absolute" am Ende doch als ein Seiendes, ein Seiendes eigentümlichster Art erfaßt, – zwar nicht als ein „ens finitum" (wie Stein, Pflanze, Tier, Mensch), sondern als „ens infinitum", in der Tradition einer Metaphysik, die bei Aristoteles vom *timiotaton on,* vom ehrwürdigsten und höchsten spricht, vom *theion,* vom „Göttlichen"? Allerdings ist es eine offene Frage, ob der „erste Beweger", der selbst unbewegt bewegend ist, überhaupt im Bilde eines *on,* eines Seienden angemessen gefaßt und begriffen werden kann. Ist es zulässig, das „esse" zu einem „ens" zu hypostasieren – oder kann eben Sein nicht anders angesprochen und bestimmt werden als im versagenden Gleichnis eines Seienden? Solange um die Paradoxie gewußt wird, die in der Verdinglichung des Seins liegt, bleibt das Philosophieren ursprünglich. Es verliert sich aber in eine phantastische „Hinterweltlerei" (mit Nietzsche zu reden), wenn das Paradoxale des Paradoxes nicht mehr der Stachel des Denkens bleibt. Dann ergibt sich eine „Ontik des Absoluten". Die Grundweisen des Ansichseins, des Fürsichseins, des Außer- und Beisichseins werden dann diesem angeblichen Überding zugesprochen, als Seinsweisen des ens infinitum ausgegeben. Gesetzt den Fall, es gäbe diesen „absoluten Geist", so wären diese Seinsweisen seine Zustände. Das Ansichsein der Dinge wäre abkünftig vom Ansichsein des Absoluten, von seinem verschlossenen Insichruhen. Die endlichen Dinge scheinen eigenständig und selbständig zu sein, eben solange das Absolute nicht für sich wird, noch nicht die Bewegung der Selbstergreifung und Selbstbemächtigung beginnt, – solange es also außer sich und sich entfremdet ist. Erst wenn der Prozeß des Zusichselbstkommens – im Denken des Menschen, oder besser: durch das menschliche Denken hindurch anhebt, beginnt die Geschichte der Wahrheit, bricht die Vergessenheit des Urgrundes aller Dinge, dann schwindet die falsche und vorgebliche Eigenständigkeit der Einzeldinge, das allgemeine Leben des Geistes braust wie ein Pfingstgewitter durch alle endlichen Gestalten, verzehrt sie wie ein Feuerstrom, das Endliche wird daraufhin durchsichtig, eine ephemere Gestalt zu sein, vom absoluten Leben gesetzt und zugleich aufgehoben. Wenn es im verschlossenen Grunde des absoluten Seins zu tagen beginnt, gehen die Endlichkeiten unter, zwar nicht mit einem Schlage, wohl aber in Stufen der Vermittlung. Das Ansich- und Außersich-Sein des Absoluten bewirkt den Anschein des Selbstandes der Dinge, – dieser Anschein schwindet in dem Maße, wie das Absolute als Geist zu sich kommt, für sich wird und bei sich ist. Im schließlichen Anundfürsichsein des Absoluten ist das Ziel aller Philosophie erreicht und die Geschichte des Seins (nicht der Lauf der Ereignisse) zu Ende.

Diese Interpretationsweise, die in mannigfachen Formen umläuft, große und kleine Geister zu Hegel-Kritikern ausstaffierte, hat nicht eine massive Falschheit, die man leicht dartun kann, etwa durch Zitation des Hegelschen Textes. Vielmehr gibt es unzählige Stellen, die eher als Beleg denn als Widerlegung gelten können. Doch ist die Frage, ob Hegel das Seinsproblem stellt, weil er zuvor schon eine metaphysische Entscheidung gefällt hat über die alleinige und ausschließliche Wirklichkeit eines absoluten gesetzten „Geistes", oder ob er aus dem Seinsproblem herkommend zum Geistbegriff vordringt. Thesenhaft gesagt, wir meinen, Hegels Denken untersteht nicht einem dogmatischen Vorgriff, der auf die Versöhnung von Antike und Christentum aus ist und in der Konzeption gipfelt, die Quintessenz alles Seienden sei „Geist", – und an dem vorentworfenen Leitbild eines höchsten Seienden die Charaktere des Ansich, Fürsich usw. abliest oder dafür postuliert. Es ist gerade umgekehrt: im Durchdenken der universal-ontologischen Begriffe gelangt er zur Konzeption des „absoluten Geistes", seine Ontologie mündet im Geist-Begriff. Hegel exponiert das Seinsproblem, indem er den Sinn von Sein aus der Gegenbezüglichkeit der kosmologischen Seinsbegriffe zu denken unternimmt. Sein ist die Mannigfalt von Ansich, Fürsich, Außer-sich und Beisich – und dann noch die Entsprechung von Sein und Wissen, als das Problem des Für-uns-seins. Es ist das Geniale von Hegels Begriffsbildung, daß er der natürlichen Sprache eine Vielfalt von Bedeutungen entnimmt, in denen überall „... sein" mitgesagt wird. So wie z. B. die Rede von Außersichsein und Beisichsein ebenso bedeutet den Gegensatz von Verlorensein ins Unwesen, und der Heimkehr ins Wesen, wie den Gegensatz von Selbstvergessenheit und wissendem Selbstbesitz, so ist mit dem Gegensatz Ansichsein und Fürsichwerden die Problematik von Sein und Werden angezielt. Hegels Grundbegriffe reißen die Fragehorizonte von Sein und Schein, Sein und Werden, Sein und Wahrsein auf. Und noch auf ein nicht geringfügiges Moment kann man hinweisen. Nicht nur enthalten die Hegelschen Fundamentalbegriffe alle den Ausdruck „sein", eben in Verbindung mit Ansich, Fürsich usw., – in allen ist auch das Wort „sich" enthalten. Das bedeutet, daß in allen Termini auf irgendeine Weise das Selbst gedacht wird, das Selbst der Sache oder das Selbst des Subjektes. Selbigkeit und Sein, *hen* und *on* gehören auf eine dunkle Weise zusammen. Wenn die Begriffe Ansich, Fürsich usw. genommen werden als Weisen, wie das Sein in allem Seienden überhaupt waltet, dann betreffen sie nie einen bloßen Dingbereich, eine innerweltliche, beschränkte Region, sie gehen grundsätzlich auf alle Dinge, jedoch nicht so, daß an ihnen etwas abgelesen wird, eine Struktur, eine Seinsverfassung und dgl. Alles und Jegliches, was ist, untersteht diesen fundamentalen Begriffen, das sogenannte Ideelle wie das Reelle, das Reich der Naturdinge wie die Kulturwerke und die sie schaffenden Menschen, das Notwendige ebenso wie das Freie.

Wenn wir nun fragen, wie ist es möglich, diese Optik aufzubauen und dem Sein im Seienden, dem einen, sich selbst in sich unterscheidenden Sein in allen Dingen nachzudenken und es nicht nur als Sein am Seienden zu fixieren, wenn wir fragen, von woher ist der Hegelsche Ansatz gedacht, so muß wohl die Antwort lauten: das Initialproblem ist das von Sein und Wissen. Im Horizont dieser Frage vollzieht sich die Exposition der Grundbegriffe, startet die universal-ontologische Dialektik Hegels. Das ist nicht leicht zu sehen. Gewiß handelt es sich nicht um eine „erkenntnistheoretische" Frage, nicht um das Problem, wie und wieweit das erkennende Verhalten des Menschen Sein richtig und zuverlässig erfaßt und auf den Begriff bringt. Nicht so sehr, wie das Erkennen funktioniert, was es leistet, wird zu denken versucht, als vielmehr, was das Wissen als Wissen „ist". Der Ausdruck ist mißverständlich. Es handelt sich nicht darum, das menschliche Wissen zu charakterisieren, zu beschreiben, seine Tragweite und Gültigkeit abzustecken oder nach seinen empirischen und apriorischen Bestandteilen zu zerlegen. Hegels Ontologie wird angestoßen und in Bewegung gehalten vom Problem des Wissens, – das will nicht sagen, er habe über das Wissen sich Gedanken ontologischer Art gemacht, sondern meint, Hegel hat vom Rätsel des Wissens aus das ontologische Problem überhaupt und im ganzen aufgerollt. Wie muß Sein verstanden und begriffen werden, wenn es so etwas gibt wie das Wissen? Im Wissen ereignet sich eine Auflichtung des Seins des Seienden, geschieht Wahrheit. Gehört Wahrheit zum Sein selbst? Ist das Wahrsein etwas, was nur dann und wann geschieht, eben wenn so merkwürdige Wesen, wie wir es selber sind, die Dinge betrachten und bedenken? Ist das Wahrsein eine Zufälligkeit – kosmisch gedacht? Ebenso zufällig wie überhaupt die Existenz des Menschengeschlechts auf dem winzigen Planeten? Ist Wahrheit etwas, was wir machen, hervorbringen, bewerkstelligen oder etwas, worin wir behaust sind? Können wir von uns aus das Wahrsein verfertigen, oder ist das Sein in sich je schon „wahr"? Welches ist die seinsmäßige Voraussetzung aller Ontologie und Metaphysik? Der scholastische Satz „omne ens est verum" nennt eine Problematik, die früher und ursprünglicher bei Aristoteles auftaucht. Jedes Seiende ist in seinem Seiendsein auch Wahrsein. Das meint nicht: Jedes Ding ist eo ipso vom Menschen erkannt, steht in den Wahrnehmungs- und Auffassungshof des Menschen herein. Der Mensch hat keine Allwissenheit, und die Dinge haben keine durchgängige Verwiesenheit auf den Menschen. Nicht irgendein Ding, kein kleines und kein großes, kein ens finitum und kein ens infinitum hat einen notwendigen Bezug zum Wahrsein. Die Lichtung geschieht als Sein.

Hegels Begriff des absoluten Geistes ist die entwickeltere Form des sich lichtenden Seins. Damit steht er in einer ungeheuren Bogenspannung der Geschichte, reicht zurück in die archaische Frühe des Parmenideischen Satzes *to gar auto noein estin te kai einai*[1], denn dasselbe ist das denkende Vernehmen und das Sein. *Einai* und *noein*, Sein und Denken (oder Sein und Wahrsein) oder Sein und Vernunft – dieser Bezug wird dort in einer Weise angesprochen, die vom *auto* Gebrauch macht, vom Selben und von der Selbstheit. Sein und Denken sind ineinander verspannt, aber nicht wie zwei verschiedene Dinge, die in einer Hinsicht übereinkommen, auch nicht wie zwei Seiten an einem Ding, jedoch auch nicht in einer leeren Selbigkeit zusammenfallen. Das Problem der Natur dieses Eins, dieses „Selben" geht durch die Jahrhunderte, – wir finden es bei Aristoteles im Fundamentalansatz seiner Ontologie, im Satz vom Widerspruch, finden es in der Monade von Leibniz, in Kants Lehre von der Einheit der „transcendentalen Apperzeption" usf. Immer wieder wird aufs neue und in verschiedener Weise der Bezug von Sein und Wahrsein im Horizont der Selbigkeit gedacht.

Noein und *einai* gleicht keinem Bezug zwischen Dingen, Denken und Sein stehen nicht beisammen wie das Wasser und der es zusammenhaltende Krug, auch nicht wie der Käfer und der Grashalm, auch nicht wie die Hand und das gegriffene, im Griff geführte Werkzeug. Es handelt sich hier weder um ein räumliches Beisammen, noch einen Erlebniszusammenhang, noch um ein bewußt-erlebtes oder gar geistig durchdrungenes und erhelltes Beisammen. Bei all den eben genannten Formen des Beisammenseins handelt es sich um eine Nachbarschaft, die zugleich auch Trennung bedeutet. Das Wasser ist im Krug und doch

---

[1] Frgm. B 1, 3 (Diels-Kranz I, 231).

vom umwandenden Gefäß getrennt, das Tier ist mit den Umweltdingen verbunden und doch auch wieder zu ihnen abständig. Die Hand faßt den Spaten, das Gewehr, baut oder tötet, sie ist trotz der Funktionseinheit mit dem Werkzeug, mit dem die Hand sich gleichsam verlängert und ihre Macht ausweitet, von jenem verschieden. Und auch das sehende Auge, das innig beim Gesehenen ist und sich, solange es sieht, gar nicht davon ablöst, ja durch ein gemeinsames Band mit ihm verbunden ist, eben durch das Licht, das die Farben aufglänzen läßt und das Auge hell macht, ist von der Farbe verschieden. Aber sind „Sein" und „Wissen" verschieden? Man könnte versucht sein, zu antworten: sie sind zwar verschieden, aber nicht wie Dinge, die unabhängig von einander bestehen, sie sind Glieder einer unauflöslichen Korrelation, des Subjekt-Objekt-Verhältnisses. Wissen ist immer Wissen von solchem, was ist, – und Sein bedeutet wesentlich Gegenstandsein für ein mögliches Wissen. Das Unzulängliche einer solchen (oft gegebenen) Auskunft liegt darin, daß so gar nicht vom Sein des Wissens selbst die Rede ist – und erst recht nicht vom Wissen des Seins. Kann es überhaupt ein Wissen geben, dem „Sein" nur als Gegenstand zukommt? Muß das Wissen nicht selber auch sein, um seiende Dinge, endliche und binnenweltliche Dinge zu erfahren? Kann es jemals dem Sein gegenüberliegen – oder ist es darin eingebettet?

3. Das Sein und das Wissen.
Sein des Wissens und das Problem des „erscheinenden Wissens"
in der „Phänomenologie des Geistes".
Das Absolute als das Wahre

Hegels kosmo-ontologischer Denkansatz, der sich im weltweiten Sinn seiner Grundbegriffe Ansichsein und Fürsichsein ausdrückt, gewinnt eine besonders prägnante Zuspitzung in der Frage nach dem Verhältnis von Sein und Wissen. Dieses Verhältnis ist kein gleichgewichtiges Bezugssystem zwischen zwei Größen; Wissen ist immer in das Sein eingebettet und richtet sich – üblicherweise – vergegenständlichend auf Dinge, die sind, kaum ausdrücklich auf das Sein in allen und durch alle Dinge. Das Wissen selbst, sagt man, ist ein Seinsverhältnis. Deswegen reicht eine bloß „erkenntnistheoretische" Betrachtung des Wissens auch nicht zu. Es genügt nicht, die Reichweite, Verbindlichkeit und die Kriterien des zutreffenden Wissens zu bestimmen. Es gilt, die Seinsart des wissenden Bezuges selbst ans Licht zu stellen, – das heißt: das Wissen aus der Seinsverfassung jenes Seienden zu interpretieren, in welchem es sich ereignet. Wenn z. B. der Mensch der Ort des Wissensgeschehens ist, dann fordert offenbar die Klärung des Wissens einen Rückgriff auf die Seinsweise des Menschen, fordert eine existenzial-ontologische Interpretation. Das allerdings geschieht bei Hegel gerade nicht. Man kann ihm dies als Unzulänglichkeit vorrechnen. Doch das ist nicht mehr aus Hegels eigener Problematik heraus gedacht. Für Hegel ist das Wissen nicht nur schlechthin ein „Seinsverhältnis", das primär die Seinsart des wissenden Seienden, d. h. hier des wissenden Menschen hat. Wissen ist „seiend" nicht nur schlecht und recht und einfachhin, es ist seiend in Graden der größeren oder minderen Seinsstärke. Wissen ist, nicht weil es eben dergleichen gibt, etwa im menschlichen Bewußtsein, in der menschlichen Existenz. Wissen ist seiend je nach dem Grade der Seinsstärke des in ihm gewußten Seienden. Der Seinsrang des Wissens hängt ab vom Seinsrang des jeweils Gewußten. Ein Wissen vom nur-Erscheinenden ist selber nur-erscheinendes Wissen, – ein Wissen vom Endlichen und Relativen ist selber nur endlich-relativ-seiendes Wissen, – ein Wissen vom Absoluten schließlich ist das absolut-seiende Wissen. Damit stellt Hegel sich in die antike Tradition zurück, die das Wesen des Wissens vom Gewußten her zu denken versucht – und weniger vom Wissenden her. Das Wissen ist mehr oder weniger eigentlich-seiend je nach der Seinsmächtigkeit des gewußten Seienden. Erst wenn alles Seiende in die Gleichförmigkeit eines unterschiedslosen, ranglosen Bestehens eingeebnet ist, wenn das Sein des Seienden nicht mehr nach Graden der Gewalt und Mächtigkeit erfahren wird, drängt sich die Betrachtung vor, die am wissenden Subjekt und seinen Gegenständen orientiert ist. Es ist noch lange keine ontologische Sicht auf das Wissen, wenn es zurückgenommen wird in die ontologische Auslegung des wissenvollziehenden Subjekts. Wissen ist ein Seinsverhältnis – diese These sagt nur die halbe Wahrheit, – sagt nur, daß alles Wissen je schon ist und daß es in Graden der Seinsmacht ist, – daß es also nie und nimmer dem „Sein" gegenüber liegen kann wie das sehende Auge dem gesehenen Baum. Wissen und Sein verhalten sich nicht nur so, daß eben das Sein als das Umgreifende fungiert und „Wissen" ein Ereignis eigentümlicher Art ist, anders zwar als Blitz und Hagelschlag, anders als Wachsen, Blühen,

Verdorren, anders als Zeugung und Tod, und gleichwohl irgendwie noch mit dergleichen verwandt, sofern dies alles eben „seiende Ereignisse" sind. Am Ende hat das Sein einen tieferen, notwendigen Bezug zu Wissen, wenn anders das Wort des Parmenides auf eine „Selbigkeit" von Sein und Wissen abzielt. In einem Selbigen kommen verschiedene Sachen überein. Worin besteht die Übereinkunft von Sein und Wissen, welches ist die Bahn der Selbigkeit? Gehört das Wissen ins Sein? Nicht als ein vereinzeltes Vorkommnis, nicht als ein episodisches Ereignis, nicht als jene „... hochmütigste und verlogenste Minute der ‚Weltgeschichte'" ... in der ... „kluge Tiere das Erkennen erfanden", wie es in Nietzsches Schrift „Über Wahrheit und Lüge im außermoralischen Sinne" heißt.[1] Gehört das Wissen notwendig ins Sein?

Hegel exponiert das Seinsproblem in einer ontologischen Grundfrage nach dem Sein des Wissens. Das ist weit mehr als eine „Kritik der Vernunft", auch mehr als ein Nachdenken über die Einbettung des Wissens in das menschliche Dasein, es ist die Frage, was weltdurchgängig, was „universal" das Wissen ist. Wissen ist ontologisch möglich durch die Präsentation der Dinge in der Welt, durch ihr Sichdarstellen, Sichzeigen und Erscheinen. Spekulativ gefaßt: Wissen ist zunächst eine besondere Weise, wie alles und jedes Seiende für ein anderes ist. Sofern mit der Frage nach dem Wissen nach dem universalen Charakter der „Darstellung", der Selbstpräsentation des Seienden überhaupt für anderes Seiende abgezielt wird, steht ein weltdurchgängiger Grundzug aller endlichen Dinge im Blick. Wissen ist nicht allein die Weise, wie je ein Seiendes für ein anderes ist, – es ist auch die Weise, wie ein solches „Sein ... für" einem anderen Seienden gehört derart, daß dieses sich gerade auf sich selbst bezieht. In dem simplen Faktum irgendeines Wissens liegen also die ontologischen Strukturen des Seins-für-anderes und zugleich damit verbunden des Seins-für-sichselbst. Die Darstellung, die Ent-selbstung des einen Seienden ist zugleich die Selbst-Setzung des anderen Seienden und dies in einer wesenhaften Verklammerung. Wir erkennen leicht darin die Momente des Ansichseins (das bereits den Charakter eines Seienden-für-ein-anderes angenommen hat) und des besonderten Fürsichseins. Wissen ist nie ein bloßes Sichselbstwissen ohne Fremdbezug, sondern in eins damit immer auch Wissen eines fremden Anderen. Hegel gewinnt diese onto-

---

[1] WW (Großoktav-Ausgabe) X (= II/2), Stuttgart ³1922, 189 (Zitat frei zusammengestellt).

logischen Momente des Wissens jedoch nicht so, daß er an einem faktischen Wissensereignis diese Züge abliest und verallgemeinert. Am Phänomen des Wissens verdeutlicht sich vielmehr Hegel die universelle ontologische Bewegtheit, die alles Sein im Seienden durchzieht. Das Wissen ist sein Leitmodell für die Unruhe der Lebensbewegung des Seins.

Wissen ist nicht etwas, was gelegentlich und zufällig inmitten des welthaften Seins passiert, was in ihm oder an ihm zuweilen vorkommt. Das Sein bewegt sich im Gewußtsein des Seienden. Der *nous* haust im Sein, treibt darin sein unruhiges Wesen, – er läßt es nicht beruhen in der Nacht erdhafter Verschlossenheit, er reißt es auf, entfacht in ihm den Feuersturm der Lichtung, und ist so eine kosmische Macht, – ist die Gewalt, die alles Ansichsein über sich hinaustreibt und fortstößt zum Fürsichsein und schließlich wieder zurückbettet in den ursprünglichen Grund.

Hegels Vorgehen ist im ganzen durch eine schwer durchschaubare Vieldeutigkeit bestimmt. Zunächst sieht es so aus, als nehme er seinen Ausgang, gemäß der neuzeitlichen Tradition, vom vorstellenden Menschen, d. h. vom Wissensvollzieher. In Wahrheit aber ist das Wissen ihm das Absprungmodell, um zur kosmischen Macht des weltdurchherrschenden *logos* vorzudringen – und radikaler noch vom *logos* zur *aletheia*, welche die Geschichte des Seins selber ist. In der Metaphysik des Wissens versteckt sich zunächst seine Metaphysik von *logos* und *aletheia*. Hegels eigene Entwicklung, als auch die Aufstufung seiner philosophischen Werke zeigt diesen Hintersinn seiner Ontologie. Man greift zu kurz, wenn man das Wesen des Wissens und der Wissenschaft vom wissenden Menschen her zu bestimmen sucht, etwa in einer Betonung der Abhängigkeit Hegels von Kants „Vernunftkritik" und von Fichtes „Wissenschaftslehre". Obzwar solche Einflüsse nicht zu bestreiten sind, wird doch in führender Weise das Wissen vom Gewußten her bestimmt. „Ge-wußtsein" ist die Seinsweise des Ansichseins für-ein-anderes, das seinerseits durch den Selbstbezug des wissenden Fürsichseins charakterisiert ist. Die Natur des Wissens wird hier nicht primär „erkenntnistheoretisch", als viel eher ontologisch formuliert.

Das Wissen, welches wir gewöhnlich und selbstverständlich dem Menschen als Vollzug und Eigentum zusprechen, ist für Hegel der Ort, wo die Bewegung des Übergangs beginnt, des Übergangs von allem Ansichsein überhaupt ins Fürsichsein. Deshalb hat das menschliche Wissen nicht die Natur eines kosmischen Zufalls, ist keineswegs ein überflüssiges Ereignis, das auch ausbleiben könnte. Wissen und Sein hängen auf eine dunkle, erst noch uneinsichtige und doch notwendige Weise zusammen. Nicht nur alles und jegliches Wissen ist „seiend", auch alles Sein von Seiendem ist beunruhigt, in der verschlossenen Ruhe seines Ansichseins verstört durch das Ereignis der Lichtung. Diese hat zunächst den Anschein eines Menschenwerks. Gemeinhin sind wir versucht, die Dinge als das Vernunftlose anzusehen, als einen von unserer Intelligenz aufhellbaren und auszuleuchtenden Bereich. Zwar gestehen wir uns zuweilen ein, daß die Vernunft in den Dingen, die Mathematik in der Natur, die Weisheit in der Welt größer und machtvoller ist als das, was wir zu erfassen vermögen und was unsere Schulweisheit sich träumen läßt. Mit diesem Zugeständnis zerteilen wir jedoch wiederum, was eigentlich eins ist: die Vernunft im Wirklichen und in uns, die wir doch auch in den Wirklichkeitszusammenhang der ganzen Welt hineingehören.

Das Wissen kann man einmal bestimmen als das menschliche Vorstellen, als „repräsentatio", die auf einen Gegenstand aus ist, wobei das vorstellende Ich sich – für sich – von der fremden gewußten Sache unterscheidet. Das Gewußte ist dann das Repräsentierte einer Vorstellung. Aber hat das Vorstellen von Hause aus die Macht, das Seiende sich so gefügig zu machen, daß es sich gegenständlich zeigt? Kann der Mensch die Dinge „stellen", sie zwingen, ihm zu erscheinen und seiner Neugier sich zu enthüllen, den Reichtum ihres Inneren dem Menschen vor die Füße zu legen? Oder ist Vorstellung am Ende nur möglich, weil der Mensch je schon bei solchem Seienden existiert, das sich von ihm selbst her zeigt und „Vergegenständlichung" zuläßt, sofern die Darstellung und Darbietung, das Erscheinen zu ihm selber gehört? Mit anderen Worten: gründet die Möglichkeit des vorstellenden und wissenden Verhaltens des Menschen grundsätzlich in einer Lässigkeit des Seienden? Erscheinen die Dinge, weil wir sie vorstellen – oder können wir sie vorstellen, weil sie von ihnen selbst her in einer Darbietung begriffen sind?

„Darstellung" ist ein Seins-Charakter im Seienden, der nicht ausschließlich auf das Wissen hin orientiert ist. Darstellend verhält sich ein Ding zu anderen Dingen und ist doch zugleich in sich versammelt, es faßt sich zusammen und breitet gleichzeitig sich in mannigfaltigen Bezügen aus. Darstellung ist das, was die Aristotelische Kategorie des *pros ti*, des Bezuges meint. Der Bezug eines Dinges zum erkennenden und wissenden Menschen erscheint gleichsam als ein Sonderfall eines viel allgemeineren Bezugsgefüges. Wie immer man das deuten mag, das Darstellen und das Vorstellen drücken in verschiedenem Richtungssinne den Bei-Stand des Menschen beim innerweltlich-Seienden aus, die Mitgegenwart, die als „repräsentatio" das Vorstellen, und diejenige Mitgegenwart, die als *parousia* das Anwesen der Dinge im Umkreis des Menschen meint. Vorstellen und Darstellen sammeln sich auf den Menschen zu, der so zum ausgezeichneten Ort wird, zum Ort des Wissens, – verborgener noch zur Stätte des *logos* und der Welt-Lichtung.

Sofern Hegel aber das Wissen mehr vom Darstellen als vom Vorstellen aus kennzeichnet, die Lässigkeit des Seienden hervorhebt, kommt ein neues Wissensmoment in den Blick. Zwar begegnen sich, könnte man sagen, das Vorstellen und das Darstellen, und es mag am Ende gleichgültig sein, wo man beginnt. Die Dinge umstehen den Menschen. Es scheint keine Rolle zu spielen, ob wir diese Zusammenkunft vom vorstellenden Menschen oder vom darstellenden Seienden aus explizieren. Doch hier akzentuiert Hegel ein neues Gedankenmotiv. Darstellung ist ein Sichzeigen, z. B. ein Ding zeigt sich in seinem Aussehen, seiner Gestalt, seinem Umriß. Für gewöhnlich genügt uns der oberflächliche Anblick. Doch zuweilen sehen irgendwelche Dinge anders aus, als sie sind. Das Seiende zeigt sich in einem trügerischen Anschein. Das Aussehen zeigt nicht nur, es kann auch verhüllen und verbergen. Das Wesen verhüllt sich im Schein. Der Schein braucht nicht einmal den Charakter der Täuschung, des Trugs und dgl. zu haben, es genügt, daß das Wesen in allem Erscheinen letztlich sich zurückbehält. Und was sich gleich zeigt, ist das Un-Wesentliche, die Fassade, die Äußerung, nicht die Sache selbst. Ist die Darstellung als Grundzug aller Dinge nicht eine doppelte Bewegtheit im Sein des Seienden derart, daß Erscheinen die Darbietung des Unwesentlichen und den Entzug des Wesenhaften besagt? Sind die Dinge wahrhaft so, wie sie sich zeigen, oder halten sie in der Zukehr eines nach außen gewendeten Anblicks ein „Inneres" verhüllt? Diese ganze Problematik könnte man natürlich mit einem Gewaltstreich beseitigen mit der These, der Gegensatz des Äußeren und Inneren sei zwei- und mehrdeutig, – im Erscheinen der Dinge erscheine letztlich doch das Wesen; denn ein Wesen, das grundsätzlich verborgen bliebe, sei ein Unbegriff und so fort (wie z. B. Sartre argumentiert am Anfang von „L'Etre et le Néant").

Hier kommt es zunächst nicht auf eine Entscheidung oder Lösung dieser Vexierfrage an, vielmehr auf die Beachtung einer uns geläufigen Redeweise von „Erscheinung" und „Wesen". Hegel nimmt diesen gängigen und noch nicht durchreflektierten Sinn zunächst einfach auf. Wenn Wesen das Seiende an ihm selbst, Erscheinung aber das Sichzeigen dieses Seienden in einer un-wesentlichen Äußerlichkeit ist, dann ist der Mensch offenbar zunächst und zumeist gerade nicht beim Seienden an ihm selbst, sondern er ist versetzt in die Situation des allgemeinen Un-Wesens, – alle Dinge kehren ihm nur die Fassade der Erscheinung zu – und behalten ihr Wesen für sich. Dann liegt der Mensch nicht dem Seienden am Herzen, er ist verschlagen, vertrieben und ausgesetzt in ein Land der Irre, wo er dem irrfahrenden Odysseus gleicht. Er steht zwar im unablässigen Zudrang der ihn umgebenden und umzingelnden Dinge. Doch was ihn bedrängt, was auf ihn einstürmt, was sich ihm anbietet, zeigt, was ihm erscheint, ist nicht das Wesen, nicht das Ansichsein, – ist nur das nach außen gedrehte Maskengesicht der Dinge. Und weil so der Mensch zuerst nur umgetrieben wird im Bereich des bloßen Aussehens, der bloßen Darstellung und des Unwesens, ist das Menschenwissen, solange es diesen Standort behält, notgedrungen nur ein unwesentliches, erscheinendes, darstellendes Wissen. Aus der Gefangenschaft dieses Standortes inmitten des bloßen Scheins entkommt – nach Hegels Auffassung – der Mensch nicht durch eine schlagartige „mystische Intuition" oder sonst eine Art von geistiger Magie, sondern einzig und allein auf einem langen und mühsamen Denk-Weg, auf einer dornigen Bahn der „Vermittlung", welche die fixen Gegensätze aufhebt, abarbeitet, dialektisch zu Ende denkt.

Ansichsein und Für-ein-anderes-sein verhalten sich zunächst wie „Wesen" und „Erscheinung". Andererseits aber verhält sich das Wissen, das als Unruhe in allem Sein wirkt, wie das „Licht". Einerseits ist es die bewegende Macht für alle Wandlung vom Ansich- zum Fürsichsein, – andererseits gründet es in der Lässigkeit des Seienden, in dessen „Darstellung", und ist somit von vornherein befangen in der Dimension des Scheins. Wie stimmt das zusammen? Fällt hier Hegel nicht in offenkundige Widersprüche? Was als ein massiver Widerspruch aussieht, ist nur das vorläufige, unaufgelöste Zusammenbestehen des neuzeitlichen und des antiken Begriffs vom „Wissen", die Hegel beide aufgenommen und denkerisch verarbeitet hat.

Hegel denkt den Widerstreit der antiken und der neuzeitlichen Wissenskonzeption aus – nicht in einer „Versöhnung" der beiden Standpunkte, als vielmehr in einer produktiven Bewältigung und Verschränkung. Er kommt zu einer Onto-Logie, die ebensosehr das Logische im Sein, als auch das Seinshafte im Denken, Wissen und Erkennen bedenkt. Das Wissen wird nicht aufgenommen als ein einzelnes Phänomen neben zahllosen anderen innerweltlichen Phänomenen. Mit einem gewissen Recht mag man im Alltagsverständnis sagen, „Wissen" ist ein Vorkommnis, das statthat, wenn eben intelligenzbegabte Lebewesen von ihrem Vermögen einen Gebrauch machen. Ihre Erkenntnishandlungen terminieren in Wissensresultaten und Wissenserwerben. Die Winde wehen vom Meer, die Wolken ziehen, der Regen fällt, Pflanzen wachsen, Tiere gatten sich, – der Mensch vollbringt sein Leben, indem er darum weiß und bewußt lebt, er hält sich werkend und tätig auf inmitten der Dinge und weiß sein Dabeisein und sich selbst. So genommen ist das „Wissen" ein Naturereignis, zwar verschieden von Wolkenflug, Regenfall und tierischem, instinkthaftem Verhalten. Das Wissen hat die Seinsweise der menschlichen Existenz und ist überdies auf alle anderen Naturereignisse bezogen. Wolkenflug und Regenfall sind bei-einander, doch keines von beiden verhält sich zum anderen und zu sich selbst. Der wissende Mensch jedoch, der anders noch als Pflanze und Tier die ziehende Wolke und den fallenden Regen nicht nur spürt und gewahrt, sondern versteht, ist keineswegs nur beim Gegenwärtigen und unmittelbar Anwesenden, – sofern er z. B. um Gründe weiß, lebt er in einem Verstehen größerer zeitlicher Naturzusammenhänge. Aber ist das Wissen nur eine merkwürdige Sache unter den vielen Sachen der Welt, nur ein Phänomen, das Phänomen der Intentionalität etwa, unter den tausendfältigen Phänomenen? Hegels Frage nach dem Wissen ist von vornherein ontologisch. Sein und Gewußtsein – das ist hier die Frage.

Hegel hat eine lange Denkgeschichte aufgearbeitet, die von Fichtes „Wissenschaftslehre" zurückreicht bis zum *nous* der Griechen. Das Wissen ist das provozierende Rätsel am Sein. Wie hängen Sein und Wissen zusammen, – wie ist es möglich, daß das Sein im Seienden das Wissen überhaupt zuläßt? Ist denn das Wissen ursprünglich ins Sein eingelassen und treibt darin sein Wesen? Oder ist es außerhalb des Seins? Kann es überhaupt jemals der Umfangenheit durch das Sein entrinnen? Einem Erdklumpen mag es gleichgültig sein, ob er von einem erkennenden Wesen gewußt wird oder nicht. Seinem Herumliegen und

Bestehen macht das offensichtlich gar nichts aus. Es kann ihm zufällig zustoßen, von außen, daß er in den menschlichen Sichtbereich gerät, daß er getastet, gewußt wird. Doch ist er einfachhin, was er ist, ob nun solch ein Wissen von ihm statthat oder nicht. Das alles durchwaltende Sein aber hat kein „außerhalb", es kann daher auch niemals zu einem Gegenstand werden, der von außen dem Wissen gegenüberliegt. Alles Wissen muß „sein". Aber auch – und das bezeichnet Hegels Ansatz entschiedener – alles Sein im Seienden ist von Hause aus „Gewußtsein". Das Wissen ist für Hegel die dem Sein selbst einhausende geistige Macht, er begreift es als das Denken, als die Macht des *nous,* der weltdurchherrschenden Vernunft, der gemäß die Dinge sich darstellen und das darauf bezogene Vorstellen des Subjekts geschieht. Als solche Doppelmacht von Darstellung und Vorstellung ist das Wissen nicht irgendein beliebiges Ereignis, es ist vielmehr das Ur-Ereignis, ist der Aufbruch der Lichtung im Sein des Seienden, in deren Helle allererst Begebenheiten und Vorkommnisse sich zeigen können. Sofern Hegel aber das Wissen als die Grundgeschichte alles Geschehens ansetzt, rückt von vornherein das Sein in den Aspekt des Werdens.

Universal gedacht ist dann das Sein im Seienden das Insichselbstbewegte, der Strom des Lebens und der Fluß der Zeit. Für Hegel gilt die spekulative Gleichung von Sein und Zeit, weil das Denken als kosmische Macht dem Sein einhaust und als seine Unruhe wirkt. Deswegen kann Hegel in der „Vorrede" zur „Phänomenologie des Geistes" angehen gegen das gängige Vorurteil, daß wie der Raum der Geometrie, so die Zeit der Arithmetik zugrundeliege, so wenn er sagt: „Was die *Zeit* betrifft, von der man meinen sollte, daß sie, zum Gegenstücke gegen den Raum, den Stoff des andern Teils der reinen Mathematik ausmachen würde, so ist sie der daseiende Begriff selbst". (38) Er spricht von ihr auch als von „... jener reinen Unruhe des Lebens und absoluten Unterscheidung...", nennt sie „... das *Wirkliche,* sich selbst Setzende und in sich Lebende, das Dasein in seinem Begriffe", den „Prozeß, der sich seine Momente erzeugt und durchläuft..." (39) Sein ist für Hegel zeithaft in einem ganz ursprünglichen Sinne, weil in ihm Lichtung, Denken geschieht. Wenn die Macht des Denkens so in allem Sein haust und wirkt, daß die seienden Dinge notwendig sich darstellen und erscheinen, so offenbaren sie sich zunächst in einem Äußeren. Dieses geäußerte Außen, das Gesicht der Dinge kann wiederum zwiefach gefaßt werden: antik gedacht – als Vorschein, neuzeitlich gedacht –

als Anschein. Hegel greift auch hier die ganze seinsbegriffliche Tradition zusammen: im Erscheinen denkt er ebenso sehr das Einrücken der Dinge in einen Umriß, das Endlichkeitsschicksal der Vereinzelung, als auch das Sichverbergen des Wesens „hinter" einem vordergründigen Anschein. Zusammengefaßt: Hegels Ontologie des Wissens interpretiert das Sein im Seienden als Denken, als Werden, als Scheinen. Denken, Werden, Schein bilden die prinzipiellen Horizonte von Hegels ontologischem Ansatz. Diese drei Problemhorizonte stehen jedoch nicht neben oder nach einander, sie sind in mannigfachen Übergängen verbunden und verkoppelt. Sie bilden die Vielspurigkeit der philosophierenden Frage. Das Sein im Seienden durchmachtet und durchwaltet das Ganze der Welt – als die Macht des Denkens, als die Bewegung des Werdens und als die Entbergung und Verbergung des Scheins. Dieses Dreifaltige nennt Hegel mit einem Wort das „Wahre". Vordeutend gesagt, ist dies der vorläufige Name des „Absoluten".

Das Absolute ist kein Ding und kein Überding, kein endlich Seiendes und kein unendlicher Gott. Das Absolute ist das Sein, das als Denken, Werden und Scheinen sich ereignet. Wieso kann Hegel dieses das „Wahre" nennen? Wir neigen gewöhnlich doch dazu, als „wahr" einen Satz, eine Erkenntnis, eine Lehre zu bezeichnen, also etwas, dem „Wahrheit" als Übereinstimmung mit einem Sachverhalt zukommt. Man spricht aber auch von „wahrer Liebe" und meint dann die eigentliche, wesenhafte, echte und authentische Liebe, eben im Gegensatz zu bloß scheinbarer, unechter oder gar geheuchelter Liebe. Das Wahre ist uns dann das Eigentlich-Wirkliche. Und diesen Sinn vor allem greift Hegel auf. „Das Wahre" ist das Eigentlich-Seiende, das Wesenhaft-Wirkliche, das Höchstmaß gültigen Seins, das *ontos on*. Zugleich aber gehört – für Hegel – zum Eigentlichseienden und am stärksten Wirklichen, daß es das Wirkende ist, – nicht nur das Bewegte, sondern das Bewegende. Und endlich noch, daß es in sich hell und gelichtet ist, – nicht gelichtet durch ein fremdes Licht, vielmehr leuchtend im eigenen Feuer. Bei einer solchen Redeweise könnte man doch meinen, all diese Bestimmungen zielten auf ein Seiendes, also auf etwas, dem Sein zukommt. Hegel denkt – strenger gefaßt – in seinem Grundbegriff des „Wahren" kein Ding, keine Substanz, auch kein Subjekt, überhaupt kein Seiendes, das die höchste Seinsmächtigkeit und Seinsfülle in sich hat, am meisten wirkt und bewegt und am meisten lichthaft, geisthaft ist, er denkt das All-Leben des Seins in allen endlichen Dingen.

Mit dieser These geraten wir Ausleger, wie es scheint, in Widerspruch zu Hegels eigenen Worten, ... es komme alles darauf an, das Wahre nicht als Substanz, sondern ebensosehr als Subjekt aufzufassen und auszudrücken. Hegels Satz ist unpräzis formuliert. So scheint es wenigstens. Wir hatten selbstverständlich ihn zu lesen versucht in der Art, das Wahre sei nicht „nur" als Substanz, sondern ebensosehr als Subjekt zu fassen. Das hat seinen guten Sinn, sofern damit das Verhältnis von Sein und Wissen, von Substanz und Subjekt gleichermaßen formuliert wird. Indem aber Hegel die Substanz als Modell der Substanzialität, und ebenso das Subjekt als Modell der Subjektivität, also für zwei weltweite Seinsweisen, nämlich des Ansichseins und Fürsichseins nimmt, könnte man den inkriminierten Satz auch so lesen, daß alles darauf ankomme, das Wahre nicht als Substanz, sondern ebensosehr „nicht" als Subjekt aufzufassen. Das Absolute, das am Ende der „Phänomenologie des Geistes" als „absolutes Wissen" gedacht wird, ist das Wahre als das Geschehnis der Lichtung, ist das Währende und Gewährende als die Zeit, die alles bringt und nimmt, ist das Gegenspiel von Wesen und Erscheinen, – ist so der „bacchantische Taumel", die lebenstrunkene Bewegung des Seins, die alle Dinge durchströmt, – ist die unaufhörliche Bewegung, die alles Ansichsein fortstößt ins Fürsichsein, und ist zugleich die „einfache Ruhe", als welche das Ansichsein alle Wandlungen an sich geschehen läßt und in allen sich erhält, ja alle noch unterläuft. Wenn die Grundgeschichte des Seins eben jene Bewegung vom Ansich zum Fürsich ist, so doch nie derart, daß das Ansichsein jemals endgültig verlassen würde. Alle Bewegung vollbringt sich an ihm, und das Fürsichsein mündet zuletzt in die Einheit des An-und-für-sichseins. Es gilt für Hegel, die Einseitigkeit der antiken und der neuzeitlichen Seinsauslegung aufzuheben, das Sein in seiner welthaften Weite ebensosehr als das Ständige, Bleibende, Verharrende, als auch als Werden und Bewegung zu denken. Und es gilt, weder beim antiken, noch beim neuzeitlichen Gegensatz von Wesen und Erscheinung stehenzubleiben. Die ungeheure Aufgabe, die Hegel sich damit stellt, bedeutet mehr als ein bloß nachträgliches Zusammendenken von bereits vor-gedachten Seinsgedanken, bedeutet keine Kompilation antiker und neuzeitlicher Ontologien. Produktiv bildet Hegel ein neues Problem, eine neue Gestalt der ältesten Frage des denkenden Menschentums.

Gemessen an den Interessen, Sorgen, Geschäften und Handlungen, die uns allen das Leben von Tag zu Tag bringt, – gemessen an der Dringlichkeit und Bedrängnis konkreter Lebensfragen scheinen die Gedanken Hegels fern und entlegen, weitab zu liegen von dem, was uns angeht und betrifft. Gespenstischen Abstraktionen versagt der Biedermann ebenso wie der Brandstifter sein Interesse, im Aufbau wie in der Zerstörung halten wir uns an handfeste Dinge, erwerben Besitz, kämpfen um Macht. Das Sein selbst ist uns gleichgültig, wenn wir nur im Seienden uns auskennen, zurechtkommen im Leben mit den Dingen, mit den Sachen selbst und als erfolgreiche oder auch als gemeinnützige „Personen" uns bewähren. Sachen und Subjekte – das ist für uns gewöhnlich das „Wahre". Und an die Frage, was Sachesein und Subjektsein bedeute, verschwenden wir keinen Gedanken. Worte wie „Ansichsein" und „Fürsichsein" verschwimmen in einem Nebel, verdunsten ins Leere. Was die ihres „gesunden Menschenverstandes" so froh bewußten Leute ganz und gar kalt läßt, die Seinsbegriffe und ihre zweieinhalbtausendjährige Geschichte, interessiert nur wenige. Minorität bedeutet nicht notwendig schon Elite. Am wenigsten ist ein Pathos des Stolzes angebracht beim Nachdenken der weltenfernen, aber auch weltdurchmachtenden Seinsgedanken Hegels. In der „Berliner Einleitung" zur „Geschichte der Philosophie" sagt Hegel: „Es ist allerdings eine l a n g e Z e i t ; und die Länge der Zeit ist es, die a u f f a l l e n kann, welche der Geist dazu braucht, sich die Philosophie zu erarbeiten ... unsere j e t z i g e Philosophie (ist) das R e s u l t a t der Arbeit aller Jahrhunderte ... im Reiche des Geistes [geht es] nicht [so zu,] wie ein Pilz in der Nacht aufschießt ... Was die L a n g s a m k e i t des Weltgeist[es] betrifft, so ist zu bedenken: er hat nicht zu eilen; e r h a t Z e i t g e n u g – tausend Jahre sind vor dir wie ein Tag ..."[1]

---

[1] G. W. F. Hegel, Einleitung in die Geschichte der Philosophie, herausgegeben von Johannes Hoffmeister, Hamburg ³1959, 61 f. (PhB 166). Eckige Klammern im Original.

II. Hegels „Phänomenologie des Geistes"
Interpretation der „Einleitung" und der Teile
„Bewußtsein", „Selbstbewußtsein" und „Vernunft"

A. EINLEITUNG

*4. Hegels Polemik
gegen eine der Philosophie vorgeordnete Erkenntnistheorie.
Bestimmung des Wesens der Wahrheit.
Erörterung des Begriffs „Darstellung des erscheinenden Wissens"*

Die „Einleitung" zur „Phänomenologie des Geistes" bringt in einer gedrängten Form die Problemexposition des Werkes. Sie hat damit eine Funktion, die weit über die literarische Eröffnung eines Buches hinausgeht. Sie ist im wahrhaftesten Sinne „Einleitung", weil sie das Philosophieren einleitet. Mit dem Begriff einer Einleitung verbinden wir gewöhnlich die Vorstellung einer pädagogischen Zurechtmachung, einer Vorbereitung und eines Weges. Der Unwissende soll zum Wissen geführt werden. Etwa bei der Einführung in eine Wissenschaft wird ihr Gegenstandsbereich, ihre Fragestellung zunächst in einer die Fassungskraft des vor-wissenschaftlichen Lebens noch nicht übersteigenden Weise angegeben; von diesem vorläufigen Ansatz aus führt der Weg des Lernens in die eigentliche Dimension einer Wissenschaft. Der Lernweg selbst gehört nicht wesentlich zu ihr. Bei der Philosophie aber hat Einleitung einen anderen Sinn. Hier ist sie nicht die bloße Hinführung eines Unwissenden zu einem schon vorhandenen Wissen, das ein intersubjektiver Besitz der Wissenschaftler ist. Philosophie ist überhaupt nie vorhanden. Dem widerspricht nicht die Vorhandenheit einer philosophischen Literatur von zweieinhalbtausend Jahren. Die Philosophie muß in einem radikalen Sinne produziert werden, sie ist wesentlich Möglichkeit. Und deshalb gehört der Weg ihr selbst an; der Weg liegt nicht außerhalb ihrer, ihr vorgeordnet, – sie ist der Weg ihrer Hervorbringung. Diese Einsicht spricht Hegel mit größtem Nachdruck in der Einleitung zur „Phänomenologie des Geistes" aus. Die Phänomenologie des Geistes ist nichts anderes als der Weg der sich selbst hervorbringenden Philosophie – und damit der Weg, auf welchem der

Geist zum Vorschein kommt. Und dieser Weg hat grundsätzlich den Charakter einer Bewegung, eines Geschehens, einer Geschichte.

In der „Einleitung" versucht Hegel nicht nur vorläufig auf diesen Weg- und Bewegungscharakter der Philosophie hinzuweisen, sondern vor allem die Bewegung selbst schon in Gang zu bringen, d. h. das Problem zu exponieren. Das geschieht in vier Schritten. Wir gliedern also die „Einleitung" in: 1. die Polemik gegen eine der Philosophie vorgeordnete „Erkenntnistheorie", 2. die Bestimmung des Wesens der Wahrheit, 3. die Erörterung des Begriffs „Darstellung des erscheinenden Wissens", und 4. in das eigentliche Hauptstück „Untersuchung und Prüfung der Realität des Erkennens". Diese Titel besagen uns zunächst noch wenig.

Hegel beginnt mit einer Polemik. Er bekämpft die Auffassung, die zu seiner Zeit bereits eine „natürliche Vorstellung" geworden war, nämlich daß der Philosophie eine kritische Untersuchung des Erkenntnisvermögens vorangehen müsse. Als Sache der Philosophie bezeichnet Hegel: „... das wirkliche Erkennen dessen, was in Wahrheit ist ...". (63) Diese Formulierung ist ganz unscheinbar, aber sie drückt aufs genaueste Hegels Grundauffassung aus. Philosophie ist das eigentliche Erkennen dessen, was eigentlich ist – und steht damit im Gegensatz zum uneigentlichen Erkennen des uneigentlich Seienden. Im Gefolge der Kantischen Vernunftkritik ist es ein Gemeinplatz des Zeitalters geworden, vor dem Philosophieren über die Tauglichkeit des Erkenntnisvermögens zu räsonieren, d. h. in einer Theorie der Erkenntnis die Tragweite, die Bedingungen, die Grenzen derselben auszumachen, – also die Erkenntnis zu untersuchen, bevor sie sich an ihre Sache macht. In einer solchen kritischen Absicht steckt offenbar die Meinung, daß Erkenntnis ein überschaubares Vermögen sei, das gleichsam statisch in seinen Möglichkeiten überblickbar und abschätzbar sei. Das Erkennen gleichsam abgelöst von seiner Sache und Aufgabe untersuchen zu wollen, mag dem Versuch gleichen, über das Schwimmen zu räsonieren, bevor man ins Wasser geht. Hegels Auseinandersetzung aber beschränkt sich nicht auf Gegenargumente, welche die Überblickbarkeit des Erkenntnisvermögens, die Abschätzbarkeit seiner Leistungskraft vor dem wirklichen Leisten, seine Auffächerung in Arten und Momente in Zweifel zieht. Hegel setzt nicht einer bestimmten Erkenntnisauffassung einfach eine andere entgegen. Er fragt vielmehr nach den Grundvorstellungen über Erkennen und Sein, welche den erkenntnistheoretischen Ansatz tragen. Er setzt in das erkenntnistheoretische Mißtrauen seinerseits ein ontologisches Mißtrauen. Er stellt die Frage, ob denn nicht schon bestimmte, aber selbst ungeprüfte Grundvorstellungen am Werke sind, ob am Ende die erkenntnistheoretische kritische Bewußtheit nicht in einer ontologischen Naivität gründe.

Mit dieser Frage bricht Hegel einer radikalen Besinnung Bahn. Wo immer das Erkenntnisvermögen genommen wird wie eine Art von Werkzeug, womit wir das Seiende erkennen, oder sonst als ein Mittel, dort sind schon bestimmte Entscheidungen gefallen, auch wenn wir gar nicht ausdrücklich darum wissen. Das, was ist, und zwar, was eigentlich ist, das steht dann für uns gleichsam auf einer Seite und das Erkennen auf der anderen. Das Eigentlich-Seiende wird gedacht am Modell einer bewußtseinsfremden Sache. Einem Stein ist es völlig gleichgültig, ob er erkannt wird oder nicht; er bleibt davon unberührt; das Erkanntwerden ist ein Ereignis, das ihm äußerlich bleibt; er ist, was er ist, ob er nun zum Gegenstand wird für ein erkennendes Wesen oder nicht, sein „Sein" hat mit dem „Erkanntsein" nichts zu tun. Das ist die gewöhnliche Auffassung. Sein und Erkennen gehen sich nichts an, sie sind gelegentlich auf einander bezogen, aber nicht wesentlich. Der Stein ist an sich und er bleibt an sich, auch wenn er in der Erkenntnis zu einem Gegenstand für uns wird. Die Philosophie aber hat es nicht mit dem beliebigen einzelnen Seienden zu tun, sondern sie fragt ja nach dem, was in allem Seienden das Sein ist – oder wie Hegel sagt: nach dem „Absoluten". Das Absolute wird nun zumeist gedankenlos gedacht, als ob es ein Ding wäre wie ein Stein, d. h. als an-sich-seiend und als unbezüglich auf das Erkennen. Diese Trennung von Absolutem und Erkennen ist die gedankenlose Voraussetzung, die dem erkenntnistheoretischen Absehen zugrundeliegt. Der Kritizismus ist ontologisch selbst noch naiv, er bleibt befangen in einem Vorurteil, er hat ungeprüfte Grundvorstellungen über das Verhältnis von Sein und Erkennen vorweg. Er denkt das Eigentlichseiende als eine vorhandene Sache wie einen Stein. Aber dadurch, daß das Absolute am Modell eines erkenntnisfremden Dinges gedacht wird, schließt es ja das Erkennen von sich aus; das Erkennen kann also gar nicht eigentlich sein – oder, wenn dies behauptet werden sollte, müßte es zwei absoluta geben, was dem Begriff des Absoluten widerspricht. Wesentlich ist zu sehen, daß Hegel nicht nur argumentiert, daß er nicht in der polemischen Situation bleibt, sondern daß die Polemik gegen den Kritizismus nur der Anlaß ist, ausdrücklich abzustoßen von der Gedankenlosigkeit des Lebens, in der wir zunächst uns finden. Die Polemik richtet sich primär gegen die Naivität, aus welcher je die Philosophie entspringt.

Philosophischer Beginn ist immer negativ, ist die Polemik gegen den gemeinen Verstand in uns selbst. Der gemeine Verstand ist ein Inbegriff von Vorurteilen. Hegel faßt diese Vorurteile streng ontologisch. Sein und Erkennen ist unbezüglich, hängt nicht notwendig miteinander zusammen: das ist die unausgesprochene, aber in allem Verstehen wirksame These der Naivität. Die Einleitung des Philosophierens beginnt damit, daß diese verborgene Voraussetzung ans Licht gehoben wird. Die Grundvorstellung über das Verhältnis von Sein und Erkennen, welche das gewöhnliche Leben regiert, wird abgehoben und damit in Frage gestellt. Soweit führt der erste Schritt der „Einleitung".

Der zweite besteht in der Aufstellung eines Satzes, der zum schärfsten Ärgernis für das übliche Denken werden muß. Hegel sagt: „... daß das Absolute allein wahr, oder das Wahre allein absolut ist." (65) Man kann dagegen opponieren mit dem Einwand, daß Hegel hier selbst eine neue Voraussetzung, ein neues Vorurteil ausspreche, das ebenso ungeprüft sei wie die natürlichen Vorurteile. Der Einwand ist formal im Recht. Hegel kann diesen Satz zunächst gar nicht begründen, seine ganze Philosophie in ihrer Durchführung ist die Begründung dieses Satzes; er ist eine Antizipation. Und zwar wird das Wesen der Wahrheit hier ausgesprochen. Der Satz bedarf einer sorgsamen Auslegung. Zunächst klingt er ungeheuerlich. Das Absolute ist allein wahr.

Wenn wir das Absolute als einen Bereich von Dingen oder als ein oberstes Ding denken, so wäre damit die Wahrheit und Erkennbarkeit im eigentlichen Sinne eingeschränkt auf ein Feld des Seienden. Aber wir können ja hinweisen auf Erkenntnisse und Wahrheiten von vielen Bereichen und Feldern des Seienden; wir haben naturwissenschaftliche, geisteswissenschaftliche Erkenntnisse und Wahrheiten, wir haben praktische und moralische Wahrheiten usf. Warum soll gerade ein Gebiet ausgezeichnet sein, allein – im Gegensatz zu anderen – wahr und erkennbar zu sein? Oder warum soll ein Typus von Wahrheit den Anspruch erheben, als die wesentliche Wahrheit zu gelten, gemessen an der die anderen Erkenntnisse zu trügerischen herabsinken? Dergleichen aber ist von Hegel überhaupt nicht gemeint. Es gibt keinen ausgezeichneten Bezirk des Seienden, der im Kontrast zu anderen „allein wahr" wäre. Solange wir also den Begriff des Absoluten massiv, allzu massiv verstehen als ein ausgezeichnetes Ding, hat Hegels Satz keinen vernünftigen Sinn. Wir müssen also den Vulgärbegriff vom Absoluten ausdrücklich verabschieden. Es ist kein Ding, kein endliches und auch kein unendliches, weder Natur, noch Gott. Das Absolute ist das, was wirklich, was eigentlich ist: ist das Eigentliche im Sein alles Seienden. Die Dinge, die endlichen, beschränkten Einzeldinge, sind in vielfacher Weise nichtig, eben sofern sie begrenzt, sofern sie nur dasind im verzehrenden Wandel der Zeit usf.; aber trotz ihrer Nichtigkeiten sind sie doch, das Sein selbst west in ihnen allen an. Das in allem Seienden anwesende Sein ist das Absolute. Und das hat, wie Hegel erkennt, nicht eine Unbezüglichkeit zum Erkennen; es ist nicht an sich und wird dann und wann erkannt; es hat vielmehr die Natur, offenbar zu sein, – wie das Feuer die Natur hat, warm zu sein und das Licht die Natur hat, hell zu sein.

Das Sein hat die Natur der Offenbarkeit. Wo immer irgendeine Offenbarkeit statthat, ist darin „Sein" offenbar, – und umgekehrt: wo immer Sein sich ereignet, ereignet sich auch Wahrheit. Das Sein ist seiner Natur nach das Gelichtete. Im sinnlichen Sehen vernehmen wir die sichtbaren Dinge, aber wir sehen sie im Licht, – das Licht ist das zuerst und vor allem Gesehene, auch wenn wir nicht eigens auf das Licht hinsehen, sondern durch es hindurch sehen; erst im Licht zeigt sich das Sichtbare. Alles Vernehmen von seienden Dingen hält sich schon in einem vorgängigen Verstehen von Sein; im Licht des Seinsverständnisses vernehmen wir das Seiende. Das Verstehen von Sein ist das eigentliche Wesen der Wahrheit; erst in der Offenbarkeit von Sein kann die bestimmte Offenbarkeit des bestimmten Seienden sich ereignen, eben das, was wir die empirische Wahrheit nennen. Hegels so anstößig klingender Satz bestimmt also nur das Wesen der Wahrheit als das Verstehen des Absoluten. Das, was der gemeine Verstand getrennt hält: das Sein und das Erkennen (die Vernünftigkeit), fällt für Hegel in eins zusammen; das Sein ist seiner Natur nach gelichtet und das Erkennen ist seiend. Das Erkennen ist um so eigentlicher, je eigentlicher das im Erkennen Vernommene ist; das eigentlichste Erkennen des eigentlichst-Seienden: d. h. das absolute Wissen vom Absoluten. Hegel ist sich der großen Zumutung wohl bewußt, die in seiner ersten Aufstellung steckt. Im Abstoß von der Alltagsansicht, daß Sein und Erkennen getrennt sind, stellt Hegel seinen Begriff der Wahrheit auf, in welchem ein notwendiger Zusammenhang zwischen Sein und Wahrsein (ens und verum) gedacht wird. Gewiß ist das zunächst nur eine unbewiesene These. Sie ist aber keine Voraussetzung, die „blind" gemacht wird; Hegel weiß um die Verpflichtung, sie noch ins Recht zu setzen. Die bloße Behauptung ist kein Beweismittel der Philosophie; aber sie kann auch nicht bewiesen werden wie etwa mathematische Theoreme.

Zunächst steht die eine These der anderen gegenüber. Das natürliche Bewußtsein kennt eine Vielfalt von Wahrheiten; es geht um mit dem Seienden und entdeckt, erforscht. Der entdeckende Umgang mit dem Seienden aber, wie z. B. in den Wissenschaften, ist je schon geführt von einer bestimmten Auslegung der Seinsverfassung der entdeckten Gegenstände. Wir machen Gebrauch von Begriffen wie Ding, wie Objekt, Subjekt, Sosein, Wirklichkeit usf., ohne diese Begriffe ausdrücklich zu setzen; ferner nehmen wir dabei die Dinge, so wie sie uns erscheinen in ihrer Begrenztheit, Gebrechlichkeit und Hinfälligkeit schon als „das Seiende"; wir lassen das Erscheinende ungeprüft schon als seiend gelten; wir stellen nicht die Frage, wieweit das so Erscheinende wirklich, d. i. eigentlich ist. Die Philosophie als die ausdrückliche Frage nach dem Sein steht zunächst neben den Wissenschaften und neben den Alltagseinsichten des praktischen Lebens; sie unterscheidet sich von der dort herrschenden Gedankenlosigkeit dadurch, daß sie sich nicht in übernommenen Grundvorstellungen vom Sein bewegt, nicht schlicht und geradewegs schon im voraus weiß, wie Denken und Sein zusammenhängen; ferner nimmt die Philosophie auch nicht irgendwelche Gegenstände einfach als seiend hin, sondern sie prüft jeden Seinsanspruch, und diese Prüfung soll geschehen im Hinblick auf das eigentliche, rechte, heile und von aller Nichtigkeit freie Sein. Gesetzt den Fall nun, die Philosophie wäre schon verwirklicht, es wäre schon entschieden, was rechtes Sein und was ein Ding, was Subjekt, Objekt und dergleichen im Grunde sind, – dann könnte die Philosophie gleichsam von oben herab das befangene Wissen der Wissenschaften in seine Grenzen weisen und sich darüberstellen. Aber die Philosophie ist ja gar nicht sozusagen mit einem Schlage da, ist nicht eine fertig uns zugefallene Erleuchtung. Sie kann nur anheben inmitten der Situation des gewöhnlichen, gedankenlosen Wissens; sie kann nur werden durch eine Umwandlung und Umkehrung des Alltagswissens; sie kann nur die Besinnung sein, die mitten im gewöhnlichen Wissen erwacht; sie wird im Wege der Herausarbeitung aus der Naivität. Deswegen kann sie nie in einer leeren Anmaßung sich von oben herab mit dem un-philosophischen Wissen auseinandersetzen, sie entsteht als die innere Auseinandersetzung in diesem selbst; sie wird, indem das naive Wissen sich über sich selbst hinausbringt. Und das allein ist der wahre Sinn eines philosophischen Beweises. Wo eine philosophische These dem unphilosophischen Bewußtsein nur entgegengestellt wird, hat jenes keine Veranlassung, davon Notiz zu nehmen; Behauptung steht gegen Behauptung; der wahrhafte Nachweis besteht darin, aus der Naivität selbst die Besinnung aufzuwecken und aus ihr einen Weg zu entwickeln zur Philosophie.

Der Weg zur Philosophie ist aber dann bereits die Philosophie auf dem Wege zu sich selbst. Das ist der wesentliche Sinn dessen, was Hegel die „Darstellung des erscheinenden Wissens" nennt. Damit kommen wir zum dritten Gedankenschritt der „Einleitung". Darstellung ist nicht zu nehmen im Sinne von Bericht, Beschreibung; es geht Hegel nicht um eine bloße Aufnahme des mannigfaltigen Wissens, das wir im praktischen Umgang mit den Dingen und in der wissenschaftlichen Erforschung des Seienden gewinnen. Darstellung ist vielmehr Besinnung. Wir sollen nicht nur in diesem Wissen leben, seinen Vollzug betätigen, wir sollen es zur Darstellung bringen, sollen es zeigen als solches; es soll uns aufgehen, was es damit auf sich hat. Darstellen ist verstanden als Heraus- und Hervorheben. „Das natürliche Bewußtsein" – sagt Hegel – „wird sich erweisen, nur Begriff des Wissens oder nicht reales Wissen zu sein". (67) Das natürliche Bewußtsein mit seinen gewöhnlichen Erkenntnissen und mannigfachen Wahrheiten ist „nur Begriff" des Wissens. Was heißt das? Ein Kind ist dem Begriff nach ein Mensch, aber noch nicht der reife Mensch. Dem Begriff nach sein, bedeutet hier: der noch ausstehenden Möglichkeit nach sein. Das Kind lebt dem Groß-sein entgegen. Das natürliche Bewußtsein, das in sich ein mannigfaltiges und vielfaches Wissen ist, ist, wie Hegel sagt, noch kein eigentliches, kein echtes Wissen; aber es ist bestimmt durch die ausstehende Möglichkeit, sich zum echten und eigentlichen Wissen entwickeln zu können; es hat die Möglichkeit, über sich hinauszugehen. Und wie das Kind nicht nur ausstehende Möglichkeiten hat, sondern ihm bevorstehende und als zukünftige in seine Gegenwart hereinstehende, so ist das natürliche Wissen durch einen Ausstand bestimmt, der zugleich hereinsteht. „Das Bewußtsein aber ist für sich selbst sein *Begriff* ..." (69) Dieser Satz Hegels drückt die hereinstehende Möglichkeit aus. Das Bewußtsein ist erhellt von der Ahnung seiner höchsten Möglichkeit; es weiß nicht nur irgend etwas, es weiß auch das Wissen und ahnt die höchste Wissensmöglichkeit. Der Mensch ist sich selbst vorweg; nicht allein dadurch, daß er eine Zukunft voraus hat, auch durch das Wissen um eine Möglichkeit der Steigerung des Wissendseins, eben in der Besonnenheit. Der Mensch ist nicht nur an sich, er ist zugleich auch für sich. Das „Fürsichsein des Menschen" wird von Hegel nicht als eine statische Struktur begriffen, sondern als eine Gewalt, die das Menschenleben treibt; die Tendenz, für sich zu werden, was man an sich ist, – sie ist die Unruhe, welche, wie Hegel sagt, die Trägheit stört und den Menschen über sich hinaustreibt. Das natürliche Bewußtsein vernimmt das Seiende, aber unterläßt in der gewöhnlichen Trägheit, zu fragen, was denn dies überhaupt ist; es versteht Seiendes im Lichte des vagen und ahnungshaften Wissens um das Sein, – aber fragt nach diesem selbst nicht. Wo nun aber die Besonnenheit aufbricht, stellt sich die Frage, inwiefern das als seiend Vernommene überhaupt wirklich oder eigentlich ist, und diese Frage kommt nicht so rasch zur Ruhe; die Darstellung des erscheinenden Wissens als die Besinnung auf den Seinsanspruch in allem sich zunächst Zeigenden treibt den Menschen auf eine lange Wanderung und einen weiten Weg. Es ist der Weg, auf welchem die „... Bildung des Bewußtseins selbst zur Wissenschaft" (67), d. h. die Umbildung des natürlichen Wissens in das Wissen der Philosophie geschieht.

Die Darstellung des erscheinenden Wissens ist die Phänomenologie des Geistes – in der besonnenen Prüfung des anscheinenden Wissens kommt der Geist zum Vorschein. Dieser Weg ist für Hegel die Weise, wie sich die Philosophie selbst aus dem unphilosophischen Wissen herausarbeitet und sich hervorbringt. Er hat einen bestimmten Ausgang und ein bestimmtes Ende. Der Ausgang ist das alltägliche Verstehen von Sein, in dem wir gleichsam blind und unverständig hausen. Das natürliche Bewußtsein lebt seinsvergessen und gibt sich nur dem hin, was es für das Wirkliche und Seiende hält. Das Ende des Weges ist für Hegel die erreichte Einsicht in das, was Sein ist, eben die Wahrheit des Seins oder das absolute Wissen. Und dazwischen liegen mannigfache Stationen. Hegel charakterisiert das Ziel zunächst ganz formal. Einmal dadurch, daß die Not des Menschen, über seinen Zustand hinauszugehen zu seiner höchsten Möglichkeit, aufgehoben sei. D. h. also, daß die dem Bewußtsein eigentümliche Spannung zwischen Ansichsein und Fürsichsein gelöscht ist, weil es nach all dem, was es an sich ist, für sich geworden sein wird. Das andere Charakteristikum des Zieles ist für Hegel, daß dann „... der Begriff dem Gegenstande, der Gegenstand dem Begriff entspricht". (69) Das klingt noch formaler und unverständlicher. Und doch sagt Hegel damit etwas ganz Entscheidendes aus.

Was meint die Rede von Begriff und Gegenstand? Handelt es sich um das Problem der rechten Begriffsbildung, kommt es darauf an, wie den Sachen die zugehörigen Begriffe entsprechen? Nein. Eine solche Entsprechung zwischen Begriff und der damit bezeichneten Sache gehört zu den elementarsten Erfordernissen jeder vernünftigen Rede schlechthin; die Dinge müssen in festen Zuordnungen zu ihren Begriffen stehen, wenn nicht eine allgemeine Verwirrung einreißen soll; eine solche Ordnung kann nicht erst am Ende des Denkweges stehen, der zur Philosophie führt. Saubere, einwandfreie Begriffsbildung ist eine Grundvoraussetzung in jeder Wissenschaft. Das ist also nicht gemeint. Wir holen zur Verdeutlichung etwas aus.

Im gewöhnlichen Verstehen des natürlichen Bewußtseins gebrauchen wir nicht nur Begriffe für die erfahrenen Dinge, wir sprechen auch ihr Sein in Begriffen aus, die wir zumeist gar nicht prüfen und überdenken; wir wissen nicht einmal, ob unsere Grundbegriffe, in denen wir das Seiendsein des Seienden z. B. als Substanz, als Eigenschaft, als Einzelheit usw. denken, dem Sein selbst entsprechen; ja wir machen uns überhaupt keine Gedanken über das Verhältnis von Sein und Denken, wir denken nicht nach darüber, wie Sein und Wahrsein sich zueinander verhält, wie der Begriff als das Verstehen von Sein sich zum Gegenstand: dem Sein selbst, verhält. Und wenn wir in den Wissenschaften etwa besorgt sind um eine saubere Begriffsbildung, dann vergessen wir, besorgt zu sein um die fundamentale Begriffsbildung. Wie muß letztlich und grundsätzlich das Ansichsein in seinem Bezug zum Wahrsein, wie muß das Verhältnis von ens und verum begriffen werden? Dies ist die Grundfrage, welche Hegels Philosophieren treibt. In der Bestimmung des Zieles, dem der Weg der sich aus dem natürlichen Vorstellen und Meinen herausarbeitenden Philosophie zuläuft, faßt Hegel also zusammen das An- und Fürsichsein des verstehenden Menschen und auch das Ansichsein und Wahrsein alles Seienden. Damit werden diese Grundbegriffe der Hegelschen Philosophie zunächst einmal genannt. Was jeden, der sich mit Hegel einläßt, zutiefst erstaunt, ist das Minimum von Grundbegriffen, mit denen Hegel auskommt und die bei ihm eine ungeheuere Entfaltung erfahren. Für die oberflächlichen Leser allerdings mag es scheinen, als habe Hegel nur einen etwas verwickelteren Formalismus, als sonst üblich ist, ausgebaut.

Die Entsprechung zwischen Begriff und Gegenstand, diese uns noch dunkle Beziehung, wird zum Zentralbegriff, wo die „Einleitung" ihren Höhepunkt hat, wo sie zur Exposition des Problems übergeht, eben im 4. Gedankenschritt, den Hegel überschreibt: *„Untersuchung und Prüfung der Realität des Erkennens"*. (70) Was uns zunächst befremdet, ist, daß Hegel hier von einer Untersuchung des Erkennens spricht. Hat er nicht am Anfang gerade eine so dem Philosophieren vorgeordnete Erkenntnistheorie verworfen? Aber Hegel will jetzt gar nicht das Erkenntnisvermögen untersuchen, auf seine Tauglichkeit oder Untauglichkeit in der Erfassung des Seienden abschätzen oder es in seine Stämme, Quellen, Arten usf. zerlegen. Hegels „Untersuchung des Erkennens" ist keine Erkenntnistheorie. Hegel hat offenbar mit Absicht die genannte Bezeichnung gewählt, um zunächst durch den Anklang an das zuvor von ihm Bekämpfte Befremden zu erregen. Diese Untersuchung ist ihm die Methode, welche die „Darstellung des erscheinenden Wissens" (66) ausführt. Sie ist Methode als Weg und nicht als Technik. Die Herausarbeitung der Philosophie aus dem erscheinenden Wissen geschieht als eine Untersuchung und Prüfung der Realität des Erkennens. Realität bedeutet im Wortgebrauch Hegels nicht das, was wir zunächst damit meinen: das Vorhandensein. Realitas ist das Wassein einer res, das, was eine res zu einer solchen macht. Realitas ist das wesenhafte Was-sein. Die Realität des Erkennens ist also nicht die Vorhandenheit des Erkenntnisvorganges, sondern seine Wesenhaftigkeit. Diese Realität ist ein solches Seiendes, das sowohl wesenhaft wie un-wesenhaft sein kann; ja zumeist ist sie unwesenhaft. Nicht weil sie nebensächliche Dinge etwa nur zum Gegenstand habe, sondern weil sie im Erkennen der seienden Dinge gar nicht das begreift, was die Dinge überhaupt erst zu seienden macht; die gewöhnliche Erkenntnis, die des Seins vergißt, ist un-wesentlich, ist un-eigentlich, ist nicht das, was sie sein könnte. Sie bleibt hinter ihrem Wesen zurück. Sie wird wesenhafter, je mehr sie das Sein des Seienden vernimmt und begreift. Die Untersuchung und Prüfung, die Hegel anstellt, ist die Anfrage bei dem zunächst gegebenen, erscheinenden Wissen, wieweit es überhaupt eigentlich ist, wieweit es im Vernehmen des Seienden das Sein entbirgt. Nicht wird also das Erkennen losgelöst von seiner Tat untersucht, sondern einzig auf die Kraft seines Vernehmens vom Sein hin geprüft. Hegel wählt mit Absicht den Ausdruck Prüfung. Philosophie ist Prüfung, nicht allein als das Ausproben und Wägen des Seinsanspruches des gewöhnlichen Meinens und Vorstellens, – sie ist auch Prüfung, sofern dem Denkenden widerfährt, ärmer zu werden als Hiob und alle Wahrheiten zu verlieren, die sonst das Leben tragen.

Hegel beginnt damit, daß er auseinanderlegt, worin gemeinhin eine Prüfung besteht. Was er dabei aussagt, klingt simpel. Die Prüfung von etwas besteht darin, daß wir dieses Etwas an ein Anderes halten, das uns als der Maßstab gilt, daß wir also das Zu-Prüfende an das Maßgebliche halten und damit vergleichen. Als Elemente der Prüfung heben sich ab: der zu prüfende Gegenstand, das maßgeblich-Seiende und die Vergleichung. Aber nun geht Hegel dazu über, die Voraussetzung aufzudecken, die in dieser gewöhnlichen Idee von Prüfung steckt. Und zwar geht es ihm um eine ontologische Voraussetzung. Das, woran man üblicherweise das Zu-Prüfende mißt, gilt als das Wesen. Was eine Sache taugt, schätzt man nicht ab, wenn man sie neben andere schlechtere Sachen hält, sondern wenn man sie in Vergleich bringt zu einer möglichst vollkommenen Sache, welche das Wesen am meisten verkörpert. Prüfen ist also ein Überblicken des Unwesenhaften im Hinblick auf das Wesenhafte. „Wesen" wird als das „Ansich" genommen, sagt hier Hegel. Die Prüfung bewegt sich, als Prüfung, bereits schon in den ontologischen Vorstellungen, welche das Wesen als das Ansichsein denken. Wenn aber dem so ist, dann kann, wie es scheint, an eine Prüfung des Erkennens nicht mehr gedacht werden. Woran, an welchem ansichseienden Wesen von Erkennen soll das gegebene, faktische Erkennen gemessen werden? Müßten wir nicht die Philosophie (als das wesenhafte Erkennen des Wesenhaften) schon voraus haben, um sie als den Maßstab anzusetzen, in Vergleich zu welchem dann das faktische Erkennen prüfbar wäre? Dieser Einwand, den sich Hegel macht, entspringt nicht einer Lust an der Spitzfindigkeit; er bezeichnet eine ernste Aporie. Solange wir das Sein der Erkenntnis denken im unausdrücklichen Bild des Seins von Sachen, also am Modell des Dinges orientiert sind, solange ist eine Prüfung des Erkennens nicht möglich, weil ja das wesenhafte Erkennen, die Philosophie, nicht gegeben ist. Sie soll ja allererst in solcher Prüfung werden. Hegel verschärft noch diese Aporie. Wenn das Erkennen die Seinsweise einer ansichseienden Sache hätte, dann würde es ja, wenn wir es prüfen wollen, zu einem Erkenntnisgegenstand für uns; sein Ansichsein wäre dann ein für-uns seiendes Ansichsein, und damit dem Verdacht zumindest ausgesetzt, daß es nur unsere Ansichtssache sei, was wir als sein angebliches „Wesen" ansetzen. Das natürliche Bewußtsein, in der Sicherheit seiner Weltvertrautheit, könnte alle Prüfungen von sich abweisen, es hätte nicht notwendig, die Entscheidungen solchen Prüfens von sich aus anzuerkennen.

Die Aporie entsteht, wenn das Bewußtsein genommen wird wie irgendein „Ding". Die Auflösung dieser Schwierigkeit gewinnt Hegel in einer radikalen Einsicht in die eigentümliche Natur des „Bewußtseins", in seine Seinsweise, und vermag alsdann das Problem des ganzen Werkes zu formulieren.

5. Untersuchung und Prüfung der „Realität des Erkennens"

Die „Einleitung" zur „Phänomenologie des Geistes" kulminiert in der „Prüfung" der „Realität des Erkennens". Wir sagten bereits, daß eine solche Prüfung von einer erkenntnistheoretischen Untersuchung radikal verschieden ist; sie ist kein bloßes Reflexionsanliegen, keine Selbstdurchforschung des Bewußtseins. Sie ist nach Ansatz und Fragestellung von einer Selbstbeobachtung des menschlichen Geistes himmelweit entfernt. Vergegenwärtigen wir uns, wiederholend, kurz den Gang der „Einleitung". Philosophie ist, so setzt Hegel an, das eigentliche Erkennen dessen, was eigentlich ist: dabei ist über das Eigentlich-Seiende nicht schon vorweg entschieden, es ist ein Problembegriff. Gemeinhin aber wird das, was eigentlich ist, das Absolute, gedacht im Bilde einer an-sich-seienden Sache, der es nicht wesentlich ist, erkannt und gedacht zu werden. Die übliche Vorstellung denkt das Absolute als unbezogen auf das Erkennen und Denken; Denken und Sein hängen nicht mit Notwendigkeit zusammen. Sogar im Kritizismus noch gilt das Absolute als das „Ding an sich"; die Trennung von Denken und Sein hat sich dort bis zur These von der Unerkennbarkeit des Absoluten gesteigert; das endliche Erkennen des Menschen geht nur auf „Erscheinungen". Dem stellt Hegel zu Beginn die These entgegen vom wesenhaften Bezug des Seins und des Denkens; das Absolute ist allein wahr oder das Wahre allein absolut. Diese These bedarf des Beweises. Nicht im Sinne einer deduktiven Ableitung, analog dem methodischen Verfahren der Mathematik, oder einer empirischen Feststellung. Gleichwohl ist der Beweis eine „demonstratio", d. h. eine Darstellung. Sie operiert zunächst selbst mit den vorgefundenen Unterscheidungen von Ansichsein und Erkanntsein (Für-uns-sein) einerseits und Wesen und Erscheinung andererseits. Das gewöhnliche Wissen von dem sich uns zeigenden Seienden, eben das Wissen des praktischen Umgangs und der positiven Wissenschaften, ist nicht-wesenhaftes Wissen, sofern in ihm nicht gewußt wird, was das Eigentliche und Wesenhafte an sich ist; es ist also nur „erscheindendes" Wissen. Die demonstratio, die Hegel fordert, ist nun, aus dem erscheinenden, uneigentlichen und unwesentlichen Wissen die Philosophie hervorgehen zu lassen, sie daraus zu entwickeln. Die „Demonstration" ist dann kein üblicher Beweisgang, sondern der Hervorgang der Philosophie aus dem natürlichen Bewußtsein selbst. Die Philosophie kann nur hervorgehen im Untergang der Natürlichkeit, in ihrem gewaltsamen Umbruch, in ihrer Selbstvernichtung. Sie ist die entscheidende Weise, wie sich der Mensch zugrunde richtet, in dem Doppelsinn, daß er auf den Grund geht und daß er die tragende Lebenssicherheit verliert.

Hegel charakterisiert nun die Weise, wie die Darstellung des erscheinenden Wissens sich vollzieht; sie geschieht als die Prüfung der Realität, d. h. der Wesenhaftigkeit des Erkennens. In einer ganz simpel aussehenden Kennzeichnung bestimmt Hegel zunächst, was überhaupt eine Prüfung ist: eine Vergleichung einer Sache mit dem maßgeblichen Urbild und die Feststellung, inwieweit sie dem Urbild entspricht. Hegel geht aber nicht einfach von diesem üblichen und geläufigen Begriff der Prüfung aus, er prüft zunächst die in der gewöhnlichen Idee von Prüfung steckenden ontologischen Gedanken. Das Urbild, an dem wir eine Sache messen, ist uns das Wesen, und das Wesen denken wir als das Ansichsein. Etwa, was ein Seiendes in seinem Wesen ist, sind seine inneren Bestimmungen, sagen wir; sie bezeichnen keine Eigenschaften, die es nur in Relation zu etwas Anderem hat, sondern die ihm selbst, an sich, zukommen. Wenn wir diesen Begriff von Prüfung festhalten, ergibt sich die Schwierigkeit, daß das erscheinende Wissen gar keiner Prüfung unterworfen werden kann. Woher denn sollen wir das Maß nehmen, wenn wir das Maß als das Wesen und als Ansich stillschweigend denken? Das Maß des erscheinenden Wissens kann offenbar nur das wesenhafte, das eigentliche Wissen, d. h. das Wissen von dem, was eigentlich wahrhaft ist, sein – und d. h. die Philosophie. Es bedeutet also einen „Zirkel", wenn wir einerseits die Philosophie schon voraussetzen und andererseits sie erst aus dem erscheinenden Wissen herausarbeiten wollen. Wenn wir sie aber einfach voraussetzen, haben wir nur eine leere dogmatische Behauptung, nicht die Philosophie selbst. Wenn wir, wie sonst immer, mit dem Wesen zugleich das Ansichsein ansetzen, wird die Schwierigkeit noch größer. Wir können wohl irgendein Wissen als das Wesen behaupten, an ihm das sonstige Wissen messen; aber indem wir die Prüfenden sind, ist das behauptete Wesen kein wirkliches Ansich, es ist ein Ansich für uns, ein von uns behauptetes Ansich, und es ist offen und fragwürdig, ob das von uns vermeinte maßgebende Wesen auch das eigene Wesen des Wissens ist; die Prüfung hat nur den Charakter eines von außen herangebrachten fremden Maßstabes und einer Vergleichung, die von außen gemacht wird. Die Darstellung des erscheinenden Wissens aber soll doch die Philosophie selbst aus dem natürlichen Bewußtsein hervorgehen lassen, soll nicht eine von außen herangetragene Beurteilung und Kritik darstellen; sie soll die Selbstkritik des erscheinenden Wissens sein. Nicht das Danebenhalten eines angeblichen und, weiß Gott woher, hergeholten Musterbildes vom wesenhaften Wissen kann hier das Geringste helfen. Im gewöhnlichen Wissen selber liegt der zumeist vergessene und trüb gewordene Vorblick in sein eigentliches, eigenes Wesen.

Hegel macht nun den entscheidenden Schritt in einer Radikalisierung der ontologischen Besinnung. Schon bei dem simplen Angeben dessen, was eine Prüfung ist, fanden wir bei ihm eine merkwürdige Reflexion, eine Besinnung auf die in der Idee von Prüfung steckenden Seinsgedanken: Messung des Erscheinenden am Wesen, des Für-uns-seienden am Ansichsein. Gewöhnlich operieren wir nur mit diesen Grundvorstellungen, wir gehen mit ihnen um, wir leben in ihnen, aber sie werden uns zumeist gar nicht bewußt in jener herrlichen Gedankenlosigkeit, welche die Gesundheit des Lebens ausmacht, – wo wir wahrlich nicht wissen, was wir tun. Und wenn wir, in den Grundgedanken von Wesen als Gegensatz zur Erscheinung und von Ansichsein als Gegensatz zum Für-ein-Wissen-sein lebend, nun diese Vorstellungen auf das Wissen selbst anwenden wollen, erhebt sich die oben geschilderte Aporie. Das Wissen und das Bewußtsein ist offenbar kein so vorhandenes Ding wie sonst die Dinge; Erscheinung und Wesen haben hier offenbar nicht denselben Sinn wie bei allem anderen Seienden. Hegel sieht nun die Differenz nicht darin, daß etwa das Bewußtsein als res cogitans der res extensa gegenüberstünde, der Mensch der Natur; nicht im Moment der Innerlichkeit und im Selbstbesitz, nicht in der Freiheit und nicht im Erlebnisstrom sieht er das Auszeichnende des Bewußtseins; er faßt die Natur des Bewußtseins ontologisch, nicht so, daß er etwa nur die Seinsart von Bewußtsein gegenüber der Seinsart von Pflanze, Tier, Stein, Zahl und dergleichen bestimmt, sondern viel ursprünglicher. Bewußtsein ist für Hegel gar nicht primär ein Inbegriff von seelischen Erlebnissen, von Akten. Gewiß ist dies das erste, was uns einfällt, wenn wir von Bewußtsein reden. In den vielfältigen Akten des Wahrnehmens, des Erinnerns, des Erwartens haben wir das Seiende, dem wahrgenommenen Ding entspricht subjektiv die Wahrnehmung und auch diese können wir in der Reflexion wahrnehmen, ja wir können wieder auf die Reflexion reflektieren usf. Bei solchen Reflexionen auf subjektive Akte finden wir zwar eine Fülle phänomenologisch interessanter Bewußtseinsstrukturen, – wir finden aber nie die eigentliche Natur des Bewußtseins. Denn diese besteht nicht nur im Vernehmen des Seienden, – vielmehr in der Offenheit für das Sein. Allem Vernehmen des Ontischen geht ermöglichend voraus das Verstehen der Seinsverfassung des Ontischen; solch vorgängiges Verstehen nennt man die apriorische Erkenntnis. Hegels Ansatz ist aber nun nicht statt bei dem Bewußtsein als Inbegriff von Erlebnissen bei dem Bewußtsein als einem Inbegriff „angeborener Ideen". Hegel begreift die „Natur des Bewußtseins" als das entwerfend-setzende Denken des Seins. Er wendet nun nicht einfach ontologische Grundvorstellungen wie „Wesen" und „Ansichsein" auf das Bewußtsein an, um eine Prüfung von außen an ihm vorzunehmen, – es kommt ihm jetzt darauf an, das Bewußtsein als das Er-Denken jener Seinsgedanken von Erscheinung – Wesen, von Ansich usw. zu begreifen. Die Prüfung ist also nicht eine solche, bei der mit ontologischen Grundvorstellungen „operiert" wird, ohne daß der operative Gebrauch selbst einsichtig wird; die Prüfung des Bewußtseins ist die Prüfung der Seinsgedanken selbst. Indem Hegel die Natur des Bewußtseins versteht als das entwerfende Setzen der Seinsgedanken, hat er sie in einem radikalen Sinne „ontologisch" begriffen; das Bewußtsein ist die sich vollziehende Ontologie. Damit verschwindet der Anschein einer Trennung zwischen dem Prüfenden und dem Geprüften. Das Bewußtsein ist kein fremder Gegenstand, an den wir beim

Prüfen einen fremden Maßstab herantragen. Wir stehen nie außerhalb des Bewußtseins, wir stehen in ihm. In kurzen, gedrängten und schwer ausschöpfbaren Sätzen gibt Hegel einen Wesenseinblick in die Natur des Bewußtseins als Entwurf von Seinsgedanken.

Die Prüfung der Realität des Erkennens ist für Hegel nicht das von außen kommende Herantragen eines Maßstabes an das Bewußtsein, als ob dieses eine fremde Sache wäre; die Prüfung ist die Selbstprüfung des Bewußtseins. Hegel sagt: „Das Bewußtsein gibt seinen Maßstab an ihm selbst, und die Untersuchung wird dadurch eine Vergleichung seiner mit sich selbst sein ...". (71) Was soll das heißen? Man könnte zuerst versucht sein, diesen Satz plausibel zu begründen. Etwa so: eine Untersuchung des Wissens ist von vornherein schon eine Untersuchung von etwas Subjektivem; Wissen ist ja nie eine vorhandene Sache wie ein Baum oder ein Haus, Wissen ist immer in einem Wissenden; um das Wissen zu untersuchen, müssen wir bereits ein Wissen vom Wissen, d. h. ein Selbstbewußtsein haben. Im Selbstbewußtsein kann allein das Prüfen eines Wissens geschehen. Wenn wir so argumentieren, entschwindet uns Hegels Einblick in die Natur des Bewußtseins.

Wir fragen: inwiefern gibt das Bewußtsein seinen Maßstab an ihm selbst? Der Maßstab, so hörten wir eingangs bei der ersten Verdeutlichung dessen, was eine Prüfung ist, ist das Wesen oder das Ansich. Das Bewußtsein gibt sich selbst vor, was Wesen oder Ansichsein ist; es hat nicht, es gibt, d. h. es entwirft. Das Bewußtsein, als das Seinsverständnis genommen, entwirft vorgängig vor allem Vernehmen von Seiendem das Ansichsein oder das Wesen; gemäß solchem Vorentwurf läßt es sich dann die seienden Dinge begegnen als solche, die „an sich" sind und die „in sich", d. h. wesenhaft sind. Dieser vorentworfenen Idee von Ansichsein entspricht dann auch die zugehörige Wissensidee; Wissen ist Vernehmen von Ansichseiendem, das Sein des Seienden wird durch das Wissen nicht berührt, ist davon unabhängig; das Wissen richtet sich nach den davon unabhängigen Dingen; das Wissen versteht sich selbst als ein echtes und wahrhaftes, wenn es sich nach dem Ansichsein oder Wesen der Dinge richtet. Wenn es sich so prüft, prüft es, wie die Idee des Wissens und die Idee des Ansichseins zueinander stehen. Aber beide Ideen sind, radikal verstanden, im Bewußtsein; denn dieses ist immer der doppelte Entwurf des Wesens des Ansichseins und des Wesens des Wissens. Im Bewußtsein, sagt Hegel, ist eines „für es" und ist auch „außer dieser Beziehung" (71), d. h. das Bewußtsein denkt die wissensmäßige Bezogenheit des Seienden und das davon unberührt bleibende Ansichsein des Seienden; Hegel faßt den Doppel-entwurf des Seinsverständnisses, den Doppelentwurf von Idee des Ansich und Idee des Wissens, zusammen in dem Satz: „An dem also, was das Bewußtsein innerhalb seiner für das *Ansich* oder das *Wahre* erklärt, haben wir den Maßstab, den es selbst aufstellt, sein Wissen daran zu messen" (71). Hegel sagt ausdrücklich „erklärt" und „aufstellt"; das Bewußtsein hat nicht ihm eingepflanzte ontologische Grundvorstellungen, die es als Ausstattung mitbringt und unablegbar beibehält; das Bewußtsein erklärt, was ihm das Wahre ist, d. h. es proklamiert, entwirft, was Wesen und Ansich ist, – und es „stellt auf" damit den Maßstab, woran es sein Wissen mißt, d. h. es stellt zugleich damit die Idee des Wissens auf. In diesem Doppelbezug von Ansich und Wissen, in der Spannung dieser ontologischen Fundamentalideen, gründet die Möglichkeit der Prüfung der Realität des Erkennens. Die Prüfung entspringt der Frage, wie Ansich und Wissen zueinander stehen. Geprüft werden soll ja die Realität des Erkennens; ein Erkennen ist um so realer, wesenhafter, je wesenhafter das in ihm Vernommene ist; und wenn das Ansich als das Wesen verstanden ist, ist offenbar jenes Erkennen das reale, das das Ansich selbst vernimmt. Die Prüfung wird damit zur Frage nach der Entsprechung zwischen den ontologischen Grundgedanken des Ansich und des Wissens. Hegel charakterisiert die in Frage stehende Entsprechung als eine solche zwischen Gegenstand und Begriff.

Mit diesem Ausdruck werden wir zunächst erinnert an die früher gegebene Charakteristik des Endzustandes, der im Durchlaufen des Weges zur Philosophie erreicht werden soll. Auch dort sprach Hegel davon, daß, wo das Wissen nicht mehr über sich selbst hinausgetrieben wird von der Unruhe der Seinsfrage, der Begriff dem Gegenstand und der Gegenstand dem Begriffe entspricht. Wir haben es in der letzten Stunde so erläutert, daß dann das Wissen ganz für sich geworden ist, was es an sich ist. Hegel nimmt nun diesen Gedanken in einer vertieften Form auf.

Was uns befremdet, ist zunächst die formal erscheinende Ausdrucksweise, die unbeholfene Abstraktheit, die Dürre der Formulierung. Aber das ist ein Schein, der bald verschwindet, sobald man wirklich den Versuch macht, in Hegels Gedankenspur zu gehen; Hegel macht keine Konzessionen an die allgemeine Schläfrigkeit des Denkens; er verlangt schärfste Konzentration. Die Entsprechung von Gegenstand und Begriff ist die Fragebahn, in welcher sich die ontologische Prüfung des Bewußtseins bewegt. Wie verhalten sich die vom Bewußtsein entworfenen Grundgedanken zueinander? Hegel exponiert dieses Problem in einer merkwürdigen Verschlingung und Verschränkung. Zuerst setzt er an, daß wir unter dem Begriff das Wissen verstehen und unter dem Gegenstand das Wesen. Der Begriff ist dann gleichsam das Subjektive des Begreifens, des Einsehens, des Erkennens. Wir haben einen rechten Begriff von einer Sache, wir wissen, wie es damit sich verhält. Der Gegenstand aber ist das Objektive der Sache selbst und zwar, wie sie in sich und an sich ist; die Prüfung ist nun nicht ein Nachsehen, wie in einzelnen Fällen die Begriffe ihren Gegenständen entsprechen, sie ist vielmehr das fragende Bedenken des vorausgesetzten Verhältnisses von Subjektivität und Objektivität; fragwürdig ist jetzt die Entsprechung des Wissens überhaupt zum wesenhaften Ansichsein überhaupt. Wie kann überhaupt das Ansich oder das Wesen gewußt werden? Vereitelt nicht das Ansichsein die Wißbarkeit? Denn im Wissen wird doch das Ansichseiende zu einem Seienden-für-ein-Anderes, d. h. für das Wissen? Im Wissen verwirklicht sich die vernünftige Einsicht. Wie steht nun die Vernünftigkeit, als subjektive, zum Ansichsein des Seienden? Stößt das Ansichsein nicht die Vernünftigkeit von sich ab – oder läßt sie nur als ein äußerliches, ihm fremd bleibendes Geschehen zu? Ist Vernunft nur im Wissen und nicht auch im Ansichsein? Wie ist die Entsprechung zwischen Wissen und ansichseiendem Wesen? Dies ist die erste Gestalt der Frage.

Die zweite Gestalt gewinnt Hegel dadurch, daß er, wie es scheint, die Bezeichnungen vertauscht. Wir können auch das Wesen einer Sache ihren Begriff nennen. Oder wir können dann unter Gegenstand gerade das Seiende verstehen, sofern es entgegensteht, objiziert einem Vernehmenden, Objectum ist, und d. h. sofern es für ein Anderes ist. Der Gegenstand ist dann das Seiende im Wie der subjektiven Gegebenheit, er ist das Seiende, so wie es sich uns zeigt, wie es uns erscheint, der Gegenstand ist das Phänomen. Die Prüfung ist jetzt die Frage, wie der Gegenstand dem Begriffe entspricht, – d. h. wie das phänomenal Seiende als solches sich zu dem Wesen verhält. Wie das Phänomen zum Ding an sich, das als „Begriff" verstanden wird. Das sieht wie eine künstliche Komplikation, ja wie ein unverbindliches Spiel mit einer wechselnden Terminologie aus. Hegel sagt ja selbst, daß bei der Umstellung der Bezeichnungen „dasselbe" herauskomme. Gewiß ist es dasselbe, aber niemals in der öden Einerleiheit zweier verschiedener Formeln, die das gleiche sagen. Hinter den „dürren Abstraktionen" Hegels steht das ganze Seinsproblem der abendländischen Metaphysik. Die erste Gestalt der Frage entspricht im Wesentlichen dem Ansatz des Seinsproblems in der Neuzeit, die zweite Gestalt dem antiken Ansatz. Die Neuzeit begreift den Begriff vornehmlich als etwas Subjektives; die Vernünftigkeit ist primär keine im Seienden waltende Macht, sie hat die Seinsart des Subjekts; die Vernünftigkeit findet sich in der Selbstgewißheit des sich wissenden Subjekts; und diesem wird es zum Problem, wieweit sein vernünftiges Wissen vom Seienden das Seiende an ihm selbst trifft, wieweit also der Begriff dem Gegenstande entspricht. Für die antike Auffassung des Seins ist dieses in sich selbst vernünftig; der Begriff ist die *ousia* und das *to ti en einai;* er west im Seienden selbst; ferner hat das Seiende die eigentümliche Weise dazusein im Aufgang, im Herauskommen in sein Aussehen, im Sichzeigen. Solches aufgehende Sichzeigen hat antik nicht den primären Sinn der Präsentation für ein erkennendes Subjekt. Das Erscheinen ist das Sichfügen in eine Gestalt, in ein Aussehen. Daß je ein Seiendes einem Erkenntnissubjekt erscheinen kann, für es zum Objekt werden kann, gründet in dem Aufgegangensein des Seienden. Die Prüfung auf dem Boden des antiken Ansatzes bedeutet die Messung des un-wesentlichen Erscheinenden am Wesen selbst. Hegel verkoppelt nun nicht einfach äußerlich beide Grundstellungen der abendländischen Metaphysik, er denkt sie wirklich in eins. Und das ist das Schwierigste an dieser Stelle, die wir eben interpretieren. Begriff und Gegenstand, Füreinanderessein und Ansichselbstsein, Wesen und Erscheinung: alle diese Grundbegriffe verschränken sich; sie bilden zusammen das Arsenal der ontologischen Grundgedanken, das als Erbschaft für Hegel vorgegeben ist. Gegen diese überkommene Erbschaft richtet Hegel sein Problem auf. Das geschieht aber nicht dadurch, daß er die überlieferten Grundbegriffe des Seinsdenkens beiseitestellt. Er denkt sie um. Das Umdenken hat nicht den Charakter einer freischwebenden Konstruktion, es geschieht als die Prüfung der Realität des Erkennens. Diese Prüfung aber ist keine von außen herbeigebrachte Untersuchung; es ist eine Prüfung, welche das Bewußtsein in sich selbst vollzieht. Und das weist Hegel dadurch auf, daß er die eigenartige Natur des Bewußtseins zu Gesicht bringt.

Bewußtsein ist also nicht, wie wir gewöhnlich den Terminus gebrauchen, der Erlebniszusammenhang eines Erlebenden, es ist vielmehr der Entwurf der Seinsgedanken. Dieser ist nicht ein für allemal fertig und abgeschlossen. Zwar steht er zumeist still, ist bewegungslos; und es sieht dann so aus, als wären die apriorischen Begriffe eine ewige Ausstattung der menschlichen Vernunft. Aber dieser Schein von Beständigkeit verschwindet, wenn die inneren Spannungen im Gefüge der ontologischen Grundvorstellung manifest werden. Das Bewußtsein, angetrieben von der Ahnung des Absoluten, nimmt nicht mehr selbstverständlich die herrschende Seinsauslegung hin, es prüft sie – und in diesem Prüfen arbeitet sich die Philosophie aus dem erscheinenden Wissen heraus. Es ist für Hegel von entscheidender Wichtigkeit, daß es das Bewußtsein selber ist, das sich prüft, das in sich selbst sich zur Philosophie entwickelt. Der Philosoph ist also nicht die Instanz, die von außen das faktische Wissen beurteilt, irgendwie mißt an einem behaupteten Wissensideal; das natürliche Bewußtsein mißt sich selbst, es vergleicht und prüft; dem Philosophen bleibt nur das reine Zusehen, wie Hegel sagt. Für ihn und vor seinen Augen rollt die Geschichte der Selbstprüfung des Bewußtseins ab, dessen Selbstentwicklung zur Philosophie. Dem Philosophen scheint die bloße Passivität des Zusehens zu verbleiben. Seine erste Aufgabe ist es, gerade nicht den Prozeß zu stören, dessen Zeuge er ist, seine Anstrengung besteht in dem Zurückhalten eines antizipierten Wissens und in der Bescheidung, die ontologischen Wandlungen so zu sehen und aufzunehmen, wie das natürliche Bewußtsein sie mühsam vollzieht.

Die Art, wie Hegel dem mit sich selbst und seiner Prüfung beschäftigten Bewußtsein den „Philosophen" gegenüberstellt, mag uns erstaunen. Woher kommt plötzlich dieser Zeuge? Wir müssen die Ausgangssituation vergegenwärtigen. Zu einer Prüfung gehören ein Prüfer, ein Prüfbares, ein Maßstab der Prüfung und die Vergleichung und ihr Ergebnis. Das zu-Prüfende war angesetzt worden als das erscheinende Wissen, es soll auf seine Realität hin, auf seine Wesenhaftigkeit geprüft werden. Das Wesen des Wissens, d. h. das wesentliche Wissen vom Wesentlich-Seienden kann offenbar der einzige Maßstab sein; aber dieser ist nicht verfügbar, weil die Philosophie nicht antizipiert werden kann. Die Prüfung des Erkennens mußte so einen anderen Sinn haben als den einer Vergleichung mit einem vorhandenen, verfügbaren Maß. Das zeigt Hegel, indem er die Natur des Bewußtseins als Seinsverständnis zu Gesicht bringt. Die Prüfung hat den Charakter einer Frage nach der Entsprechung von Begriff und Gegenstand in dem vorhin erläuterten Sinne. Das Bewußtsein ist nicht nur das Geprüfte, es ist auch das Prüfende selbst. Mit dieser Einsicht spaltet sich die theoretische Situation. Der Philosoph Hegel, der das Buch schreibt, und der Leser, der ihm nachfolgt, sie bilden zusammen ein „Wir". Dieses „Wir" hat zum Gegenstand der Betrachtung die Selbstprüfung des natürlichen Bewußtseins, seine Läuterung zur Philosophie. Allerdings ist dieses „Wir" von Autor und Leser nicht irgendwo außerhalb des Bewußtseins und ihm äußerlich gegenüber; das Wir steht in ihm, es schaut dem Gang der Selbstprüfung zu. Das Wir als der Zeuge der Selbstprüfung des Bewußtseins ist eine ausdrückliche Form seiner Wachheit. Die Zeugenschaft des Wir von Autor und Leser wird nachher wichtig für die „wissenschaftliche Form" der Prüfung.

Vorerst fragen wir nochmals, wie begreift Hegel die Selbstprüfung? Inwiefern ist es das Bewußtsein selber, das sich prüft? Die Antwort gibt er in einem Satz: „Denn das Bewußtsein ist einerseits Bewußtsein des Gegenstandes, anderseits Bewußtsein seiner selbst...". (72) Ist damit die banale Tatsache gemeint, daß wir neben gegenständlichem Bewußtsein auch ein Selbstbewußtsein haben? Das ist doch offenbar eine ganz triviale psychologische Feststellung. Bewußtsein des Gegenstandes ist nicht die vielberedete Intentionalität des Bewußtseins, jene Struktur, daß alle unsere Akte, Wahrnehmungen, Erinnerungen, Wahrnehmungen von etwas, Erinnerungen an etwas usw. sind. Hegel interpretiert, das Bewußtsein des Gegenstandes ist Bewußtsein dessen, was das Wahre, Eigentliche, Wesenhafte ist; Selbstbewußtsein ist nicht allein das Wissen um sich, sondern das Wissen von dem, was man als das „Seiende", das Wahre, das Eigentliche ansetzt. Wir sehen also, Hegel interpretiert die üblichen Ausdrücke Bewußtsein und Selbstbewußtsein entgegen dem sonstigen Wortverstand ontologisch. Und in diesem Sinne sind die beiden ersten Abschnitte der „Phänomenologie des Geistes" überschrieben: A. Bewußtsein, B. Selbstbewußtsein. Die Spannung von Bewußtsein und Selbstbewußtsein ist die von entworfener Idee des Ansichseins und von entworfener Idee des Wissens vom Ansichsein. Das Bewußtsein existiert als die Spannung. Hegel exponiert ganz allgemein zunächst diese Spannung als den Gegensatz von Wissen und Ansichsein. Diese beiden Ideen scheinen sich nicht vertragen zu können. Soll etwas An-sichseiendes gewußt werden, so hört es doch offenbar auf, „an sich" zu sein, es wird zu einem gewußten Ansich, zu einem Ansich für uns; dieser paradoxe Begriff zeigt den Streit, in welchen die ontologischen Grundvorstellungen von Sein und Wissen geraten. Der Streit zwischen diesen unverträglichen Gedanken „Ansichsein" und „Wissen" zwingt dazu, sowohl den Begriff des Wissens als auch den Begriff des Gegenstandes zu ändern; aber damit wird das zuvor angesetzte Maß, der Maßstab der Prüfung selber mit geändert.

Zuerst war das Ansichsein der Maßstab; die Besinnung zeigt, daß gemessen daran das Wissen nie wahrhaft sein kann, sofern es ja nie auf den ansich bleibenden, sondern nur auf den für uns sich zeigenden Gegenstand zu gehen vermag; das Maß des Wissens muß ein anderes werden, die Idee des Ansichseins ist umzudenken; aber das hat im Gefolge, daß auch die Natur des Wissens umgedacht werden muß. Diese Veränderungen in den Grundgedanken vom Sein nennt Hegel nun eine dialektische Bewegung. Die Dialektik ist das prüfende Gespräch der Seele mit sich selbst, die Selbstunterredung des Bewußtseins mit sich selbst über das Sein. In den Veränderungen der Ideen von Wesen, Ansich, Erscheinung, Wissen macht das Bewußtsein mit sich selbst Erfahrungen: was es bislang für das Seiende hielt, wird fragwürdig, das Gefüge seiner Grundvorstellungen kommt ins Wanken, es wird herausgeworfen aus seiner Sicherheit, es kommt in Bewegung. Diese Bewegung hat zunächst den Charakter des Ruckes, das Bewußtsein wird herausgerückt aus einer tragenden Seinsauslegung, es macht die Erfahrung, daß sein bisheriger Seinsbegriff nichtig ist und daß es einen neuen Seinsbegriff bilden muß; aber sofern ihm solche Bildung gelingt, steht es wieder still, bis es erneut die Prüfung des neuen Seinsbegriffs durchgemacht hat. Das natürliche Bewußtsein ringt sich auf einem langen Wege der Wandlungen und Verrückungen von seiner fraglosen Natürlichkeit los, ehe es in die verrückte Welt der Philosophie gelangt. Es muß eine Reihe von Gestalten durchlaufen, Stationen seines Leidensweges, ehe sich das Bewußtsein in sein wahres Wesen heimbringt und dann eigentlich weiß, was eigentlich ist. Die Vielfalt dieser einander ablösenden Seinsentwürfe, die Geschichte derselben und damit der Wegverlauf, zeigt sich nicht dem natürlichen Bewußtsein, es sei denn am Ende, wo es seines Weges sich erinnert. Das Bewußtsein bleibt nach jedem Ruck, den es tut, wieder stehen; es muß über diesen Stillstand immer wieder hinausgetrieben werden von der Ahnung des Absoluten. Für den Betrachter, für das Wir, wie Hegel den mitwissenden Zeugen dieser Geschichte des seinsdenkenden Bewußtseins nennt, ergibt sich daraus ein Zusammenhang, nicht bloß die Vielfalt von Stationen, sondern eine einheitliche Bewegung eines Weges. Darein setzt Hegel nun den spezifischen Wissenschaftscharakter der „Phänomenologie des Geistes": sie sieht das Ganze der einzelnen Rucke als Bewegung und Werden; sie sieht den ganzen Weg, der zur Wissenschaft, d. i. zur Philosophie führt, und dieser ganze Weg ist selbst schon die Wissenschaft, die Wissenschaft der Erfahrung des Bewußtseins.

Mit diesem Vorbegriff endet die „Einleitung". Sie mag uns leicht als eine Problemstellung erscheinen, die sich nur in andeutenden Begriffen bewegt. Und doch hat in dieser Konzeption der ontologischen Prüfung Hegel das innerste Anliegen seines Philosophierens ausgesprochen. Er beginnt diese Prüfung beim gewöhnlichsten und schlichtesten Wissen, bei der sinnlichen Gewißheit.

B. BEWUSSTSEIN

a) Die sinnliche Gewißheit; oder das Diese und das Meinen

6. Allgemeine Problemexposition: das „Wesen der Wahrheit". Gliederung des Kapitels. Darstellung und erste Prüfung der „sinnlichen Gewißheit"

Die Entsprechung zwischen Begriff und Gegenstand ist das Frag-Würdige auf dem langen Weg des natürlichen Bewußtseins zur Philosophie. Die Entsprechung von Begriff und Gegenstand bezeichnet in knappester Formel das Grundproblem der „Phänomenologie des Geistes". Was ist das für eine Entsprechung? Der Ausdruck erinnert zunächst an die bekannte Definition der Wahrheit als der „adaequatio rei atque intellectus". Und diese Erinnerung ist nicht zufällig. Die Übereinstimmung ist offenbar die gelingende Entsprechung und steht den mißlingenden Entsprechungen als den Formen der Unwahrheit (Irrtum, Täuschung usf.) gegenüber. Gewöhnlich nennen wir wahr einen Satz, genauer eine behauptende Aussage, die bejahend oder verneinend sein kann; wir nennen sie wahr, wenn die Aussage dem wirklichen Sachverhalt entspricht, wenn sie mit ihm übereinstimmt. Die Dimension der Übereinstimmung, der Bezugsraum, in welchem die Entsprechung spielt, wird uns gewöhnlich nicht zum Problem; es wird stillschweigend als bekannt vorausgesetzt, wie Sätze und Sachen sich entsprechen. Wir nennen aber auch Erkenntnisse wahr; ja wir halten die Erkenntniswahrheit für noch ursprünglicher als die Satzwahrheit. Denn Sätze sind wahr, weil sie wahren Erkenntnissen Ausdruck geben; Satzwahrheit ist eine abgeleitete Weise der Wahrheit. Aber auch die Erkenntniswahrheit, sagt man, besteht in der Übereinstimmung, eben in der richtigen Entsprechung zwischen Sache und dem darauf bezogenen Wissen. Aber auch hier wird nach der Dimension des möglichen Entspruchs nicht gefragt. Die Sache ist dort und das Wissen hier. Wir sind als erkennende Wesen zwar immer schon bei dem Seienden; wir halten uns auf inmitten der Dinge. Unser Aufenthalt bei ... ist die selbstverständlich vorausgesetzte Dimension, innerhalb welcher die Übereinstimmung statt hat oder nicht. Wissen und Sache, bzw. satzmäßig verwahrtes Wissen und Sache stehen in einem vorbekannten Bezugsverhältnis. Die bestimmte Wahrheit von bestimmten Seienden, mag sie wie immer dem Verdacht, dem Zweifel, der Kritik, der Überprüfung ausgesetzt werden, hält sich immer schon im Raume eines selbst nicht in Zweifel gezogenen und nicht überprüften Grundverhältnisses von Wissen überhaupt und Sachen überhaupt. Mag das einzelne faktische Wissen dem einzelnen faktischen Gegenstand nun gemäß oder ungemäß sein, für die Entscheidbarkeit dieser Frage ist schon ein Grundbezug zwischen Wissen und Vorhandensein vorausgesetzt. Die vielen Einzelwahrheiten gründen in einer vorausgesetzten Wesensverfassung von Wahrheit überhaupt. Wir nennen diese die „ontologische Wahrheit". Ontologische Wahrheit ist allen Bewahrheitungen vorgängige, „vorausgesetzte" Grundvorstellung über das Verhältnis von ens und verum, von Sein und Wahrsein. Die ontologische Wahrheit hält in der Weise, wie sie das Verhältnis von Wissen und Sache zum Ansatz bringt, für die faktischen Einzelwahrheiten die Dimension der möglichen Entsprechungen offen. Mit der Problemformel „Entsprechung von Begriff und Gegenstand" meint Hegel nicht die Wahrheit oder Unwahrheit einzelner Erkenntnisse oder Sätze. Er meint die Wahrheitsdimension. Und diese Dimension soll selbst „geprüft" werden; es ist also eine Prüfung wesentlich radikalerer Art. Nicht einzelne Wahrheiten, sondern das Wesen der Wahrheit wird zum Gegenstand der Prüfung; die vorausgesetzte Fundamentalvorstellung über den Bezug von Wissen und Sein wird nunmehr fragwürdig. Hegel treibt in der „Phänomenologie des Geistes" das prüfende Fragen durch einen Wandel des Wesens der Wahrheit, der, wie er in der Einleitung zur „Logik" hinsichtlich der Phänomenologie sagt, „... durch alle

Formen des *Verhältnisses des Bewußtseins zum Objekt* durch[geht], und ... den *Begriff der Wissenschaft* zu seinem Resultate [hat]".[1] Die Entsprechung von Begriff und Gegenstand aber ist für Hegel nicht allein das Verhältnis des Wissens zum Sein, sondern in einer bedeutsamen Verschränkung damit auch das Verhältnis von Erscheinung und Wesen. Die verschränkte Entsprechung von „erscheinendem" Wissen zum ansichseienden Wesen bezeichnet Hegels Fragestellung, bezeichnet sein ontologisches Problem.

Hegel beginnt die Prüfung des seinsbegrifflichen Denkens bei der sinnlichen Gewißheit. Dieser Ansatz bedarf einer Erläuterung. Wir versuchen sie im Anschluß an den Aufriß des Werkes. Die „Phänomenologie des Geistes" beginnt ihren ersten Abschnitt mit dem „Bewußtsein". Hier hat der Titel Bewußtsein einen verengten Sinn, sofern er Gegenbegriff ist zu „Selbstbewußtsein". Was also zuerst der Prüfung unterzogen wird, ist das Bewußtsein. Wenn wir unter Bewußtsein aber, wie üblich, verstehen das Ganze des vorstellenden Meinens, also die Erlebnisse, in denen wir das Seiende vernehmen, das wir selbst nicht sind, dann gelangen wir nie in die Problembahn Hegels. Denn hier geht es nicht um eine Analyse oder Ausforschung des Bewußtseinslebens. Hegels Frage ist ontologisch. In dem mit „Bewußtsein" überschriebenen ersten Abschnitt der „Phänomenologie des Geistes" löst Hegel die überlieferten Grundgedanken der Seiendheit und der Welt auf. Nicht um Bewußtseinsphänomene, sondern um die bisherigen Entwürfe von dem, was ein Seiendes und was das Seiende im ganzen sei, geht es einzig und allein. Die Auflösung der überlieferten Ontologie geschieht nicht durch eine von außen herangetragene Kritik, sie wird vollzogen durch das Durchdenken ihrer inneren Widersprüche; d. h. die Auflösung vollzieht sich dialektisch, vollzieht sich im *dialegesthai,* im Durchsprechen der Seinsgedanken. Diese Interpretationsthese mag zunächst einmal befremden. Auch Hegels erstes großes Werk ist, ähnlich wie die „Kritik der reinen Vernunft", eine Kritik der bisherigen Metaphysik – und die Grundlegung einer neuen Metaphysik.

Der Abschnitt „Bewußtsein" gliedert sich in: I. Die sinnliche Gewißheit; oder das Diese und das Meinen; II. Die Wahrnehmung; oder das Ding und die Täuschung; III. Kraft und Verstand, Erscheinung und übersinnliche Welt. Die Seiendheit des Seienden besteht im Diese und im Ding, das Seiende im Ganzen im Gegenspiel von Erscheinung und

---

[1] G. W. F. Hegel, Wissenschaft der Logik, Glockner IV (= Logik I), 44.

übersinnlicher Welt; mit diesen ontologischen Auslegungen setzt Hegel sich auseinander. Der grundsätzliche Aspekt, in welchem Hegel ansetzt, ist das metaphysische Grundproblem der Interpretation der Seiendheit des Seienden. Das wird zumeist übersehen.

Gewiß, Hegel fängt an mit der sinnlichen Gewißheit. Aber nicht mit einer Untersuchung der Sinneserkenntnis. Von den Sinnesorganen ist dabei überhaupt nicht die Rede. Und zwar nicht deshalb, wie man auch gesagt hat, weil Hegel die Sinnlichkeit ganz vom Geist her interpretiere, weil er blind sei für die Eigenständigkeit des sinnlichen Vernehmens. Es handelt sich für ihn gar nicht um eine Erforschung oder Deutung der sinnlichen Erfahrung vom farb'gen Abglanz und vom Klang, vom Duft und Ruch der Dinge; es geht ihm einzig um die alle Sinneserkenntnis durchwaltende Seinsvorstellung, der gemäß das Farbige, Klingende, Greifbare „ist". Und er beginnt mit der sinnlichen Gewißheit, weil sie unmittelbares Wissen ist. Ihre Unmittelbarkeit aber liegt nicht im sinnlichen Bezug. Wohl riechen wir, sehen wir und tasten wir sozusagen den Sinnesgegenstand unmittelbar, wir rühren ihn gleichsam direkt an, sind auf eine innige Art bei ihm selbst; aber diese Innigkeit der Berührung von *aisthesis* und *aistheton* steht bei Hegel nicht im Blick, wenn er von der Unmittelbarkeit der sinnlichen Gewißheit spricht. Sie ist unmittelbar, weil sie Wissen des Unmittelbaren oder Seienden ist. In dieser Wendung kommt der grundsätzlich ontologische Aspekt zum Ausdruck. Die sinnliche Gewißheit weiß das sinnlich Vernommene als solches, das recht und schlecht einfach ist; sie wird regiert von einer Seinsvorstellung, welche das Sein denkt als einfach und unvermittelt, als nicht in sich unterschieden, als nicht aufgespalten in eigentliches und uneigentliches; die Seinsidee der sinnlichen Gewißheit ist unentfaltet und unausgearbeitet; das sinnlich Vernommene ist und weiter nichts. Der Einsatz bei der sinnlichen Gewißheit wird also von Hegel gerechtfertigt mit der ontologischen Primitivität derselben. Weil Hegel die Grundüberzeugung hat, die er in der „Vorrede" ausspricht: „Das Sein ist absolut vermittelt ..." (32), deswegen kann und muß der Anfang bei jenem Denken des Seins gemacht werden, das noch nicht die Vermittlung weiß und es noch unvermittelt denkt. Der lange Weg, auf dem sich das eigentliche und wahrhafte Denken des Seins, die Philosophie, aus dem natürlichen Bewußtsein herausarbeitet, beginnt für Hegel bei der ontologisch begriffenen sinnlichen Gewißheit; er steht mit solchem Ansatz in nächster Nähe und nur durch zwei Jahrtausende getrennt bei Aristoteles. Auch der griechische Denker entwirft einen Stufengang des Wissens: von der *aisthesis* bis zur *sophia*.[1] Die *sophia* ist das Wissen von den „ersten Anfängen und Gründen", ist das Wissen, welches das Sein entfaltet und entwickelt und ausarbeitet; von ihr liegt am weitesten ab die *aisthesis,* welche nur weiß, daß etwas ist, aber nicht, warum etwas ist, – die also das Sein „grundlos" weiß. Das Seinsverständnis des sinnlichen Vernehmens ist das am wenigsten „vermittelte" – sowohl nach Aristoteles als auch Hegel. Und das ist der entscheidende Grund, warum Hegel bei der sinnlichen Gewißheit ansetzt.

Der Ausdruck „sinnliche Gewißheit" hat mit dem pointierten Begriff der Gewißheit im Sinne von certitudo nichts zu tun, er meint also nicht so etwas wie ein gesichertes Wissen, eine Evidenz u. dgl.; Gewißheit ist das Ganze der wissenden Beziehung eines Wissenden zum Gewußten. Aber das sinnliche Wissen wird für Hegel zum Gegenstand der Betrachtung hinsichtlich der Weise, wie es das Sein weiß. Sinnliche Gewißheit ist das Seinswissen der *aisthesis*. Und dieses Seinswissen wird nun der „ontologischen Prüfung" unterworfen. Es wird gefragt, wie und ob das sinnliche Wissen der es selbst regierenden Seinsidee entspricht. Mit dieser Frage beginnt die Dialektik der sinnlichen Gewißheit, das Durchsprechen ihres Seinsverständnisses; ohne auf die Sinnesorgane und die spezifischen Unterschiede der verschiedenen Sinne überhaupt einzugehen, vollzieht Hegel eine grandiose Interpretation der Sinnlichkeit, die in der Geschichte der Philosophie nicht ihresgleichen hat. Im Nachdenken dieser Interpretation mögen wir die erste Bekanntschaft machen mit der Dialektik, jenem unheimlichen Denken, das den tragenden Grund unseres Daseins aushöhlt und uns ins Bodenlose hängt. Wir werden dann vielleicht auch ahnen, daß sie mehr ist als eine bloße „Verlegenheit" (Heidegger), mehr als ein Formalismus, den man mit der Faustregel vom berüchtigten Dreischritt: Thesis – Antithesis – Synthesis beherrschen kann. Wir müssen den dialektischen Gang aber wirklich durchlaufen. Das Ganze ist schwierig und stellt an uns hohe Anforderungen.

Wir stellen die innere Gliederung des Gedankengangs voraus. Der erste Schritt ist die Auslegung der sinnlichen Gewißheit nach ihren Momenten; der zweite Schritt besteht in der Prüfung dessen, was die sinnliche Gewißheit als das Seiende ausgibt; diese Prüfung führt zum

[1] Met. I, 1 ff.

Resultat, daß die sinnliche Gewißheit ihre Selbstauslegung umkehrt; der dritte Schritt ist die erneute Prüfung der nunmehr umgekehrten Selbstinterpretation; das Resultat der zweiten Prüfung treibt zu einer neuen Selbstdeutung der sinnlichen Gewißheit, welche dann – und das ist der vierte Schritt – einer nochmaligen Prüfung verfällt; der fünfte Schritt besteht in den abschließenden Reflexionen über den durchlaufenen Gang. Schematisch können wir drei Seinsthesen und drei Prüfungen unterscheiden. Hegel macht es uns nirgends leicht; seine Gedankenführung läßt sich nirgends sozusagen als Resultat darstellen; der Weg des Denkens, seine Bewegtheit ist das Wesentliche. Und von Hegel können wir nur etwas verstehen, wenn wir bereit sind, selbst den Gedanken zu bewegen.

Wir beginnen also mit der Auslegung des ersten Schrittes. Die sinnliche Gewißheit, die wir immer vollziehen, solange wir wach sind: wir sehen, wir hören, wir riechen und schmecken die Welt; wir fühlen mit unserem Fleisch die Erde, wir rühren die Dinge an, sind im sinnlichen Kontakt, – diese sinnliche Gewißheit „scheint" ihrem konkreten Inhalte nach die reichste Erkenntnis zu sein; sie scheint einen unendlichen Reichtum vor sich ausgebreitet zu haben; ihre Fülle scheint kein Ende zu nehmen; wo immer wir hinsehen, hinhören, hingreifen: überall ist sinnlich Vernehmbares; wir werden gleichsam bedrängt, ja überflutet vom Reichtum der Sinne, wir ertrinken fast in der Überfülle; überall und zu aller Zeit ist sinnlich Vernehmbares um uns; der Reichtum des Sinnlichen ist ausgebreitet in Raum und Zeit. Das Sinnliche ist hier und dort und weiter dort; wenn ich in den Raum hineingehe, immer treffe ich auf mehr Sinnliches; es reißt nicht ab; es scheint überall anwesend zu sein; und wenn ich hier diesen Tisch sehe, eben den sinnlich vernommenen gelben, harten Tisch, so kann ich auch in das Innere eindringen, etwa wenn ich ein Stück davon abschlage und das Stück weiter zerbreche usf.; in die Weite der Ausweitung wie in die Enge der Verengerung gehend, immer finde ich Sinnliches; der Reichtum, der in Raum und Zeit ausgebreitet ist, erscheint so grenzenlos, unbegrenzt zu sein. Aber die sinnliche Gewißheit scheint auch die wahrhafteste Erkenntnis zu sein; sie gibt uns ihren Gegenstand unmittelbar und gibt ihn ganz, sie läßt nichts weg, sie abstrahiert nicht; sie ist konkret, weil sie auf das Konkrete geht; das Sichtbare ist im Gesehenwerden, das Hörbare im Gehörtwerden, das Riechbare im Gerochenwerden ganz da. *Aisthesis aei alethes,* die Sinneserkenntnis ist immer wahr, heißt es schon in der Antike. Sinneserkenntnis ist unmittelbare Selbstanschauung ihres Gegenstandes. Also als reichste und wahrhafteste Erkenntnis erscheint die sinnliche Gewißheit. Sie hat ihren Gegenstand in einer grenzenlosen Fülle und hat ihn ohne Weglassung und unmittelbar. Sie ist reich und konkret.

Aber dieser Reichtum und diese Konkretheit ist eine solche „vom Inhalt her gesehen". Was ist der Inhalt? Die *aisthesis* hat zum Inhalt das *aistheton,* die Sinneserkenntnis das sinnlich Vernehmbare. Aber Sinneserkenntnis vernimmt nicht nur Sinnliches, sie hört und sieht und riecht nicht nur, sie sagt gleichsam auch, das Gesehene und Gehörte „ist". Die sinnliche Gewißheit ist auch ein Wissen des Seins. Und nach diesem in ihr waltenden und wirkenden Wissen vom Sein ist sie, wie Hegel sagt, die abstrakteste und ärmste. Ihre Wahrheit, d. h. das, was sie als „seiend" setzt, ist arm und abstrakt, ja am meisten arm und am meisten abstrakt. Ihrem ontischen Reichtum und ihrer ontischen Konkretheit entspricht ihre ontologische Armut und ihre ontologische Abstraktheit. Aber das ist nicht eine Betrachtung, die von außen gemacht wird; die sinnliche Gewißheit gibt sich selbst, wie Hegel sagt, als diese abstrakteste und ärmste aus. In dem stillen Sprechen, das in jedem Wissen liegt, sagt die sinnliche Gewißheit von dem von ihr Vernommenen nur, „es ist" – und weiter gar nichts. Ihr Seinsverhältnis langt nur zur Feststellung des „ist", sie denkt nur das einfache, unbewegte, unmittelbare Sein – sonst nichts. Das wissende Ich, das in der *aisthesis* etwas weiß, weiß nur das Daß-sein des Gewußten; es weiß „allein das *Sein* der Sache" (79).

Und es selbst in solchem Wissen des bloßen Seins ist ein bloßes Ich – sonst nichts; es ist dieses Ich, das dieses weiß. Im Hören des Hörbaren ist das Ich dieses Hörende dieses Tones – und sonst nichts. Das Ich solchen sinnlichen Wissens ist unentwickelt, hat keine Geschichte; es hat, nach Hegels Worten, noch nicht „mannigfaltig den Gedanken bewegt..." (79); es steht in einer Bewegungslosigkeit des Gedankens vom Sein. Und die von ihm gewußte Sache: dieser Ton etwa, er „ist" nur; sein Sein wird dabei nicht gedacht als ein Vielfaches von Bezügen. Die sinnliche Gewißheit bringt es nicht über die bloße, armselige Feststellung des „ist" hinaus. Sie weiß nicht mehr vom „ist", als eben: es ist. Die Sache ist, weil sie ist; mehr kann sie darüber nicht sagen. Die sinnliche Gewißheit ist ontologisch primitiv. Sie denkt das Sein des in ihr vernommenen Seienden als einfache Unmittelbarkeit; und sie nimmt das Ich als einfaches, unmittelbares, – und nimmt auch die Beziehung selbst zwischen Ich und Sache als eine einfache, unmittelbare Beziehung. Hegel charakterisiert die ontologische Primitivität der sinnlichen Gewißheit als das einzelne Wissen des einzelnen Ich von einer einzelnen Sache; dieses Ich weiß Dieses. Soweit ist die Auslegung leicht verständlich. Der Fülle und Konkretion der Sinneserkenntnis stellt Hegel ihre ontologische Armut und Abstraktheit gegenüber; genauer: er zeigt es an dem, was die sinnliche Gewißheit selbst über das Sein aussagt; sie sagt nur, es ist. Sinneserkenntnis ist das einzelne Wissen vom Einzelnen; das Sein des Einzelnen ist zunächst begriffen als das „factum brutum" der bloßen Existenz.

Nun beginnt die Darstellung der „sinnlichen Gewißheit". Sie ist Wissen des Einzelnen, das vereinzelt ist in Raum und Zeit. Sie weiß das Sein nur in der Form: Ich als Dieser weiß, Dieses ist. Aber das so verstandene bloße – oder wie Hegel sagt: reine Sein ist ein Sein von Seiendem. An diesem Sein spielt noch vieles beiher. Das Beispielende ist je und je solches, was zum Diesen wird. Das Dieses ist vielfältig als das Diesige. Wir sehen z. B. in diesem Hörsaal das Katheder, wir sehen die Decke, die Menschen, die Fenster, die Tür. Das Vernommene der sinnlichen Gewißheit ist das einzelne Dieses; aber das Dieses ist jedesmal, von Fall zu Fall, ein anderes, einmal das Katheder, dann die Tafel oder das Fenster. Im sinnlichen Meinen werden wir gleichsam vom Dieses fortgeschickt zu einem Diesigen. Die wirkliche d. i. faktische sinnliche Gewißheit ist ein Beispiel des Meinens vom Diesen; allerdings ein Beispiel in einem profunden Sinne; nicht als ein Exempel für das allgemeine Wesen „sinnliche Gewißheit"; die sinnliche Gewißheit ist in sich selbst beiherspielend; sie läßt dem in ihr gedachten Dieses je Diesiges zufallen; das Zufallende oder Zufällige, das *on symbebekos* des Aristoteles, ist das Einzelne, von dem das Bewußtsein als sinnliche Gewißheit nur weiß, daß es ist. Die sinnliche Gewißheit ist allein aus auf das Einzelne, sie will vom Allgemeinen nichts wissen. Aber indem sie das Einzelne denkt als je Dieses und das vernehmende Ich als je ein Dieser, fallen aus dem bloßen Sein schon die zwei Momente heraus: das Ich und der Gegenstand. Der Bezug von Ich und Gegenstand ist zwar eine einfache Beziehung, sofern das Ich den Gegenstand unmittelbar weiß; ich höre den Ton, sehe die Farbe. Aber dadurch, daß sich in dieser Beziehung zwei Bezogene unterscheiden, ist sie selbst eine Art von Vermittlung; die Sache ist gewußte als vermittelt durch das Ich, und das Ich ist Wissen, sofern es die Sache weiß, ist also durch diese vermittelt. Das scheint formal argumentiert zu sein. Die sinnliche Gewißheit als die innigste Nähe zum Seienden unterscheidet doch in sich das Vernehmen vom Vernommenen, das wissende Ich und die gewußte Sache. Ich und Sache sind nicht nebeneinander, sie sind durcheinander, sie vermitteln sich.

Die erste Besinnung schon zeigt an der sinnlichen Gewißheit zwei Grundunterschiede: den Unterschied von Wesen und Beispiel und den Unterschied von Unmittelbarkeit und Vermittlung. (Wir erinnern uns jetzt, daß in der Einleitung, wo die ontologische Prüfung auseinandergelegt wurde, diese bestimmt wurde als die Frage nach der Entsprechung von Für-uns-sein und Ansichsein, von Erscheinung und Wesen. Diese Grundbegriffe tauchen hier in der Auslegung der sinnlichen Gewißheit jetzt auf.) Hegel charakterisiert die stillschweigende Seinsthese der sinnlichen Gewißheit also: sie setzt das Unmittelbarseiende, das Wesen an als Gegenstand. Sie denkt, selbst wenn sie ontologisch primitiv nur denkt: das sinnlich Vernommene ist, doch das Vernommene als das Wesentliche, als das, worauf es ihr ankommt; der Gegenstand ist das Seiende, das ist; er ist vorhanden, auch wenn er nicht gewußt wird. Das Wissen der sinnlichen Gewißheit ist für das Ansich des Gegenstandes belanglos; das weiß die sinnliche Gewißheit selbst. Worauf es ihr ankommt, ist der Gegenstand, das Wesen, das Ansich; sie ist auf den zuvor schon seienden Gegenstand angewiesen. Das sagt die sinnliche Gewißheit in sich selbst; sie weiß sich als hinnehmend. Mag also die sinnliche Gewißheit primitiv sein, sofern sie über die Feststellung des bloßen Vorhandenseins nicht hinauskommt, – so operiert sie aber auf eine verdeckte, ihr selbst undurchsichtige und unentwickelte Art mit dem Unterschied von Wesen und Unwesentlichem. Indem sie einzig auf die Sache aus ist, gibt sie zu verstehen, was ihr das Wesen ist. „Der Gegenstand" – sagt Hegel zusammenfassend – „aber *ist*, das Wahre, und das Wesen; er *ist*, gleichgültig dagegen ob er gewußt wird oder nicht; er bleibt, wenn er auch nicht gewußt wird; das Wissen aber ist nicht, wenn nicht der Gegenstand ist" (81). Die Selbstinterpretation der sinnlichen Gewißheit hat bislang ergeben: sie ist die ärmste und abstrakteste Erkenntnis, ontologisch betrachtet, sofern sie das Sein nur als bloßes Daß-sein denkt; sie hat den Unterschied an sich von Ich und Gegenstand und versteht Ich als Dieser und die Sache als Diese; sinnliche Gewißheit ist das einzelne Wissen des Einzelnen durch das einzelne Ich; der sinnlichen Gewißheit kommt es vorwiegend auf ihre Sache an. Mit diesem ersten Selbstverständnis der sinnlichen Gewißheit kommt der erste Schritt des Gedankengangs zu Ende.

Jetzt fängt die Prüfung der sinnlichen Gewißheit an. Geprüft wird ihre Grundvorstellung vom Sein. Im Sehen, Hören, Tasten usw. vernehmen wir solches, was ist; das Seiende der sinnlichen Gewißheit, und zugleich das, worauf es ihr wesentlich ankommt, ist das Dieses. Die Seiendheit des Seienden wird von der Aisthesis als Dieses gedacht. Die Prüfung muß das Dieses nachdenken, das die sinnliche Gewißheit vorausdenkt und als das Wesentliche ausgibt. Die Prüfung muß fragen, was das Dieses ist. In der eigenwilligen und doch ursprünglichen Ausdrucksweise Hegels erkennen wir nicht sofort, welches große Problem der überlieferten Metaphysik mit der prüfenden Frage nach dem Dieses gestellt wird. Hegel kann sich von geschichtlichen Anklängen freihalten und ganz selbständig sein Problem formulieren, weil er ganz wahrhaft geschichtlich denkt. Er war weit entfernt von der närrischen Eitelkeit, es um jeden Preis zu einer eigenen originalen Philosophie zu bringen und ab ovo anfangen zu wollen. Mit der Frage nach dem Dieses wiederholt Hegel die alte philosophische Frage nach dem Zufälligen, dem Kontingenten, dem *on symbebekos*.

Was ist das Dieses? Die Frage ist nicht nur an die sinnliche Gewißheit gerichtet, diese muß sie sich selber stellen. Was aber ist das für eine merkwürdige Frage? Was ist das Dieses – das heißt nicht nach diesem oder jenem fragen, heißt also nicht aufzählen, was es alles für Sachen gibt, die je ein Dieses sind. Die Frage zielt auf das „ein-Dieses-sein", auf die Diesheit des vielen Mannigfaltigen, was je ein Dieses ist. Diesessein ist Jetzt-sein und Hier-sein. Das Einzel-Wirkliche ist hic et nunc; das Dieses ist das Vorhandene und Anwesende. Das sinnliche Vernehmen, als die innigste Art des Dabeiseins beim Seienden, vernimmt nur das, was bei uns vorliegt und was gegenwärtig ist. Das Vernehmbare der sinnlichen Gewißheit ist nicht nur überhaupt in Raum und Zeit ausgebreitet, sondern im Jetzt und im Hier. Jetzt und Hier ist die gedoppelte Gestalt, welche das Dieses an sich hat. Und dabei setzt nun Hegels kritische Prüfung ein. Er entwickelt die Dialektik der sinnlichen Gewißheit, d. h. er entwickelt aus ihr selbst heraus die Zerstörung der Seinsauffassung, die sie leitet. Sie denkt das Seiende als das Dieses, als das Einzelne. Es mag vorausgeschickt werden, daß die Dialektik zu erweisen versucht, wie das vermeinte Einzelne in Wahrheit ein Allgemeines ist, wie die Seinsauffassung der sinnlichen Gewißheit sich selbst widerspricht. Die Frage nach dem Dieses wird gestellt in der Doppelform: was ist das Jetzt, was ist das Hier? Gefragt soll also nicht werden, was jetzt los ist, was es gerade jetzt gibt, sondern was das Jetzt ist. Die Antwort, die Hegel auf diese Frage gibt, befremdet uns zunächst aufs äußerste: „*das Jetzt ist die Nacht*" (81). Also während er vielleicht in nächtlicher Studierstube sein Werk niederschreibt und dabei über das Jetzt nachdenkt, sagt er, es sei die Nacht. Ist das nicht ungewöhnlich ausgedrückt? Wir sagen doch natürlicher: jetzt ist es Nacht. Man hat bisweilen in der sonderlichen Ausdrucksweise Hegels einen Trick gesehen, der angelegt ist darauf, seine Dialektik spielen zu lassen. Aber Hegel fragt eigentlich nach dem Jetztsein des Jetzt; und seine Antwort gibt ein Beispiel. Das Jetzt ist solches, das beiherspielend je so oder so besetzt ist mit Jetzigem; das Jetzt ist der Zeitraum, in welchem je Jetziges sein Dasein hat. Das Jetzt ist die Nacht, d. h. das Jetzt ist beispielhaft die Anwesenheit der Nacht; das Jetzt ist das Anwesen-Lassende.

Die Prüfung macht Hegel in einem „einfachen Versuch"; wir schreiben die Wahrheit der sinnlichen Gewißheit auf. Aufschreiben ist Festhalten, Bewahren. Eine Wahrheit aber kann offenbar durch Aufschreiben nicht verlieren. Aber jetzt, diesen Mittag, ist die aufgeschriebene Wahrheit der sinnlichen Gewißheit, wie Hegel sagt, schal geworden. Das Experiment erscheint uns allzu simpel und primitiv. Das scheint uns doch ganz selbstverständlich, daß ein Satz, der die Wahrheit über etwas nur Vorübergehendes aussagt, nur so lange eben gilt, als das Vorübergehende selber währt. Und doch hat Hegel mit einer genialen Einfachheit etwas Wesentliches damit ausgedrückt: eine Grundauffassung von Sein, die uns beherrscht. Sein ist solches, was steht, was bleibt, was Bestand hat, was beständig ist. Ständigkeit und Beständigkeit des Seins ist die Idee, die im Aufschreiben steckt. Daran gemessen ist das Dieses, sofern es als Jetzt genommen wird, das vorübergehende, unbeständige, unständige und d. h. nichtige. Wenn wir festhalten, aufbewahren, was an ihm selbst nicht festhaltbar und aufbewahrbar ist, dann versuchen wir, das Flüchtige, nur im Jetzt Weilende zu behandeln, als ob es ein Seiendes wäre, d. h. ein Bleibendes und Ständiges wäre. Das von der sinnlichen Gewißheit als seiend gesetzte Dieses ist – in der Gestalt des Jetzt genommen – ein Nichtiges. Das Jetzt ist wesenhaft unbeständig hinsichtlich dessen, was in ihm ist, aber es selber steht; das Jetzt ist ein Bleibendes, aber dadurch daß das jeweilig Jetzige verschwindet. Diese innere Gegenspannung von Bleiben und Wechsel im Jetzt wollen wir uns eindringlicher vergegenwärtigen und damit die erste Prüfung der sinnlichen Gewißheit zum Abschluß bringen.

7. Fortsetzung der ersten Prüfung: Jetzt und Hier.
Zweite Prüfung: die sinnliche Gewißheit des Ich.
Beginn der dritten Prüfung

Wir haben begonnen, die Prüfung der sinnlichen Gewißheit mitdenkend nachzuvollziehen. Und wir kamen dabei in ein Labyrinth verwirrender Gedanken. Die sinnliche Gewißheit kennen wir als eine vertraute Grundmöglichkeit unseres Lebens; und sie hat dabei gar nichts von dem Verwirrenden an sich, wie Hegel sie bestimmt. Ist das Labyrinth am Ende weniger in der sinnlichen Gewißheit als in der Philosophie, welche über die einfachsten Dinge der Welt spekuliert und sie in einen Irrgarten für das Denken verwandelt? Ist die Philosophie nicht ein Minotaurus, dem allzulang schon die Blüte der geistigen Jugend geopfert wird? Schon mancher Theseus ist erschienen, um das Leben von der zersetzenden Macht des Gedankens zu befreien und den Geist als Widersacher der Seele zu bekämpfen, gegen alle graue Theorie den grünenden goldenen Lebensbaum zu loben; und der letzte große Fürsprecher des Sinnlichen, Friedrich Nietzsche, glaubte noch, das Sinnliche über den Gedanken stellen zu müssen: „Die geistigsten Menschen empfinden den Reiz und Zauber der *sinnlichen* Dinge, wie es sich die anderen Menschen – solche mit dem ‚fleischernen Herzen' – gar nicht vorstellen können, auch nicht vorstellen dürften ...". (W. z. M., Aph. 1045). Den zarten Flaum der Dinge, das Farbenspiel am Abendhimmel, die Tinten des Meers und die leisen Laute der Nacht, den schweren Geruch der frühlingsherben Erde: all das kaum Benennbare, das Flüchtige und doch so unsäglich Wirkliche offenbaren uns die Sinne; mit allen Sinnen sind wir in das Leben der Natur, die uns umgibt, eingelassen und spüren leiblich die leibhaftige Nähe des Seienden. Ist es vielleicht ein müßiges Gedankenspiel nur, in die so unmittelbar erlebte sinnliche Nähe die Problematik hineinzutragen, die Hegel in der Prüfung der sinnlichen Gewißheit aufrollt? Oder ist es eine wirkliche „Erfahrung", die damit geschieht? Sind die verwirrenden

Gedanken in der sinnlichen Gewißheit selbst? Ist es gerade die leibhafte, leiblich geprüfte Nähe zum Seienden, das unmittelbare Dabeisein, das Greifen, Sehen und Hören des Seienden, was in sich so fragwürdig und dunkel ist? Man könnte vielleicht sagen, gewiß, sobald man nachdenkt über die Sinne, kommen wir in Verlegenheit, weil wir das unausdenklich Elementare der leiblich-sinnlichen Verwobenheit in die Elemente nicht begreifen, – aber vor allem Nachdenken leben wir im animalischen Bezugsfeld unserer Sinnlichkeit, ähnlich problemlos wie das Tier. Aber ist das wahr? Ist die Sinnlichkeit des Menschen der tierischen ähnlich, – zwar nicht mehr so instinktsicher vielleicht? Keineswegs. Die Sinnlichkeit des Menschen ist nie ohne Gedanken. Das heißt nicht, daß Gedanken die sinnlichen Eindrücke, „Empfindungen" bearbeiten oder sonstwie begleiten. Die Aisthesis als menschliche ist immer schon auch Gedanke. Die sinnliche Gewißheit denkt, sofern sie Sein meint. Gerade das Einzelne, Wirkliche und Nicht-Allgemeine, was sie als ihren Gegenstand vermeint, das „Dieses" ist der Seinsgedanke der sinnlichen Gewißheit. Hegels Prüfung prüft einzig den Gedanken, welchen die sinnliche Gewißheit selber denkt. Und es geht ihm dabei nicht darum, über diesen Gedanken geistreich zu räsonieren und darüber ein Gedankenspiel abzuhalten. Wenn wir überhaupt etwas begreifen von dem Ernst dieser ontologischen Prüfung, werden wir bald verstehen, daß nicht wir mit dem Gedanken spielen, sondern er mit uns; die Dialektik der sinnlichen Gewißheit ist keine ausgeklügelte Verstandesübung, die man machen oder auch unterlassen kann; sie ist eine not-volle und not-wendige Erfahrung, die der Mensch mit sich selber macht.

Die sinnliche Gewißheit meint das Seiende als ein Dieses. Das Dieses ist hic et nunc, hier und jetzt. Die Sinne vernehmen das Gegenwärtige der räumlichen und zeitlichen Nähe. Wir riechen keinen vergangenen Geruch und hören keinen künftigen Ton, wir greifen das Gegenwärtige, das Anwesende; die sinnliche Gewißheit vernimmt solches, was jetzt hier ist. Hier und Jetzt, räumliche und zeitliche Gegenwart, sind nicht zwei getrennte Momente des Dieses, wie man vielleicht Hegels Rede von der gedoppelten Gestalt mißverstehen könnte. Das Dies ist immer doppelgestaltig; ist hier und jetzt. Es ist kein Jetzt, das nicht hier ist, und ist kein Hier, das nicht jetzt ist. Daß Hegel die Dialektik von Jetzt und Hier getrennt durchführt, bedeutet nicht eine ungerechtfertigte Isolation eines Momentes. Im Gegenteil. Bei der Erörterung des

Jetzt steht das Hier auch mit im Blick – und umgekehrt. Wenn Hegel vom Jetzt beispielhaft sagt: das Jetzt ist die Nacht, so ist die Nacht als die sinnliche vernommene nicht die Nacht jetzt bei den Antipoden, sondern die Nacht hier. Die sinnliche Gewißheit meint das Seiende als das konkrete, wirkliche Einzelne, sie flieht das Allgemeine und sucht das Individuelle, das faktisch hier und jetzt Gegebene. Der schlichte Versuch mit dem „Aufschreiben" zeigt die vorübergehende Natur dessen, was der sinnlichen Gewißheit das Wirkliche, das Seiende ist. Es ist unständig, bleibt nicht, hat keinen Bestand. Die Wahrheit des Jetzt wird im Aufbewahren unwahr. Sie hat keinen Stand. Das, was das Jetzt beispielhaft ist (die Nacht), geht vorüber und das Jetzt ist dann der Tag; das Jetzige bleibt nicht im Jetzt; aber das Jetzt bleibt – und es kann nur bleiben, weil in ihm das Jetzige wechselt; das Jetzt erhält sich, dadurch daß es das Jetzige von sich abstößt, es negiert; es bleibt, indem es das, was es jetzt ist, zugleich auch nicht ist; das Jetzt ist zugleich auch das Nicht-dieses; das Jetzt bleibt und ist beständig im ständigen Negieren des Jetzigen; das Jetzt ist ein Negatives, ein Negierendes. Das Jetzt ist Tag und ist Nacht und ist zugleich auch nicht-Tag und nicht-Nacht. Am Vergehen von Tag und Nacht bleibt das Jetzt als ein solches, das weder Tag noch Nacht ist. Es erhält sich dadurch, daß es seine Inhalte negiert. Und es ist sowohl unmittelbar einfaches Jetzt, als auch vermitteltes. Unmittelbar: sofern es schlicht ist; vermittelt: sofern es sein stehendes Sein hat im ständigen Vorübergehen des Jetzigen. Das Jetzt steht nicht neben dem Jetzigen; die Rede von Inhalt und Form ist hier ganz irreführend und verdeckt eher die merkwürdige Natur des Jetzt. Denn das Jetzt ist nur im Beiherspielenden und ist doch dieses zugleich auch nicht. Das Jetzt ist Tag und ist Nacht – und ist die Negation von beiden. Es ist sowohl der Tag, als auch die Nacht – und es ist weder der Tag, noch die Nacht. In diesem Sowohl-Alsauch, das zugleich ein Weder-Noch ist, ist das Jetzt begriffen.

Das, was als Einfaches sowohl dieses wie jenes sein kann, und doch nicht nur dieses und jenes ist, dieses Einfache in der Vermittlung und durch sie Bleibende, ist das „Allgemeine". Damit gibt Hegel die erste metaphysische Bestimmung des „Allgemeinen". Das Allgemeine ist das, was bestehen bleibt am Dieses, was Stand und Ständigkeit hat, es ist die Wahrheit der sinnlichen Gewißheit. Mit diesem Ergebnis ist das gewöhnliche Selbstverständnis, welches die sinnliche Gewißheit von sich hat, auf den Kopf gestellt. Sie geht doch aus auf das Einzelne, das

Individuelle, das Faktischwirkliche, das hier und jetzt ist; sie will vom Allgemeinen nichts wissen. Und nun enthüllt sich das Dieses, als Jetzt genommen, gerade als ein Allgemeines. Dieses Ergebnis hat etwas Bestürzendes, wenn wir wirklich streng dem Gedankengang gefolgt sind. Das Einzelne ist in Wahrheit ein Allgemeines. Bedeutet das nicht eine sinnlose Zusammenbindung von Gegensätzen, ein dialektisches Bravourstück, das in Nichts zerrinnt, wenn wir kritisch und nüchtern es unter die Lupe nehmen? Das Einzelne gilt uns üblicherweise als Gegenbegriff zum Allgemeinen. Der Baum, den wir sehen, den wir rauschen hören, den wir anfassen, ist ein einzelner, ein individuell wirklicher, hier und jetzt. Er hat mit vielen anderen Bäumen der gleichen Sorte ein Aussehen gemeinsam, das Baum-Artige, das was je einen Baum als einen solchen bestimmt; das allgemeine Was der Baumheit, welches in den wirklichen Bäumen je vereinzelt ist und verwirklicht ist, nennen wir das Allgemeine der Art. Art und Gattung sind die uns geläufigen und bekanntesten Formen des „Allgemeinen". Dem Art- und Gattungs-Allgemeinen setzen wir das Individuelle gegenüber. Der wirkliche Baum gilt uns als ein Exempel der Art.

Wir müssen uns jetzt fragen: hat Hegel, wenn er das Jetzt als das Allgemeine bestimmt, es als ein arthaft-Allgemeines angesetzt? In manchen Einwänden gegen seine Gedankenführung liegt dieses Vorurteil versteckt. Man möchte zunächst argumentieren, gewiß, jedes Einzelne ist je ein Einzelnes, ist auf eine allgemeine Weise einzeln; es hat mit allen anderen einzelnen Dingen die Art und Weise gemeinsam, wie sie jeweils einzelne sind; sie sind je hier und je jetzt; aber die allgemeine Verfassung der Einzelheit ist nicht selbst schon das Einzelne selber. Macht Hegel nicht den Fehler, daß er die Diesheit an die Stelle des faktischen Dieses, die Einzelheit an die Stelle des wirklichen Einzelnen setzt? Wenn wir statt auf das wirkliche Dieses der sinnlichen Gewißheit, statt auf diesen Ton und diesen Geruch nun auf die Strukturverfassung, auf die Diesheit des Diesigen achten, dann kann allerdings das Resultat Hegels herauskommen. Dieser Einwand ist beliebt wie er töricht ist. Man kann ihn nur erheben, wenn man Hegels Gedankengang nicht streng nimmt, wenn man sich mit dem vagen Obenhinverstehen begnügt. Werke der Philosophie aber können nie gelesen werden wie Zeitungen. Sie verlangen eine Zucht auch im Mitdenken. Das Dieses ist nicht das „Allgemeine" im Sinne einer Art. Das faktische Dieses ist nicht ein bloßes Beispiel für den allgemeinen Typus des Sinnengegenstandes; ist nicht je ein Exempel, das wir erläuternd herausgreifen. Nicht das einzelne Dieses ist ein Fall für das allgemeine Wesen der Diesheit, sondern das einzelne, wirkliche Dieses ist in sich selbst allgemein, sofern es das Sowohl-als-auch, wie das Weder-noch des wechselnd Diesigen ist. Das sich im Wandel des Jetzigen erhaltende Jetzt ist keine Art, zu welcher das mannigfaltig Jetzige sich wie Exempel verhalten. Es ist das Stehende im Wandel, das den Wandel durchsteht, durch ihn hindurchgeht und im Durchgang die ständige Negation dessen ist, was es gerade ist. Mit anderen Worten: die Allgemeinheit des Jetzt ist nur im Hinblick auf die Zeit verständlich, ist eine temporale Allgemeinheit, Zeit und Raum sind die Formen des Wirklichen und Einzelnen. Das Einzelne, und zwar gerade dieses Einzelne ist in Wahrheit „allgemein", weil es zeitlich ist, – weil es nur sein kann, sofern es sich in der Zeit ausbreitet. Die Zeit aber ist das allgemeine Beiherspielen des Zufälligen, das Jetzt ist das Gewähren, das dem Jetzigen sein Währen gibt, aber es ist zugleich auch das Nehmende, das ihm das Währen nimmt. Die Allgemeinheit, welche Hegel als die Wahrheit der sinnlichen Gewißheit herausarbeitet, ist nicht eine typische Struktur an allem Sinnlichen, die Allgemeinheit liegt gerade in der Einzelheit des Sinnengegenstandes. Nur wenn wir das begreifen, verstehen wir die Tragweite, welche die sinnliche Gewißheit in dieser Prüfung hat. Die Prüfung ist Dialektik. Die sinnliche Gewißheit verliert dabei ihr bisheriges Selbstverständnis. Sie verstand sich als das Vernehmen des Einzelnen; aber sie hat dabei nicht ausgedacht, was das Einzelne ist; sie hat ihren eigenen Seinsgedanken nicht als das erkannt, was er in Wahrheit ist. Sie nahm das Wirkliche als das Zeitliche, aber das InderZeitsein selbst hatte sie nicht als die temporale Allgemeinheit des Jetzt begriffen.

Doch sprechen wir immer schon das Dieses allgemein aus; die Sprache behandelt das Dieses gleich als ein Allgemeines; das einzige Dieses, das gerade in dem bestimmten einmalig unwiederholbaren sinnlichen Hören oder Sehen vernommen wird, ist in seiner Einzigkeit „unsagbar"; die Sprache bewegt sich immer im Medium des Allgemeinen, denn sie faßt das Diesige eben in dem „allgemeinen Ausdruck": dieses, der einmal für einen gehörten Ton, ein andermal für einen gesehenen Baum paßt; das Einmalig-Einzige ist ein „ineffabile". Weil die Sprache immer allgemein spricht, kann sie, wie es scheint, die sinnliche Gewißheit nicht recht ausdrücken; die sinnliche Gewißheit meint das einzelne

Dieses, die Sprache nennt es aber mit dem allgemeinen Begriff des Dieses, der für vieles paßt; zwischen Meinung und Sprache herrscht hier ein Widerspruch. Die Sprache ist unzureichend, ihr fehlt das Vermögen, die Meinung der sinnlichen Gewißheit zu Wort zu bringen. Und obgleich wir also gar nie sagen können, was wir im sinnlichen Vernehmen meinen, obgleich hier die Sprache offenbar versagt, ist sie, wie Hegel sagt, dennoch wahrhafter als das Meinen, weil sie die „Wahrheit" der sinnlichen Gewißheit, d. h. das Allgemeine aussagt. Die Sprache ist über das Meinen hinausgegangen, – allerdings zumeist in einer unbegriffenen Form; es wird als Unvermögen gefaßt, was eine höhere Wahrheit ist.

Der Widerspruch von Sprache und Meinen ist nicht von außen beigebracht, nicht nur als ein Einfall Hegels zu werten. Könnte die Sprache hier außer Betracht bleiben? Können wir sehen, hören, riechen usf. ohne zu sprechen? Jedes Kleinkind ist dafür ein Beweis. Ist die Sprache also nur eine nachträgliche Zutat, die wir dem sinnlichen Vernehmen der wirklichen, einzelnen Sinnengegenstände zufügen? Unser Denken sprechen wir aus, Gedanken sind Sprachgedanken. Aber müssen wir auch notwendig unser sinnliches Vernehmen von der Welt aussprechen? Wir können doch stumm und doch voll Innigkeit sinnlich die Nähe des Seienden spüren, bis in jede Fiber des Leibes gespannt und den Sensationen des Unsagbaren hingegeben. „Wer zeigt mit Fingern auf einen Geruch?" – „*Wir* machen mit Worten und Fingerzeigen uns allmählich die Welt zu eigen, vielleicht ihren schwächsten, gefährlichsten Teil", heißt es in Rilkes *Sonetten an Orpheus*, und auch „Wagt zu sagen, was ihr Apfel nennt. Diese Süße, die sich erst verdichtet, um, im Schmecken leise aufgerichtet, klar zu werden, wach und transparent, doppeldeutig, sonnig, erdig, hiesig – ...".[1] Hier wird aus der Erfahrung der Unsagbarkeit der sinnlichen Innigkeit gesprochen. Die Sprache ist, wesentlich begriffen, nicht nur ein nachträgliches Zum-Ausdruck-Bringen von Meinungen, Erfahrungen und Gedanken, sie ist das erste ursprüngliche Denken des Seins. Auch in der sinnlichen Gewißheit liegt ein stilles Sprechen: eben insofern wir gleichsam vom sinnlich Vernommenen lautlos sagen: es ist. Es ist somit kein bloßer Einfall, wenn Hegel die Sprache der Meinung über das Sinnliche gegenüberstellt.

---

[1] Sonette XVI, 2; XVI, 1; XIII, 3 des 1. Teils, in: Sämtliche Werke I, 741 und 739.

Der Fortgang der Prüfung wendet sich alsdann der anderen Gestalt zu, in welcher das Dieses auftritt: dem Hier. Wir sagten bereits, Hier und Jetzt sind unlöslich beisammen, sie bilden zusammen erst das Gefüge des Dieses. Das Einzelne ist immer ein solches, das hier und jetzt ist. Dieses „und" bedeutet nicht eine bloße Zusammenstellung, es ist vielmehr die ursprünglichste Zusammengestelltheit. Raum und Zeit: diese üblich gewordene Zweigleisigkeit der Betrachtung faßt das Unterschiedene immer schon vom vorgängigen Ganzen her; der Zeit-Raum oder die Raum-Zeit gibt je für die Betrachtung die eine Seite frei. Hegel hält sich in der überlieferten zweigleisigen Form, doch sieht er die gegenseitige Durchdringung von Raum und Zeit, sieht er das einheitliche Ursprungsganze. Die räumliche Gestalt des Dieses ist das Hier. Ich sehe hier im Hörsaal das Katheder, die Menschen, die Bänke; ich höre hier den Lärm der Bauarbeiten aus der Nähe. Das in der sinnlichen Gewißheit vernommene Dieses ist ein solches der Nähe. Das ist von größter grundsätzlicher Bedeutung. Das Hier ist primär keine Bestimmung des Raumes an sich, das Hier kommt in dem zu einer bloßen Stellenmannigfaltigkeit gewordenen mathematisch-geometrischen Raum nicht vor; dort gibt es wohl den Nullpunkt eines Koordinatensystems, aber dieser Nullpunkt ist beliebig; es gibt im mathematisierten Raum keine ausgezeichnete Stelle. Das Hier aber ist eine ausgezeichnete Stelle. Hier, d. h. in der Nähe. Aber nicht so wie ein Stein in der Nähe seines Nachbarsteines liegt in einem Schotterhaufen. Hier: das ist bei mir, bzw. bei uns. Das Hier hat einen Bezug zum Menschen. Das Hier, das wir mitbringen, sofern wir existierend „da-sind", dieses existenziale Hier ermöglicht erst die Bestimmung des Wo, des Da und Dort des sinnlich Vernommenen. Das Dieses der sinnlichen Gewißheit ist ein Hier, d. h. ein Bei-uns. Hegel denkt das Dabei-sein des Menschen im Hier wohl mit, aber er hebt den existenzialen Sinn dieses Hier nicht eigens heraus.

Mit dem Hier wiederholt er die gleiche Prüfung wie mit dem Jetzt; es ist die gleiche und doch nicht die gleiche, da die Dimension hier eine andere ist. Vorhin war es die Zeit, jetzt ist es der Raum. Das Dieses in der Raumgestalt ist das Hier. Auch das Hier hat, wie das Jetzt, sein Jetziges, ebenfalls sein Hiesiges. Das Hiesige im Hier z. B. ist ein Baum; aber ich wende mich um, und das Hier ist nun ein Haus. Das Hier hat das vorhin Hiesige abgestoßen und sich ein anderes Hiesiges beihergespielt. Das Hier bleibt im Wechsel des Hiesigen und erhält sich durch die Negation des Hiesigen. Und es ist sowohl der Baum, als auch das Haus und ist zugleich weder der Baum, noch das Haus. Das Hier ist wie das Jetzt ein Allgemeines. Und auch jetzt gilt es zu begreifen und festzuhalten, daß es sich nicht um „allgemeine Strukturen" dabei handelt, sondern daß gerade das individuelle Hier in sich selbst ein Allgemeines ist. Das Hier bleibt wie das Jetzt bleibt. Hier und Jetzt bestehen im Wandel des Unbeständigen, im Wechsel des Hiesigen und Jetzigen sind sie das Verharrende; und es ist dabei ein Jetzt und ein Hier – und dieses eine Jetzt und dieses eine Hier ist ein Allgemeines.

Mit diesem Ergebnis geht die erste Prüfung der sinnlichen Gewißheit zu Ende. Die sinnliche Gewißheit hat dabei die Erfahrung gemacht, daß sie, wenn sie das Einzelne als ihren Gegenstand denkt, sie das Einzelseiende in Wahrheit als ein Allgemeines denkt: eben als das Jetzt und das Hier. Damit tritt ein Zwiespalt auf in der sinnlichen Gewißheit. Die dialektische Erfahrung kann sie nicht beiseiteschieben, aber sie will auch nicht ihre Meinung aufgeben, das unmittelbare Wissen vom Einzelnen zu sein. Und nun versucht sie, ihre Meinung zu behaupten. Damit kommen wir zur zweiten These der sinnlichen Gewißheit. Sie besteht kurz gesagt darin, daß sie ihre Seinsgewißheit nicht mehr vom Gegenstande hernimmt, sondern aus dem Ich. Anfänglich versteht sich die sinnliche Gewißheit als ein einfaches Hinnehmen des Sinnesgegenstandes; sie versteht sich rein passiv; es kommt ihr zuerst auf den Gegenstand an, den gehörten Klang, die gesehene Farbe, den gerochenen Duft; der Gegenstand oder das Seiende war ihr das Wesentliche. In der Prüfung aber des Gegenstandes zeigt dieser sich, gerade sofern er ein einzelner ist, als ein allgemeiner; das einzelne Dieses ist als Jetzt und Hier ein Allgemeines. Damit widerspricht sich die sinnliche Gewißheit selbst; sie sucht aus dem Dilemma zu entrinnen, indem sie nun gleichsam den Gegenstand preisgibt; es kommt ihr nicht mehr darauf an, er ist ihr nicht mehr das Wesentliche. Denn er ist ja ein Allgemeines, sie will aber das Vernehmen des Einzelnen sein; sie kehrt nun das Verhältnis um: nicht mehr der Gegenstand, sondern das Vernehmen, nicht mehr das Objekt, sondern das Subjekt, nicht mehr das Gehörte und Gesehene, sondern das Hören und Sehen sind ihr nunmehr das Wesentliche, sind das, worauf es ihr ankommt. Das Prinzip der Einzelheit ist ihr nicht mehr das sinnlich Vernommene, das Vernehmen, genauer das vernehmende Ich wird zum Prinzip des Individuellen. Der

Sinnesgegenstand ist einzelner, weil er meiner ist, weil er meinem Sehen, meinem Hören gehört. Hegel setzt so das Meinen und das als-Mein-erklären in eine bedeutsame Verbindung. Meinung ist das Meinigen des Seienden. Obwohl Hegel hier keine historischen Reminiszenzen wachruft, so hat er damit doch eine wesentliche Gestalt der Philosophiegeschichte im Auge; den Skeptizismus. Wenn die unmittelbare naive Welthabe des natürlichen Bewußtseins durch die erste dialektische Erfahrung erschüttert wird, zieht sich das Bewußtsein gegenüber der verwirrenden Unbegreiflichkeit der Welt auf sich selbst zurück; es verankert seine Seinsgewißheit nicht mehr im fremden Seienden, das ihm unter den Händen so weggeschwunden ist, wenn das Einzelne als ein Allgemeines sich herausstellt; es sucht die Seinsgewißheit in sich selber – oder wie Hegel es nun ausdrückt: „Die sinnliche Gewißheit ist also zwar aus dem Gegenstande vertrieben, aber dadurch noch nicht aufgehoben, sondern nur in das Ich zurückgedrängt ...". (83) Das Ich behauptet sich im sinnlichen Vernehmen, es erklärt sein Hören, sein Sehen und Greifen als die Kraft, welche den Sinnesgegenstand sein läßt; es verhindert das Verschwinden des Jetzigen und Hiesigen, soweit es in seiner Macht steht; es hält das Jetzt und das Hier fest; es dreht sich z. B. nicht um.

Aber dieser Rückzug in die Meinung des Ich rettet die sinnliche Gewißheit nicht vor der dialektischen Erfahrung. Am Ich selber kehrt die gleiche Dialektik wieder wie vorher am Jetzt und Hier. Ich sehe den Baum; das von mir behauptete Hier ist ein Baum; ein anderer aber behauptet, weil er das Haus sieht, das Hier ist nicht ein Baum, es ist ein Haus. Eine Wahrheit ist soviel wert wie die andere; beide gründen sich auf die behauptete Meinung eines Ich. Das Ich, das das verbürgende Prinzip der Einzelheit sein sollte, ist seinerseits selbst ein Allgemeines, es ist das Ich, das einmal A, dann B, dann C ist; das Ich also, das sowohl A, als auch B, und das zugleich weder A, noch B ist. Dieser Gedankengang wird wohl zunächst unseren Widerspruch wachrufen. Das Ich ist doch nicht Allgemeines. Ist es nicht, wenn überhaupt auf dieser Erde irgendwo eine Einzelheit vorkommt, dann das Einzelne? Das Einmalig-Unverwechselbare? Gewiß sind alle Iche eben einer gewissen Form nach gleich; aber ist das nicht gerade das Belanglose am Ich, das was es mit allen anderen Ichen gemeinsam hat? Liegt seine Existenz nicht in der einzigartigen und mit niemandem teilbaren Weise, wie es jeweils sich selber sein muß? Hat Hegel nicht den Existenzcharakter des Einzelnen, die „Jemeinigkeit" übersprungen, wenn er das Ich dialektisch als ein Allgemeines faßt? Dieser heute gerade naheliegende Einwand geht an Hegels Gedanken ganz vorbei. Hegel exponiert ja noch gar nicht das Problem der Selbsthaftigkeit; es handelt sich ja um die sinnliche Gewißheit. In ihr aber ist das Ich, wie wir zu Anfang hörten, gerade nicht entwickelt, sondern bleibt in der leeren Unbestimmtheit des bloßen Ich-dieser; und das ist, was jeder von sich sagen kann und was im Grunde ein Allgemeines ist.

Die Allgemeinheit des Ich steht aber nicht als eine Gattung über dem faktischen exemplarischen Ich. Vielmehr ist in der Weise, wie das meinende Ich sich als den Grund der Einzelheit ausgibt, gerade die leere Allgemeinheit des Ich verborgen und kommt durch die Dialektik nur zu Tage. Die sinnliche Gewißheit hat auf zwei Wegen ihre Wahrheit verloren. Zuerst war ihr der Gegenstand das Wesentliche. Der Gegenstand in der Doppelgestalt von Jetzt und Hier. Und da ergab es sich, daß das Wissen nicht dem Gegenstand entsprach; das Wissen suchte das Einzelne, der Gegenstand aber enthüllte sich als ein Allgemeines. Nachher war ihr das Ich oder das Wissen das Wesentliche. Und nun ergab sich, daß der Gegenstand nicht dem Wissen entsprach: der Gegenstand ist zum Gemeinten, zum Meinigen geworden, aber das Wissen selbst zum allgemeinen Ich. Gegenüber diesem doppelten Scheitern der sinnlichen Gewißheit, welche das Sein als das Einzelne ansetzt, kann noch ein Versuch gemacht werden, ihre Seinsvorstellung zu retten. Und dieses „man kann" ist nicht eine vage Möglichkeit, ein letzter Ausweg; es ist eine notwendige Form des Selbstverstehens der sinnlichen Gewißheit. Gleich zu Anfang hatte Hegel die sinnliche Gewißheit nach ihren Momenten unterschieden: das Ich als reiner Dieser weiß das Dieses, also Gegenstand und Ich.

Die erste Prüfung der sinnlichen Gewißheit betraf den Gegenstand, die zweite das Ich. Und dabei ging die Prüfung jeweils auf das, was die sinnliche Gewißheit selbst als das ihr Wesentliche ausgab; zuerst war ihr der Gegenstand, nachher das Ich das Wesen. Und weil beide Male das so gesetzte Wesen wesenlos wurde, mag nun das Ganze der Beziehung vom Ich zum Gegenstand als das eigentliche Wesen der sinnlichen Gewißheit angesetzt werden. *Aisthesis* will von sich aus ein Vernehmen des Einzelnen sein. Wir schränken uns jetzt auf den unmittelbaren Bezug ein, nur auf das gegenwärtige Sehen oder Hören – und darüber hinaus soll die sinnliche Gewißheit nichts sein. Sie vernimmt nur das Jetzt als das Jetzt eines Jetzigen, sieht davon ab, daß später der Tag zur Nacht geworden sein wird, und sie schränkt sich auch ein auf das Hier eines Hiesigen, und auf das Ich, das nur Ich und nie ein Anderer ist. Was bedeutet diese Einschränkung? Die sinnliche Gewißheit zieht sich in ihrem Seinsvermeinen gleichsam in die Momentaneität und Punktualität zurück. Wenn sie schon vielleicht nicht das Einzelne erkennt, wie es ist, so doch am Ende das Einzelne, wie es im Moment und im Punkt der sinnlichen Vernommenheit ist. Das ist die Frage, um welche es sich in der dritten Prüfung handelt.

Die Prüfung steht hier vor ernsteren Schwierigkeiten als bislang. Die sinnliche Gewißheit jetzt hat ihre Seinsthese fast bis zur Unangreifbarkeit eingeschränkt. Im Hören ist das Gehörte und im Sehen das Gesehene; ob es darüber hinaus ist, darüber sagt sie nichts mehr. Sie kann nicht damit erschüttert werden, daß das Jetzt, welches Tag ist, später das Jetzt ist, welches Nacht ist; sie schränkt sich auf das Momentane ein. Sinnliche Gewißheit ist sinnliches Vernehmen des momentanen Einzelnen. Die Prüfung darf also keine Argumente herholen, die außer der Momentaneität liegen. Sie kann nicht mehr die Wahrheit der sinnlichen Gewißheit messen an der Idee des Ständigen, wie sie es mit dem Aufschreiben machte. Die Prüfung ist nur so möglich, daß wir uns in die momentane Unmittelbarkeit der sinnlichen Gewißheit selbst versetzen – „... uns zu demselben diesen Ich, welches das gewiß Wissende ist, machen lassen". (85) Wir müssen selber in der Momentaneität und Punktualität der Aisthesis leben und diese uns zeigen lassen, d. h. sie uns selber zeigen. Wie dieses Zeigen statthat und welche Erfahrungen wir dabei machen, soll das nächste Mal zur Sprache kommen. Es läßt sich nicht vermeiden, daß wir uns noch eine geraume Zeit in diesen schwierigen und vielleicht trockenen Erörterungen bewegen müssen und dabei den Eindruck haben, als irrten wir in einem Labyrinth.

8. Fortsetzung der dritten Prüfung:
das Ganze der sinnlichen Gewißheit.
Zusammenfassung der Ergebnisse aller drei Prüfungen

Die sinnliche Gewißheit, als das erste unmittelbare Vernehmen des Seienden, wird geprüft. Nicht in einer erkenntnistheoretischen Zergliederung und Zerfaserung des Sehens, Hörens usf., vielmehr in einem

Durchsprechen der alles Sehen und Hören durchwaltenden Grundvorstellungen vom Sein. Das Durchsprechen der dabei in Frage und in Fragwürdigkeit kommenden ontologischen Gedanken geschieht im suchenden Vorblick auf die erst zu entfaltende Idee des Seins. Die Prüfung hat selbst noch nicht den absoluten Maßstab der absoluten Wahrheit zur Hand, um daran das jeweilige Wissen auf seinen Rang hin abzuschätzen. Man verkennt die Absicht Hegels, wenn man, wie es oft geschieht, nun behauptet, die Prüfung geschähe bereits schon aus dem absoluten Wissen her; sie wäre von dort her gesprochen, Hegel trage einen Maßstab an das natürliche Wissen heran, gemessen an welchem es selbstverständlich unzulänglich und nichtig sei; aber der Maßstab Hegels sei seinerseits nicht legitimiert, er sei nur eine Behauptung; zuerst müsse einmal die Möglichkeit des sogenannten „absoluten Wissens" dargetan werden, bevor es sein angemaßtes Richteramt ausübe. Vielleicht sei ein absolutes Wissen gar keine echte Möglichkeit des Menschen, sei am Ende etwas, was nur dem Gott zukomme; vielleicht liege auch in Hegels Voraussetzung der Versuch verborgen, die Endlichkeit des menschlichen Erkennens abzustreifen, und die Hybris, dem Gott zu gleichen; die Maßlosigkeit eines solchen Anspruches verrate mehr von dem existenziellen Grundgefühl des „Idealismus", von einer Zuchtlosigkeit der übersteigerten Vernunft, als daß es eine echte Erkenntnisleistung sei. In solchen, mannigfach paraphrasierten Vorwürfen gegen Hegel geht das grobe Mißverständnis um, als sei das „absolute Wissen" irgendeine mystisch geheimnisvolle Intuition, die durch Erleuchtung oder sonst einen Hokuspokus den Menschen von den Schranken seiner Endlichkeit befreit und ihn zum Gott macht. In der Philosophie wird der Mensch nicht „verzaubert", er wird in sein Wesen heimgebracht in einer schmerzhaften Ernüchterung. Hegels Prüfung des erscheinenden Wissens geschieht nicht vom absoluten Wissen aus, sondern auf das absolute Wissen hin. Das absolute Wissen ist das Gesuchte und Erstrebte, es ist das Problem, welches das Philosophieren in Atem hält. Jegliches Wissen von Seiendem ist in eins damit auch ein Wissen um das Sein; wir halten uns auf in einer Offenbarkeit des Seins, aber in einer gleichsam verdunkelten, zwielichtigen Offenbarkeit; wir denken das Sein, denken es „gedankenlos", denken es in den ärmsten und abstraktesten Gedanken; unsere Seinsgedanken sind zumeist unentfaltet und unentwickelt, sind „stillstehend", dumpf und vag. Sofern wir immer um das Sein wissen, wissen wir auch das Absolute;

in diesem Sinne sind wir gar nie „außerhalb" des absoluten Wissens; aber das Wissen hat so nur die Form der Ahnung, die beunruhigend alles Sichgenügen beim gegebenen Seienden stört; die Ahnung ist der Treiber, der uns aufjagt und uns zwingt, eigens zu denken, was das ist: „Sein". Das Wissen des Seins, in welchem wir am meisten entwickelt und am wahrhaftesten es denken, jene gesuchte höchste Wahrheit des Seins, ist das absolute Wissen. Es ist nichts anderes als das am meisten in der „Arbeit des Begriffs" ausgearbeitete Seinsverständnis. Die Prüfung der sinnlichen Gewißheit geschieht als die denkerische Bearbeitung des ihr einwohnenden Verstehens von Sein im Zwiegespräch der Seele mit sich, im *dialegesthai*, d. h. als Dialektik. Die sinnliche Gewißheit ist ontologisch arm und abstrakt; sie denkt Sein nur als ein einfaches Vorhandensein – und weiter nichts; das sinnlich Vernommene, der einzelne Ton z. B., ist als Einzelnes, das hier und jetzt ist. Das Seinsverständnis der sinnlichen Gewißheit meint in einer unentfalteten Weise das bloße Vorhandensein von Einzelnem, hic et nunc.

Die Prüfung wird von Hegel dreifach angesetzt, aber nicht einem sogenannten Schema der Dialektik zuliebe. Unschwer kann man gewiß in den drei Gängen der Prüfung ein Gegenspiel von Thesis, Antithesis und Synthesis erkennen, sofern im ersten Gang der Gegenstand der sinnlichen Gewißheit, im zweiten das Ich und im dritten der ganze Bezug, welcher Ich und Gegenstand einbegreift, geprüft wird. Mit einer solchen Charakteristik ist nicht viel gewonnen. Es kommt entscheidend darauf an, daß wir verstehen, wie die drei Gänge der Prüfung auseinander hervorgehen. Der erste Gang der Prüfung betraf das einzelne Dieses in seiner Doppelgestalt von Jetzt und Hier; es ergab sich, daß das Jetzt als das Bleibende im Wandel des Jetzigen und das Hier im Wechsel des Hiesigen gerade ein Allgemeines ist. Das, was die sinnliche Gewißheit also als ständiges Sein vernimmt, ist nicht das Einzelne, wie sie es meint, sondern ist das ihrer Meinung entgegengesetzte Allgemeine. Gegen diese Erfahrung wehrt sie sich, indem sie auf ihrer Meinung beharrt, das Meinen des Ich als das Wesen ihrer selbst behauptet. Als das Sein des sinnlichen Gegenstandes wird seine jemeinige Gemeintheit angesetzt; das ist im wesentlichen die Position des Skeptizismus. Der zweite Gang der Prüfung hat das Ergebnis: das Ich als das Prinzip des Meinens, dieses unentwickelte, leere Ich, ist selbst ein Allgemeines; es ist das Ich des Jedermann, das sowohl ich selbst als auch der Andere und zugleich weder Ich selbst noch der Andere ist.

Wenn so die sinnliche Gewißheit weder in ihrem Gegenstand, noch im Ich sich gegründet weiß als das unmittelbare Vernehmen des Einzelnen (für was sie sich doch hält), dann bleibt ihr nur noch eine dritte Position. Die sinnliche Gewißheit hält sich für ein unmittelbares Wissen vom Unmittelbaren. Die Versuche, die Unmittelbarkeit vom Gegenstand (dem Dieses) und dann vom Ich her zu begreifen, sind gescheitert. Nun wird die ganze Beziehung von sinnlich vernehmendem Ich und sinnlich-vernommenem Gegenstand als das Unmittelbare angesetzt. Und zugleich wird dieser ganze Bezug eingeschränkt. Die sinnliche Gewißheit sagt jetzt das Sein des Vernommenen nur aus während des Vollzugs. Das Sein des Gesehenen ist nur während des Gesehenwerdens; sie sagt also nicht mehr, daß das Einzelne ist auch außerhalb des sinnlichen Gewahrens. Nur noch in der Aktualität der Aisthesis ist das Einzelne aktuell. Die sinnliche Gewißheit erhebt keinen Anspruch mehr darauf, daß das von ihr gewahrte Seiende überhaupt ein ständiges ist. Mit diesem Verzicht auf die Beständigkeit hat sie, wie es scheint, alle Angriffe abgewehrt und ist unangreifbar geworden. Das „Aufschreiben" kann ihr nun nicht mehr schaden, weil sie nunmehr ja kein ständiges Sein mehr meint. Sie setzt Sein nicht mehr als ein bleibendes, sondern nur als ein aktuelles: im Sehen ist das Gesehene, im Hören ist das Gehörte; *aisthesis* und *aistheton* umspannt die gleiche Zeit und der gleiche Ort: das gleiche Jetzt und das gleiche Hier. Wir finden also eine Schrumpfung des Seins auf das Momentane und Punktuelle. Das Sein, wie es nun die sinnliche Gewißheit denkt, ist momentanes und punktuelles Sein. Die Art, wie nun das Jetzt und das Hier auftritt, ist gründlich verschieden von der Weise, die wir im ersten Gang der Prüfung kennengelernt haben. Dort war das Jetzt und das Hier die Doppelgestalt des Dieses. Das Dieses aber war der Gegenstand der sinnlichen Gewißheit. Nun aber ist das Jetzt die Bestimmung des ganzen Bezugs, den wir sinnliche Gewißheit nennen und der Ich und Gegenstand als Momente in sich einbegreift. Was bedeutet das? Jetzt und Hier sind keine Zeit- und Raumbestimmtheiten primär des Gegenstandes; Jetzt und Hier sind in der gegenseitigen Durchdringung der Spielraum, worin der ganze Bezug sich abspielt. Das Ich und der Gegenstand der sinnlichen Gewißheit, sie sind beide zusammen im Jetzt, das Jetzt und das Hier sind gerade das Worin ihres Zusammenseins. Im Jetzt ist das sehende Ich beim Gesehenen, ist das hörende Ich beim Gehörten. Das Jetzt und das Hier werden somit tiefer begriffen in ihrer eigentümlichen Natur; sie lassen sich überhaupt nicht auf eine Seite bringen, weder auf die des Objektes, noch die des Subjektes; das Jetzt ist weder draußen am Sinnengegenstand, noch drinnen im sinnlich gewahrenden Ich; das Jetzt ermöglicht erst das Beisammen von Drinnen und Draußen; und das gleiche gilt vom Hier. Es ist eine unerhört tiefe Einsicht, die Hegel hier ausdrückt. Der ganze Bezug der sinnlichen Gewißheit ist im Jetzt, und ist im Hier.

Gewöhnlich halten wir Raum und Zeit für Bestimmtheiten am Seienden. Das Seiende ist ausgebreitet im Raum und in der Zeit. Das Räumliche begegnet uns als die Ausgedehntheit der Dinge, als ihre Figur, ihre Stellung zueinander, als ihre Entfernung voneinander, begegnet also als Gestalt, als Abstand, als Lage; an den räumlichen Strecken fassen wir gewöhnlich das Wesen des Raumes, fassen ihn als eine Mannigfalt von Strecken- und Lagebeziehungen. In der Geometrie endlich wird das Vielfache der Verhältnisse von Punkt, Linie, Fläche, Raumtiefe, von Lage, Ort. usw. systematisch erfaßt. Und doch begreift die Geometrie nie das ursprüngliche Wesen des Raumes, weil sie ihn ansetzt als ein objektives Gefüge von Beziehungen. Der Raum ist aber ebensowenig objektiv, wie er subjektiv ist; er umgreift immer schon das Zusammen von Subjekt und Objekt – und kann daher nie auf die eine Seite gestellt werden. Ähnlich ist es mit der Zeit. Auch sie fassen wir zunächst als im Hinblick auf die objektiven Vorgänge. Die Dinge verharren und ändern sich, sie stehen oder bewegen sich. Die Zeit zeigt sich uns am Verharren und an den Bewegungen; wir messen sie nach den regelmäßigen Bewegungen, nach den Umläufen der Feuer am Himmel, dem Gang der Sonne und der Gestirne, zählen solche Umläufe und haben das Maß des Tages, der Stunden, das Maß der Jahre und Jahreszeiten. Die Zeit begegnet uns gleichsam in einer Aufdringlichkeit von den Zeitstrecken der Dauer und Bewegung der Dinge her; wir glauben zuweilen schon eine tiefere Einsicht zu haben, wenn wir der objektiven Zeit die subjektiv-erlebte gegenüberstellen und auf deren Unmeßbarkeit hinweisen. Die objektive Stunde kann einem zuweilen bei einem Vergnügen kurz vorkommen, in einer schwierigen Vorlesung lang werden; wir kennen doch alle den Unterschied der Kurzweil und der Langeweile; wir können auch in wenigen Stunden oft innere Erfahrungen machen, wie sonst nicht in langen Jahren. Die objektiv-meßbare Zeit ist gegen die Fülle oder Leere der Erlebniszeit gleichgültig; es besteht eine Inkongruenz zwischen beiden. Mit der

Aufspaltung der Zeit in zwei sich fremde Zeiten, wobei die eine vom dinglichen Vorgang, die andere vom erlebenden Menschen her interpretiert wird, verbaut man sich den Zugang zum ursprünglichen Wesen der Zeit. Zeit ist primär weder an den Dingen, noch im erlebenden Subjekt, mag man dieses Subjekt als Erlebniszusammenhang oder radikaler als „Zeitigung", als temporale Transzendenz des Daseins fassen. Raum und Zeit sind ursprüngliche Weisen, wie die Welt da ist, da ist als das umfangende Ganze, das alles Seiende immer schon überholt hat und in sich einbegreift. Welt ist als der Zeit-Raum des Seins alles Seienden.

In die Richtung auf den ursprünglichen Weltbegriff von Raum und Zeit müssen wir Hegels nunmehrige Bestimmung des Jetzt und des Hier verstehen. Im Jetzt ist zusammen das sinnliche Gewahren und das Gewahrte; das Jetzt umgreift und umfängt beides. In solchem Umfangen ist es das Unmittelbare. Und ein Hier umfängt die Aisthesis und das Aistheton. Die sinnliche Gewißheit wird als unmittelbares Wissen verstanden, weil sie im unmittelbaren Jetzt und im unmittelbaren Hier ist. Sie weiß sich im Jetzt, nicht in einem stehenden, das bleibt im mannigfachen Wandel von Jetzigem; sie weiß sich in einem einzigen Jetzt, eben in dem, worin ihr Vernehmen sich abspielt. Das Jetzt ist selbst ein jetziges Jetzt und das Hier ein hiesiges Hier. Die sinnliche Gewißheit schränkt sich auf die Unmittelbarkeit ihres Vollzugs ein, auf die bloße Aktualität. Sie nimmt das in ihr sich offenbarende Sein nur als ein solches, das im unmittelbaren Jetzt und im unmittelbaren Hier ist. D. h. sie denkt das jetzige Jetzt und das hiesige Hier als den Zeit-Raum des Seins von Einzelnem. Das ist die dritte Seinsthese der sinnlichen Gewißheit; sie wird gewonnen in der äußersten Einschränkung des Seinsanspruches, wird gewonnen im Rückzug in die bloße Aktualität des Vollzugs.

Man mag vielleicht den Eindruck haben, als ob Hegel hier etwas konstruiere, sich eine Möglichkeit ausdenke, die vielleicht gar nicht eine innere Notwendigkeit der sinnlichen Gewißheit darstelle. Der Eindruck kann nur vorhalten, solange man eben nicht den Gang des steigend radikalisierenden Denkens mitgeht. Die zweite Seinsauffassung der sinnlichen Gewißheit entspricht einer historisch ausgebildeten Denkart, dem Skeptizismus. Auch die dritte vorhin charakterisierte Seinsthese hat ihr historisches Vorbild. Hegel hat aber nicht etwa nur Gestalten der Philosophiegeschichte als systematische Möglichkeiten verkleidet. Die Philosophie ist, wo sie systematisch denkt, immer auch geschichtlich, d. h. im Gespräch mit allen wesentlichen Denkern. Die dritte Seinsthese der sinnlichen Gewißheit hat ihre historische Entsprechung in der Grundauffassung der Megariker. Diese waren Sokratiker wie Platon und wie er auch in die Grundfragen der Philosophie verwickelt. Sie waren aber stark von den Gedanken der Eleaten bestimmt. Sie werden in der üblichen Philosophie-Geschichtsschreibung zumeist als Eristiker aufgeführt, als die Erfinder von Fangschlüssen und dergleichen Spitzfindigkeiten. Die bekannten Aporien vom Lügner, der gesteht, daß er lügt, vom Kahlkopf und vom Kornhaufen (ein, zwei, drei Körner sind noch kein Haufen – wann fängt der Haufen an) werden ihnen zugeschrieben; aber die Eristik ist bei ihnen, ähnlich wie bei dem eleatischen Zenon, nur ein Mittel, die Paradoxie der Seinsvorstellung an den Tag zu bringen. Eukleides, Eubulides, Stilpo sind die vornehmsten Denker der megarischen Schule. Ein Vermögen, eine Fähigkeit, eine Kraft, eine *dynamis* ist nur im Vollzug (*hotan energe*); außerhalb des Vollzugs ist sie nicht. Die *dynamis* der *aisthesis*, die Fähigkeit des sinnlichen Vernehmens ist nur *hotan energe,* solang die Kraft am Werk ist, – und auch das in solchem Vernehmen Vernommene ist nur, solang das Vernehmen währt. Wir kennen zwar den Unterschied von einem Vermögen, das ausgeübt wird, und einem, das wir zwar haben, aber nicht betätigen; wir sagen doch, wir haben das Vermögen zu sehen, auch wenn wir die Augen schließen und schlafen. Aber wie ist das unbetätigte Vermögen? Was ist das für ein Sein? Aristoteles setzt sich in der Met. *Theta,* 1046 b 29 ausdrücklich mit den Megarikern auseinander, dort wo er den Unterschied von *dynamis* und *energeia,* Potenz und Akt erörtert. Und es ist immer noch eine offene Frage, ab Platon und Aristoteles die Bedenken der Megariker überwunden haben. Bezeichnend ist es auch und ein gewisser Beleg für unsere Auffassung, daß die dritte Seinsthese der sinnlichen Gewißheit auf die ontologische Position der Megariker hin orientiert ist, daß Hegel in seinen Vorlesungen über die Geschichte der Philosophie bei der Behandlung des Megarikers Stilpo in einer zusammengefaßten Weise die Dialektik der sinnlichen Gewißheit wiederholt.

Wie soll nun die dritte These der sinnlichen Gewißheit geprüft werden? Sie hat sich auf den aktuellen Vollzug allein eingeschränkt. Sie überschreitet sich nicht mehr selbst, setzt nicht mehr das Sein des sinnlich Vernommenen an als auch außerhalb der Vernehmung. Sie bleibt in sich, und so weiß sie sich als unmittelbares Wissen. Dieser Anspruch ist es, der zu prüfen ist. Was ist das Ich und Gegenstand zumal umfangende Jetzt und Hier? Was ist seine Unmittelbarkeit? Wir fragen danach; aber wir dürfen nicht von außen fragen, wir müssen uns selbst zu dem Ich machen, das sich auf die Unmittelbarkeit des Vollzugs der sinnlichen Gewißheit einschränkt. Wir zeigen uns das Jetzt. Diese Rede von Zeigen ist hier etwas verwunderlich. Zeigen im eigentlichen Sinne können wir doch nur auf Dinge, die hier oder da oder dort sind; Hiesiges oder Dortiges kann man zeigen; aber kann man auch das Hier zeigen, können wir den Finger darauflegen? Gewiß nicht und noch weniger können wir im strengen Sinne ein Jetzt zeigen. Hegels Ausdruck aber ist gewählt als Gegenbegriff zum Sprechen. Sprechen ist immer schon im Medium des Allgemeinen; das Unmittelbare-Einzelne wird, wenn es angesprochen wird, „auf allgemeine Weise" angesprochen und so verfälscht, das Unmittelbare-Einmalige kann man nur zeigen. Zeigen hat also den Sinn des Sehenlassens, des sich-etwas-zu-Gesicht-Bringens, des etwas-vor-sich-Hinstellens, sich-etwas-Gegenüberbringens. Wir leben in der Unmittelbarkeit, aber wenn diese zum Prüfungsobjekt wird, müssen wir sie uns vor-halten, müssen wir unser eigenes Darinleben ansehen, müssen wir seine Unmittelbarkeit uns zu Gesicht bringen. Das Unmittelbare ist das Jetzt. Dieses Jetzt, in dem wir leben im Sehen und in dem wir zusammen sind mit dem Gesehenen und dieses mit uns, – dieses jetzige Jetzt sollen wir uns zeigen. Wir brauchen nicht zu sprechen, brauchen keine Feststellung zu machen, wir sollen nur des Jetzt inne sein. Im Innesein des Jetzt zeigen wir uns es; aber dabei ist es schon vergangen; das Jetzt ist kein Haltbares, kein Aufenthalt; es ist und ist schon vergangen, im Zeigen wird es schon zum gewesenen Jetzt; aber das Gewesene ist nicht; und das heißt das gewesene Jetzt ist jetzt nicht. Das Zeigen oder das Innewerden des Jetzt, das sich streng in der Unmittelbarkeit des Vollzugs hält und diesen nirgends überschreitet, offenbart aber gerade mit der Zeit, die das Zeigen braucht, daß das Jetzt trotz seiner Unmittelbarkeit ein in sich Vielfaches und doch zugleich Eines ist. Das Jetzt, dessen ich inne werde, ist im Zeigen schon vergangen und ist als vergangenes jetzt vergangen. Hegels Blick richtet sich nicht auf eine bloße Vielfalt von Jetzten, von denen das eine das andere ablöst, das eine das andere in die Vergangenheit stößt und bereits schon vom nächsten Augenblick selber in die Gewesenheit gedrängt wird. Was Hegel zeigen will ist, wie eine Gegenwart das gezeigte und im Zeigen schon vergangene Jetzt und das Jetzt, in welchem das Zeigen geschieht, übergreift. Das Jetzt ist kein Atom der Zeit. Jetzte werden nicht wie Perlen an einer Schnur aufgereiht. Die Zeit ist keine bloße Folge von „Augenblicken". Die Momentaneität des Jetzt hat eine eigentümliche Unbegrenztheit; sie kann Augenblick sein, sie kann auch der ganze Tag sein; jetzt, in dieser Sekunde, und jetzt, heute. Das Jetzt bleibt, wenn auch alle Augenblicke jagend wechseln. Es ist in sich different; in ihm ist der gewesene Augenblick jetzt vergangen; das Jetzt hat so immer in sich ein Nicht-Jetzt, die gewesenen Augenblicke, und bleibt in diesem Anderssein doch, was es ist.

Was Hegel hier im Auge hat, ist nicht leicht zu sehen und noch weniger leicht zu verdeutlichen. Es geht ihm nicht mehr wie in der ersten Prüfung um die Ständigkeit des Jetzt im Wandel des Jetzigen, um das Bleiben der Zeit im Wandel der Zeitinhalte (Tag, Nacht); es handelt sich nun um das Bleiben des Jetzt im Vergang der Augenblicke, um das Bleiben des größeren Jetzt im Vergehen der kleineren Jetzte. Wir sagen gewöhnlich: Jetzt – das ist ein relativer Begriff, je nachdem. Einmal diese Stunde, dieser Augenblick, oder dieses Jahrhundert, in dem wir leben (etwa wenn wir von der Jetztzeit reden). Die Relativität des Jetzt, sein mehr oder minder groß-Sein, das wird von Hegel grundsätzlich begriffen. Zeit und Raum, Jetzt und Hier, sind keine einfachen und unmittelbaren Gegebenheiten, die wir zeigen können; gerade im Zeigen offenbaren sie sich, daß sie ihr Gegenteil in sich enthalten: das Jetzt das Gewesene und das Hier das Dort. Das Jetzt, das viele Jetzt in sich enthält (der Tag, der Stunden und Minuten in sich faßt) und das Hier, das viele Hier in sich birgt, nennt Hegel das wahrhafte Jetzt und das wahrhafte Hier. Raum und Zeit sind das Zerlegbare, aber in aller Zerlegung werden sie doch nicht zerstückt. Die Zerlegung geschieht immer aus einem umgreifenden und übergreifenden Ganzen her. Sofern das Jetzt in sich viele Jetzt enthält, ist es kein Einfaches schlechthin. Es ist, wie Hegel sagt, ein Insichreflektiertes. Dieser Terminus ist schwer verständlich. Er besagt nicht, daß das Jetzt selber reflektieren würde, Selbstbesinnung vollziehen würde. Hegel gebraucht den Ausdruck Reflexion in einem weiten Sinne, der trotzdem ganz streng gemeint ist. Er meint eine Selbigkeit, die sich durch ein Anderswerden durchhält. In unserem Falle: das Jetzt, das wir zeigen, ist schon im Gezeigtwerden vergangen, ist gewesenes Jetzt; gewesenes Jetzt ist anders als jetziges

Jetzt; aber jedes Jetzt enthält in sich schon gewesene Jetzte und ist also, was es ist, ist Selbiges im Anderssein.

Warum nennt Hegel diese Struktur nun Reflexion? Er will damit die Bewegung der Rückkehr fassen: ein Selbiges, das sich anders wird, kehrt aus dem Anderswerden wieder in sich zurück. In diesem Sinne genommen ist der Terminus Reflexion ein Fundamentalbegriff der Hegelschen Philosophie. Was wir üblicherweise Reflexion nennen, ist sozusagen nur ein Beispiel. Die Selbstbegegnung des Subjekts, sein ausdrückliches Sich-auf-sich-Besinnen geschieht doch so, daß der Erkennende in der Selbsterkenntnis sich gegenübertritt, sich fremd und anders wird und aus dieser Selbstobjektivierung wieder in die ursprüngliche Einheit des Selbstseins zurückkehrt. Die dritte Prüfung der sinnlichen Gewißheit erweist ihre vermeintliche Unmittelbarkeit, die sie als die Unmittelbarkeit des umfangenden Jetzt und umfangenden Hier genommen hatte, durch die Bewegung des Aufzeigens als eine Einfachheit, die in sich Vielfachheit ist, – oder als eine reflektierte Einfachheit. Das unmittelbare Jetzt ist ein Jetzt, das viele Jetzte in sich beschließt, wie auch das unmittelbare Hier in sich selbst immer noch ein Oben und Unten, ein Rechts und Links und Vorn und Hinten enthält; und dabei ist das Oben selber wieder in sich ein Oben und Unten, Rechts und Links usw. In der Bewegung des Aufzeigens, im Versuch, sich selbst zu Gesicht zu bringen, was die Unmittelbarkeit des Jetzt und des Hier ist, macht die sinnliche Gewißheit ihre letzte Erfahrung: auch das nur auf den aktuellen Vollzug eingeschränkte sinnliche Gewahren hat es mit Einzelnem zu tun, das in Wahrheit ein Allgemeines ist: mit dem Jetzt, das in sich viele Jetzte hat, und mit dem Hier vieler Hiere.

Mit dieser Einsicht ist die Prüfung der sinnlichen Gewißheit beendet. Was ist das Gesamtergebnis? Sie hat sich selbst zur Erkenntnis geführt, daß, was sie jeweils als das Sein denkt und was sie dabei als das Einzelne vermeint, im Grunde „allgemein" ist. Die Prüfung hat ein vernichtendes Ergebnis: das Wissen entspricht nicht dem Gegenstand und der Gegenstand nicht dem Wissen. Sie meint das Einzelne und kann es nur auf allgemeine Weise erfassen; und das Gemeinte ist in ihr nicht so da, wie sie es glaubt. Die ontologische Prüfung der sinnlichen Gewißheit aber ist nicht eine philosophische Betrachtung derselben, ohne welche wir wohl leben könnten. Man könnte vielleicht der Ansicht sein, ohne eine so diffizile spekulative Auseinanderlegung der sinnlichen Gewißheit lebten wir ganz unbefangen dahin, sehen und hören und riechen und schmecken und greifen; wir sind dabei des wirklichen Seins dieser handgreiflichen Dinge gewiß; ja wenn wir besonders eindringlich den Wirklichkeitscharakter einer Sache hervorheben wollen, sagen wir doch nicht von ungefähr, wir können sie mit Händen greifen oder sehen sie mit eigenen Augen oder haben etwas mit eigenen Ohren gehört. Ganz mit dem Bewußtsein des besten Rechts berufen wir uns auf das Zeugnis der Sinne. Sie sind Zeugen, die uns bisweilen narren können, aber ein falsch Gesehenes kommt wieder in Ordnung nur durch ein neues, besseres Sehen; die Irrtümer des Sehens werden durch Sehen korrigiert; zuweilen allerdings auch durch Überlegung, durch Besinnung; so z. B. wenn wir den gebrochenen Stab im Wasser sehen. Aber Hegel meint mit der Prüfung gar nicht eine erkenntnistheoretische Abschätzung der Sinne, er zweifelt nicht am Gesehenen des Sehens, er zweifelt nur an der Art, wie die sinnliche Gewißheit das Sein des Gesehenen denkt.

Aber es ist nicht der Philosoph Hegel, der sich die Zweifel macht; es ist nur des Philosophen Hegel große Einsicht, daß die sinnliche Gewißheit selber und immer sich die Zweifel macht; daß sie eine Geschichte hat, eine Geschichte, in welcher nichts anderes geschieht als das Zweifeln oder besser Verzweifeln an ihrer eigenen Vorstellung vom Sein. Anders ausgedrückt: das sinnliche Vernehmen von Seiendem ist ein Wissen, das notwendig über sich hinaustreibt. Sofern in ihm, wenn auch vag und unentwickelt, das Sein gedacht wird, ist es angetrieben von der Sehnsucht, zum Sein zu kommen. Erhellt vom ahnungshaften Vorverstehen von Sein mißt die sinnliche Gewißheit ihre Gedanken daran und erfährt den Widerspruch, daß sie das Einzelne meint und es doch als Allgemeines denkt. Bei dieser Erfahrung vergehen ihr Hören und Sehen. Hegel macht die Bemerkung, daß zwar die sinnliche Gewißheit immer diese Erfahrung mit sich selbst macht – daß sie aber diese Erfahrung immer wieder vergißt. Die Macht des Vergessens ermöglicht uns das gewöhnliche Bleiben in der sinnlichen Gewißheit. Diese Macht des Vergessens durchwaltet unser ganzes Dasein. Der Mensch ist das Wesen, das um das Sein weiß, wenngleich er es zumeist vergißt. Die Seinsvergessenheit ist so ursprünglich wie die ahnungshafte Offenbarkeit des Seins. Indem Hegel das Vergessen eigens nennt als jene gegenwirkende Macht, verliert der Weg des Wissens von der sinnlichen Gewißheit bis zum absoluten Wissen die Zwangsläufigkeit, die ihm vielfach nachgesagt wird. Er ist ein notwendiger Weg, aber seine Notwendigkeit hat nicht den Charakter eines naturgesetzlich geregelten Vorgangs. Er ist eine geschichtliche Notwendigkeit. Die Dialektik der sinnlichen Gewißheit ist eine Erfahrung, welche diese mit sich selber machen muß, aber auch wieder vergessen kann; das Vergessen kann so tief sein, daß der Mensch an der sinnlichen Gewißheit das Maß des Wirklichen zu haben glaubt, daß er das, was ihm die Sinne zeigen, als das Seiende und zwar als das Seiende im eigentlichen Sinne erklärt. Nur der Mensch kann sich so tief vergessen, das Unbeständige und Flüchtig-Nichtige zum Wahrhaft-Wirklichen zu erhöhen und so weniger zu verstehen als die unverständigen Tiere, die, wie Hegel sagt, verzweifelnd an der Realität der sinnlichen Dinge und in der völligen Gewißheit ihrer Nichtigkeit ohne weiteres zulangen und sie auffressen. Der Mensch, der seinsvergessen sich im Sinnlichen verfangen hat, weiß nichts mehr vom tiefen Sinn des uralten Mysteriums von Brot und Wein, jenem Sakrament der Erde, wo in der Vernichtung des nichtigen Sinnfälligen, im Wandel der Vergänglichkeit das Unvergängliche und das bleibende Sein gefeiert wird. In seiner großartigen Sprache, die mitunter den strengen Pfad gedanklicher Zucht durch ein dichterisches Bild unterbricht, sagt Hegel: „... denjenigen, welche jene Wahrheit und Gewißheit der Realität der sinnlichen Gegenstände behaupten, [kann] gesagt werden, daß sie in die unterste Schule der Weisheit, nämlich in die alten Eleusischen Mysterien der Ceres und des Bacchus zurückzuweisen sind und das Geheimnis des Essens des Brotes und des Trinkens des Weines erst zu lernen haben; denn der in diese Geheimnisse Eingeweihte gelangt nicht nur zum Zweifel an dem Sein der sinnlichen Dinge, sondern zur Verzweiflung an ihm ..." (87).

b) Die Wahrnehmung; oder das Ding und die Täuschung

9. *Übergang von der „sinnlichen Gewißheit" zur „Wahrnehmung"
und erste Bestimmung der „Seinsvorstellung" der Wahrnehmung.
Prüfung der Dialektik des wahrgenommenen Gegenstandes:
Einsheit — Allgemeinheit — Vielheit*

Vor unseren Augen flimmert die Welt im Licht, spielen die Schatten und Finsternisse, leuchten die Farben; vor unseren Ohren klingen die Töne, schweigt die Stille, heult der Sturm, — horchend und hörend sind wir offen dem Brausen der Wälder und dem Rauschen der Meerflut; wir berühren die tragende Erde und greifen die verläßliche Nähe des Anwesenden. Die Sinne zeigen uns, was ist. Das Sinnfällige ist das Wirkliche von größter Eindruckskraft und unmittelbarer Bezeugung. Das ist unsere gewöhnliche Überzeugung, – so gewöhnlich, daß wir sie gar nicht aussprechen und eigens betonen. Die denkende Prüfung der sinnlichen Gewißheit ergab das erschreckende Resultat, das Sinnfällige ist nichtig. Allerdings wurde uns ein solches Resultat zuteil in einem schwierigen und verwickelten Gang des Denkens. Durch ein umständliches Unterscheiden und Beziehen von Ich und Gegenstand, von Unmittelbarkeit und Vermittlung usf., durch ein mannigfaltiges Hin- und Her-Denken haben wir uns aus dem natürlichen Selbstvertrauen der sinnlichen Gewißheit hinausgedacht. Wo die Philosophie hindenkt, wächst kein Gras mehr, tritt an die Stelle der bunten, farbigen, klingenden und brausenden, duftenden und handfesten Welt das aschgraue Gewölk abstrakter Begriffe. Wenn jetzt ein Blitzstrahl in den Hörsaal führe und wir mit den Sinnen gewahrten, daß es zu brennen anfängt, – wir also den Brandschein sähen und den Brandgeruch röchen, die theoretische Erkenntnis von der Nichtigkeit der sinnlichen Gegenstände würde uns nicht dazu verhelfen, den bedrohlichen Brand zu ignorieren. Wir würden fluchtartig den Hörsaal verlassen. So ähnlich argumentiert der gesunde Menschenverstand. Die erlebte – und das ist ihm vornehmlich: die sinnlich erlebte Wirklichkeit ist stärker als alle Gedanken, welche sie zu zersetzen suchen. In solchen Berufungen auf die Unmittelbarkeit des Erlebens versteht man gar nicht, wogegen man sich wendet. Was die denkende Prüfung der sinnlichen Gewißheit ergab, war nicht die Leugnung des Vorhandenseins des Sinnfälligen. Es ist nicht etwa deswegen nichtig, weil „es nicht gibt". Eine Leugnung wäre keine höhere ontologische Einsicht, sie würde das Sein in einer ähnlich unentwickelten Art verneinen, wie es die sinnliche Gewißheit bejaht. Das Sinnfällige ist. Aber eben in der Weise, wie es „ist", ist es nichtig; sein Sein ist ein nichtiges. Die sinnliche Gewißheit vermeint das Wissen des Einzelnen zu sein; aber in Wahrheit ist das Einzelne, wie sie es denkt, ein Allgemeines. Die sinnliche Gewißheit macht mit sich selbst die Erfahrung, nicht ein unmittelbares Wissen von Unmittelbarem zu sein; es geht ihr auf, daß sie es in Wahrheit mit Allgemeinem zu tun hat, wenn sie das Dieses, das Jetzt, das Hier, das Ich denkt.

In dieser Erfahrung geht sie selbst in ein anderes Wissen über, sie geht über sich hinaus; statt ein Unmittelbares zu wissen, nimmt sie nun das Jetzt und das Hier, wie es in Wahrheit ist, d. h. als ein Zusammen vieler Jetzt und vieler Hier; sie nimmt das Allgemeine als das Seiende und Wahre, sie „nimmt wahr": sie wird zur Wahrnehmung. Diese Ausdrucksweise ist argen Mißverständnissen ausgesetzt, die nicht leicht wegzuräumen sind. Was ist das überhaupt für eine Geschichte, die Hegel beschreibt, – am Ende gar erfindet? Kommt sie faktisch vor? Haben wir in der Tat zunächst nur Wissen als das sinnliche Vernehmen, später, wenn die sinnliche Gewißheit mit sich die Erfahrung gemacht hat, etwa Wahrnehmung, und wieder später Selbstbewußtsein, Vernunft, Geist, absolutes Wissen? Durchläuft jeder diese Geschichte als Entwicklungsgeschichte? Ist das nicht eine unhaltbare Konstruktion? Wir haben doch, zumindest wenn wir anfangen nachzudenken, immer schon mehr als nur die sinnliche Gewißheit. Wir haben dazu Erinnerungen, Erwartungen, haben Wahrnehmungen von Dingen, haben Kenntnisse über sie, niedergeschlagene Erfahrungserwerbe, wir haben Selbstbewußtsein, wir stehen in Kommunikation miteinander in vielfachen Weisen des Verstehens, haben die Sprache usf. Bedeutet es nicht eine methodische Hilfskonstruktion, zunächst die ganze Fülle der Wissensformen bis auf die Sinneserkenntnis abzublenden und dann in einem Stufengang zu dem Besitzstand heraufzusteigen, den wir doch schon haben, ehe wir das Nachdenken beginnen? Berichtet Hegel uns den psychologischen Roman vom Werdegang des menschlichen Wissens aus der Urform der Sinneserkenntnis? Nichts von all dem. Die Geschichte der Übergänge aus der sinnlichen Gewißheit in die Wahrnehmung usw. hat sich nicht früher einmal zugetragen und wird nicht jetzt nacherzählt, sie ereignet sich aber auch nicht gegenwärtig als ein psychologischer Prozeß, den man abschildert. Es ist eine Geschichte eigener Art. Sie geschieht, wenn in uns das Denken des Seins erwacht, wenn wir einstehen in die äußerste Ratlosigkeit und Verwunderung; sie geschieht, wenn wir die Seinsbegriffe, in denen wir sonst uns blind bewegen, durchdenken. Sie geschieht als Philosophieren.

Das scheint Hegels nachdrücklichen Worten zu widersprechen; sagt er doch, daß nicht „Wir", die Zusehenden der Prüfung, sie eigentlich vollziehen, sondern das natürliche Bewußtsein selbst sich prüft, mit sich Erfahrungen macht und über sich hinausgeht. Das alles geschieht ihm nur, wenn die Lebenstendenz der Philosophie in ihm selber aufbricht als die Frage nach dem Sein. Hegel begreift noch ursprünglich, daß die Philosophie nicht da ist als ein ausgebildetes theoretisches Vermögen, mit dem man nun die Welt behandelt, sondern daß sie ein fundamentaler Drang in unserem Dasein ist, „ein Trieb", wie es Nietzsche in seiner schonungslosen Sprache sagt; Philosophie ist keine „Ausnahme und Rarität", sie ist eine Grundweise, wie das Menschenwesen am Werk ist. Aber der Mensch ist das merkwürdige Geschöpf, das zumeist gerade nicht ist, was er seinem Wesen nach ist. Die Geschichte der ontologischen Erfahrungen, welche der Mensch mit der sinnlichen Gewißheit, mit der Wahrnehmung, mit dem Selbstbewußtsein, mit der Vernunft usf. macht, ist kein Vorgang, in welchem sich etwa erst das Wahrnehmungsvermögen, das Vermögen des Selbstbewußtseins ausbilden würde. Diese Vermögen sind als vorhandene vorausgesetzt und stehen als solche nicht in Frage. Wonach gefragt wird, ist einzig nach der Weise, wie in ihnen das Sein gedacht wird. Der Übergang von der sinnlichen Gewißheit zur Wahrnehmung bedeutet nicht, daß wir aufhören, sinnlich zu vernehmen und nun Dinge wahrnehmen; der Übergang bedeutet: das Durchdenken der Seinsvorstellungen, wie sie in der sinnlichen Gewißheit hausen, hat das Ergebnis erbracht, daß ihr im Grunde das Allgemeine das Wahre und Beständige ist, und nicht, wie sie meint, das Einzelne. Sie hat also ihre vermeintliche Seinsidee verloren und ist über sich selbst aufgeklärt; sofern sie aber nun weiß, daß sie sich zum Allgemeinen verhält, ist sie zur Wahrnehmung geworden. Die ontologische Interpretation der sinnlichen Gewißheit führt zur Seinsvorstellung, welche die Wahrnehmung regiert.

Wenn wir also „sinnliche Gewißheit" und „Wahrnehmung" nicht als Titel für faktische Erkenntnisweisen, sondern primär als die Seinsvorstellungen der sonst so genannten Erkenntnisarten fassen, so springt eine Parallele in die Augen zwischen dem Hegelschen Aufriß in der „Phänomenologie des Geistes" und Kants „Kritik der reinen Vernunft". Kants „Transcendentale Ästhetik", als die Lehre von der reinen Sinnlichkeit, hat zum Thema die apriorischen Anschauungsformen von Raum und Zeit; Kants „Transcendentale Analytik", als die Lehre von den reinen Verstandesfunktionen, behandelt im Kategorienproblem die ontologische Struktur des Dinges. Und doch besteht ein fundamentaler Unterschied. Kants Betrachtung ist statisch, die Hegels dynamisch. Kant beharrt auf der Trennung von reiner Anschauung und reinem Denken. Bei Hegel führt die ontologische Interpretation des als Jetzt und Hier gefaßten „Dieses" in die Seinsvorstellung vom Ding über.

Die Wahrnehmung ist für Hegel das Denken der Dingheit des Dinges. Der Abschnitt, wo Hegel den ontologischen Gedanken des Dinges einer Prüfung unterzieht, ist überschrieben: „Die Wahrnehmung; oder das Ding und die Täuschung". Der Titel könnte zur Ansicht verleiten, als handle es sich um eine bewußtseinsanalytische Deskription einer Dingwahrnehmung und der ihr zugehörigen Täuschungsmöglichkeiten; davon ist aber ebensowenig die Rede, wie bei der sinnlichen Gewißheit von den einzelnen Sinnesorganen und Sinnesempfindungen. Es geht hier um den Bau des Dinges, um den Grundriß des Dingseins überhaupt. Wie denken wir das Sein, wenn wir es als das Sein von Dingen denken? Sind wir dabei über die Seinsvorstellung der sinnlichen Gewißheit hinausgekommen? Dort verstehen wir Sein als das bloße unentwickelte „es ist", der Sinnengegenstand ist und weiter nichts. In der Wahrnehmung haben wir es mit Dingen zu tun, mit Häusern, Bäumen, Menschen usf., mit solchem, das Farbe an sich hat, das tönend ist, das fest, hart, glatt usw. ist; wir haben es mit dem zu tun, welchem die Farbe, der Ton, die Härte, der Geruch eignet, wir haben es mit dem Eigentümer von Eigenschaften zu tun. „Der Reichtum des sinnlichen Wissens gehört der Wahrnehmung..." (90), sagt Hegel. In ihr wird das sinnlich vernommene Dieses (das Farbige, der Ton) einem Eigentümer zugesprochen: das Ding hat diese Eigenschaft, es besitzt sie. Wie? Wie ist das Dingsein, wie ist das Haben von Eigenschaften? Wir kennen dieses Verhältnis, wir operieren ständig damit, aber wir machen uns zumeist keine Gedanken darüber.

Wir wollen uns in gedrängter Zusammenfassung Hegels ontologische Interpretation des Dingseins vergegenwärtigen. Dabei müssen wir uns bewußt sein, daß es sich um ein Kardinalproblem der Metaphysik handelt. Das Nachverstehen wird uns schwer und mühsam werden. Zunächst gibt Hegel eine Kennzeichnung der Natur des Gegenstandes der Wahrnehmung. Dabei hebt er die Momente ab, die nachher in der ontologischen Prüfung der Wahrnehmung eine entscheidende Rolle spielen. Als das „Prinzip" der Wahrnehmung nennt er das Allgemeine. Das hat einen ganz bestimmten Sinn; nicht das Allgemeine schlechthin, sondern jenes Allgemeine, das wir in der Prüfung der sinnlichen Gewißheit kennenlernten. Dort ist uns das „Allgemeine" entstanden, dort haben wir die Bekanntschaft mit ihm gemacht. Es ging uns dort auf am Jetzt und Hier und Ich als das „Sowohl – als auch", welches zugleich ein „Weder-noch" ist einmal, dann aber auch als das Insichreflektiertsein von Jetzt und Hier. Die Eigenart des Allgemeinen besteht darin, daß es nicht eine schlichte Unmittelbarkeit des Seins darstellt, sondern eine Einfachheit, die in sich eine vermittelte ist. Das Jetzt, so sahen wir, ist ein Jetzt vieler Jetzte und das Hier ein Hier von vielen Hier.

Das allgemeine Prinzip der Wahrnehmung drückt sich nun an ihrem Gegenstand so aus, daß er das Ding der vielen Eigenschaften ist. Das Ding ist ein Einfaches, das in sich ein Vielfaches ist. Es ist eins und vieles zugleich. Und das Einssein und Vielessein stehen nicht nebeneinander; es ist ein Ding, sofern es viele Eigenschaften hat. Was ist eine Eigenschaft? Hegel sagt: ein aufgehobenes Dieses. Machen wir uns diesen Ausdruck klar. Im sinnlichen Sehen sehe ich z. B. das Gelb hier am Katheder; ich gewahre es und meine es als dieses Gelb. Das gewahrte Gelb ist noch keine Eigenschaft am Ding; die Eigenschaft ist das Gelbsein des Dinges. Gelbsein ist nicht das Gelbe, es ist zwar auch in diesem Gelben bekundet und auch in anderem Gelben anderer sinnlicher Vernehmungen; es ist sowohl das Gelbe der einen *aisthesis,* als auch der anderen, und ist zugleich weder das eine, noch das andere. Gelbsein als Eigenschaft ist eine sinnliche Allgemeinheit. Die Eigenschaft ist die Aufhebung des Dieses. Das Dieses wird negiert und doch zugleich aufgehoben. Dieses Gelb wird zum Gelb-sein. Eigenschaften des Dinges, hier des Katheders, stehen zusammen: das Gelbsein, das Glattsein usf., das Ding hat eine Menge von Eigenschaften. Diese Menge ist im Ding geeint, ohne daß es zu einem Gedränge kommt; die einzelnen Eigenschaften berühren sich nicht, sind gegeneinander gleichgültig; das Dingsein ist das allgemeine Medium, in dem sie unbezüglich auf einander sind. Und dieses Dingsein bestimmt Hegel als das Jetzt und Hier. Jetzt und Hier, so haben wir zuletzt in der Dialektik der sinnlichen Gewißheit erfahren, sind insichreflektierte Einfachheiten, die je viele Jetzt und je viele Hier in sich enthalten. Das war dort quantitativ gemeint; hier aber meint Hegel es qualitativ. Das Jetzt und Hier des Dinges ist solcher Art, daß viele Eigenschaften in ihm sein können. Hegels Beispiel: das Salz hier „... ist weiß und *auch* scharf, *auch* kubisch gestaltet, *auch* von bestimmter *Schwere* usw." (91). Alle Eigenschaften sind in einem Hier, im Hier des Dinges, und doch stören sie einander nicht; verdrängen sich nicht; das Worin des Beisammenseins ist die Dingheit; sie ist das Medium der Allgemeinheit, worin eine Eigenschaft und auch eine andere und auch eine weitere zusammen sind. Das Dingsein ist ein So- und So- und So-Beschaffensein. Den bislang entwickelten Charakter des Dinges nennt Hegel die positive Allgemeinheit. Das Ding ist wesentlich durch sie bestimmt. Das Ding ist Dingsein als das allgemeine Medium, worin sinnliche Allgemeinheiten, d. h. Eigenschaften nebeneinander vorkommen und doch geeint sind in einem Hier und Jetzt.

Worauf Hegel aber nun zu sprechen kommt, ist ein anderer Grundcharakter des Dinges: das Eins. Die Einsheit steht der Allgemeinheit gegenüber. Diese Entgegensetzung gilt es als ein Problem voll abgründiger Tiefe zu begreifen. Es ist ein Problem, das sich durch die Geschichte der Metaphysik hindurchzieht, an dem sich die mehr als zweitausendjährige Arbeit des Gedankens versucht hat — und das noch immer ein Rätsel ist. Es ist der ontologische Unterschied von essentia und existentia, Was-sein und Daß-sein; Aristoteles faßt die *ousia* als das wesentliche Was-sein, aber auch als das *tode-ti*, als das einshaft selbständig Seiende. „Das Eins ist das *Moment der Negation,* wie es selbst auf eine einfache Weise sich auf sich bezieht, und Anderes ausschließt; und wodurch die *Dingheit* als *Ding* bestimmt ist" (92), sagt Hegel. Eins-sein ist Negation. Eins-sein ist sich-selbst-Setzen im Sichbegrenzen gegen Anderes. Negation ist hier nicht genommen als der Urteilsakt des Verneinens, also nicht als eine sprachliche Form; Negation ist für Hegel eine ontologische Fundamentalkategorie. Im Sein des Seienden waltet die „ungeheure Macht des Negativen" (29); es ist die Macht, welche begrenzt und entgegensetzt, welche unterscheidet und vereinzelt, — welche aus dem Zusammenhang des All-Lebens reißt und das Seiende in das Gepräge seiner endlichen Formen schlägt. Ein Seiendes ist eins, sofern es sich behauptet gegen andere Seiende, die es nicht ist. In dem Gegeneinander und doch zugleich Verbundensein von Allgemeinheit und Einssein im Ding liegt für Hegel die Problematik des Dings.

Er zeigt den Doppelcharakter von Allgemeinsein und Einssein zunächst auf an der Eigenschaft. Die Eigenschaft ist sinnliche Allgemeinheit, sie ist nicht z. B. das Gelbe, sondern das Gelbsein, aber als Gelbsein ist sie bestimmte, einzelne Eigenschaft; sie ist dies, indem sie gegen das Rotsein, Grünsein, Blausein usf. bestimmt ist, sie hat als bestimmte

Eigenschaft den Gegenbezug zu den ausgeschlossenen anderen Weisen des Farbigseins an sich. Und jede Eigenschaft hat diesen ausschließenden Charakter. Das Salz z. B. ist weiß, nicht schwarz, ist scharf, nicht mild, ist körnig, nicht andersgestaltet; alle ihm zugehörigen Eigenschaften schließen etwas aus, und zwar deswegen, weil das Ding (hier das Salz) ein sich selbst behauptendes, anderes von sich ausschließendes Eins ist. So denken wir in der Wahrnehmung das Ding. Wir denken es als die Allgemeinheit des Dingseins, als das allgemeine Medium der vielen allgemeinen Eigenschaften, – und wir denken es als das bestimmte einshafte Ding, das sich auf sich selbst beziehend von anderen absetzt, das also das Element der Negation an sich hat, und dessen Eigenschaften jeweils bestimmte sind eben durch die Entgegensetzung zu anderen. In diesem Doppelcharakter von Allgemeinsein und Einssein also denken wir zumeist das Ding; das ist die Seinsvorstellung, welche die Wahrnehmung von ihrem Gegenstand, dem Ding hat. Und diese wird nun zum Thema einer Prüfung.

Auch jetzt wird die Prüfung wieder nicht von außen angesetzt; sie wird aus einem latenten Widerspruch der Wahrnehmung selber entwickelt. Wie stehen die beiden Charaktere des Dinges zueinander? Allem vorweg begreift die Wahrnehmung sich als das reine Hinnehmen des Gegenstandes; er ist das Seiende, wonach sie sich richtet. Und er gilt ihr als das Sichselbstgleiche. In dieser Bestimmung steckt mehr, als der erste Blick sieht. Es handelt sich nicht nur um die formale Struktur der Identität, so wenn wir sagen, das Ding ist eben, was es ist, ist mit sich identisch. Die Sichselbstgleichheit ist hier nicht nur formallogisch gemeint, sondern noch streng ontologisch. Das Ding, das Seiende, hat die Natur, mit sich übereinzustimmen, sich selbst treu zu bleiben, keinen Widerspruch in sich zu tragen; das Sein des Seienden schließt den Widerspruch aus sich aus. Diese Vorstellung ist der uneingestandene Maßstab, mit welchem die Prüfung beginnt. Der Widerspruch kann nicht im Seienden selber liegen; wenn sich ein solcher zeigt, dann muß er im Auffassen, also in der Weise, wie das Sein des Seienden gedacht wird, liegen; er muß dann in der ontologischen Auffassung vom Ding liegen; die Auffassung kann dann nur falsch sein; sie entspricht dann nicht dem Gegenstand; die Auffassung ist dann eine „Täuschung". Wir sehen schon, daß auch hier der Terminus „Täuschung" nicht das Vorkommnis einer Fehlauffassung eines bestimmten faktischen Gegenstandes meint, sondern grundsätzlicher genommen werden muß: als Fehlauffassung vom Bau, vom Grundriß des Gegenstandes, als Fehlauffassung des Dingseins überhaupt. Die Täuschung ist als ontologische Täuschung begriffen. Die Prüfung der Wahrnehmung geschieht als das Bedenken der Widersprüche im Gedanken des Dinges; dabei machen wir eine bestimmte Reihe von Erfahrungen. Der ontologische Widerspruch von essentia und existentia tritt auf. Der Gegenstand der Wahrnehmung ist rein Einer, ist ein Ding, ein einshaftes Ding, – aber dieses Ding hat allgemeine Eigenschaften. Der Katheder hier ist einer – und ist gelb, hat das Gelbsein an sich. Im Gelbsein ist er verbunden mit allem Gelben, mit allem, was gelb ist. In der Allgemeinheit seiner Eigenschaft geht das Ding über seine Einzelheit hinaus und ist in einer Gemeinschaft, in einer „Kontinuität" (93), wie Hegel erläuternd sagt. Da aber das Ding, sofern es das sich selbst Gleiche, das sich Treu-bleibende ist, gar nicht widerspruchsvoll sein kann, bleibt nur, daß wir das Einssein nicht ihm anrechnen, sondern als eine Zutat unseres Auffassens, als eine Unwahrheit, die in uns fällt, ansetzen.

Aber die Eigenschaft, die wir an ihm wahrnehmen, nehmen wir als eine bestimmte hin; bestimmt ist sie nur und kann nur sein, sofern sie anderen entgegengesetzt ist, andere von sich ausschließt, sie negiert. Die Bestimmtheit der Eigenschaft aber fordert, daß wir das Ding, das bestimmte, der bestimmten Eigenschaften, doch als Eins denken. Aber das Ding ist nicht nur ausschließendes Eins, weil an ihm auch viele Eigenschaften sind, die sich nicht ausschließen wie das Weiße das Schwarze, oder das Schwere das Leichte; an ihm sind doch auch Eigenschaften wie das Schwarze und das Harte und das Sauere; diese konkurrieren nicht miteinander, sie stehen gleichgültig zusammen.

Von diesen Widersprüchen gejagt kann die Wahrnehmung das Ding weder als das allgemeine Medium, noch als das ausschließende Eins setzen; sie wird zurückgeworfen auf die einzelne Eigenschaft, die sie aber nicht mehr als das Gelbsein eines gelben Dinges nehmen kann; der Widerspruch zwischen Allgemeinheit und Bestimmtheit (d. i. Einssein) vernichtet die Möglichkeit, das Ding als den Eigentümer der Eigenschaft zu denken; an diesem Widerspruch explodiert das Ding; das Allgemeinsein und das Einssein sind in ihrem ontologischen Widerspruch die Sprengstoffe, die nur des prüfenden Gedankens als der Zündung warten, um hochzugehen. Das dialektische Denken erweist sich als eine unheimliche revolutionäre Kraft. Man hat gegen die Revolution der Denkungsart, wie sie im Philosophieren geschieht, aus einem ganz anderen Pathos heraus gesagt, es komme nicht darauf an, die Welt zu begreifen, sondern sie „zu verändern". Wo so die Täter gegen die Denker ausgespielt werden, hat man gar keinen Begriff mehr von der Dimension, in welcher die Philosophie ihr Wesen treibt. Das gilt heute wie ehedem. Der Wahrnehmung zerbricht ihr Seinsgedanke; sie nimmt dabei die Schuld auf sich und gibt das Einssein und die Allgemeinheit des Dinges als den ihr gehörigen Inhalt ihrer Täuschung preis. Als Gegenstand aber bleibt ihr dann nur noch das sinnliche Dieses, das Gelbe, das Harte usw.; sie ist wieder zum Meinen des Dieses, d. h. zur sinnlichen Gewißheit geworden. Aber auch dort kann sie ja nicht stehenbleiben, – wie wir gesehen haben; die sinnliche Gewißheit geht in der Prüfung ihrer Seinsgedanken in die Wahrnehmung über. Damit scheint ein heilloser Kreislauf begonnen, ein Sichdrehen im Kreise. So sieht es in der Tat aus. Wenn wir aber näher zusehen, ist der wiederholte Übergang von der sinnlichen Gewißheit zur Wahrnehmung doch ein anderer als das erste Mal, er ist bereits reicher an gemachten Erfahrungen; vor allem hat er die Erfahrung hinter sich gebracht, wie der Gegenstand der Wahrnehmung, das Ding, der denkenden Prüfung nicht standhielt, wie es explodierte beim Widerspruch von Einssein und Allgemeinsein. Das Wissen kann sich jetzt nicht mehr als schlichtes Hinnehmen des Gegenstandes begreifen. Es hat die Erfahrung der Täuschung gemacht; es weiß, wie es auf sich selbst zurückgeworfen wurde; es hat die Erfahrung hinter sich, wie es in sich selbst reflektiert wurde.

Die Reflexion in sich, das Zurückgeworfenwerden auf sich nimmt es nun als seinen Anteil auf sich; es unterscheidet jetzt schärfer sein Auffassen und den aufgefaßten Gegenstand; es ist wesentlich kritischer gegen sich selbst; ist bereit, von vornherein die Fehlerhaftigkeit seines Auffassens einzugestehen, wenn es damit die Möglichkeit erhält, die Fehler, die es mitbringt, im Resultat wieder abzuziehen. Damit haben wir eine zweite Haltung des wahrnehmenden Bewußtseins zum Ding. Das Ding ist an sich, aber das Auffassen bringt schon eine Reihe subjektiver Momente mit sich, welche nur im Auffassen und nicht im aufgefaßten Gegenstand liegen. Das Ding an sich steht unter vom Auffassen schon mitgebrachten Bedingungen. Diese Position, die Hegel wieder ganz ohne alle Anspielungen auf geschichtliche Möglichkeiten der Philosophiegeschichte charakterisiert, wird nun zum Thema des zweiten Prüfungsganges.

Woran das Fragen sich jetzt entzündet, ist der Gegensatz des einen Dinges und der vielen Eigenschaften. Das Ding kann doch offenbar nur das Eins sein, wenn das Viele ihm nicht selbst zukommt; d. h. wenn die Vielfachheit ihm nur im Verhältnis zu unserem Auffassen zukommt, wenn das Salz weiß ist im Verhältnis zu unserem Auge, scharf im Verhältnis zu unserer Zunge, schwer für unsere Hand usf. Das eine Ding erscheint in unserem Auffassen, wie ein Lichtstrahl im Prisma gebrochen, mannigfach; wir selber sind jetzt das „allgemeine Medium", in welchem viele Eigenschaften beisammen sind, – und nicht mehr das Ding; es ist uns, von dem Widerspruch zum Allgemeinsein nun befreit, das Eins. Aber die Eigenschaft ist doch jeweils bestimmte, bestimmte aus einer Entgegensetzung; das Weiße ist weiß in der Entgegensetzung zu schwarz. Die Entgegensetzung aber ist doch das Wesen des Eins. Das Ding ist eins als bestimmtes Eins, das heißt aber bestimmt in einer Eigenschaft; das Ding ist, sofern es in seiner Bestimmtheit genommen wird, das Ding bestimmter mehrerer Eigenschaften; eine einzige Eigenschaft ist überhaupt keine; denn damit ist der Charakter des Eignens der Eigenschaft aufgehoben; eine Eigenschaft ist am Ding, es muß also noch mehr sein, als gerade diese eine Eigenschaft; es ist eine Vielheit von Eigenschaften; wird das Ding so als Vielheit von Eigenschaften angesetzt, so muß offenbar das widersprechende Moment: die Einsheit, nicht ihm an sich zukommen, sondern muß eine Zutat unseres Auffassens sein.

Die Wahrnehmung, welche gegen sich selbst kritisch bereit ist, einen subjektiven Anteil auf sich zu nehmen, den sie am Gegenstande abzieht, wird in dieser Prüfung des zweiten Ganges durch zwei Möglichkeiten hindurchgetrieben. Sie spricht einmal das Einssein dem Ding selbst zu, die Vielheit der Eigenschaften sich, das andere Mal faßt sie das Ding als eine Mannigfalt sinnlicher Bestimmtheiten und spricht die Ineinssetzung derselben sich als ihre Zutat zu. Die erste Position kennen wir als die sogenannte Ausschaltung der sekundären Qualitäten. Im alltäglichen Leben sagen wir, daß die Dinge so und so farbig sind, daß sie Laute, Töne, Geräusche machen, daß sie gut oder schlecht riechen usf. Die Naturwissenschaft aber belehrt uns, daß es physikalische Vorgänge, Wellen sind, die von unseren subjektiven Organen als Licht, Farbe, Ton, Geruch aufgefaßt werden. Die zweite Möglichkeit, die Hegel erörtert hatte, betrifft jene erkenntnistheoretische Auffassung, wonach zwar dem Subjekt ein Empfindungsmaterial vorgegeben werde, aber die kategoriale Formung desselben, die Beziehung auf einen Gegenstand auf subjektiven Synthesen beruhe. Da aber die Prüfung von dem Widerspruch von Eins und Vielem durch beide Positionen hindurchgejagt wird, macht das Bewußtsein dabei die Erfahrung, daß der Gegenstand selber zweideutig ist. Wenn wir einmal sozusagen vom Ding das Vielfachsein abziehen können, um das Einssein übrigzubehalten, das andere Mal, ihn als die Vielfalt sinnlicher Bestimmungen ansetzen, und sein Einssein als unsere Leistung von ihm abziehen, dann liegt offenbar in ihm selbst eine Aufgespaltenheit. Das Ding hat offenbar eine Weise, wie es sich darstellt, und eine Weise, wie es ist. Vielleicht müssen wir gerade die Idee der Sichselbstgleichheit des Dinges aufgeben. Es ist am Ende nicht nur in einer Dimension. Die Schwierigkeit liegt im Sein des Dinges selbst; es stellt sich dar für das Auffassen und ist an sich anders, als es sich im Auffassen zeigt. Das ist das Ergebnis der zweiten Prüfung der Wahrnehmung.

Hegel bewegt sich in all diesen schwierigen Gedankengängen, in denen er das ontologische Wesen der Seiendheit des Seienden durchspricht, mit einer Sicherheit und Kraft, die nur dem Wesensgrund des Denkens entstammen kann, und mit einer Fähigkeit, Gedankliches fast sinnlich einprägsam zu sagen, die immer wieder jeden in einen beschämenden Abstand verweist, der versucht, der Spur des Riesen zu folgen.

10. Dialektik des Wahrnehmens: Selbstgleichheit – Andersheit. Die „ganze Bewegung" der Wahrnehmung. Überleitung zu „Kraft und Verstand". Rückblick auf Aristoteles und Kant (Kategorien)

Die Phänomenologie des Geistes geschieht als die Entfaltung von Seinsgedanken. Sie ist eine Gedankengeschichte. Sie liegt weit ab von all dem, was wir sonst unter Geschehen und Geschichte zu meinen gewohnt sind. Es geht in ihr nicht um Vorgänge und Ereignisse; sie ist weder historischer Bericht, noch historische Deutung. Hegel berichtet nicht über den Weg vom natürlichen Bewußtsein in der Gestalt der sinnlichen Gewißheit bis zum „absoluten Wissen"; er gibt auch keine Erklärung zu einem von selbst ablaufenden Prozeß. Die größte Gefahr des Mißverstehens liegt in dem Beibringen und Anlegen gewohnter Vorstellungsweisen von „Geschichte". Und diese Gefahr ist motiviert, weil die Philosophie die Ausdrücke der öffentlichen Sprache gebraucht, weil sie von Bewegung, Übergehen, Wandlung der Seinsgedanken spricht. Aber die Natur dieser Bewegung, dieses Übergehens, dieser Wandlung muß von dem her begriffen werden, was sich bewegt, was übergeht und was sich wandelt. Die Seinsgedanken, die ontologischen Grundbegriffe, sind nicht bloße menschliche Meinungen, die wir uns einmal so und dann wieder anders zurechtlegen; sie gehören nicht dem Menschen; sondern in ihnen hört der Mensch auf das Sein. Der hörende Gehorsam ist das Denken. Denkend gibt sich der Mensch frei für die Unterwerfung, die den Adel seines Wesens bestimmt. Denkend öffnet er sich der Allmacht und Allgegenwart des Seins. Die Phänomenologie des Geistes ist ein Weg des Denkens. Aber nicht ein Weg, den das Denken nur durchläuft. Es bildet sich selbst erst aus auf diesem Weg. Das Denken entfaltet sein Wesen, indem es die Seinsgedanken ausarbeitet. Dem höchsten Reichtum des begriffenen Seins entspricht das höchste Selbstverständnis des Denkens. Und umgekehrt der äußersten Armut des Seinsbegriffs die dumpfe Unbekanntheit des Denkens mit sich selbst. Deswegen beginnt die Geschichte der Phänomenologie des Geistes bei der sinnlichen Gewißheit. Das Denken ist im Hören und Sehen un-entwickelt; es denkt das bloße „ist". Die Prüfung dieses einfältigen Gedankens entdeckt in ihm einen verborgenen Gehalt; die Wahrheit der sinnlichen Gewißheit ist das Allgemeine; mit dieser Entdeckung wird sie zur Wahrnehmung.

Wir haben begonnen, die Dialektik der Wahrnehmung zu erörtern. Der ontologische Gedanke der Wahrnehmung ist das Ding. Das Ding der vielen Eigenschaften. Der Bau des Seienden, die Seiendheit wird gedacht im Grundriß des Dinges: dieses ist das bestimmte Sein. Nicht das einfache und ungegliederte bloße Vorhandensein von Farbe, von Ton, von Geruch, sondern das Farbigsein, das Tönendsein wird begriffen als das Bestimmtsein eines Seienden im Zueignen von Eigenschaften, die an ihm vorkommen. Diese Grundvorstellung vom Ding enthält einen inneren Widerspruch, wie wir gesehen haben: den Widerspruch des Einsseins und des Allgemeinseins; das Ding ist beides zugleich, – es ist eins, sofern es bestimmt ist, sich von anderem unterscheidet, und es ist allgemein, sofern es Eigenschaften hat, die auch anderen Dingen zukommen. Im Bau des Dinges meldet sich die noch unbegreifliche Gegenspannung von essentia und existentia, von Was-sein und

Daß-sein. Hegel entwickelt die Aporie in aller Schärfe an der bestimmten Eigenschaft; hier sind es nicht zwei Momente, die einander widersprechen am Ding, sondern die Bestimmtheit des Seienden, die Eigenschaft enthält in sich selber schon den Widerspruch zwischen Einssein und Allgemeinsein. Das Resultat der ersten beiden Gänge der Prüfung ergab die Auflösung des Ding-Gedankens. Das Ding ist als Widerspruch. Die metaphysische Tradition hat das Wesen des Seienden als Identität gefaßt; die Sichselbstgleichheit des Seienden galt als der entscheidende Grundcharakter; aber die Identität explodiert bei dem Versuch, den Ding-Gedanken auszudenken. Was sie zerstört, ist der unverträgliche Gegensatz von Allgemeinsein und Einssein.

Dadurch wird das Wissen, das sich an den Gegenstand hingegeben hatte, auf sich selbst zurückgeworfen; es vollzieht die Bewegung der Reflexion in sich; es wird bereit, die ontologische Unverträglichkeit des Gegenstandes dadurch zu beseitigen, daß es einen Anteil auf sich nimmt, d. h. ein Moment als seine Zutat begreift. Der eine Gegenstand erscheint ausgebreitet im Medium allgemeiner Eigenschaften, insofern er für das Bewußtsein sich darstellt; an sich ist er nur einer, ist er einshaft, aber für das Andere, für das Bewußtsein erscheint er aufgeteilt in eine Vielheit von Bestimmtheiten; das Bewußtsein begreift sich dabei als das Prisma, das den einen Strahl vielfältig bricht. Nur im Bezug auf unsere sinnliche Organisation ist das eine, einshafte Ding farbig, tönend, riechend, griffig, schmeckend usf.; – oder aber das Bewußtsein nimmt das Moment des Eins auf sich, es begreift sich dann nicht als sinnliche Organisation, sondern als Denkfunktion; dann ist an sich der Gegenstand das ausgebreitete Vielfältige von sinnlichen Materien, welches das Bewußtsein in eins setzt, zusammenschließt in einer Synthesis. Aber dieser Rettungsversuch, der die metaphysische Identität des Dinges dadurch erhalten will, daß er je ein unverträgliches Moment aus dem Ding herausnimmt und es der Seite des Wissens zuteilt, hat das Mißliche, doppelt ansetzbar zu sein. Einmal kann das Einssein, einmal das Allgemeinsein vom Gegenstand subtrahiert werden. In dieser Möglichkeit aber verrät sich, daß das Ding selbst die beiden Momente eben an sich hat, daß es auf eine zwiespältige Weise ist.

Der dritte Gang der Prüfung bedeutet nur eine gesteigerte Radikalität. Wir sehen dabei einen methodischen Grundzug des Hegelschen Denkens deutlich hervortreten. Die Dialektik der Wahrnehmung entzündet sich am Widerspruch der beiden Momente des Dinges, am unverträglichen Gegensatz von Einssein und Allgemeinsein; dieser Gegensatz widerspricht der Sichselbstgleichheit, der Identität. Im zweiten Gang wird diese zu retten versucht, indem das Wissen wechselweise je ein Moment als seinen Anteil, seinen Beitrag übernimmt; aber die Möglichkeit dieses wechselweisen Doppelansatzes bedeutet einen erneuten Widerspruch gegen die vermeinte Identität. Diese Idee der Identität, mit der bislang in den ersten beiden Gängen operiert wurde, wird nun das Problem des dritten Prüfungsganges. Auf eine Formel gebracht: die Radikalisierung besteht darin, daß die ontologischen Gedanken, mit denen operiert wird, und in denen der Prüfende zunächst selbst noch lebt, zum Thema der Prüfung werden. Radikalisierung ist der Umschlag aus dem operativen Gebrauch ins Thema. In unserem Falle: die Sichselbstgleichheit, welche im ersten Prüfungsgange fragwürdig und im zweiten zu retten versucht wird, wird Thema der Dialektik. Was liegt im Gedanken der Sichselbstgleichheit? Traditionell wird sie formuliert in dem Schema $A=A$; das Seiende ist es selbst; es selbst und nicht ein Anderes. Die Selbständigkeit bedeutet die Abgetrenntheit, abgelöst von anderem Seienden. Selbstand ist Besonderung, oder wie Hegel es nennt: Fürsichsein. Dieser Hegelsche Terminus ist mit einem Doppelsinn begabt. Im Deutschen hat dieser Ausdruck einmal die Bedeutung von Abgetrenntsein, Besondertsein; so z. B. wenn wir sagen: das ist eine Sache für sich, die hat damit nichts zu tun; dann aber auch die Bedeutung von Sich-zu-sich-selbst-Verhalten. Beide Bedeutungen gehen oft zusammen, so wenn wir von jemandem sagen: er lebt ganz für sich; wir meinen dann, er lebt abgetrennt von den Andern, und er lebt sich selbst, er verhält sich in einer ausdrücklichen Form zu sich selbst, lebt bewußt sein eigenes Leben. Für Hegel ist der Doppelsinn von grundsätzlicher Bedeutung, sofern er wie die neuzeitliche Metaphysik überhaupt die Selbsthaftigkeit (d. h. die Subjektivität) als das Wesen der Vereinzelung ansetzt. Aber an der Stelle, die wir jetzt auslegen, ist der Terminus nicht im Doppelsinn gebraucht; er meint nur das Abgesondertsein. Problem ist ja der Grundriß des Dinges. Das Dingsein wird als Abgesondertsein begriffen. Als sichselbstgleiches, als identisches ist das Ding abgelöst aus allen Bezügen, aus allen Relationen; ist es ir-relativ, absolut. Die Selbständigkeit, verstanden als Unbezüglichkeit, gilt uns als der absolute Charakter des Dinges. Wir meinen es dann als herausgerissen und herausgehalten aus allen Verbindungen und Zusammenstellungen mit anderen Dingen; wir sind gemeinhin auch der Ansicht, daß erst das selbständige Ding in Bezüge eintreten kann; die Identität also nehmen wir als etwas Ursprünglicheres als die Relationen. Deswegen ist uns die Identität auch kein ernsthaftes Problem. Ein Ding ist zuerst es selbst und dann hat es Beziehungen. Wir glauben also, ein Ding könnte überhaupt für sich sein, gleichsam ohne Beziehungen; diese kommen ihm erst in sekundärer Weise zu. Diese Auffassung ist eine Gedankenlosigkeit. Nur weil wir die Identität in der gedankenlosen Weise meinen, bleibt sie uns verträglich mit den Beziehungen; gewiß werden wir zugestehen, stehen alle Dinge auch in Relationen, aber die Relativität ist weniger wesentlich als die Selbständigkeit; Relationen sind nur möglich zwischen eigenständigen Relata; wir machen also den Unterschied eines Wesentlichen und Unwesentlichen; damit halten wir die Problematik nieder. Wir sagen, sofern ein Seiendes schon es selbst ist, tritt es in Bezüge ein; es ist ein Kern in einer Vielfalt von Bezügen zu anderen Seienden. Das Fürsichsein und das In-Bezug-zu-Anderem-sein halten wir auseinander, unterscheiden es als zweierlei.

Die dialektische Prüfung prüft nun dieses Auseinanderhalten. Hegel entdeckt in der unerbittlichen, bohrenden Strenge seines Denkens, daß das Fürsichsein in ihm selbst bereits den Bezug zu Anderen bedeutet. Fürsichsein ist Abgesetztsein von Anderen, ist Abgetrenntsein; aber die Abgetrenntheit ist gerade ein Verhalten zum Anderen, die Unbezüglichkeit ist ein Bezug. Das sieht aus wie eine Wortklauberei, wie eine spitzfindige Sophistik, wie ein wesenloses Gerede. In solchem Anschein aber ist immer das wesentliche Sagen der Philosophie verstellt.

Machen wir uns ein Beispiel. Die schärfste Form der Auseinandersetzung zwischen zwei Völkern ist der Streit, in welchem sie sich auf Leben und Tod bestreiten, der Krieg. Der Kriegszustand hebt die friedliche Einheit des Zusammenlebens auf und bringt die äußerste Schärfe der Entzweiheit; jedes Volk steht jetzt für sich, ist auf sich selbst gestellt; aus diesem Selbstand nimmt das vereinzelte Volk die Kraft zur Zwietracht; es ist herausgelöst aus der früheren verbindenden Eintracht, ist für sich, abgelöst, unbezüglich; aber der Krieg ist doch selbst ein gemeinsames Werk der entzweiten Völker; sie sind einträchtig verbunden im Waffengang miteinander. *Eidenai de chre ton polemon eonta xynon ...:* „Man soll aber wissen, daß der Krieg gemeinsam ist ...", heißt es bei Heraklit, Fr. 80.[1] Offenbar ist die Eintracht des Krieges eine andere Eintracht als der Friede; es soll ja nicht gesagt werden, daß hier alles in ein Einerlei zusammenfällt. Eintracht ist in verschiedenem Sinne gebraucht; zunächst ist sie der Gegenbegriff zur Zwietracht; dann aber als der Bezugsraum genommen, als das ermöglichende Zusammen, in welchem Krieg und Frieden sich abspielen.

Analog ist es auch bei dem Begriff des Fürsichseins. Wir denken ihn zuerst als den Gegenbegriff zu Für-ein-Anderes-sein. Diese Gegenbegriffe schließen sich aus wie Krieg und Frieden. Das Ding ist einmal für sich, abgetrennt, und dann in zweiter Hinsicht kann es in Beziehungen zu anderen Dingen stehen, – sagen wir. Wenn wir aber das Dingsein streng denken wollen und es als Fürsichsein fassen, haben wir gerade in der Abtrennung von anderen Dingen, in der Unbezüglichkeit zu anderen bereits eine tiefere Art des Bezugs mitgedacht. Oder wie Hegel formuliert: „Durch den *absoluten Charakter* gerade und seine Entgegensetzung *verhält* es sich zu *andern* und ist wesentlich nur dies Verhalten ..." (99). Die Selbständigkeit des Seienden enthält in sich schon die Bezüglichkeit, und dies nicht in einem leeren logischen Sinne, sondern als die Wesensverfassung des Dinges selbst. Was wir gewöhnlich trennen und auseinanderstellen, ist gerade das paradoxe Gefüge des Dingseins. „... *in einer und derselben Rücksicht*" – sagt Hegel – „[ist der Gegenstand] *das Gegenteil seiner selbst: für sich, insofern er für anderes, und für anderes, insofern er für sich ist*" (99).

Mit diesem paradoxen Satz ist die entscheidende metaphysische Aussage über die Seiendheit des Seienden gemacht, – allerdings in der vorläufigsten Form. In der Entfaltung der Hegelschen Philosophie wird diese Grundanschauung in einer grandiosen Weise ontologisch entwickelt. Was jetzt vorläufig vom Ding gesagt wurde, gilt zuletzt auch vom Absoluten selbst; auch es ist das Gegenteil seiner selbst, aber in der Weise des Übergangs in seine Selbstentäußerung und in der Rückkehr zu sich. Bis zu dieser Einsicht bedarf es aber eines langen Weges der Entfaltung und denkerischen Exposition dessen, was Sein ist. Jetzt verstehen wir noch in der vorläufigsten Weise, wir denken es noch nicht als die Selbstbewegung und das Leben des Begriffs; wir haben es abgehoben im Hinblick auf den Gegenstand der sinnlichen Gewißheit, auf das Dieses, und es als sinnliche Allgemeinheit gefaßt; wir

[1] Diels/Kranz, I, 169.

haben es ferner aus der Wahrnehmung verstanden, also im Hinblick auf das Ding, und es nun als die paradoxe Einheit von Fürsichsein und Für-ein-Anderes-sein in den Blick genommen. Die Prüfung der sinnlichen Gewißheit endet in der überraschenden Einsicht, das vermeintliche Einzelne, was sie zu erfassen wähnt, ist im Grunde ein Allgemeines. Die Prüfung ergibt das Gegenteil des anfänglichen Glaubens. Auch die Prüfung der Wahrnehmung hat ein negatives Resultat. Die Negativität ist hier sogar noch in den Gegenstand selbst eingegangen und ist gegenständlich geworden; das Seiende, als das Ding genommen, ist ein Paradox: es ist für sich, sofern es gerade für Anderes ist – und umgekehrt. Der Grundriß des Seienden hat sich zur Paradoxie, das Gegenteil seiner selbst zu sein, verzerrt. Damit können wir zunächst nichts anfangen; das Resultat zeigt sich uns vorerst in einer abstoßenden Form, es verwirrt uns.

Aus dieser Verwirrung suchen wir dadurch zu entkommen, daß wir die Paradoxie nicht ernst nehmen, daß wir darin eine sophistische Spiegelfechterei der Philosophie sehen wollen; wir wappnen uns mit dem gesunden Menschenverstand; wir sagen, natürlich ist das Ding sowohl für sich, als auch für Anderes; aber das sind zwei verschiedene Hinsichten; es ist sowohl einshaft, als es auch allgemein ist, aber wiederum in verschiedenen Dimensionen. Solche Unterscheidungen sind Ausflüchte; sie können nicht mehr gemacht werden, wenn wir ernsthaft die Dialektik nachgedacht haben. Es ist also der gesunde Menschenverstand, der Sophistik treibt; er wird zu Sophistikationen getrieben, weil er sich nicht mehr halten kann auf dem erschütterten Boden seiner geläufigen Seinsvorstellung. Das Ding galt uns vor der Prüfung als ein Sichselbstgleiches, als ein Ding der vielen Eigenschaften. Der Widerspruch von Eins und Allgemeinsein bestimmte den ersten Prüfungsgang, der von Eins und Vielem den zweiten Gang, und der Widerspruch, der im Einssein selber liegt, den dritten Gang. Die Prüfung läuft aus in einer umfassenden Paradoxie: die Sichselbstgleichheit (die Identität) ist zugleich der Unterschied, d. h. das Verhalten zu Anderem, – das Eins ist zugleich das Viele, das Bestimmte ist zugleich das Allgemeine. Das in der Wahrnehmung lebende Dasein, d. i. der gesunde Menschenverstand, verliert das Vertrauen zum Sein. Das Sein hat sich aufgelöst in paradoxe Gedanken. Den Ausdruck „paradox" möchte ich dabei ganz wörtlich verstanden wissen. Es gibt einen Hinweis auf diejenige Grundgestalt des Seinsverständnisses, die Hegel in der Dialektik der Wahrnehmung auflöst. Es ist das, was die Antike als die *doxa* bezeichnet. Die Welt des gesunden Menschenverstandes; in dieser Welt hat alles seinen festen Namen, seine eindeutige Bezeichnung; das Eine ist etwas anderes als das Viele, das Sichselbstgleiche etwas anderes als das Unterschiedene, das Einzelne etwas anderes als das Allgemeine. Der Mensch der Doxa wohnt verläßlich im Gehäuse der festen Namen. Wenigstens solange er nicht nachdenkt. Die festen Namen sind in Wahrheit leere Abstraktionen, gedankenlose Gedanken. Hegel sagt, „... der ... oft sogenannte gesunde Menschenverstand ist ... überhaupt immer da am ärmsten, wo er am reichsten zu sein meint". (101) Wenn er nur anfängt, nachzudenken, zeigt sich die Unhaltbarkeit seiner Namen; er wird von der Paradoxie der ihm eigentümlichen Seinsgedanken überfallen. Hegel gebraucht in diesem Zusammenhang die Metapher des Spiels; damit taucht auch an einer noch ganz vorläufigen Stelle ein Grundbegriff auf, welcher eine überragende Rolle spielen wird. Denn zuletzt begreift Hegel die Selbstbewegung des Begriffs als Spiel – er steht zwar noch auf dem von Platon und Aristoteles gelegten Grunde der abendländischen Metaphysik, aber ist bereits im Überschritt darüber hinaus. Die Art, wie Hegel zuletzt Bewegung, Leben, Begriff und Spiel in eins denkt, bedeutet eine Sprengung des logischen Ansatzes, nicht in Richtung auf einen Irrationalismus, der nur der wesenlose Schatten des Rationalismus ist, sondern in Richtung auf eine neue ursprüngliche Grunderfahrung des Seins, deren Herold und Hahnenschrei wir in Nietzsche ahnen.

Der gesunde Menschenverstand, oder, wie wir interpretierend sagen, die *doxa,* wird das Spiel leerer Abstraktionen; ihr wird mitgespielt, übel mitgespielt, sofern sie genarrt wird von falschen Eindeutigkeiten, die sich beim ersten Nachdenken in heillose Zweideutigkeiten verwirren. Wer aber ist der Spieler, der den Menschen narrt und ihn in die Irre schickt? Wer gängelt ihn mit dem Irrlicht verläßlicher Namen? Es ist das Sein selbst, das in den Namen erscheint, aber sich darin auch ebenso sehr verbirgt und entzieht. Der gesunde Menschenverstand macht die Erfahrung, daß sein Ansprechen des Seins in der Paradoxie endet.

Wenn wir das Resultat der Dialektik der Wahrnehmung uns vergegenwärtigen, so erkennen wir, wie die negative Erfahrung, das Enden in der Paradoxie, zugleich die Aufstellung eines neuen Problems bedeutet. Die Bestimmtheit des Seienden kann von der *doxa* nicht angemessen gedacht werden; es erhebt sich das Problem, die negative Erfahrung ins Positive zu wenden; wir müssen die Bestimmtheit des Seienden eigentlicher denken; wir müssen uns ausdrücklich in das bestimmende Verhalten selbst einlassen; d. h. die *doxa* oder der gesunde Menschenverstand muß zum eigentlichen Verstand werden. Das Wesen des Verstandes ist das Bestimmen. Hegel setzt ein bei dem, was wir gewöhnlich als Verstand anzusprechen gewohnt sind, beim denkenden Verhalten zum Seienden; aber er bleibt auch hier so wenig wie vorher bei der *aisthesis* oder dann bei der *doxa* beim ontischen Begriff des Verstandes, beim Verstandes- oder Denkvermögen stehen, er faßt ihn in einem ontologischen Sinne. Er fragt zurück vom wirklichen faktischen Denken, in welchem wir uns Gedanken über das Seiende machen, zu jenem ursprünglichen und vorgängigen Denken, in dem wir das Seiendsein des Seienden, die Dingheit des Dinges vorausdenken.

Das Kapitel, zu welchem wir nun übergehen müssen, ist von Hegel überschrieben: „Kraft und Verstand, Erscheinung und übersinnliche Welt". Dieses hat im Ganzen der „Phänomenologie des Geistes" eine Schlüsselstellung. In ihm wird der Übergang vollzogen vom „Bewußtsein" zum „Selbstbewußtsein". Am rechten Verständnis dieses Übergangs hängt das Verstehen der Philosophie Hegels überhaupt. Nicht im Sinne einer richtigen oder unrichtigen Interpretation, die etwa wir haben gegenüber anderen Interpreten. Dieses Kapitel ist nicht nur eine crux für die Ausleger, es bedeutet den Kreuzweg in Hegels Denken selbst. Mit dieser Andeutung soll nur die grundsätzliche Bedeutung unterstrichen werden. Vorerst fangen wir ganz elementar und einfach an. Unsere Auslegung wird aber den engen Anschluß an den laufenden Text nicht mehr einhalten; wir werden aus größerer Distanz interpretieren. Es gibt viele, ja allzu viele Hegel-Interpretationen, die in Bausch und Bogen urteilen und sich der Mühe entziehen, die Auslegung am Text selbst zu bewähren. Die durchlaufende Kommentation des Textes, die kein Wort überspringt, ist eine wesentliche Voraussetzung einer echten Interpretation. Diese ist allerdings noch mehr; sie ist in wahrhafter Weise nur als Auseinandersetzung möglich. Davon sind wir noch weit entfernt. Wir haben ein Stück laufender Kommentation durchgegangen, um daran einen konkreten Einblick in das dialektisch-ontologische Denken Hegels zu gewinnen; aber es ist unmöglich, im engen Rahmen einer Vorlesung ein ganzes Grundwerk der Philosophie nachzudenken.

Der Titel: „Kraft und Verstand, Erscheinung und übersinnliche Welt", bedarf zunächst einer Erläuterung. Was uns vielleicht zuerst auffällt in dieser merkwürdigen Zusammenstellung, ist der Ausdruck Welt. Damit zeigt sich eine Ausweitung des Problems an. Nicht nur die Seiendheit des Seienden ist das Leitproblem, sondern zugleich auch das Seiende im Ganzen. Nicht um das Ding allein geht es, auch um das Ganze aller Dinge, um die Welt. Tritt hier ein neues metaphysisches Motiv auf? Keineswegs. Die Frage nach dem Ding entrollt sich hier im Zuge ihres eigenen Schwergewichts zur Frage nach dem Ganzen aller Dinge. Die Seinsfrage steigt ins Allgemeinere. Bei der sinnlichen Gewißheit ging es um das Problem des Dieses, bei der Wahrnehmung um das bestimmte Ding, und jetzt beim Verstand um das Ganze der Dinge. In solchem Stufengang wird das Sein verstanden und ausgelegt in einer steigenden Abkehr vom Sinnlichen und in Zuwendung zum Übersinnlichen; und schließlich auch in einer Abkehr von allem Endlichen in der Zukehr zum Un-Endlichen. Diese dreifache Tendenz auf das Allgemeine, das Übersinnliche und das Un-Endliche führt die Seinsauslegung der abendländischen Metaphysik. Bei Hegel sind alle Grundmotive der Metaphysik da, aber in einer ursprünglichen produktiven Verbindung, die seinem originalen Seinsentwurf entstammt. Es hilft daher wenig, wenn wir in der Grundgestalt des Seinsverstehens, die unter dem genannten Titel „Kraft und Verstand . . ." nunmehr Thema wird, die Position Kants erkennen und die Art, wie Hegel über sie hinausführt, wie er sie dialektisch überwindet. Wir müssen primär aus dem bisherigen Gang der Dialektik das nun gestellte Problem verstehen.

Bei Kant, so kann man wohl mit Recht sagen, ist der Verstand, als reiner Verstand genommen, der Inbegriff apriorischer Synthesen, in denen vor aller Erfahrung schon, vor aller empirischen Begegnung mit dem Seienden, die Gegenständlichkeit aller Gegenstände vor-gedacht ist. Der reine Verstand hält sich selbst die Formen der Gegenständlichkeit aller Dinge vor. Der Verstand denkt apriori die Grundstruktur der Dingheit, er denkt die Kategorien. Mit der Aufnahme dieses Titels stellt Kant sich in die große Tradition seit Aristoteles. Kategorie kommt von *kategoreisthai*, von oben her auf etwas herunter sagen; vor Gericht etwas Jemandem auf den Kopf zusagen, seine Schuld, sein Vergehen. Kategorien: dieser Ausdruck wird von Aristoteles in einem allgemeinen vagen und in einem engeren Sinne gebraucht. Kategorie ist einmal jede Aussage; dann aber die bestimmte Aussage, worin gesagt wird, wie es mit dem Seienden als solchem steht, d. h. die Aussage der Seiendheit des Seienden. *To on legetai pollachos*,[1] das Sein wird vielfach gesagt; es wird z. B. ausgesagt gemäß den Kategorien; Aristoteles nennt zehn Kategorien; diese stehen aber nicht gleichen Ranges nebeneinander, sondern sind geeint in einer zentralen Kategorie, welche die eigentliche ist: die *ousia;* auf sie bezogen und eigentlich nur an ihr sind die übrigen. In den zehn Kategorien denkt Aristoteles[2] den Wesensbau des Dinges; das Ding ist ein solches, das wie beschaffen, wie groß, in Beziehung zu, das irgendwo und irgendwann usf. ist; aber nicht nur zehnfach gemäß den Kategorien wird das Sein ausgesagt; die zehnfache Weise ist für Aristoteles selbst nur eine Art, die drei anderen Arten gegenübersteht; das Sein wird auch gesagt gemäß *dynamis* und *energeia,* ferner gemäß „Wahr" und „Falsch", und *kata symbebekos,* gemäß dem Zufälligen. Aristoteles läßt den inneren Zusammenhang dieser vier Grundweisen, das Sein anzusagen, im Dunkeln. Vor allem ist ein dunkles Problem, wie der Unterschied von *dynamis* und *energeia* mit den Kategorien zusammenhängt. In gewisser Weise kommt nämlich dieser Unterschied bei den Kategorien vor: dort, wo vom *poiein* und *paschein* die Rede ist. Aristoteles entdeckt diese Grundbestimmungen des Seienden als solchen am Leitfaden der Rede vom Sein; die mannigfachen Weisen, wie das Sein angesagt wird, leiten ihn zur Aufspürung der wesentlichen Grundbegriffe, der Kategorien. Diese sind aber primär Strukturen des Seienden an ihm selbst.

Kant[3] wirft dem Aristoteles die unsystematische, wie er es nennt, rhapsodistische Art des Aufgreifens der Kategorien vor; Kant versucht eine systematische Ableitung; auch ihm wird die Rede, der *logos* zum Leitfaden, aber in der Form der überlieferten „Logik"; die Tafel der Urteilsformen wird ihm zum Leitfaden für die Entdeckung aller reinen Verstandesbegriffe. Wie bekannt sein wird, stellt Kant zwölf Kategorien auf, die er in vier Gruppen einteilt, in die Kategorien der Quantität, der Qualität, der Relation und der Modalität. Entscheidend aber ist der gewandelte Sinn von Kategorie. Sie bedeutet nun

---

[1] Met. VII, 1 (1028 a 10); vgl. IV, 2 (1003 a 33).
[2] Organon I, 4 ff. (1 b 25 ff.); vgl. Met. V, 7 (1017 a 7 ff.); 12 (1019 a 15 ff.); 30 (1025 a 14 ff.); VI, 2 ff. (1026 a 33 ff.); IX, 1 ff. (1045 b 32 ff.); XI, 8 f. (1064 b 15 ff.).
[3] Kritik der reinen Vernunft, Elementarlehre II, 1. Abt., 1. Buch, 1. Hauptstück (A 65 ff.; B 90 ff.). Auseinandersetzung mit Aristoteles A 80 ff.; B 105 ff.

nicht mehr primär eine Grundstruktur des Seienden an ihm selbst; sie bedeutet die Grundstruktur des Gegenstandseins des Seienden. In den Kategorien, d. h. den reinen Verstandesbegriffen, denkt der Verstand die Seinsverfassung der Gegenstände. Worauf es aber Kant wesentlich ankommt, sind nicht die Gegenstände schlechthin und überhaupt, sondern Gegenstände möglicher Erfahrung; der Verstand gibt der Erfahrung das Grundgefüge der dort begegnenden Dinge vor. Was in der Erfahrung, im Kantischen Wortverstande genommen, aber begegnet, ist die Natur im Sinne der neuzeitlichen physikalischen Naturerfahrung. Und diese Natur wird doch in der Physik genommen als ein Feld von Kräften, als ein von Gesetzen durchwaltetes Ganzes. Der Verstand also erdenkt a priori die Grundstrukturen des gegenständlich begegnenden Seienden, das als Walten der Kraft verstanden wird. Kraft und Verstand? Und das Ganze der möglichen Erfahrung ist für Kant nicht das Seiende als Ding an sich, sondern als Erscheinung. Und endlich noch, in der theoretischen Philosophie beschränkt sich Kant auf die Erkenntnis der Bedingungen der Möglichkeit der Erfahrung, also auf die Erscheinung, – in der praktischen Philosophie, vor allem in der Kantischen Philosophie der Freiheit, ist der Bezug des Menschen zur übersinnlichen Welt das zentrale Problem. Also: Kraft und Verstand, Erscheinung und übersinnliche Welt. Alle vier Titel haben bei Kant eine grundsätzliche Bedeutung. Bezieht sich nun Hegel ausschließlich darauf? Ist er überhaupt aus diesem nicht zu leugnenden Bezug hier zu erklären? Wir glauben, daß Hegel sich zwar in diesem Kapitel mit Kant auseinandersetzt, aber nicht in einer Bindung an Kants Problemlage, sondern dadurch, daß er das Problem radikal neu stellt. Er bewährt die Treue zur Geschichtlichkeit der Philosophie gerade in einem ursprünglichen „systematischen" Denken. Arbeitend an der Sache steht er im Gespräch mit Aristoteles und Kant.

c) Kraft und Verstand, Erscheinung und übersinnliche Welt

11. Entwicklung des Begriffs der Kraft und Gliederung des Kapitels. Kraft und Äußerung

Mit dem Kapitel „Kraft und Verstand, Erscheinung und übersinnliche Welt" kommt Hegels Denken in der „Phänomenologie des Geistes" an eine entscheidende Wegstelle. Wir nannten sie bereits einen

Kreuzweg. Hier bereitet sich der Übergang des Bewußtseins in das Selbstbewußtsein vor. Was bedeutet dieser Übergang? Bedeutet er, wie oft ausgelegt wird, das Einbiegen in die Sackgasse des modernen Subjektivismus, dem das Seiende, welches die Seinsart des Subjekts hat, als das *ontos on* gilt, als das allein wahrhaft Wirkliche? Vollendet Hegel die Tragödie der neuzeitlichen Philosophie als die Selbstabsperrung des Menschen vom Sein – dadurch, daß er das seinsverstehende Wesen an die Stelle des Seins selber setzt? Wird der Mensch, als Geist interpretiert, zum Absoluten? Ereignet sich hier die luziferische Vermessenheit, die alles Wesentliche verkehrt, – die das Sein vom Menschen her und nicht den Menschen vom Sein her bestimmt? Ist hier die Stelle, wo Hegels Ontologie zu einer dogmatisch-massiven, aber ins Phantastische ausgeweiteten Ontik des menschlichen Geistes umschlägt? Alle diese Fragen können nicht thesenhaft beantwortet werden. Wo immer solche Stimmen des Verdachtes gegen Hegel laut werden, kommt es zumeist gar nicht zu einem wirklich mitgehenden Nachvollzug des Hegelschen Denkens. Wir müssen seinen Denkweg wiederholen, die Entfaltung seiner Seinsbegriffe durchlaufen, den Gang seiner ontologischen Erfahrungen durchgehen, um überhaupt in die Dimension seiner Gefahr zu gelangen. Dann allein besteht die Möglichkeit einer echten Auseinandersetzung. Noch sind wir ganz am Anfang, sind bei den ersten Schritten einer langen Gedankengeschichte. Nichts charakterisiert Hegels Philosophie mehr, als daß sie Weg ist; sie beginnt nicht mit einer thesenhaften Aufstellung eines obersten Grundsatzes, nicht mit der unmittelbaren Aussage über das Sein; sie wird nicht dem gewöhnlichen oder naiven Weltverständnis einfach gegenübergestellt. Hegel entwickelt seine Philosophie, indem er sie aus dem natürlichen Bewußtsein selbst herauswickelt, sie aus ihm herausarbeitet in einer steigenden Radikalisierung der Frage nach dem Sein. Die Grundbegriffe sind nicht fertige, mit denen man operieren könnte, sie sind „in Arbeit" auf dem ganzen Weg und sind erst am Ende ganz entfaltet; es ist daher grundfalsch, Hegelsche Begriffe aus der Situation herauszulösen und mit ihnen oder gegen sie zu argumentieren.

Wir durchlaufen in unserer Interpretation bislang erst den ersten Abschnitt der „Phänomenologie des Geistes". Das mag manchem allzu wenig erscheinen. Aber einmal gewinnen wir damit einen Einblick in den verwickelten und schwierigen Gang des dialektischen Denkens; wir machen seine Bekanntschaft; zum anderen ist dieser Abschnitt A keineswegs nur eine vorbereitende Angelegenheit. Man sagt zuweilen, erst mit dem Abschnitt B, also mit dem Selbstbewußtsein komme die „Phänomenologie des Geistes" in ihr einheimisches Reich; was vorausliege, sei die Stufe des naiven Bewußtseins. Eine solche Bewertung ist von der irrigen Meinung geleitet, das Wesentliche des Hegelschen Denkens sei eben die Auslegung der Subjektivität als Geist; man verkennt dabei, daß es zu dieser Auslegung einzig im Zuge der Seinsfrage kommt. Der Abschnitt A (Das Bewußtsein) enthält den ontologischen Ansatz der Philosophie Hegels. Die dort angeschlagenen Motive kehren in überhöhenden Wiederholungen gerade in den zentralen Partien der großen „Logik" und der „Encyclopädie" wieder. Das Problem ist: wie wird in den Grundformen unseres Verhaltens zum Seienden das Sein gedacht und begriffen? Wir erfahren Seiendes im sinnlichen Vernehmen; dort ist das Sein am wenigsten entfaltet gedacht; in der Wahrnehmung haben wir es mit den Dingen vieler Eigenschaften zu tun; das Sein ist dabei bereits in Gedanken gegliedert, aber in solchen, die keineswegs zusammenstimmen, die sich nicht vertragen, die sich widersprechen. Das Ding ist das Gegenteil seiner selbst.

Mit dem Kapitel „Kraft und Verstand" wendet sich Hegel der eigentlichen Bestimmung der Dingheit zu, und zwar geschieht dies so, daß die Frage nach der Dingheit des Dinges zugleich zur Frage nach dem Seienden im Ganzen wird: das Ding steht im Horizont der Welt. Wir nannten das damit gestellte Problem das Kategorienproblem. In den Kategorien wird die Seinsverfassung des Dinges gedacht; sie sind Bestimmtheiten, die dem Seienden an ihm selbst zukommen, und sie sind Begriffe des Verstandes. In einem kurzen Hinblick auf Aristoteles und Kant haben wir den antiken und den neuzeitlichen Ansatz des Kategorienproblems vergegenwärtigt. Die Antike denkt die Kategorie vornehmlich als Grundbestimmtheit des Seienden als solchen; die Neuzeit aber als Grundbestimmtheit des Gegenstandseins des Seienden. Die Rede von Kategorie ist also mehrdeutig, und es bedarf jeweils der ausdrücklichen Verdeutlichung des gemeinten Sinnes. Das Kategorienproblem stellt sich bei Hegel unter dem merkwürdigen Titel der „Kraft". Die negative Erfahrung, welche die Wahrnehmung gemacht hatte, sofern ihr alle Gedanken, mit denen sie das Dingsein des Dinges zu fassen versuchte, in der Paradoxie des Widerspruchs endeten, muß nunmehr selbst positiv begriffen werden. Mit dieser Wendung vollzieht Hegel den Übergang von der Wahrnehmung zum Verstand, d. h.

zum eigentlichen Denken der Dingheit des Dinges. Die Wahrnehmung war über die sinnliche Gewißheit hinausgekommen, sofern sie das Sein nicht nur wie jene als sinnliche Allgemeinheit begriff, also als den Gedanken, dem die Herkunft vom Sinnlichen noch anhaftet; die Wahrnehmung hat es zu reiner Fassung des Gedankens gebracht: zum „unbedingt Allgemeinen", wie Hegels Ausdruck lautet. (102) Das Dingsein war gedacht worden als Sichselbstgleichsein, aber auch als Vonsichunterschiedensein, ferner als Allgemeinsein, aber auch als Einssein, als Eins, aber auch als Vieles, als Fürsichsein, aber als Für-ein-Anderes-sein; diese Seinsgedanken, welche die Wahrnehmung noch nicht in wahrhafter Weise zusammenbringen kann, – von denen sie genarrt wird, oder um mit Hegel zu reden: „... der gesunde Verstand ist der Raub derselben, die ihn in ihrem wirbelnden Kreise umhertreiben" (102) – diese Seinsgedanken sind un-bedingt, weil sie in ganz wörtlichem Sinne bedingend sind. Sie bedingen das Ding. Sie machen die Dingheit aus, sind Be-Dingungen. Sie sind keine Strukturen, die am vorhandenen Ding nur abgelesen werden, die empirisch an ihm gefunden und aufgegriffen werden, sondern sie sind im Vorhinein schon verstanden als die ermöglichenden Formen des Grundrisses vom Ding. Aber die Gedanken, in denen das Un-Bedingt-Allgemeine gedacht wird, zeigen sich dem gesunden Menschenverstand, d. h. der Wahrnehmung in der negativen Form der Unverträglichkeit; die Wahrnehmung denkt die Kategorien zusammenhanglos; das innere organisierende Prinzip, das allen einzeln unverträglich scheinenden Gedanken den Zusammenhang gibt, bleibt der Wahrnehmung verborgen; sie muß zum Verstand gebracht werden. Der Verstand muß sich an dem bewähren, woran die Wahrnehmung zugrundegeht; er muß die negative Seinserfahrung der Wahrnehmung nun ins Positive wenden. Das Ding hat den paradoxen Bau: es ist ausgebreitet im Vielen seiner Eigenschaften und ist dennoch zentriert in seiner Einsheit, ist sich selbst gleich und ist dennoch das Gegenteil seiner selbst. Das widerspricht sich, solange wir diese Bestimmungen gleichsam statisch denken. Die Wahrnehmung oder der gesunde Menschenverstand sind gekennzeichnet durch eine statische Seinsvorstellung; für ihn ist entweder das Eine oder das Andere; er denkt gleichsam eindimensional; wo das Eine ist, kann nicht sein Gegenteil sein; das Ding kann ihm nicht das Sichselbstgleiche und auch das Gegenteil seiner selbst sein. Der Verstand nun überwindet diese vordergründige, eindimensionale, statische Betrachtungsweise, welche der Wahrnehmung eigen ist; er denkt die Gedanken, an denen die Wahrnehmung scheitert, eigentlicher, – dabei muß er über die statische und eindimensionale Auffassungsweise hinausgehen.

Der entscheidende Grundbegriff des Verstandes ist für Hegel die Kraft. Im Begriff der Kraft wird das Dingsein des Dinges gedacht; die Kraft ist die Kategorie der Kategorien. Dieser Ansatz Hegels ist von einer genialen Einfachheit. Er ist dabei keineswegs eine Hegelsche Entdeckung. Er nimmt Einsichten von Aristoteles und vor allem von Leibniz auf. Das Wesentliche aber ist, daß Hegel mit dem Begriff der Kraft die innere Bewegtheit im Bau des Seienden anzusprechen vermag und vor allem die Vielfalt der kategorialen Bestimmungen aus einem organisierenden Prinzip begreiflich machen kann. Auch Kant hat die Vielfalt der Kategorien aus einem Prinzip abgeleitet: aus dem Prinzip der Einheit des Verstandes; die Tafel der Urteile konnte ihm zum Leitfaden für die Entdeckung der Kategorientafel werden, weil die Grundformen des Verbindens im urteilenden Aussagen einen Fingerzeig geben auf die Grundformen der verstandesmäßigen Synthesis überhaupt. In den formal-logischen Synthesen spiegeln sich sozusagen die ontologischen Synthesen. Aber dieses Ableitungsprinzip Kants ist vom Subjekt her orientiert: die Kategorie als reiner Verstandesbegriff verweist erst auf die Kategorie als die Bestimmtheit des Dinges selbst; vom Ding her gesehen haben die Kantischen Kategorien keinen Zusammenhang. Anders bei Hegel. Im Grundbegriff der Kraft faßt er die Grundverfassung des Dingseins überhaupt. Das Ding ist Kraft. Kraft ist die Fundamentalkategorie; alle besonderen Kategorien sind nur Ausgestaltungen dieses Grundprinzips.

Zunächst, was bedeutet der Ausdruck Kraft? Wir gebrauchen ihn vielfältig. Wir sagen z. B. ein athletisch gebauter Mensch habe Kraft; wir sehen ihm die Kraft an, an den gewaltigen Muskeln; er ist stark. In der Stärke meinen wir das Kräftigsein überhaupt, nicht eine besondere Kraft; oder Kraft nehmen wir als eine Weise, wie ein Vermögen beschaffen ist; jemand ist besonders kräftig in einem Vermögen, in welchem andere weniger kräftig sind; er sieht besonders gut; wir nennen aber auch das Sehvermögen überhaupt eine Kraft, eben die Kraft zum Sehen; der Stein hat einfachhin nicht die Kraft zum Sehen; der Mensch, der von Natur aus sehen sollte, kann in der Unkraft zum Sehen sein, entweder gänzlich (Blinder) oder teilweise, zeitweise (Augenkrankheit) oder in beschränktem Maße (Einäugiger); diese Aristotelischen Beispiele zeigen, wie die Unkraft eine Weise der Kraft ist; Kraft nehmen wir also im Sinne von Fähigkeit, womit ein Lebewesen ausgestattet ist. Das scheint uns der ursprüngliche Sinn von Kraft zu sein. Lebendiges ist ausgestattet mit Kräften, mit Vermögen, mit Fähigkeiten und Geschicklichkeiten – und kann jeweils diese Kräfte haben in der Weise des darin Kräftigseins, und auch der Unkraft. Wir reden aber doch auch von Kräften beim Leblosen. Wir sprechen von magnetischer, von elektrischer Kraft, von Gravitationskraft usf.; dann meinen wir offenbar nicht, daß die leblosen Dinge ausgestattet sind mit Vermögen, die sie betätigen können oder nicht. Der Sehen-Könnende braucht nicht immer zu sehen; er ist ein Sehender, auch wenn er die Augen zumacht, wenn er schläft. Ist die leblose Materie in diesem Sinne mit Kräften begabt? Offenbar nicht. Aber ist deswegen die Rede von Kräften in der Natur nur eine Metapher, nur eine abkürzende Redeweise, die eine ausführliche Beschreibung des Naturseins der Natur noch erfordert? Man sagt zuweilen, der Kraftbegriff sei in der Naturwissenschaft eigentlich unzulässig, er bedeute die Übertragung von subjektiven Begriffen auf den Naturzusammenhang, er sei eine ungerechtfertigte Hypostasierung von Vorgängen; er entstamme einer primitiveren Weltansicht, die noch die ganze Natur „subjektiviere", sie belebt denke. Die Natur werde von Gesetzen, nicht von sagenhaften Kräften regiert. Diese Abwehr nimmt den Kraftbegriff selbst noch ganz naiv und hat sich noch keine Gedanken darüber gemacht. Wie erfahren wir überhaupt Kräfte? Werden sie uns gegeben in einem unmittelbaren Aussehen, wie Häuser und Bäume? Können wir sie feststellen als solch Vorhandenes? Zeigen sie sich direkt? Oder erfahren wir sie nur aus ihren Wirkungen? Sehen wir die Schwerkraft? Wir sehen den fallenden Stein. Aber wir finden auch nie unmittelbar „Wirkungen" der Kräfte; denn wir haben nur Wirkungen, wenn wir sie bereits schon nehmen als Gewirktes einer Kraft, d. h. wenn wir sie im Lichte einer vorverstandenen Kraft sehen. Die in der Natur waltenden Kräfte werden nie als bereitliegende Sachen für sich festgestellt, sondern werden im Wirkzusammenhang von Bewegungen erfaßt. All das Erörterte aber gilt nur von der ontischen Kraft. Kraft ist dann selbst genommen als eine Art von Seiendem, das vorkommt, wenngleich nicht sich so unmittelbar zeigend wie die herumliegenden Dinge.

Hegel gebraucht den Begriff der Kraft in einem grundsätzlichen ontologischen Sinne. Kraft ist nicht ein Feld von Vorkommnissen, sondern ist die Seinsverfassung des Seienden. Jegliches Seiende, auch das, wobei wir gewöhnlich nicht von Kraft reden, ist, sofern es ist, Kraft. Kraft ist die metaphysische Grundbestimmung des Seienden. Die Eigenart des Hegelschen Vorgehens bringt es mit sich, daß er am Modell der ontischen Kraft vordringt zu ihrem ontologischen Begriff. Das macht das Nachverständnis schwierig und mühsam. Hegel geht aber, wie bereits erwähnt, nicht von einer sorgsamen Trennung der empirischen und apriorischen Erkenntniselemente aus, wie Kant sie in vorbildlicher Weise vollzieht; er interpretiert vielmehr das empirische Verhalten auf das es leitende, aber verborgen bleibende Seinsverständnis hin. So zeigt er an der sinnlichen Gewißheit die verdeckte Weise auf, wie sie das Sein des sinnlich Vernommenen meint; oder an der Wahrnehmung, dem Verhalten zum Ding, die Seinsgedanken, mit denen sie vergebens das Dingsein begreifen will. Das verständige Verhalten des Verstandes ist, als Empirie genommen, die methodische Naturerfahrung, das Hinnehmen und Kennenlernen der Dinge in ihrem Zusammenhang, im Zusammenhang des Ganzen aller Dinge. Den Bereich dieses Zusammenhangs nennen wir gewöhnlich die Natur; und diese gilt uns als durchwaltet von Kräften. In der Naturerfahrung wird das Ding einmal gedacht als Ding im Ganzheitszusammenhang und als von Kräften durchwaltetes Ding. Naturerfahrung ist Dingerfahrung im Kraftfeld von Kräften. Die Stufe des Verstandes ist, wenn sie als Verhalten zum Seienden genommen wird, die Stufe der Wissenschaft. Sinnliche Gewißheit, Wahrnehmung und Verstand verhalten sich wie antik die *aisthesis,* die *doxa* und die *episteme.* Worauf es dabei Hegel entscheidend ankommt, ist das darin wirkende Seinsverständnis. Die Empirie des Verstandes, welche es mit den Dingen im Kraftfeld von Kräften zu tun hat, ist geführt von einem Vorverständnis des Dingseins, eben dem apriorischen Entwurf der Seinsverfassung des Dinges als Kraft. Kraft wird so für Hegel zur Fundamentalkategorie.

Noch eine Zwischenfrage: ist dieser Ansatz berechtigt? Läßt sich in der Tat die Vielfalt der Kategorien auf die Grundstruktur der Kraft zurückleiten? Wie setzt Hegel an? Er setzt ein beim Resultat, das uns die dialektische Prüfung der Wahrnehmung ergeben hat; diese hatte es nicht vermocht, die widersprüchlich-widerspenstigen Gedanken, in die ihr das Ding zerfallen war, zusammenzubringen. Das Ding ist gerade, sofern es eins ist, vieles, sofern es sich selbst gleich ist, von sich selbst unterschieden; sofern es bestimmt ist, allgemein. Diese Grundmomente des Dinges lassen sich nicht isolieren, sie gehen mit innerer Notwendigkeit ineinander über: das Eins breitet sich aus im Vielen und kehrt aus der Ausbreitung in die Einheit zurück; das sich selbst Gleiche wird von sich unterschieden und hebt doch wieder diesen Unterschied auf. Das Ding zerfällt der Wahrnehmung, weil sie die Bewegung der die Dingheit ausmachenden Seinsgedanken nicht mitdenken kann. Der Verstand nun denkt eigens und ausdrücklich diese Bewegung: das Ding ist das Übergehen des Eins in das Viele, die Ausbreitung eines Insichseienden, ist das Für-ein-anderes-sein eines Für-sich-seienden. Das ist eine abstrakte und leer anmutende Ausdrucksweise; für Hegel wird das Gegenspiel dieser Bezüge als einheitliche Bewegung begriffen im Begriff der Kraft. Denn das Wesen der Kraft ist es, sich zu äußern, sich auszubreiten, zu ergießen – und doch in aller Ausbreitung und aller Ergießung zusammengeschlossen zu sein. Kraft ist in der Kraftentfaltung; die Äußerung ist das Am-Werk-sein der Kraft; die Kraft wirkt, indem sie sich äußert, indem sie aus sich herausgeht; im Herausgehen aber verliert sie sich nicht, sie ist erst wahrhafte, wirkende Kraft; sie bleibt in sich, wenn sie außer sich geht.

Hegel unterscheidet zwei Momente der Kraft: die Äußerung und die in sich selbst zurückgedrängte Kraft, die er die eigentliche nennt. Die Kennzeichnung der Kraft bleibt in gewissem Sinne formal; die Formalität dieses Formalen ist schwer zu bestimmen. Im Hinblick auf die ontische Kraft, also auf ein uns bekanntes Vorkommnis, versucht Hegel, den ontologischen Grundriß der Kraft zur Abhebung zu bringen: Kraft ist eine Bewegung des Außersichgehens, in der das darin Sich-Äußernde sich doch nicht verliert; das sich so behält, indem es sich verschwendet. Zur Kraft gehört die Äußerung, weil es ihre Natur ist, sich zu äußern; sie muß sich äußern; aber in der Äußerung geht sie nicht in ein Fremdes über, sie bleibt in sich. Ein grobes Beispiel: die Muskelkraft des Athleten ist nur in der Härte seines Schlags. Von der Kraft des Geistes sagt Hegel in der „Vorrede" zur „Phänomenologie des Geistes" das tiefe und wahre Wort: „Die Kraft des Geistes ist nur so groß als ihre Äußerung, seine Tiefe nur so tief, als er in seiner Auslegung sich auszubreiten und sich zu verlieren getraut". (15) Der Grundriß der Kraft, das Kraftsein selbst, zeigt sich uns also im Widerspiel von Äußerung und von in sich zurückgedrängter, eigentlicher Kraft. Von diesem Grundriß her denkt nun Hegel die Kategorien. Wir erkennen jetzt unschwer in den Gedanken, welche die Wahrnehmung nicht zusammenbringen konnte, die kategorialen Gedanken: das Ding ist eins und vieles, es ist eins als in sich zusammengehaltene Kraft und vieles als die Ausbreitung, als die Äußerung der Kraft, – es ist Sichselbstgleiches als die einheitliche Natur der Kraft, aber deren Wesen ist es ja gerade, außer sich zu gehen; sie ist nur, was sie ist, wenn sie sich äußert. Es wäre eine interessante Aufgabe, einmal die Kantische Kategorientafel mit ihren zwölf Kategorien auf das Grundschema der Kraft zurückzuführen; für Hegel ist das eine systematische Aufgabe geworden, die er nicht im Anschluß an Kant durchführt. Mit dem Kraftbegriff ist vor allem der Bewegungscharakter erfaßt jener Bewegung, die das Eins zugleich zum Vielen, das Insichbleibende zugleich zum Gegenteil seiner selbst macht, – und zwar ohne noch einen Widerspruch zu denken. „In der Tat aber" – sagt Hegel – „ist die Kraft das unbedingt Allgemeine, welches, was es *für ein Anderes,* eben so an sich selbst ist . . ." (105). Die Kraft ist die Bewegungsstruktur des Unbedingten, welches bedingend ist, d. h. welches jedes Ding zu dem macht, was es ist. Mit der zentralen Aufnahme des Kraftbegriffs in die ontologische Problematik des Dinges nimmt Hegel nicht nur Leibniz'sche Einsichten auf und überholt damit das Kategorienproblem Kants, er legt damit auch den Grund für die künftige philosophische Entwicklung; auch Denker, die wissentlich nichts mit Hegel zu tun haben wollten, begreifen das Wesen des Seienden als actio, als vis, als appetitus und perceptio, als „Wille und Vorstellung" wie Schopenhauer, oder Nietzsche, der in seiner Interpretation des Seins des Seienden als Wille zur Macht von den Willensquanten als der letztlich wahrhaften Wirklichkeit spricht.

Hegel aber ist es damit nicht getan, daß er im Kraftbegriff eine, nein *die* Urkategorie entdeckt, die nun das Zusammendenken der für die Wahrnehmung auseinandergefallenen Dinggedanken ermöglicht, weil hier als Bewegung begriffen wird, was dort als bloßer Widerspruch erschien. Es kommt ihm auf die Exposition des Kraftbegriffs an, auf seine dialektische Durchdenkung. Das Nachdenken dieser erneuten dialektischen Besinnung ist nicht leicht; wir verfolgen nur die Grundschritte.

Zuerst entwickelt Hegel die Struktur der Kraft. Und zwar, wie gesagt, in der ontologischen Absicht, sie als die Grundkategorie zu erweisen; der zweite Schritt deckt eine verdeckte Voraussetzung auf: die Kraft ist die Urkategorie des Gegenstandes, am Modell der Kraft wird das Gegenstandsein des Seienden für das Bewußtsein begriffen; die Äußerung des Dinges ist sein Erscheinen, und zwar Erscheinen für das Bewußtsein; und der dritte Schritt besteht in der Erkenntnis, wie der Begriff der Kraft dem Bewußtsein angehört, wie es sein kategorialer Entwurf ist, der den Gegenstand trägt; damit wird der Gegenstand in das Bewußtsein zurückgenommen – oder anders: das Bewußtsein erkennt sich im Gegenstand, es wird Selbstbewußtsein. Das ist die Grundgliederung des an sich sehr verwickelt gebauten Gedankengangs, in den man nur mühsam hineinkommt.

Wir wenden uns jetzt dem ersten Schritt zu. Wir fragen, wie vollzieht Hegel die Exposition des Kraftbegriffs. Zunächst ganz vorläufig: indem er den bloßen Begriff der Kraft vorgibt, den wir bereits kennenlernten. Kraft ist das merkwürdige Zusammen von Gegenteiligem. Sie ist sozusagen das existierende Paradox; der Begriff der Kraft gehört nie der *doxa* an, er ist der eigentliche Verstandesbegriff, der versteht: der die Bewegung des Außersichgehens und Sichgegenteiligwerdens eines Insichbleibenden und Sichselbstgleichen denkt. Kraft und Äußerung gehören zusammen, sie sind nicht abgelöste Seiten, sie sind nur abstrakte Momente, welche der Verstandesbegriff an einem Einheitlichen unterscheidet; dieses Einheitliche ist die Bewegung, die das Seiende ist. Hegel faßt also nicht, wie wir es gewöhnlich tun, die Bewegung als etwas, was den an sich selbständigen Dingen eventuell zukommt; so wenn man sagt, sie verharren und nun bewegen sie sich; Ruhe oder Bewegung als ein äußerer Vorgang am Seienden genommen; oder wir unterscheiden Dinge, die sich selber bewegen, wie die Pflanzen und Tiere und Menschen, von den Dingen, die bewegt werden, aber sich von sich aus nicht bewegen können, z. B. die herumliegenden Steine. Hegel meint nun mit dem Kraftbegriff nicht eine Bewegung, die an einem schon Seienden vorgeht oder mit ihm geschieht; sondern jedes Ding, ob belebt oder lebloses, sofern es überhaupt ist, ist schon als Bewegung: ist sich äußernde Kraft; ist eins, das sich im Vielen ausbreitet, im Vielen seiner Eigenschaften; das Fürsich ist und zugleich sich darstellt, das die Bewegung des Insichbleibens und zugleich Außersichgehens vollzieht. Das Sein des Dinges ist Bewegtsein, weil es wesentlich Kraft ist.

Diese Unterscheidung von Kraft und Äußerung macht der Verstand, er unterscheidet dabei zwei Momente, die an einem einzigen Ganzen sind; die Kraft ist so bloße Kategorie des Verstandes; sie muß aber doch begriffen werden als eine Bestimmtheit des Seienden selbst; nicht nur als ein Begriff, den der Verstand von sich aus mitbringt. Es könnte vielleicht sein, daß dieser Verstandesbegriff nur-subjektiv wäre, daß ihm im Seienden selbst nichts entspräche. Die Kraft muß also im Seienden selbst aufgesucht werden, dort aufgenommen werden, wie sie als Kraft sich abspielt. Damit macht Hegel sich einen Einwand. Dieser Einwand ist sehr bedeutsam. Hegel setzt nicht unmittelbar damit an, daß er die Verbindlichkeit der apriorischen Begriffe behauptet, daß er einfach dekretiert, die Verstandesbegriffe, unter denen wir das Seiende denken, müssen auch den Seinsstrukturen dieses Seienden ohne weiteres entsprechen; die Kategorien als Verstandesbegriffe müssen sich mit den Kategorien als den Bestimmtheiten des Seienden an sich decken. Nach Kants transcendentaler Fragestellung nach der Möglichkeit, d. h. der objektiven Verbindlichkeit der reinen Verstandesbegriffe ist eine solche Naivität unhaltbar geworden. Das kritische Mißtrauen macht sich also den Einwand, daß der Begriff, der bloße Gedanke der Kraft mit den bloß gedanklichen Unterscheidungen der beiden Momente der Kraft, noch nichts Verbindliches über das Seiende an ihm selbst aussage; denn dieses ist doch offenbar ein dem Gedanken Fremdes; der Begriff der Kraft muß und braucht offenbar nicht der wirklich waltenden Kraft zu entsprechen. Bedeutsam an dieser Auffassung ist, daß Kategorie als Verstandesbegriff und Kategorie als Seinsbestimmtheit des Seienden auseinandertreten, – daß Verstand und das Ding auseinanderstehen, den Charakter der gegenseitigen Fremdheit haben. Das ist unsere gewöhnliche Auffassung. Der Begriff der Kraft verbürgt noch nicht seine objektive Realität.

Hegel unternimmt nun nicht wie Kant den Versuch einer transcendentalen Deduktion der Kategorien; er geht einen anderen Weg; er versucht, die Kraft als wirklich waltende im Seienden aufzufinden, sie zu stellen. In der faktischen Naturerfahrung haben wir es mit mannigfachen Kräften zu tun. Wie nun begegnet hier uns Kraft? Hegel faßt die wirkliche Kraft im strengen Wortsinn als die wirkende Kraft, als die sich äußernde. Äußerung und eigentliche Kraft sind jetzt nicht bloße begriffliche Unterscheidungen, sondern haben selbst den Charakter von selbständig Seiendem; die wirkliche Kraft erscheint in ihrer

Wirkung; die Wärmekraft des Feuers im Brennen, im Erwärmen; das Gebrannte und Erwärmte ist jetzt ein Anderes; die Äußerung ist so abgesetzt von der Kraft. Aber die Wärmekraft des Feuers ist nicht nur in ihm, sie ist auch in dem erwärmten Topf; in der Abgesetztheit des Wärmenden und des Gewärmten ist doch die Einheit der Kraft gewahrt, die nur in diesem Bezug geschieht. Oder anders gewendet: die Äußerung der Kraft besteht neben ihr als ein Selbständiges und ist dennoch nicht ein wahrhaft Selbständiges, das für sich sein könnte; die wirkliche Kraft ereignet sich als das Auseinandergehen in zwei selbständige Seiten, die aber doch nur gegenseitig durch sich bestehen, also einander ihre Selbständigkeit nehmen. Oder wie Hegel es formuliert: die wirkliche Kraft ist eine „... Bewegung des sich beständig Verselbständigens der beiden Momente und ihres sich wieder Aufhebens ...". (106) Die Wärmekraft – um unser Beispiel zu nehmen – ereignet sich als das Erwärmen des Wärmbaren durch das Feuer. Es sieht für den oberflächlichen Blick so aus, als wäre das Wärmbare (z. B. der Topf auf dem Feuer) etwas Fremdes, was zur Kraft von außen hinzutritt, damit sie sich äußern kann; aber das Feuer als Wärmkraft ist immer schon bezogen auf ein Wärmbares; es hat seine Äußerung nicht zufällig an sich, wenn zufällig ihm ein Erwärmbares in den Weg läuft; als Kraft ist es bereits schon bezogen auf ein Feld seiner Äußerung; die Kraft bringt ein Feld ihrer Äußerung zwar immer schon mit sich; aber sie ist dabei angewiesen auf etwas, woran sie, wie wir treffend sagen, ihre Kraft auslassen kann. Die Kraft braucht einen Widerpart. Wir unterscheiden gewöhnlich zweierlei Kräfte, die Kräfte des Tuns und die Kräfte des Leidens. Hegel erkennt aber, daß in jeder Kraft das Widerspiel von zwei Kräften ist. Jede Kraft ist als solche auf ein Widerständiges bezogen. Damit bringt er eine alte Einsicht zu Ehren. Die Kraft des Tuns, die *dynamis tou poiein,* und die Kraft des Leidens, die *dynamis tou paschein* sind zunächst je eine andere. In tieferer Hinsicht aber sagt Aristoteles (Met. *Theta,* 1046 a 19): *Phaneron oun hoti esti men hos mia dynamis tou poiein kai paschein,* offenbar ist die Kraft des Tuns und des Leidens in gewisser Weise eine.

*12. Kraft als Dynamis. „Wirkliche" Kraft. Kraft als „Gedanke".
Erscheinung und Wesen*

Wir stehen bei der Exposition des Kraftbegriffs. Er hat für Hegel eine schlechthin zentrale Bedeutung. Er ist der Grundbegriff des Verstandes; der Verstand denkt das Sein des Seienden als Kraft. Das Kantische Kategoriengefüge wird durch den Kraftbegriff wesentlich vereinfacht: es wird auf seine Grundstruktur zurückgebracht. Mit dem von Leibniz aufgenommenen Begriff der Kraft überholt Hegel das durch Kant in erneuter Schärfe gestellte Kategorienproblem. Die Überholung hat aber nicht den Charakter einer Korrektur. In der Philosophie gibt es überhaupt keine Korrekturen im Sinne einer eitlen Besserwisserei. Hegel verbessert nicht Kant; er denkt von einem anderen Grundansatz aus. Das besagt aber nicht, daß er an Kant vorbeigeht. Weil die wesentlichen Denker so in ihrem Eigenen stehen, daß sie sich öffnen der selben alten, nie veralteten Frage, so ist auch ihre Eigenständigkeit kein Hindernis, sondern die Voraussetzung für eine echte Begegnung. Hegel simplifiziert nicht die Kategorientafel Kants und läßt den dort entfalteten Reichtum verschwinden; der Grundbegriff der Kraft enthält in sich alle Bezüge, aber sie sind nicht schon auseinandergelegt, sondern werden in der Bewegung des Sichauseinanderlegens erfaßt. Die Kraft hat den Grundriß der Entfaltung des Einen ins Viele, des Sichdarstellens in der Äußerung, des Insichbleibens im Außersichgehen, – und des Zusammenspiels von Möglichkeit, Wirklichkeit und Notwendigkeit. Indem die Seiendheit des Seienden als „Kraft" zum Ansatz kommt, gewinnt Hegel ein Dreifaches: er überwindet die „statische" Ding-Auffassung, die uns sonst naheliegt; zum andern, er kann jetzt die widersprechenden Ding-Gedanken zusammenbringen; und endlich, er eröffnet damit eine Tiefendimension in der Seinsverfassung des Dinges. Das sei kurz bedacht.

Das Ding ist nun als Bewegung; nicht weil es an Bewegungen teilhat oder weil es ein bloßer Schnittpunkt von Bewegungen wäre; es ist in sich Bewegung. Es ist kein kategoriales Gefüge, sondern eine Fügung, ist ein Walten von Kraft; das Sein des Seienden ereignet sich, geschieht; es ist ein Bewegungsgeschehen, ein Kraften, ein Kraft-Spiel. Diese ontologische Interpretation des Dinges widerstreitet unserem Gefühl und unseren üblichen Vorstellungen, weil wir das Ding uns zunächst als etwas Ruhendes vorstellen; wir sagen, es zeigt sich zwar in vielen

Eigenschaften, aber es bleibt im Wechsel derselben, es verharrt; die Eigenschaften haften an einem Ständigen; die Griechen nannten es das *hypokeimenon*, das Zugrundeliegende. Das Liegen und Beharren bleibt das vorherrschende Grundverhältnis für die Auslegung der Seiendheit; wir finden es im Begriff der „substantia". Die Substanz, das selbständig Seiende, wird angesetzt als ein Stehendes, „id quod substat". Auch der Augenschein zeigt uns beharrliche, ruhende Dinge. Gewiß auch Vorgänge, Geschehnisse und Bewegungen; aber üblicherweise fassen wir solche als Bewegungen an sonst ruhenden Dingen. Es gehört sicherlich zu den schwierigsten Aufgaben, das einfache, immer gekannte, aber uns weiter nicht auffällige Herumliegen des Seienden, sein schlichtes Vorhandensein angemessen zu fassen. Der Erdboden steht fest, liegt gegründet in seiner unabsehlichen Weite, und auf ihm ragen die Berge, dehnen sich die Lande, und über allem wölbt sich die Glocke des Himmels. Schon die Naturwissenschaft der Neuzeit greift diesen Augenschein an: die Erde wird zum Planeten, der seine Bahn zieht, die Materie zur unablässigen Bewegung gequantelter Energie. Geschieht, so könnte man fragen, nicht schon in eben der neuzeitlichen Naturwissenschaft eine Überwindung des Substanzbegriffs und ein Übergang zu einer dynamischen Naturbetrachtung? Hat am Ende der Leibniz'sche Kraftbegriff dort seine geheimen Wurzeln? Man hat das oft behauptet und oft bestritten; aber die ganze Frage ist falsch gestellt. Der Kraftbegriff bei Leibniz ist ein metaphysischer Begriff, er geht auf die Seinsverfassung des Seienden überhaupt. Und indem Hegel diesen ontologischen Gedanken von Leibniz aufnimmt, nähert er sich nicht der naturwissenschaftlichen Weltansicht; denn diese hat ja nur einen begrenzten Teilbereich des Wirklichen zum Erkenntnisgegenstand. Er steht vielmehr auf gegen die machtvollste Tradition der abendländischen Metaphysik, welche das Seiende als In-sich-Stehendes und als Sich-selbstgleich-Bleibendes denkt. Hegel stellt nun die Substanz nicht bloß in ein Getriebe von Bewegungen hinein, er nimmt vielmehr die Bewegung in den Bau der Substanz herein; sie hat strenggenommen keinen „Bau", kein statisches Gefüge; und doch löst sie sich nicht in einer nebelhaften Unbestimmtheit auf; sie hat eine Struktur, allerdings eine komplexe und nicht leicht begrifflich aussagbare. Indem Hegel die *ousia*, die *substantia* als Kraft interpretiert, rückt das Sein in den Horizont des Werdens. In steigendem Maße wird dieser ontologische Grundgedanke vertieft auf dem langen Stufengang der „Phänomenologie des Geistes".

Aber die grundsätzliche Entscheidung fällt schon hier, hier in der kategorialen Interpretation des Dinges. Das Ding ist, wesentlich begriffen, Kraft.

Vom Bewegungsganzen der Kraft her, die sich äußert, außer sich geht und dabei doch gerade sich behält, lassen sich die vorher paradoxen Momente des Dingseins begreifen; das Ding ist das Gegenteil seiner selbst, weil es Kraft ist; das Ding stellt sich dar, d. h. es ist damit ein Für-ein-Anderes-sein, – und es bleibt trotz aller Darstellung doch in sich, ist abgesondert, für-sich; als sich darstellendes ist das Ding die Äußerung der Kraft, als für-sich-seiendes aber ist es die in sich zurückgedrängte Kraft. Hegel bricht mit diesem Ansatz sozusagen eine neue Dimension am Ding auf; die kategorialen Bestimmtheiten liegen nicht in einer Ebene; das Ding spaltet sich in ein Außen und ein Inneres; das hat nicht einen räumlichen Sinn, meint nicht den Gegensatz von Oberfläche und dem Darunterliegenden, sondern den Gegensatz von Erscheinung und Wesen.

Die Exposition des Kraftbegriffs haben wir erst ein kleines Stück weit verfolgt; sie begann mit der kurzen Begriffsbestimmung, welche die beiden Gegen-Momente der Kraft: die Äußerung und die eigentliche Kraft unterschied. Damit hat Hegel den Verstandesbegriff, die subjektive Kategorie der Kraft erläutert. Kategorie aber ist ein zweideutiger Titel; er meint einmal reine Verstandesbegriffe, in denen das Dingsein der Dinge gedacht wird; dann aber auch die Grundbestimmtheiten des Seienden an ihm selbst. Wie steht beides zueinander? Gibt es hier das Problem der Übereinstimmung wie bei der Erfahrungserkenntnis? Keineswegs, denn die vielberedete „adaequatio rei atque intellectus", die Übereinstimmung gründet ihrerseits in der vorgängigen kategorialen Interpretation des Seienden. Das Problem der objektiven Verbindlichkeit der reinen Verstandesbegriffe bezeichnet Kant als „Transcendentale Deduktion"; seine Weise, dieses Problem zu lösen, nennt er „... das Schwerste, das jemals zum Behuf der Metaphysik unternommen werden konnte..."[1] Hegel setzt anscheinend viel leichter an. Er geht einen anderen Weg zu dem gleichen Ziel. Er bemüht sich nicht um die Demonstration, daß der Verstandesbegriff die Seinsverfassung des Seienden verbindlich denke, er sucht die Kraft als wirkliche, gegenständlich-vorhandene zu beschreiben – und macht dabei die

---

[1] I. Kant, Prolegomena zu einer jeden künftigen Metaphysik, die als Wissenschaft wird auftreten können, Einleitung, in: WW (Akademie-Ausgabe) IV, 260.

Erfahrung, daß sie gar nicht wie ein Objekt vorhanden ist; gerade wenn er die Kraft vom Gedanken frei läßt, wenn er nicht die gedachte, wenn er die wirkliche, wirkende Kraft aufsucht, enthüllt sich ihm ihre Wirklichkeit als Gedanke, als Begriff. Das ist der überraschende Umschlag und die unerwartetste „Erfahrung des Bewußtseins". Sie ist die Peripetie im Drama der Seinserfahrung der „Phänomenologie des Geistes". Der sinnlichen Gewißheit, die am Handgreiflichen das Sein hatte, war durch die dialektische Besinnung die vermeinte Einzelheit aus der Hand geschlagen worden; sie hatte sich als Allgemeines enthüllt; die Sicherheit des gesunden Menschenverstandes, der von Dingen spricht, war in einem Wirbel von widersprüchlichen Ding-Gedanken untergegangen; und nun soll uns die Erfahrung bevorstehen, daß das Wirkliche, also das, was wir immer vom bloßen Gedanken unterschieden haben, gerade in seinem wirklichen Wirken Begriff und Gedanke ist. Das klingt so ungeheuerlich, daß wir sofort in uns eine instinktive Abwehr bereithalten. Bedeutet das nicht alles auf den Kopf stellen, am Ende eine sinnlose Wortakrobatik, die sich den Anschein des Tiefsinns gibt? Ist das noch ein wesentliches Denken? So mag mancher mit gelindem Entsetzen fragen. Treibt Hegel hier nicht ein Narrenspiel mit uns, ist es hier überhaupt ernsthaft gemeint? Es ist die eigentliche Grunderfahrung der Hegelschen Philosophie: das Sein ist Begriff. Aber diese Grunderfahrung kann zunächst gar nicht angemessen ins Wort kommen. Hegel setzt das Sein nicht dem gleich, was wir so üblicherweise als Begriff verstehen, die Allgemeinvorstellung, er subjektiviert es auch nicht und macht das Allmächtige zu einem Gebilde des Menschen; die beliebten Schlagworte vom „absoluten Idealismus" und „Panlogismus" sind so lange leere, nichtssagende Etiketten, als man nicht den Denkweg Hegels mitgeht und erst auf diesem Weg erfährt, wie er, ergriffen von der ursprünglichen Gewalt des Seinsproblems, das Wesen des Begriffs und des Logos bestimmt.

Hier in der Exposition des Kraftbegriffs bahnt sich die Grunderkenntnis Hegels an; das gibt der Stelle den entscheidenden Akzent. Wir wollen die Grundlinie des Gedankengangs verfolgen. Die Hinwendung zur Betrachtung der wirklichen Kraft, d. h. der am Werk seienden, der wirkenden, hatte zur Erkenntnis geführt, daß in jeder Kraft zwei Kräfte verkoppelt sind: daß die Verkoppelung der tätigen und der leidenden Kraft erst das Wesensganze der Kraft ausmacht. Die Kraft, welche sich ausläßt, muß sich an etwas auslassen, und dieses muß der sich auslassenden Kraft widerstreben, widerstehen. Kraft ist in sich selbst auf Widerstand bezogen; sie braucht Widerstand, um als Kraft wirklich, d. h. wirkend zu sein. Die Kraft braucht etwas, worauf sie wirkt, worauf sie einwirkt. Unser Beispiel vom letzten Mal, die Wärmekraft des Feuers braucht ein Erwärmbares, um daran sich zu äußern. Oder die Kraft des Herstellens, die Techne des Töpfers braucht den bildsamen Ton, um daran sich zu äußern; die Kraft des Leidens ist in gewisser Weise immer schon einbezogen in die Kraft des Tuns – und umgekehrt; erst die Gegenspannung der beiden Kräfte macht die wirkende, wirkliche Kraft aus. Die Kraft hat nicht nur ein leeres Kraftfeld, das sie mitbringt, sie ist mit ihrem Feld schon bezogen auf solches, was ihr widersteht. Die Doppelnatur der Kraft (Erwärmen und Erwärmtwerden, bildendes Herstellen und Bildsames), diese Doppelnatur läßt die Doppelheit des Seienden, das im Kräftebezug steht, entspringen. Was der Begriff nur als Momente der Kraft unterschieden hatte, das ist bei der wirklichen Kraft auseinandergetreten in zwei sich gegenüberstehende Dinge gleichsam (Feuer und Topf, oder Töpfer und Ton); die Selbständigkeit dieser Pole der Kraft wird nun zum Gegenstand der dialektischen Besinnung.

Wir fassen sie kurz zusammen. Die wirkende Kraft, die sich an etwas ausläßt, sich ausbreitet und ergießt, hat an diesem Anderen ihr Feld und ihren Widerstand; dieses Andere ist es also, was sie herausruft, erregt, zu Äußerung nötigt; das Erwärmbare läßt an sich das Erwärmen geschehen, es bietet sich dar als das Feld, das Medium, worin die Kraft sich ausbreiten kann. Aber dies Lassen ist ja selbst eine Kraft, die leidende Kraft; und auch diese kann sich nur auslassen an einem Anderen, eben dem Tätigen; die *dynamis tou paschein,* die leidende Kraft hat an dem Tätigen ihr Feld, ihr Medium. Das Leidende kann das Feld des Tätigen nur sein, wenn zugleich das Tätige zum Äußerungsfeld des Leidenden wird. Sie setzen sich beide wechselseitig voraus, und dies nicht im logischen Sinne von Korrelativbegriffen, sondern als wirkliche Kräfte in der Wirklichkeit. Das Spiel der Kräfte ist ein Gegenspiel. Das Veranlassende ist wechselseitig auch das Veranlaßte. Die Kraft spielt überhaupt nur als dieses Gegenspiel von Gegenkräften, die sich wechselseitig bedingen; die Gegenkräfte bedingen sich in ihrer Äußerung ebenso wie in ihrem Insichsein. Das Erwärmen ist nur wirklich an dem, was das Erwärmtwerden leidend zuläßt, und umgekehrt, dieses Zulassen kann sich nur äußern an einem Wärmenden.

Und andererseits, die in sich zurückgedrängte Kraft des Wärmens, die sich nicht äußert, kann auch nur sein, wenn die leidende Kraft des Zulassens, des passiven Offenstehens sich in sich verschließt. Das wechselseitige Bedingungsverhältnis in der Doppelnatur der Kraft, im Gegenspiel der beiden Gegenkräfte, hebt die Selbständigkeit derselben auf: ihr Sein ist, wie Hegel sich ausdrückt, ein reines Gesetztsein durch Anderes, ihr Sein hat die Bedeutung des Verschwindens. Es hat nicht das Feste von zwei bestehenden Substanzen, die sich nur berühren, und die außerhalb des Bezugs auch wirklich sind. Das Gegenspiel von zwei Kräften in der wirklichen Kraft ist vielmehr eine Bewegung, die in sich selber die Pole erzeugt, zwischen denen sie spielt. Der Gedankengang bis hierher zusammengefaßt: Hegel sucht die Bestimmung der wirklichen Kraft; er will dabei keine Beschreibung wirklicher Vorkommnisse, keine bloße Feststellung von faktisch vorhandenen Kräften; es geht ihm um die Einsicht in die Natur der wirkenden Kraft; diese ist, wann immer sie wirklich ist, ein Doppelbezug, aber nicht deshalb, weil ein Ding (das Feuer) ein anderes Ding (den Topf) erwärmt, sondern daran veranschaulichen wir uns lediglich die innere Doppelung, welche zur Kraft selbst gehört; und um diese dreht sich alles. Die wirkliche Kraft scheint in zwei selbständige Kräfte auseinandergegangen zu sein; aber diese zwei Kräfte sind in Wahrheit gegenseitig bedingt und bedingend, sie sind ein Wechselspiel.

Mit dieser Einsicht hebt sich die Vorstellung auf, die wir sonst ganz naiv an die Kraft herantragen; wir nehmen zumeist die Kraft wie eine Art Ding, allerdings sagen wir, sie sei ein unsichtbares Ding, wir könnten sie nur aus ihren Wirkungen erkennen usf. Während wir so gewöhnlich die Kraft am unentwickelten Modell des Dinges denken, will Hegel gerade das Ding im Begriff der Kraft fassen. Kraft ist die Kategorie, die das Dingsein des Dinges aussagt. Die dialektische Erörterung der Kraft ergab nun die Aufhebung der Vorstellung, als ob sie ein Vorhandenes und Gegebenes wäre, ein Gegenstand, der herumliegt. Die Kraft ist nicht wie eine Art von Substanz denkbar. Die wirkliche Kraft hat keinen Anhalt an wirklichen Dingen; sie ist kein Festes, Vorhandenes, das vorkommt.

Und nun kommt die überraschende Wendung, wenn Hegel sagt: „Die Wahrheit der Kraft bleibt also nur der *Gedanke* derselben; und haltungslos stürzen die Momente ihrer Wirklichkeit, ihre Substanzen und ihre Bewegung in eine ununterschiedene Einheit zusammen ...

diese Einheit ist *ihr Begriff als Begriff*". (110) Wie sollen wir das verstehen? Heißt das, die Kraft ist bloß ein Gedankending, ein Hirngespinst? Hegel spricht doch von der wirklichen Kraft. Gerade die wirkliche Kraft enthüllt sich als Gedanke. Offenbar kann jetzt „Gedanke" nicht das gleiche besagen, wie sonst in unserem tatenvollen, aber gedankenarmen Alltag, wo wir das Bloß-Gedachte dem handgreiflichen Wirklichen gegenüberstellen und es dabei abwerten. Gedanke besagt also nicht subjektive Einbildung, sondern Kategorie. Die Kraft ist kein Gegenstand des sinnlich vernehmenden Findens von Vorhandenem, sie ist ein Gegenstand allein des Verstandes; nur der Verstand kann das Seiende als Kraft fassen. Der Verstand durchdringt damit den vordergründigen Anschein, in welchem das Seiende zunächst erscheint, und begreift, daß diesem sich darstellenden Anschein ein verborgenes Inneres der Dinge zugrundeliegen müsse. Das Ding erscheint, es äußert sich und bekundet damit ein Inneres; es stellt sich dar und bleibt in diesem Außersichgehen doch in sich. Nicht die Kraft ist ein Ding, sondern das Ding ist Kraft, – und Kraft ist nur vernehmlich im begreifenden Verstehen des Verstandes, der den Gegensatz von Äußerem und Innerem am Ding als innere Selbstentgegensetzung der dingbildenden Kraft begreift. Die ontologische Struktur des Dinges hat sich durch die dialektische Erörterung der wirklichen Kraft vertieft: das Ding hat nicht zwei selbständige Seiten (seine Darstellung und sein Inneres), es ist vielmehr das Gegenspiel dieser zwei Seiten, es ist die Bewegung ihres Übergehens ineinander. Der Verstand blickt durch dieses Spiel der Kräfte, welches das Ding ausmacht, „*in den wahren Hintergrund der Dinge*" (110) – wie Hegel sagt.

Der Verstand ist auf das Seiende in einer doppelten Weise bezogen, auf den Vordergrund, d. h. das Erscheinen, und auf den Hintergrund, d. i. das Innere der Dinge; aber weil er den Zusammenhang von Vordergrund und Hintergrund vom Spiel der Kraft her begreift, sind das ihm nicht zwei selbständige Seiten, wo die eine die andere verdeckt und verstellt, – die Seiten stehen vielmehr im Verhältnis der Äußerung zueinander. In der Erscheinung äußert sich das Innere. Das Ding ist Ding an sich und Ding als Erscheinung; das sind nicht zwei Dinge, die miteinander nichts zu tun haben, es ist vielmehr der wahre, wahrhafte Grundriß des Dingseins, daß es sich so auseinanderlegt; es fällt dabei nicht in zwei Dinge auseinander, sondern wird eben zusammengehalten vom Spiel der Kraft, die sein Wesen ist.

Bevor wir nun dazu übergehen, Hegels Problematik von Ding-an-sich und Erscheinung zu bedenken, müssen wir etwas nachholen. Unsere Darstellung hat ein Grundmotiv des bisherigen Gedankenganges unterschlagen. Das geschah mit Absicht. Es handelt sich um die folgenschwerste Entscheidung, die Hegel auf der Bahn der ontologischen Gedankenentwicklung vollzogen hat. Der Begriff der Kraft, so sagten wir, ist Hegels Ur-Kategorie. Die Kategorie als die Seinsbestimmtheit des Seienden läßt sehen, was das Seiende zu einem solchen macht. Wir sprechen das Seiende an als die Dinge. Die Frage nach der Seiendheit des Seienden stellt sich uns (im Zuge der Tradition der Metaphysik) als die Frage nach der Dingheit des Dinges. Der Begriff der Kraft gibt den Grundriß des Dinges. Es ist in sich kein festes Verharrendes, nicht etwas, was zugrundeliegt, nicht etwas Stehend-Ständiges, an dem Geschehnisse und Bewegungen sich abspielen, es ist kein Ruhendes, sondern ein Ruheloses, ist Bewegung in sich selbst, ist Ansichhalten und Äußerung der Kraft. Aber für Hegel wird die Kraft nicht nur zum reinen Grundriß des Dinges schlechthin, sondern er interpretiert vor allem auch den Bezug des Dinges zum Bewußtsein am Grundverhältnis der Kraft. Kraft wird damit nicht nur zur Kategorie des Dinges, sie wird auch angesetzt als die Grundstruktur, welche den Bezugsraum von Sein und Wissen durchwaltet. Dieser Ansatz ist folgenschwer. Die Äußerung des Dinges wird jetzt primär begriffen als Sich-darstellen-für das Bewußtsein, als das Sich-dem-Wissen-Zeigen, als Gegenstehen, als Sichpräsentieren einem erkennenden Verhalten. Die Äußerung des Dinges ist genommen als Erscheinen für das Bewußtsein. Bewußtsein und Ding stehen im Verhältnis der leidenden und tätigen Kraft, sie machen zusammen den Spielraum der Kraft aus.

Warum nun finden wir diesen Ansatz Hegels bedenklich oder wenigstens verwunderlich? Ist er nicht ganz einleuchtend und im Zwange der unerbittlichen, strengen Gedankenführung, die wir durchgegangen sind, motiviert? Er ist eine Grundvoraussetzung, die Hegel macht. Und er macht sie, weil er hier aus der metaphysischen Tradition der Neuzeit her denkt. Was heißt überhaupt Erscheinen? Zunächst ganz schlicht und naiv: ans Licht kommen. Ein Ding erscheint, es kommt hervor ins Helle, wo es sich zeigt; es kommt zum Vorschein, es löst sich aus einer Verbergung und stellt sich ins Offene; die Blumen gehen auf aus dem dunklen Grund der Erde und lassen ihre Farben wehen im Winde der Wiesen; im Frühling erscheint Persephone im Prangen und

Blühen, die „Wiedergekehrte" zeigt sich im lichten Tag, der die Fluren schmückt; die Sonne scheint, sie geht auf in ihrer eigenen Helle und läßt alles, was die Nacht verhüllte, wieder erscheinen. Erscheinen ist im-Schein-des-Hellen-Stehen; die Dinge erscheinen, sofern sie in der gelichteten Weite der Welt zum Vorschein kommen. Und sie erscheinen dann als begrenzte, als solche, die nebeneinander vorkommen; der Berg ist neben dem Tal, das Haus neben dem Bahngeleise; die erscheinenden Dinge sind nicht nur abgesonderte, für sich, sondern stehen immer auch im Bezug zu anderen. Sie begrenzen einander. Wenn das Wesen des Dingseins aber die Kraft ist, und diese sich notwendig äußern muß, dann wirkt jedes Ding auf alle Dinge um es herum; es stellt sich allen dar; die Darstellung ist das Sichhineinhalten des Seienden in den gemeinsamen Raum, der alle Dinge umfängt; Darstellung ist das In-die-Welt-Vorscheinen des Seienden. So hat im Wesentlichen noch die Antike gedacht. Sie hat das Erscheinen als Aufgehen und Sichins-Hellestellen des Seienden begriffen. Daß ein Ding, das erscheint, einem erkennenden Verhalten sich zeigt, gründet eben im allgemeinen Vorscheinen. Der Erkenntnisbezug ist nur möglich, weil das Ding zum Vorschein gekommen ist.

Die Neuzeit denkt nicht mehr ausdrücklich den Weltaufgang des Seienden als die Voraussetzung seiner Erkennbarkeit; das Seiende wird primär als Gegenstand gefaßt, das Ding ist das Objekt, das sich dem Subjekt objiziert, entgegenstellt und welches vom Subjekt vorgestellt wird. Gemäß diesem Ansatz rückt die Darstellung des Dinges sozusagen ganz selbstverständlich in die Dimension des Sich-darstellens für ein auffassendes Bewußtsein. Die Kraftäußerung des Dinges wird zur Präsentation. Das bedeutet, die ontologische Explikation der Kraft verbleibt nicht ausschließlich in der Fragebahn der Frage nach dem Ding, sie schlägt insgeheim um in die Interpretation des gegenständlichen Dinges. Das ist von größter Bedeutung. Wir sind jetzt noch nicht gerüstet, um uns damit auseinanderzusetzen. Aber wir weisen nachdrücklich darauf hin, weil hier eine Entscheidung fällt: das Ding erhält seine ontologische Auslegung in der Perspektive des Gegenstandes.

Für Hegel ist damit die Verschränkung der Grundmotive gegeben, die wir bei der Erörterung dessen, was er unter der philosophischen Grundaufgabe der Prüfung versteht, kennenlernten. Der Gegensatz von Ansich und Wissen verschränkt sich mit dem von Wesen und Erscheinung. Wir können das jetzt entschiedener begreifen: das Ding ist an sich und ist für das Wissen, weil das Erscheinen des Wesens als Objektwerden gedeutet wird. Die wesentliche Äußerung des Dinges ist für das Bewußtsein. Dadurch wird der Bau des Seienden von dem Bezug zum Bewußtsein her gesehen; das Seiende ist das Innere, das sich äußert; aber Äußern ist primär ein dem-Bewußtsein-Erscheinen. Die Ontologie des Dinges wird somit von einer Ontologie der Wissensbeziehung übergriffen und abgelöst, worin Bewußtsein und Gegenstand als die zwei Seiten eines Kraftspiels genommen werden. Der Übergriff stellt bereits den stillen Übergang zum Selbstbewußtsein dar, den Hegel nachher ausdrücklich vollzieht. Aber indem die Exposition des Kraftbegriffs zunächst ansetzt als die kategoriale Auslegung des Dingseins und dann umschlägt in die Interpretation des Gegenstandseins des Dinges, bereitet Hegel die Möglichkeit vor, das Ding als Eigentum des Bewußtseins zu erkennen. Das Bewußtsein kann im Dinggedanken, d. h. im Gedanken der Kraft, seinen Verstandesbegriff finden.

Soviel zunächst an kritischer Andeutung. Wir kehren zu Hegels Gedankengang zurück. Das Durchdenken des Kraftbegriffes hat zum Zwiespalt geführt, der das Ding ist: es ist als Erscheinung und ist als das Innere (oder Wesen); aber diese Doppelung ergibt nicht zwei Dinge, oder auch nicht dasselbe Ding für zwei Auffassungen (etwa den endlichen menschlichen und den unendlichen göttlichen Verstand). Der Verstand begreift das Dingsein im Grundriß der Kraft; er denkt damit das Erscheinen als die Äußerung eines Inneren, begreift den Vordergrund als einen solchen, der auf einen Hintergrund verweist und nur überhaupt in solcher Verweisung ist. Die Erscheinung verdeckt und verstellt nicht das wahre Wesen des Seienden; sondern sie vermittelt seine wahre Erkenntnis; sie ist die Mitte zwischen den beiden Extremen Verstand und Ding an sich. Vermittels des Erscheinens, d. h. vermittels der Äußerung der Kraft des Seienden bezieht sich das verständige Vernehmen auf das Innere der Dinge, auf das, was uns als das Wesen gilt, als das Eigentliche, das wahrhaft Seiende. Das Erscheinen verhindert nicht die wahrhaftige Erkenntnis, es schließt uns nicht vom Wahren ab, sperrt uns nicht aus, sondern schließt uns damit erst zusammen. Hegel begreift in grundsätzlicher Weise vielleicht erstmals, daß es ein widersinniges Wollen ist, das Innere an ihm selbst zu erkennen oder über seine Unerkennbarkeit Klage zu führen. Das Innere ist, was es ist, sofern es sich äußert; das Wesen ist, was es ist, im

Erscheinen; die Kraft ist, was sie ist, indem sie sich ausläßt. Ein Inneres, das nicht von außen her erfahren wird, ist nicht in echter Weise. Der Verstand also ist durch die Erscheinung mit dem Inneren der Dinge, mit dem Herz des Seienden zusammengeschlossen.

Erscheinung nennt Hegel das Ganze eines Scheins. Und Schein versteht er als Nichtiges, als Tand, bloßen Anschein. Warum nun wird die Erscheinung als das Nichtig-Seiende genommen, wenn anders sie doch gerade die mit dem wahrhaften Wesen zusammenschließende Fuge ist? Schein, definiert Hegel, ist das Sein, das unmittelbar an ihm selbst ein Nichtsein ist. Das sieht wie barer Unsinn aus. Wir sagen doch: entweder ist etwas oder es ist nicht, aber ein Sein, welches zugleich ein Nichtsein ist, widerspricht der elementaren Vernunft und Logik. Aber es ist die Frage, ob wir nicht zumeist sogar uns umtreiben mit solchen seienden Nichtigkeiten. Die platte Verständlichkeit, die nur die Alternative kennt von „ist" und „ist nicht", hat es zu einer wirklichen Seinserfahrung überhaupt noch nicht gebracht. Ist es denn so sicher, daß alles, was nur irgendwie ist, auf gleiche Weise ist, daß das Sein überall den gleichen Rang hat? Oder unterscheidet sich das Sein selbst auch in sich, birgt es einen Spielraum von Steigerung? Unterscheidet die Philosophie nicht seit ihren Anfängen eigentliches und uneigentliches Sein, solches, was in seiender Weise, *ontos on* ist, und solches, das nur auf eine schlechte, nichtige Weise ist? Warum nun bestimmt Hegel die Erscheinung als nichtig? Etwa darum, weil sie gemessen am Wesen das Unwesentliche ist? Nein. Seine Charakteristik der Erscheinung gründet in ihrer Deutung als des Spiels der Kraft. Das Seiende tritt aus sich heraus, stellt sich dar, zeigt sich dem Bewußtsein; dieses Herausgehen hat den Sinn einer Kraftäußerung, einer Kraftentfaltung; es ist die Tat des Seienden, sich zu äußern, und es ist das Leiden des Bewußtseins, dieser Tat des Seienden zu widerstehen. Zwischen dem Seienden selbst und dem Bewußtsein spielt das Spiel der Gegenkräfte, die einander wechselseitig bedingen. Und dieses Spiel der sich äußernden Kräfte hat keine Festigkeit wie eine Art von Ding; es ist der schwebende Bezug in seiner ruhelosen Lebendigkeit: die Erscheinung ist keine Wand, die das Erkennen von der Sache an sich selbst abhielte.

Wir werden den Erscheinungsbegriff präziser und radikaler fassen müssen. Das geschieht so, daß wir bedenken, wie Hegel die Erscheinung der übersinnlichen Welt gegenüberstellt. Damit haben wir dann alle

Gedankenelemente versammelt, auf die Hegel sich stützt bei dem Übergang zum Selbstbewußtsein, bei diesem fragwürdigen Sprung seines Denkens.

13. Wahre und erscheinende Welt. Diesseits und Jenseits. Das „leere Jenseits". Das Gesetz

Der Übergang zum Selbstbewußtsein geschieht bei Hegel als ein Sprung. Als ein Gedanken-Sprung. Allerdings nicht als ein plötzliches, unmotiviertes Übergehen zu einem neuen Thema, als eine Zusammenhanglosigkeit des Denkens und bloßer Einfall. Im Gegenteil. Der Sprung nimmt einen langen Anlauf. Die dialektische Durchdenkung der sinnlichen Gewißheit und der Wahrnehmung läuft auf dieses Ziel zu; der Sprung ist vorbereitet in „... einer umständlichen Bewegung", – wie Hegel sich ausdrückt – „wodurch die Weisen des Bewußtseins, Meinen, Wahrnehmen und der Verstand verschwinden...". (129) Im Verschwinden des bisher tragenden Bodens erfährt das Denken den Schrecken der Philosophie: die Bodenlosigkeit des Daseins, und es springt. Springt es auf eine neue Insel der Sicherheit? Gründet sich das Denken in der Selbstgewißheit des sich wissenden Ich ein neues Fundament? Verankert es sich aufs neue, wird ihm das Selbstbewußtsein ein neuer tragfähiger Boden im allgemeinen Untergang der gegenständlichen Welt? Ist das Subjekt das Einzige, was standhält? Das Unverlierbare? Ist aber Hegels Gedanken-Sprung so zu deuten, als eine Neubegründung des Daseins in der unverlierbaren Subjektivität? Zieht sich sein Philosophieren angesichts der dialektisch erwiesenen Fragwürdigkeit des gegenständlich-Seienden auf das „fundamentum inconcussum" des seiner selbst gewissen Geistes zurück, – steht Hegel so noch in der späten Nachfolge von Descartes? Vielfach wird Hegel so gesehen, eben als der Vollender der neuzeitlichen Metaphysik der Subjektivität. Die dialektische Methode erscheint dann eben als eine Art radikalen Zweifelns. Und man kann dann immer auf Hegel selbst hinweisen, der sie ja den „vollbringenden Skeptizismus", den Weg des Zweifels, ja der Verzweiflung nennt. Diese Perspektive aber erscheint nicht nur einseitig, sie ist in einem gewissen Sinne eine Verharmlosung Hegels. Er operiert ja nicht mit einem schon feststehenden Seinsbegriff, an dem er nun prüfend die angebliche Wirklichkeit der außenweltlichen Dinge kritisch untersucht und bei Feststellung ihrer Nichtigkeit sich auf das standhaltende Sein des zweifelnden Subjekts, das an allem zweifeln kann, nur nicht an seinem eigenen Sein, zurückzieht. Hegels dialektisches Denken ist primär ja die Entfaltung der Frage nach dem Sein.

Was bedeutet aber dann sein Sprung vom Bewußtsein zum Selbstbewußtsein? Er bedeutet vor allem nicht, daß die Seinsfrage zur Ruhe kommt, daß sie einmündet in eine Fraglosigkeit, in eine sichere Kenntnis dessen, was Sein ist; bedeutet nicht, daß nun ein Bezirk von Seiendem dogmatisch als das einzig wahrhafte und eigentliche Sein ausgegeben wird. Auch nach dem Übergang zum Selbstbewußtsein treibt Hegel die Frage aller Fragen weiter. Daß sich der Übergang als Sprung vollzieht, hat seinen Grund nicht darin, daß Hegel gleichsam einen Rettungsversuch unternimmt und im allgemeinen Schiffbruch des fragwürdig gewordenen Seienden die sichere Planke des unbezweifelbaren Subjekts ergreift; der Sprung ist einzig der Übergang vom Endlichen zum Unendlichen. In dem un-überbrückbaren Unterschied zwischen dem Endlichen und Unendlichen, die sich einander nicht angleichen lassen, liegt das Motiv des Sprungs. Das ist zunächst nur eine Vordeutung; wir müssen uns noch vergegenwärtigen, wie Hegel die Endlichkeit des Bewußtseins ebenso wie die Endlichkeit des Gegenstandes zu Ende denkt und dabei die Unendlichkeit in den Blick bekommt, in welcher die Differenz von Bewußtsein und Gegenstand verschwindet, d. h. das Selbstbewußtsein aufsteigt. Dabei ist es entscheidend, ob wir unseren Sinn wachhalten für die echte Fragwürdigkeit eines Philosophierens, das den Sprung wagt ins Unendliche. Solches Springen tut man gern damit ab, daß man es als eine Ausschweifung der menschlichen Vernunft bezeichnet, die über ihre Grenzen hinauswill, oder als ein utopisches Denken, das die wesenhafte Endlichkeit des menschlichen Daseins vergißt. Zunächst einmal aber ist die in solchen Einwendungen geübte „argumentatio ad hominem", welche dem Denken ein uneingestandenes Motiv unterlegt, ein billiger Trick; man kann dem Gegner alles unterschieben: Hybris und zugleich Flucht vor dem schweren Schicksal der Endlichkeit, Anmaßung und auch Feigheit. Die beliebt gewordene und im Schwang befindliche „existenzielle Kritik" ist vielfach zu einer Methode geworden, die denkerische Auseinandersetzung zu umgehen. Es soll hier nicht geleugnet werden, daß Hegels „Philosophie der Unendlichkeit" ihre Wurzeln in einer Grundentscheidung des Daseins hat; aber diese ist nicht so leicht beredbar; sie ist vor allem aber eine Entscheidung zum Denken. Auf der Bahn des Denkens – im Mitgehen oder Gegengehen – kann allein es sich erweisen, ob Hegels Sprung eine echte Möglichkeit ist oder ein Sprung ins Leere. Die Philosophie ist seit je, wie alles Wagen des Menschen, bedroht von der Vergeblichkeit. Schon von Thales erzählt Platon die Geschichte, daß er beim Beschauen der Sterne, als er den Blick nach oben gerichtet hielt, in einen tiefen Brunnen gefallen sei und dabei den Spott einer witzigen thrakischen Dienstmagd erfahren habe. Fällt Hegel hier, wo er den Sprung wagt, ins Leere, in ein Loch – und können wir wie thrakische Dienstmägde unseren Witz an ihm üben und von der Zügellosigkeit und Phantastik seines Denkens spottend reden? Diese Frage soll offen bleiben. Sie soll uns begleiten auf dem Versuch, Hegels Gang nachzugehen.

Die außerordentliche Schwierigkeit des Hegelschen Denkens besteht in dem, was er die Exposition der Begriffe nennt. Hegel hat ein relativ kleines Vokabular von Grundbegriffen; aber sie sind nicht vorhanden wie ein Arsenal, liegen nicht parat zur Anwendung; sie stehen vielmehr in einem langen Wege der Entwicklung, sie stehen im Gang des Denkens, sind der lebendig bewegte Inhalt dieses Ganges. Die Grundbegriffe reichern sich dabei an, gewinnen Bestimmtheit und Bezüglichkeit; wie aus einem Stamm die verschlungene Vielfalt der Äste und Zweige hervorgeht, so aus den wenigen Grundbegriffen, die Hegel am Eingang der „Phänomenologie des Geistes" zur Hand hat, ein verwirrender Reichtum von Gedankenmotiven. Das führt oft dazu, daß die Interpreten ein vereinzeltes Motiv nur herausgreifen und Hegel damit in eine einseitige Perspektive abdrängen. Hegels Denken ist in einem bestürzenden Maße polyphon; er denkt vielfältig und Vieles zugleich und doch zusammengeschlossen von seiner konstruktiven Kraft; in einem Arbeitsgang entwickelt er den Reichtum seiner Seinsauslegung; man muß es im Studium seiner Werke selbst erfahren, wie er entfaltend denkt, wie er die Grundlinien zusammenhält und dennoch sie differenziert. Die systematische Kraft Hegels ist viel bewundert worden; man hat in ihm ein Genie der Konstruktion gesehen. Diese Bewunderung aber verkennt, daß es nicht Hegels Willkür, sondern das von ihm entdeckte „Leben des Begriffs" ist, was den Gedankenreichtum erzeugt.

Den bisherigen Gang der Phänomenologie des Geistes wollen wir kurz auf die Grundmotive abfragen. I. Hegels Problemstellung ist

Frage nach dem Sein; aber nicht direkt und unmittelbar, er legt vielmehr das Verhalten zum Seienden aus nach seinem mitgängigen Seinsverständnis, so zuerst die sinnliche Gewißheit, die Wahrnehmung und den Verstand. Das Seiende erschien so als das sinnliche „Dieses", als das „Ding der Eigenschaften", als die „Kraft". II. Die Interpretation der Seiendheit dieses Seienden ergab die Stufenfolge: sinnliche Allgemeinheit, unbedingte Allgemeinheit und absolute Allgemeinheit. III. Die Befragung des Seienden auf seine Seinsverfassung aber hielt sich dabei im Raume des Bezugs von Bewußtsein und Gegenstand. Von mancherlei Bewegungen war dabei die Rede, von der Bewegung, die das Wissen macht, und von Bewegungen des Gegenstandes, der in sich selbst zurückgeht, „in sich reflektiert". Alle drei Grundmotive sind ineinander verschlungen. Wir können zunächst noch gar nicht entscheiden, welches das führende ist: die Abfrage des Seienden – auf sein Sein – im Bezugsraum der Wahrheit. Hegel befragt das Seiende. Diese Frage treibt über sich hinaus zur Frage nach dem Seienden im Ganzen. Zuerst hatten wir das sinnliche Dieses; es ist einfach die vernommene Farbe; sie zeigt sich eindimensional, sie hat nichts hinter sich, ist kein Vordergrund eines Hintergründigen; anders schon beim Ding; es erscheint in vielen Eigenschaften; es ist als der paradoxe Widerspruch von Allgemeinsein und Einssein; die Paradoxie behebt sich, indem wir die Kraft als die kategoriale Struktur des Seienden denken; sie ist gerade die Selbstentgegensetzung von Insichsein und Äußerung. Aber mit dem Gedanken der Kraft gehen wir vom Seienden zum Seienden-im-Ganzen über.

Die Kraft ist nicht allein der Grundriß des Dinges, sondern auch der Grundriß des Verhältnisses zwischen Ding und Bewußtsein. Das Ding erscheint dem Bewußtsein, es äußert sich für es. Damit wird der Erscheinungsbegriff in eine bestimmte Richtung gedrängt: erscheinen ist genommen als Sich-dem-Wissen-Darstellen. Und dieses Darstellen eignet nicht je einem einzelnen Ding, sondern allen Dingen, der Gesamtheit der Dinge. Sofern die Dinge insgesamt in der Weise des Sichdarstellens sind, nennen wir sie insgesamt Erscheinung. Und diese halten wir zunächst streng unterschieden von den Dingen, sofern sie sich uns nicht darstellen, sofern sie sich nicht für uns äußern, sondern an sich sind. Das Ansich der Dinge bezeichnen wir als das Innere. Durch die Erscheinung ist der Verstand mit dem Inneren der Dinge zusammengeschlossen; die Erscheinung stellt also die Mitte dar.

In diesem Ansatz stellt sich für Hegel das Weltproblem. Von größter Bedeutung aber ist, daß es dabei zu keiner ausdrücklichen Weltfrage kommt, daß sie nur in der Gestalt der Ganzheit aller Dinge vorkommt, wobei die Eigenart der Ganzheit nicht bedacht wird. Hegel operiert mit dem unausgewickelten, ja wir müssen sagen mit dem vulgären Welt-Begriff. Darin liegt eine schwache Stelle; er sichert die Basis für seinen Absprung nicht genügend. Die ontologische Interpretation des Dinges im Schema der Kraft wird lediglich ins Ganze erweitert, ohne die Möglichkeit einer solchen Ausweitung kritisch zu prüfen. Hegel wird bedrängt von der ihn lockenden Aufgabe, das anfangs gesetzte Verhältnis von Verstand – Erscheinung – und dem Inneren der Dinge dialektisch zu bedenken. Für die Sicht des ersten Blickes sieht es doch aus, als wäre mit der Übernahme der Kraft in das Welt-Verhältnis eine ruhende Scheidung von Bereichen gewonnen: die Dinge an sich, die Dinge, sofern sie sich uns darstellen, und unser Verstand. Gleichwie der Mond eine Seite uns nur zukehrt, so sollen offenbar die Dinge jetzt genommen werden: eben als sich nur zeigend in ihrer Äußerung, in ihrem Darstellen; und ebenso halten sie uns eine, und zwar die wesentliche Seite abgekehrt, „so wie sie an sich sind". Die gedankliche Primitivität dieser Vorstellung reizt Hegel zu seinem ungestümen Angriff. Er entwickelt dialektisch die Natur der Erscheinung und ebenso die Natur des Inneren und kommt dann zur Aufhebung der fixen Trennung der beiden; und endlich: mit der Einsicht in die eigenartige Selbigkeit von Erscheinung und Ding an sich gewinnt er den Einblick in die Selbigkeit von Bewußtsein und Gegenstand – und damit den Übergang zum Selbstbewußtsein.

Wir könnten eine Vorfrage stellen. Hat Hegel hier die Position, von welcher er sich abstößt, angemessen gefaßt? Hat er sie nicht simplifiziert? Die Unterscheidung zwischen erscheinender Welt und an sich wahrer Welt ist doch eine alte und ehrwürdige; sie wird schon dem Platon nachgesagt. Man spricht in diesem Zusammenhange gerne vom Platonischen Dualismus; Platon habe, so sagt man, der Welt der wirklichen Einzeldinge eine Welt der Urbilder, der Ideen gegenübergestellt. Und diese seien das Unvergängliche, das Ständige, das Immerseiende, das *ontos on,* das in seiender Weise Seiende. Gemessen daran sei alles unter dem Himmel, von dem wir sagen, es ist, ein Nichtiges, ein Vergängliches, nicht nur die kurzlebigen Menschen, auch die ragenden Gebirge und wogenden Meere. All das Einzelne sei dem zehrenden Wandel der Zeit in die Zähne gehalten und der Vernichtung preisgegeben; es habe nur ein relatives Sein, weil es teilhabe an den ewigen Urbildern, weil es ein Aussehen, ein *eidos*, eine geprägte Gestalt an sich habe und ebenbildlich den Ideen gleiche. Die Teilhabe aber verschaffe dem Einzelnen, dem Sinnlich-Vernehmbaren nicht die Ständigkeit der Urbilder; die Teilhabe hebe den *chorismos*, die Trennung des Reichs des Unvergänglichen und des Reichs des Vergänglichen nicht auf. Was so dem Platon nachgesagt wird, hat mit seiner Philosophie nicht viel zu tun. Platon hat nicht das Seiende verdoppelt in einer Zwei-Welten-Theorie; er hat das Seiende auf das ihm einwohnende Sein hin befragt und dieses als *idea, eidos* begriffen, aber auch nicht in einer statischen, reglosen Zusammenstellung; sondern er begriff die innere Bewegtheit, welche die Ideen durchwaltet, als die *koinonia ton eidon*, die Sammlung aller Ideen in der *Idee* des *Agathon*. Es kann hier nicht einmal angedeutet werden, wie Platon damit das Problem der Einheit des Seins stellt. Jedenfalls die Nachrede, die Platon zum Erfinder der Zweiweltentheorie macht, ist schon alt. Sie bestimmt gerade in ihrer ungefähren Vagheit all das idealische Gefühl, das eine mächtige Realität des menschlichen Lebens darstellt, die Sehnsucht, das Heimweh, die innere Gewißheit der Unzerstörbarkeit des Lebens und dergleichen. Der irdischen Welt wird dann eine überirdische zugeordnet, in der alles Nichtige gelöscht, aller Schmerz geheilt ist und das reine Bleiben wohnt. Die Religion endlich bringt aus ihren Offenbarungen die Bestätigung dieses Sehnsuchtstraumes des menschlichen Herzens und Geistes. Aus diesem Zusammenfall von Religion und vulgarisierter Philosophie sieht Nietzsche den Grundzug der abendländischen Metaphysik entstehen, den er die Verleumdung der Erde nennt, die Verneinung des Sinnlichen, die Entwertung des Diesseits. Er bekämpft das als „Platonismus"; Platon ist ihm der Erfinder der Fabel von der Hinterwelt; ein Zeichen des absteigenden, sinkenden Lebens ist ihm diese Vorstellung, weil, wie er meint, der Mensch, der solche Hoffnungen nötig hat, sich nicht mehr mit der schrecklichen Realität, mit der schaurig-schönen Gorgo der Wirklichkeit einzulassen wagt. Ich nenne das nur, um das Klima des Problems, die unwägbaren Gefühlstöne, die sich mit ihm verschlingen, anzudeuten. Es geht um eine Entscheidung des Menschen, wenn das Verhältnis von Erscheinung und Ding an sich bedacht wird. Hegel allerdings läßt in der kühlen Strenge seiner Gedankenbewegung von dieser Lebensbedeutsamkeit wenig spüren. Aber Nietzsche ist noch ein Nachfahre Hegels in seinem Kampfe gegen die Verdoppelung der Welt.

Hegels Problemansatz bezieht sich, wie eher auffällt, auf Kant; er denkt hier gegen Kant; er glaubt, Kant zu Ende zu denken und so über ihn hinauszugehen und ihn zu vollenden. Wir haben bereits einmal von dem Parallelismus im Aufbau der „Phänomenologie des Geistes" und der „Kritik der reinen Vernuft" gesprochen. Das Kategorien-Problem führt Kant zur Unterscheidung der *phainomena* und *noumena*, d. h. zu der Unterscheidung von Erscheinung und Ding an sich. Die Erscheinung ist für Kant die in den reinen Anschauungen von Raum und Zeit vor-angeschaute und in den Kategorien in ihrer Gegenständlichkeit vorgedachte Dimension der Erfahrungserkenntnis, das Feld möglicher Erfahrung (im Sinne der Natur-Erkenntnis). Wie die Dinge an sich selbst sind, unabhängig von den Bedingungen, die wir mitbringen in unseren Anschauungs- und Denkformen, wissen wir nicht und können wir nicht wissen. Wir vernehmen das Seiende unter den Bedingungen eines endlichen Verstandes. Zwar können wir denken, daß das Seiende unabhängig von unseren Erkenntnisformen ist, daß es an sich ist, aber in seinem Ansichsein ist es uns unerkennbar. Das Denken vermag nichts über das unbekannte Ding an sich zu erkennen, es ist machtlos, ohnmächtig. Der Gedanke des „Dinges an sich" hat für uns den bestimmten Sinn, daß es eben das Seiende ist, wie es von einem un-endlichen Intellekt unmittelbar angeschaut wird. Der Unterscheidung von Erscheinung und Ding an sich korrespondiert also die von endlichem menschlichen Erkenntnisvermögen (intellectus ectypus) und dem göttlichen Erkennen, das im Anschauen hervorbringt (intellectus archetypus). Für Kant ist diese Grenzziehung von höchstem Gewicht; mit ihr weiß der Mensch seine Grenze. Anders bei Hegel: gerade das Durchbrechen dieser Grenzziehung Kants ist Hegels Anliegen; Kant bleibt im Endlichen befangen und bringt es nicht zu einer denkenden Erkenntnis des Unendlichen selbst. Für Hegel handelt es sich nicht darum, die Schranke niederzureißen, die den Menschen vom Gott trennt; er sieht vielmehr in der Auseinanderreißung des einheitlichen Wesens der Erkenntnis (in ein endliches und ein ihm entgegengesetztes unendliches) eine „Fixierung", die dem Angriff des Denkens nicht standhält, ebenso wie die fixierende Auseinanderhaltung von Erscheinung und Ding an sich. Um den Parallelismus noch vollends zu charakterisieren, kann man darauf verweisen, daß bei Kant das Problem der Kategorien bzw. ihrer inneren Einheit zur ursprünglichen Einheit der „transcendentalen Apperzeption" führt, d. h. auf das „*Ich denke,* [das] ... alle meine Vorstellungen [muß] begleiten *können*"[1], also zum Selbstbewußtsein; auch bei Hegel führt das Kategorienproblem zum Selbstbewußtsein, aber in radikal anderer Art. Erst mit der Aufhebung des Unterschiedes von Erscheinung und Ding-an-sich im Begriff des Unendlichen wird der Weg frei zu dem, was Hegel als Selbstbewußtsein versteht. Das soll in kurzen Zügen erläutert werden.

Zunächst fragen wir, wie Hegel die Erscheinung bestimmt. Sie ist die Äußerung der Kraft, das Feld ihres Aussichherausgegangenseins; in der Erscheinung kehrt das Seiende im Ganzen sich uns, d. h. dem Verstand zu. Es zeigt sich als Spiel der Kräfte, das – wie wir wissen – ein Gegenspiel ist; das darin Gesetzte hat je an seinem Widerpart die Aufhebung seines Seins; die Erscheinung ist der ruhelose Wandel, wie das Eins in das Viele und dieses in das Eins übergeht; sie verharrt nur als dieser ständige Wechsel, als ein Feld von Sein, das zugleich ein Verschwinden ist. Was die sinnliche Gewißheit und die Wahrnehmung als „seiend" vermeinten, zeigt sich hier im flüchtigen Wechselspiel der Kräfte als ein Flüchtiges ohne Bestand. Sofern aber die Erscheinung als die Darstellung, das Sichzeigen des Seienden genommen wird, muß ja hinter der ruhelosen Erscheinung eine wahre Welt stehen; und sofern das Erscheinende auch das Sinnliche ist, kann die wahre Welt nur eine übersinnliche sein. Übersinnlich bedeutet bei Hegel hier nicht, was dieser Titel sonst in der metaphysischen Tradition besagt, sondern er ist ja hervorgegangen aus der Erfahrung der Nichtigkeit des sinnlichen Seins, damals bei der Dialektik der sinnlichen Gewißheit. Übersinnlich ist die wahre Welt, weil sie sich nicht den Sinnen zeigt, sondern allein dem Denken des Verstandes aufschließt.

Der Verstand beginnt, das ist auch Hegels Ansatz, mit der Entgegenstellung von Erscheinung und wahrer Welt, und zwar so, daß die Erscheinung als der Bereich des Sinnlichen und des Flüchtig-Verschwindenden, die wahre Welt als der Bereich des bleibenden Seins genommen wird. Hegel nennt die zwei Reiche kurzweg Diesseits und Jenseits. Das Seiende streckt uns gleichsam seine diesseitige Seite zu und hält die jenseitige von uns abgekehrt. Indem es sich zeigt, verbirgt es sich

---

[1] Kritik der reinen Vernunft, Transz. Analytik 1. Buch, 2. Hauptstück, 2. Abschnitt, § 16 (B 132).

auch. Das Diesseits ist ein Feld von Gegebenheiten, wenn auch unständigen; das Jenseits aber bleibt uns leer. Das leere Jenseits ist sozusagen der erste Gedanke vom Ding an sich. Hegel scheint es, daß Kant bei dem ersten Gedanken stehengeblieben ist. Wird das Jenseits so gedacht, so bietet es keine Erkenntnisse; das Denken des Seins, das hinwegschritt über die sinnliche Gewißheit, das leibhaftige Seiende, und als Verstand den Gedanken der Kraft zum Grundriß des Seienden machte, hat dadurch, wie es sich zeigt, sich die Möglichkeit genommen, Seiendes zu erfassen; er erhascht nur immer das Schattenbild, die Erscheinung, die bloße unwesentliche Seite, die uns zugekehrt ist, und wird dabei noch von dem Gedanken geärgert, den er ja selber denkt, daß das Ding an sich für ihn unzugänglich bleibt. Mit der Vorstellung dieser Unzugänglichkeit aber denkt der Verstand doch das Leere. Dieses Leere ist nicht nichts. Es ist nicht ein wertloser Gedanke, mit dem man nichts anfangen kann. Das Leere ist das Nichts, gemessen am Bestimmten, am Endlichen. Die Leere ist der Anfang des Problems. Es könnte sein, daß, wenn wir diesen Gedanken des Leeren recht bedenken, er doch noch einen positiven Sinn gewinnen könnte. Hegel macht die tiefe Bemerkung, daß dieses Leere ebensogut die reine Finsternis, als auch das reine Licht sein könne; in beiden sieht der Mensch nichts, er ist dann wie ein Blinder inmitten eines Reichtums, der ausgebreitet ist, aber nicht für ihn. Diese Auffassung der wahren Welt als Leere aber ist nicht bloß ein Hinweis auf Kant. Wir müssen daran festhalten, daß dies die erste Form ist, wie das Innere der Dinge, die wahre Welt, gedacht wird. Als das Leere. Das ist ein negatives Resultat, – aber nur solange die Erkenntnis des Endlichen als das Positive gilt.

Hegel beginnt mit der dialektischen Erörterung des „Dings an sich", er verweist auf die Herkunft des Gedankens vom Leeren. Er entsprang uns dadurch, daß der Verstand das Seiende im Ganzen als Kraft denkt. Die Erscheinung ist die Äußerung der Kraft, also die Äußerung des Leeren; die wahre Welt liegt doch der Erscheinung zugrunde; was sich überhaupt zeigt und darstellt, kommt doch von dem unerkannten wahren Seienden her; die wahre Welt steht doch nicht nur hinter der erscheinenden, sie läßt sich in jene aus; äußert sich in ihr. Es ist die Kraft des Seins der wahren Welt, welche sich in der erscheinenden Welt darstellt. Die wahre Welt ist das Erscheinen-Lassende. Die Erscheinung steht nicht zwischen dem Verstand und dem Ding-an-sich als ein Mittleres. Wo immer so gedacht wird, sieht man gerade von dem tragenden Grundgedanken ab, der allererst den Unterschied ermöglicht hat, eben dem Gedanken der Kraft. Man denkt dann das Verhältnis „kraftlos", als ein einfaches Nebeneinandervorkommen, aber nicht als den Zusammenschluß der Kraft. Wenn wir also die Vorstellungen verabschieden, wonach die wahre Welt hinter der Erscheinung nur „steht" oder ihr „zugrundeliegt", und andererseits die Erscheinung vor jener steht und sie verdeckt wie ein Vorhang das verschleierte Bild zu Sais, wenn wir die Bezüge von der Grundkategorie des Verstandes, von der Kraft her denken, so müssen wir gerade als wahre Welt die setzen, die außer sich geht, die herauskommt, die sich äußert; sie selbst ist die „erscheinende" in dem verwegenen Wortsinne des In-die-Erscheinung-Hineingehens, sich darin Auslassende; sie ist nicht das Erschienene, aber sich ins Erscheinen Werfende.

Die Erscheinung andererseits ist die Vermittlung der wahren Welt für den Verstand. Sie bindet beide gerade zusammen. Sie trennt nicht, sie ist die Brücke. Der Verstand begreift die Erscheinung als Erscheinung, sofern er sich schon darüber hinaus weiß, also indem er sie als die Äußerung der wahren Welt ansieht. Und anders, er denkt das Ding an sich als das wahre Wesen der Erscheinung. Wir müssen uns von dem Mißverständnis fernhalten, als ob Hegel lediglich aus dem Bezug der Korrelativbegriffe heraus logisch argumentiere und etwa sage, wo eine Erscheinung ist, gehört als Gegenbegriff ein Ding an sich dazu; sie sind beide nur in diesem Bezug. Hegel operiert hier nicht mit logischen Folgerungen; er denkt eigentlich nur den Begriff der Kraft entschiedener, als es sonst geschieht. Die Kraft hat zu ihrer Strukturverfassung das Gegenspiel von Kräften, z. B. die tätige und die leidende Kraft; Kraft entfaltet sich in Gegensätzen, am Widerpart; so das Erwärmen am Kalten. In der Dimension ihrer Äußerung ist die Kraft immer gegensätzlich. Allgemein jetzt formuliert: das Seiende im Ganzen, sofern es das Reich der Erscheinung ist, ist durchwaltet von Gegensätzen; die einzelnen Erscheinungen wechseln im gegenseitigen Sichverdrängen, wie das Kalte dem Warmen weicht oder das Leidende dem Tätigen usf. Die Flüchtigkeit und Unständigkeit der Erscheinung muß, da sie vom Spiel der Kräfte her begriffen werden muß, ein Wechselspiel von Gegensätzen sein. Alles Erscheinende ist ein Unterschiedliches, sich vom Anderen unterscheidend, – und der Unterschied hat die scharfe Form des Gegensatzes. Was Hegel damit umschreibt, ist die Endlichkeit alles sich zeigenden Seienden.

Die Sphäre der Erscheinung ist das Reich des Unterschieds und des Gegensatzes. Aber es ist keine Sphäre eines turbulenten Wechsels, eines Chaos; es ist vielmehr ein Wechsel, in dem ein Gesetz wirkt. Das Gesetz ist nicht selbst in der sinnlichen Welt, aber es wirkt in ihr und hält sie in Banden. „Gesetz" ist ein Ausdruck Hegels, der leicht mißverständlich genommen werden könnte, vor allem weil Hegel keinen Unterschied hier macht zwischen empirischen Naturgesetzen und den reinen Seinsgesetzen der Kategorien; ja er exemplifiziert analogisch das kategoriale Gesetz sogar an bestimmten faktischen Naturgesetzen wie Elektrizität und Schwerkraft; das belastet den Gedankengang außerordentlich. Was aber für Hegel mit dem Gesetz offensichtlich im Blick steht und was aus dem ganzen Sachzusammenhang des hier entwickelten Kategorienproblems sich nahelegt, sind die Kategorien als die Gesetze, die das verschwindende Sein der Erscheinung durchwalten. Die übersinnliche Welt, d. h. die mit den Sinnen nicht vernehmbare, die nur dem Verstand denkbare, ist die Welt der Gesetze, die Welt der Kategorien, die Welt der Seinsstrukturen am erscheinenden Seienden. Hegel sagt also: „Die *übersinnliche* Welt ist hiemit ein *ruhiges Reich von Gesetzen,* zwar jenseits der wahrgenommenen Welt, denn diese stellt das Gesetz nur durch beständige Veränderung dar, aber in ihr eben so *gegenwärtig,* und ihr unmittelbares stilles Abbild". (115) Das Verhältnis, wie hier der Zusammenhang von Erscheinung und übersinnlicher Welt angesetzt wird, ist jetzt offenbar nicht ein einfaches Hintereinanderstehen, sondern als das Walten der unwandelbaren Gesetze im Wandelbaren und Flüchtigen der Erscheinung begriffen. Das Gesetz ist das beständige Bild der unsteten Erscheinung. Die wahre Welt des Dings an sich wird als die in den kategorialen Gesetzen sich ausdrückende Seinsstruktur zum Ansatz gebracht. Das Sein des Seienden ist das Ansich; es wird traditionell begriffen als Idee und Kategorie. Die Welt der Ideen steht der Welt der fliehenden Erscheinungen gegenüber, sie ist das Land der wandellosen Ruhe, das aber allen Wandel in der unterworfenen Sphäre regelt. Haben wir mit dieser zweiten Interpretation des Dings-an-sich eine endgültige Einsicht? Sie ist genau so unbefriedigend wie jene, welche die wahre Welt nur als das Leere anzusprechen vermochte. Wohl hat sie den Zusammenhang der beiden getrennten Reiche schon eigentlicher gedacht; eben als das Walten der Gesetze im Wandel. Indem Hegel diesen Ansatz noch schärfer bedenkt, bleibt er nicht bei dem „Chorismos" von Gesetz (d. h. Idee,

Kategorie) und dem einzelnen sinnlich Seienden stehen, er bringt ihn zur Aufhebung. Hegel nimmt damit ein Problem in Angriff, an dem Platon sich bis zum Ende versuchte.

*14. Erscheinung und Ding an sich. Das Gesetz der Erscheinungen.
Erscheinung und übersinnliche Welt. „Verkehrte Welt".
Spiel der Kraft. Das Unendliche. Das Leben*

Mit der denkerischen Prüfung des Unterschieds von Erscheinung und Ding-an-sich steht Hegel in der Auseinandersetzung mit Kant. Allerdings nicht im Sinne einer Kant-Kritik, welche ausdrücklich auf Kants Werk einginge, sondern als der Versuch, über Kant hinauszugehen. Hegel führt das Seinsproblem dort weiter, wo es nach Kant zu Ende war, wo es an der unaufhebbaren Grenze der menschlichen Endlichkeit angelangt schien und aus dieser Grenz-Situation zu einem illusionslosen, nüchternen Selbstverständnis des Menschen geführt hatte. Verfällt nun Hegel aufs neue dem metaphysischen Traum, dem unausrottbaren Hang des Menschengeschlechts, das Herz der Welt erkennen zu wollen, – setzt er sich unkritisch über die von Kant errichtete Grenzziehung hinweg? Es seien zwei verschiedene Grundhaltungen, hört man sagen, die nüchtern-besonnene und die enthusiastisch-spekulative, die in immer neuer Formabwandlung in der Geschichte der Philosophie aufträten als das Wechselspiel von Scharfsinn und Tiefsinn, von kritischer Wachheit und ahndungsvoller Begeisterung; das Denken stehe einmal näher den strengen Wissenschaften, dann der Dichtung und Religion. Mit dieser beliebten Hinz- und Kunz-Psychologie kann man ernsthaft den Gegensatz von Kant und Hegel nicht begreifen, – abgesehen davon, daß überhaupt im Philosophieren die Leidenschaft des Denkens nicht seine Klarheit trübt, die Ursprünglichkeit nicht seiner Strenge widerspricht. Hegels Gegensatz zu Kant liegt nicht im Allzu-Menschlichen ihres geistigen Temperaments, er liegt in der Sache. In unserem Fall: in einer grundsätzlich anderen Auffassung des Kategorienproblems. Für Kant sind die Kategorien reine Verstandesbegriffe. Das heißt: Begriffe, die der Verstand nicht aus der Erfahrung durch Abstraktion gewinnt, sondern solche, die ihm vor aller Erfahrung, also a priori, zugehören und nichts anderes sind als die Weisen, wie er verbindet, Verbindungen denkt. Die reinen Verbindungsformen des Verstandes bilden – für Kant – das Gefüge der Gegenstandsformen aller Gegenstände, in denen das Seiende sich uns zeigt, d. h. uns erscheint. Wie Kant dies begründet, lassen wir beiseite; wichtig ist jetzt nur, daß die Verstandesbegriffe, in denen die Gegenständlichkeit der Gegenstände gedacht wird, nur im Bezug auf die Erscheinung des Seienden von wahrhafter Bedeutung sind, sofern sie das apriorische Gesetz denken, unter dem alle Erscheinungen stehen. Die Kategorien sind also das apriorische Gesetz der Erscheinung. Kants Ontologie, die er in der Zwölfzahl der Kategorien entfaltet, bezieht sich auf das Seiende als Gegenstand der Erfahrung; d. h. sie bezieht sich prinzipiell auf das endlich-Seiende, sofern es einem endlichen Erkennen entgegensteht, ihm erscheint. In den Kategorien wird das Sein des erscheinenden Seienden gedacht und zwar aufgegliedert in den strukturalen Reichtum des Gegenstands-Gefüges. Nicht wird also das Sein an ihm selbst in den Blick gezwungen, sondern nur als das Sein des Seienden, und auch dieses nur als die Seinsverfassung des erscheinenden Seienden, d. i. des Gegenstandes.

Die radikale Gestalt der Seinsfrage bei Hegel ist charakterisiert durch das Hinausgehen über die genannte Begrenzung. Ihm geht es letzten Endes nicht um die Seinsstrukturen des gegenständlich erscheinenden Seienden, sondern um eine Ontologie, die das Sein ursprünglicher noch begreift, – die hinter die Erscheinung, hinter die Gegenständlichkeit, ja hinter die Endlichkeit des Seienden zurückgeht. Aber die radikalere Zielstellung Hegels wird von ihm nicht angestrebt mit einem Überspringen der Kantischen Problematik, sondern im Versuch, sie entschiedener weiterzudenken. Hegel setzt von vornherein das Kategorienproblem anders an: er denkt eine Ur-Kategorie, die Kraft. Wie er dazu kommt, haben wir gezeigt; mit dem Kraftbegriff hat Hegel das innere Prinzip der Kategorien gewonnen. Vom Kraftbegriff her wird die Zwei-seitigkeit des Seienden als Erscheinung und Ding-an-sich in seiner inneren Möglichkeit begreifbar; es ist das Wesen der Kraft, sich zu äußern, sich darzustellen, und es ist das eigentümliche Wesen des Seienden, „für sich" zu sein und in eins damit „für ein Anderes" zu sein. Indem der Verstand die Ur-Kategorie der Kraft denkt, denkt er den Grundriß des Seienden in der Zwiefalt von „Innerem" und „Äußerem".

Kant bleibt, nach Hegels Ansicht, bei der unbewegten Trennung stehen; das Ding an sich bleibt ein leeres Jenseits, das unbekannte „X", das der Erscheinung, für uns unerkennbar, zugrundeliegt. Dieser Ansatz Kants wird von Hegel nicht schlechthin verworfen, er wird im Gegenteil anerkannt, aber nur als die erste Form, wie der Verstand das Verhältnis von Erscheinung und Ding-an-sich, d. h. die Janus-Natur des Seienden denkt. Im Leeren wird die Negation aller endlichen Verhältnisse gedacht; die übersinnliche Welt ist somit nicht eine parallele Welt zur sinnlich erscheinenden, etwa auch eine Welt endlicher, aber unerkennbarer Dinge-an-sich. Aber die Leere ist ein unbestimmter, nicht zu Ende gedachter Gedanke. Die übersinnliche Welt liegt der Erscheinung zugrunde; aber dieses „Liegen" ist eine vage und unbewegte Vorstellung; die Erscheinung ist die Äußerung der Kraft des Seins; die übersinnliche Welt muß also begriffen werden als die Kraft, die in die Erscheinung hineinwirkt; damit kommt Hegel zu einem zweiten Begriff von übersinnlicher Welt: sie ist das Gesetz der Erscheinung. Der unaufhörliche Wechsel, in welchem die sinnlichen Dinge kommen und gehen, sich verdrängen und verdrängt werden, der ganze Fluß des Wandelbaren und in Gegensätze Aufgespaltenen wird durchherrscht von einem unwandelbaren Gesetz; die Seinsstrukturen des Seienden (die Ideen, Kategorien) sind der „ruhende Pol in der Erscheinungen Flucht", sind eine stille, wandellose Welt über dem brodelnden Gewoge, sind eine Welt des stehenden „Seins" über der vom Wechsel gejagten Welt des „Werdens". Hegel hat hier sicherlich bestimmte Gestalten der historischen Metaphysik im Auge, aber er entwickelt deren Grundposition auf eine rein systematische Weise.

Die eine Kraft, die dem in der Äußerung ausgebreiteten vielfältigen Seienden zugrundeliegt, hat ihr Abbild in dem einen Gesetz, das alles durchwaltet. Der Wechsel gehört jetzt nur den Erscheinungen an, das sie durchherrschende Gesetz ist wandellos und unbewegt. Der Unterschied von Erscheinung und übersinnlicher Welt ist jetzt gleichbedeutend mit dem von gegebenen Dingen und dem Dingsein, d. h. den Seinsstrukturen des Dinges, oder anders: von Empirischem und Apriorischem, von faktischem Sinnending und Idee. Aber auch diese zweite Form, den Unterschied von Erscheinung und übersinnlicher Welt zu denken, ist unzureichend. Wurde das verborgene Innere der Dinge zuerst als das Leere angesetzt, so war es gleichsam zu fern gemeint; andererseits wird es zu nah gemeint, wenn es als das kategoriale Gesetz in Anschlag kommt. Denn die reinen Seinsstrukturen dieses Gesetzes sind ja die Strukturen des erscheinenden Seienden. Sie gehören ja selbst noch der Dimension der Äußerung der Kraft an. Das Gesetz ist ein Inbegriff vielfältiger Strukturen (z. B. bei Kant in der Zwölfzahl der Kategorien).

Für Hegel kommt es nun entscheidend darauf an, einen radikaleren Begriff von der übersinnlichen Welt und ihrer Entgegensetzung zur Erscheinung zu gewinnen; in seinem Gedanken vereinen sich die zwei bisher genannten Formen: das Leere und das kategoriale Gesetz; er denkt diese beiden Ansätze weiter. Seine Problemstellung geht dabei aus wieder vom Grundgedanken der Kraft. Das kategoriale Gesetz ist auseinandergelegt in eine Vielheit von Bezügen, so z. B. von Eins und Vielem, oder als Substantialitätsverhältnis in Substanz und Akzidenz, als Kausalitätsverhältnis in Ursache und Wirkung usf. Das eine Gesetz ist aufgegliedert in eine Vielzahl von besonderen Gesetzen. Hegel macht hier das Beispiel, die elektrische Kraft ist jeweils positiv und negativ, das Gleichnamige stößt sich ab, das Ungleichnamige zieht sich an. Dieses Beispiel hat das Mißliche, daß es überhaupt kein echtes Beispiel ist für das kategoriale, d. i. apriorische Gesetz, sondern höchstens eine Analogie darstellt. In der Tat macht dies das Nachverständnis außerordentlich schwer, daß Hegel hier apriorische Verhältnisse durch empirische analogisch ausdrückt. Aber er gewinnt damit eine plastischere Ausdrucksmöglichkeit. Das empirische Verhältnis hat die Funktion eines Symbols oder einer Analogie. Für Hegel selbst ist die von uns gemachte Trennung zwischen dem rein kategorialen Gesetz und dem bloß faktischen Naturgesetz nicht so unbedingt sicher, und zwar deshalb, weil er in seiner spekulativen Naturphilosophie den Bereich der Wesensstrukturen außerordentlich und, wie es scheinen möchte, in einer gefährlichen Weise erweitert hatte. Aber das ist für unseren Gedankengang jetzt ohne Belang, wenn wir Hegels Beispiel mit der Einschränkung auf eine analogische Funktion verstehen.

An der Elektrizität, dieser besonderen empirischen Kraft, wollen wir analogisch das Wesen der Kraft überhaupt uns verdeutlichen. Sofern die Kraft sich äußert, tritt sie auseinander in die Gegenspannung entgegengesetzter Pole; sie gliedert sich auf in ein Strukturganzes von Gesetzen. Sie breitet sich aus, ergießt sich und bildet in sich das Gegenspiel von Kräften. Jede Kraft ist als geäußerte eine gedoppelte, polar in sich gespannte, eine in sich aus-einander-gegangene. Und doch ist es die eine Kraft, die Elektrizität, die sich in positive und negative spaltet, – ist es die eine Bewegung, die sich auseinanderlegt in Entfernung und Geschwindigkeit als in ihre beiden Komponenten. Wir können also unterscheiden die einfache Kraft und die in sich aufgegliederte Kraft, im analogen Beispiel: einfach die Elektrizität schlechthin und die je positive und negative Elektrizität. Dem Begriff nach ist die Kraft eine, dem Bestehen nach aber ist sie je eine polar gespannte, gedoppelte. In der Äußerung ist die einfache Kraft zwiefach. Es gehört zum Wesen der Kraft, daß sie sich in sich unterscheidet. Zunächst haben wir einerseits in der Äußerung die auseinandergetretene, unterschiedene Kraft, wo die Momente als Unterschiede gegeneinander bestehen (positive und negative Elektrizität) – und andererseits die in sich einige, eine, einfache Kraft. Wenn wir jetzt ausdrücklicher den Unterschied von Erscheinung und übersinnlicher Welt von der Kraft her zu denken versuchen, so mögen wir unterscheiden die im Leeren, d. h. Unerkennbaren verbleibende einfache Kraft des Seins und die in die Äußerung hinausgegangene, aufgegliederte Kraft, die den Unterschied an sich hat, d. h. das kategoriale Gesetz (das eine Fülle von Gegenspannungen zeigt wie Substanz-Accidenz, Ursache-Wirkung usw.). Wie steht beides zusammen? Wie hängt die Indifferenz der einfachen Kraft mit der Differenz der polar aufgegliederten, geäußerten Kraft zusammen?

Um das Problem weiter zu treiben, greift Hegel einen unscheinbar aussehenden Gedanken auf. Er verweist auf eine Weise des begreifenden Verhaltens, die dem Verstand eigentümlich ist: auf das „Erklären". Der Verstand versteht, indem er erklärt. Erklären ist, ganz allgemein gesagt, ein Zurückführen von Erscheinungen auf Gesetze. Verstehen, warum ein Stein fällt, ist die Einsicht in das Fallgesetz; verstehen, warum es blitzt, die Erkenntnis des Gesetzes der Elektrizität. Bei solchem Erklären bewegt sich der Verstand also: das einzelne Ereignis wird als Fall genommen für das Gesetz; im Gesetz ist das Allgemeine aller Fälle zusammengefaßt, die Regel, das Strukturganze der geäußerten Kraft, und diese selbst endlich wird auf die einfache Kraft zurückgeleitet. Etwa man sagt, das Ereignis des Blitzes entspricht dem polaren Gesetz der elektrischen Spannungen, und in diesem Spannungsgesetz drückt sich die einfache Elektrizität aus. Der verstehende, erklärende Verstand vollzieht dabei eine Ineinssetzung der einfachen und der aufgegliederten Kraft. Erklären ist Tautologie: Sagen des Selbigen. Die polar entfaltete Kraft ist dasselbe wie die einfache. Der Verstand identifiziert die Indifferenz und die Differenz der Kraft. Er sagt damit, die einfache und die geäußerte zwiefache Kraft ist dasselbe; er macht zwar ihren Unterschied, aber hebt diesen ebenso wieder auf. Was so der Verstand schon im gewöhnlichen und verständigen Tun, dem Erklären tut, soll er nunmehr grundsätzlich tun.

Die Unterscheidung von Erscheinung und übersinnlicher Welt ist der ontologische Grundgedanke des Verstandes; er macht diese Unterscheidung, weil er das Seiende als Kraft denkt; mit dem bloßen Auseinanderhalten der zwei Seiten am Seienden, der sich darstellenden und der abgekehrten aber ist der Seinsgedanke des Verstandes noch nicht eigentlich gedacht; es gilt das Verhältnis der beiden Seiten, das Verhältnis der übersinnlichen Welt zur Erscheinung eigens zu denken. Der Verstand muß zum ontologischen „Erklären" werden; er muß die übersinnliche Welt als den Grund der Erscheinung denken. Die übersinnliche Welt erscheint in der Erscheinung. Sie selbst ist es, die sich in der Erscheinung äußert. Das ontologische Erklären besteht auch in einer Tautologie: Erscheinung und übersinnliche Welt sind dasselbe. Sie fallen zusammen, – aber nicht in einem einfachen Einerlei. Der Verstand identifiziert jetzt vielmehr die Indifferenz und die Differenz der Kraft des Seins, die einfache und die polar aufgegliederte Seinskraft. Er sagt damit, daß der Unterschied von übersinnlicher Welt und Erscheinung zwar gemacht werden muß, aber ebenso wieder aufzuheben ist. Die übersinnliche Welt geht in die Erscheinung über – und sie ist als dieses Übergehen. Der Verstand denkt das Verhältnis der beiden Welten als Selbigkeit des Unterschiedenen, als Identität des Nichtidentischen. Und damit wird der Verstand „vernünftig". Es ist der erste Vernunftgedanke, der so aufblitzt. Der so zu Vernunft kommende Verstand aber rechnet es zunächst sich zu, daß er die einfache Kraft und die auseinandergetretene Kraft in eins faßt; er macht zwar noch den Unterschied, aber hebt den gemachten Unterschied wieder auf. Analog wie die einfache Elektrizität sich äußert im Gesetz der polaren Spannung, so die übersinnliche Welt im strukturalen Gefüge des kategorialen Gesetzes. Das Gesetz selbst zeigte sich im ersten Hinblick als das Wandellose; es ist ja das, was den Wandel durchherrscht, regelt: der Wechsel gehört, so sagt man sich wohl, den vielen Fällen an, welche unter das Gesetz fallen; im Wechsel der mannigfaltigen Fälle beharrt das Gesetz; im Wechsel der vielen faktischen elektrischen Ereignisse das polare Spannungsgesetz, – analog im Wechsel des vielfältig sich wandelnden sinnlichen Seienden die kategoriale Seinsverfassung desselben; das Gesetz hat, so gesehen, keinen Wechsel an sich, es stößt ihn von sich ab, er gehört nur dem Faktischen, den „Fällen" an. Aber das Gesetz ist doch ein Gefüge von mannigfaltigen Bezügen, von Unterschieden. Das elektrische Gesetz z. B. der Gegenbezug des Gleichnamigen und Ungleichnamigen; das damit analogisch gemeinte kategoriale Gesetz aber hat eine Reihe von Unterschieden (Substanz-Accidenz, Ursache-Wirkung usf.) an sich.

Indem nun der Verstand die struktural ausgegliederte Kraft, das Gesetz, und die einfache (unentfaltete) Kraft in eins denkt, bringt er das Moment des Wechsels selbst in die bislang als wandellos vermeinte Welt der Ideen und Kategorien. Das stille Reich des Gesetzes kommt in Bewegung; seine Unterschiede werden begriffen als hervorgegangen aus einem Unterscheiden, als Differenzierung der indifferenten Kraft. Damit erhebt sich über der übersinnlichen Welt des Gesetzes eine zweite übersinnliche Welt: jene, in der die Unterschiede des Gesetzes noch nicht sind, das Reich der einfachen Kraft, in welcher das Polar-Entzweite noch Eins ist, das Gegensätzliche noch beisammen und ihr Widerstreit noch nicht entfacht ist. Diese Position entspricht der Platonischen Spätphilosophie. Dort ist das Reich der Ideen, das ständige, allem Wandel entrückte, selbst wieder in Bewegung gekommen; die Ideen geraten in Fluß; die Auseinandergestelltheit, die Ordnung der Ideen, das ganze hierarchische Gefüge kommt in Bewegung, weil Platon auf das Eine hindenkt: auf das Sein selbst, auf das *agathon*. Die reinen, urbildlichen Seinsgestalten, die Ideen, werden begriffen von der Ausgestaltung des Seins her. Das ist der Sinn der spätplatonischen Dialektik.

Die zweite übersinnliche Welt, welche als die unentfaltete Kraft der entfalteten, d. h. dem kategorialen Gesetz zugrundeliegt, nennt Hegel die „verkehrte Welt". Was in der Welt des erscheinenden Seienden entfaltet ist, ist dort unentfaltet, was hier unterschieden, ist dort eins, was hier gegensätzlich, ist dort einig; das Verhältnis von Erscheinung und Ding-an-sich ist aus der vagen Unbestimmtheit eines bloßen Zugrundeliegens herausgearbeitet worden und als ein Verhältnis der Verkehrung begriffen worden; das bedeutet einen entschiedenen Fortschritt im ontologischen Gedanken. Das Jenseits ist das verkehrte Diesseits. Aber das bedeutet keinen willkürlichen Einfall, sondern ging aus dem Bedenken der Natur der Kraft hervor. Die Unterscheidung, welche Erscheinung und übersinnliche Welt auseinanderhält, ist nicht einfach vorhanden als ein Besitz des seinsverstehenden Bewußtseins; die Unterscheidung entspringt damit, daß wir das Seiende als Kraft denken, also als Etwas, das sich darstellt, sich äußert. Im Kraftbegriff gründet ontologisch die Scheidung von Diesseits und Jenseits — und deswegen muß sie in ihrem eigenen Sinn entwickelt werden im tieferen Bedenken des Wesens der Kraft; Kraft ist in sich die Verkehrung; die Äußerung, die polar in sich gegengespannte Kraft hat an der einfachen, in sich bleibenden, einigenden Kraft ihre Verkehrung. Hegel nennt es eine „oberflächliche Ansicht", die bei der bloßen Verkehrung stehenbleibt, das Jenseits als das verkehrte Diesseits denkt. Denn damit wird die Verkehrung nicht entschieden genug bedacht. Das Jenseits ist nicht das einfache inverse Spiegelbild des Diesseits, so daß, wie Hegel sich anschaulich und ironisch ausdrückt, nicht dort süß ist, was hier sauer, dort Freude, was hier Leid, nicht dort Unrecht, was hier Recht; das Jenseits ist nicht ein verdoppeltes, aber umgekehrtes Diesseits.

Der Gedanke der Verkehrung ist ernster zu nehmen. Die Verschiedenheit der beiden Welten muß als der „reine Wechsel" (120) begriffen werden. Was will Hegel mit diesem Begriff sagen? Die Kraft geht in der Äußerung aus sich heraus — und verläßt sich doch nicht; sie spaltet sich auf in das Gegenspiel von Kräften und ist doch eine; Kraft ist reines Sich-in-sich-Unterscheiden; sie entzweit sich, aber das Entzweite besteht nicht absolut für sich, sondern im Spielraum der Kraft. Das Jenseits der übersinnlichen Welt muß gedacht werden als das Eine, das sich in sich selber unterscheidet, sich entzweit und doch mit sich einig bleibt, das außer sich geht und doch sich nie verliert, das Unterschiede setzt und ebenso sie wieder aufhebt, — muß gedacht werden als das Sichselbstgleiche, das zugleich das sich Widersprechende ist, — als das Jenseits, das gerade im Diesseits erscheint. Das Jenseits ist zu denken als das Eine, das sich ins Viele ergießt, das Gleiche, das in Gegensätze ausströmt, das Selbige, das sich selber zersetzt, als das Gleichnamige, das sich von sich selber abstößt. Das hört sich verrückt an. In der Tat ist es ein verrückter Gedanke. Der Grundgedanke jener Verrücktheit, die man Philosophie nennt. Die übersinnliche Welt, d. h. das Seiende im Ganzen, gerade sofern es nicht das sich uns Zeigende, uns Erscheinende ist, liegt der Erscheinung zugrunde.

Das Zugrundeliegen ist das Problem. Ist es nur die Leere des Unbekannten und Unerkennbaren — oder können wir diese Leere bestimmter denken, wenn wir sie von dem aus zu denken versuchen, was allererst die Unterscheidung von Diesseits und Jenseits ermöglicht hat: von der Kraft her? Kraft ist in sich Bewegung. Das Seiende als Kraft verstehen, heißt es als in sich bewegt denken. Die Bewegung der Kraft ist die Kraftäußerung. Das Seiende – das ist Hegels entscheidender metaphysischer Ansatz – steht nicht, ruht nicht, hat nicht die Ständigkeit und Ruhe des Immer-sich-selbstgleichen, sondern es ist in sich Bewegung, ist das Spiel der Kraft. Die Bewegung durchdringt das Sein bis ins Innerste. Der Unterschied gehört deswegen zur Natur des Seins selbst; er ist nicht etwas, was irgendeinem Seienden äußerlich zukommt im Vergleich zu anderem; er ist in die innerste Tiefe des Seins eingesenkt; er ist innerer Unterschied; das Sein west im Unterscheiden, es hat die Negativität in sich. Weil Hegel das Sein als Spiel der Kraft und als Bewegung faßt, muß er das Nichts, die Negativität in das Sein selber einhausen. Das Seiende an sich, das Jenseits ist als Kraft verstanden, das Eine, das sich entzweit, aber die Entzweiung ist kein Auseinanderreißen desselben in zwei Teile, die für sich bestünden; die Einheit des Einen übergreift seine innere Entzweiung und hebt sie ebenso wieder auf. Hegel nennt das Eine, sich in sich selbst Entzweiende, das Unendliche. Das Jenseits ist seinem wahren philosophischen Begriff nach das Unendliche. Damit hat Hegel den spekulativen Grundbegriff auf einem langen Denkwege der dialektischen Prüfung entwickelt, in welchem er das Sein selbst denkt.

Das Unendliche? Diesen Begriff gebrauchen wir zunächst in einem ganz anderen Sinne. Wir hantieren damit als mit dem bekannten Gegensatz zum Endlichen. Das Endliche steht dann auf der einen, das Unendliche auf der anderen Seite. Das Unendliche hat für uns gewöhnlich eine bestimmte inhaltliche Bedeutung vor allem in der Theologie und in der Mathematik. Wir setzen das ens infinitum, den durch sich selbst seienden Gott, den geschaffenen, endlichen Dingen, dem ens finitum entgegen. Wir bestehen dann gerade auf der unaufhebbaren Verschiedenheit der beiden Weisen, zu sein. Das unendliche Sein Gottes ist durch einen Abgrund getrennt von allem endlichen Sein des Geschaffenen usw. Anders nehmen wir den Begriff des Unendlichen in der Mathematik, so wenn wir sagen: zwei Parallelen schneiden sich im Unendlichen, oder wenn wir von einer unendlichen Menge sprechen. Das Nicht-Enden von Prozessen der Teilung und Zusammensetzung, ihre unaufhörliche Fortsetzbarkeit usf. bezeichnen wir oft vag auch schon als das Unendliche. Mit all diesen Weisen, den Begriff des

Unendlichen zu gebrauchen, hat Hegels Terminus gar nichts zu tun. Er meint nicht die Unendlichkeit des christlichen Gottes und meint nicht das mathematisch Unendliche. Er meint einzig die Unendlichkeit des Seins. Diese nicht als eine Ausbreitung in unabsehbare Weiten und Endlosen der Welt. Sie ist vielmehr die Bewegung, als welche Sein geschieht: die Bewegung der „Seinskraft". Hegel denkt im Begriff des Unendlichen nicht den Gegensatz zum Endlichen, sondern die Entgegensetzung, die sich selbst wieder aufhebt; das Unendliche ist ihm gerade das, was sich verendlicht, was sich in Gegenteiliges entzweit und aus der Entzweiung wieder zurückholt. Das Endliche ist immer von anderem Endlichen begrenzt, hat am Anderen seine Grenze, aber alle Unterschiede des Endlichen sind im Grunde aufgehobene Unterschiede, sofern alles umgriffen ist von der Einheit des Seins, die alles trägt. Die Unterschiede in der Erscheinung sind im Grunde, d. h. in der inneren Tiefe des Ansichseins aufgehoben. Das gewöhnliche Denken des Menschen hält sich an die festen und festgelegten Unterschiede und bewahrt seine Verständigkeit, weil es am Fixen und Erstarrten gleichsam hin und her läuft; es bleibt in die Erscheinung gebannt und vermag nur das Seiende als endliches zu erfassen.

Das Unendliche, als die Bewegung der Einheit der übersinnlichen Welt und der Erscheinung, als die Bewegung des Sichäußerns und Sichentzweiens der einigen Kraft, nennt Hegel „... das einfache Wesen des Lebens, die Seele der Welt, das allgemeine Blut ..., welches allgegenwärtig durch keinen Unterschied getrübt noch unterbrochen wird, das vielmehr selbst alle Unterschiede ist, so wie ihr Aufgehobensein, also in sich pulsiert, ohne sich zu bewegen, in sich erzittert, ohne unruhig zu sein". (125) Hegel kommt damit hart an die Grenze des Sagbaren. Das Sein wird als Leben begriffen. Das ist im Grunde eine ontologische Metapher, aber eine, die sich aus ursprünglichen Gründen nahelegt. „Leben" ist zunächst einmal die Seinsweise, die wir nur bestimmten Seienden zusprechen, eben den Pflanzen, den Tieren, den Menschen und Göttern; so ist „Leben" eingeschränkt auf einen Bereich von Seiendem, eben das im weitesten Sinne Organische; Leben ist offenbar ein begrenzterer Begriff als „Sein"; Sein kommt (auch) solchen Dingen zu, von denen wir nicht sagen können, daß sie leben, z. B. der bloß-stofflichen Materie. Wenn Hegel das Sein als Leben begreift, so heißt das nicht, daß er allen Dingen, auch den leblosen, ein Leben zuspräche; vielmehr meint jetzt der Ausdruck Leben nicht die spezifische Seinsweise eines Seinsgebietes, sondern analogisch ein Walten des Seins. Das Sein waltet, lebt, indem es sich entzweit, indem es als das Un-Endliche sich zum Endlichen entäußert, „sich von sich selbst abstößt" (124), wie Hegel bildstark sagt, sich in die Vielheit des mannigfach entgegengesetzten Seienden aufsplittert und dennoch sich dabei als umgreifende Einheit nicht verliert. Das Sein differenziert sich in die Vielfalt des Seienden und stellt aus der zerstückelten Mannigfalt seine Indifferenz wieder her. Das Sein ist das Einige, das sich entzweit und aus der Entzweiung in sich zurückkehrt; es ist durchwaltet von der *philia* und zugleich auch vom *neikos*, von Liebe und Streit.[1] Erst mit dem Begriff des Unendlichen und des Lebens gewinnt Hegel die wesentliche Einsicht in die Natur des problematischen Verhältnisses von übersinnlicher Welt und Erscheinung. Die Erscheinung ist die Verendlichung des Unendlichen – aber gerade deshalb ist sie auch immer aufgehoben; sie setzt Unterschiede, die im Grunde keine sind. Indem nun das Bewußtsein das Unendliche zum Gegenstand hat, d. h. indem es das Unendliche als die wahre übersinnliche Welt denkt, denkt es die Aufhebung aller endlichen Unterschiede.

Und nun kommt die überraschende Wendung Hegels. Das Bewußtsein ist in seinem gewöhnlichen Begreifen des Seienden geleitet von der Auffassung, daß das von ihm gewußte Seiende ein ihm Fremdes ist. Es nennt dieses Fremde den Gegenstand. Er ist das Andere, was dem Bewußtsein von außen entgegensteht. Der Bezug des Bewußtseins zu seinem Gewußten endet auf der Seite des Gegenstandes und auch auf der Seite des Bewußtseins; das Subjekt ist dem Objekt entgegengesetzt, Subjekt und Objekt begrenzen einander; sie sind zwei Enden, zwei Endlichkeiten, die sich voneinander unterscheiden. Aber wenn alle Unterschiede im Grunde solche sind, die zugleich keine sind, die also aufgehoben sind, – wenn alle Endlichkeiten in der Bewegung des Unendlichen vergehen und darin nur verschwindende Momente sind, dann ist auch der Unterschied von Subjekt und Objekt ein Unterschied, der zum Verschwinden gebracht werden muß. Das Verschwinden dieses Unterschieds von Subjekt und Objekt ereignet sich als das „Selbstbewußtsein". Das Überraschende an dieser Wendung Hegels ist wieder, wie früher schon bei der Erörterung der Kraft, daß die Ontologie des Seienden auf den Bezugsraum von Bewußtsein und Ge-

---

[1] Oppositionsbegriffe bei Empedokles (vgl. Frgm. B 16 und öfter; Diels-Kranz I, 314 f.).

genstand übergreift. Der Gedanke des Unendlichen wird zum Motiv der Aufhebung der Entgegensetzung von Subjekt und Objekt.

Wie dies im Genaueren zugeht, werden wir noch kurz erörtern. Wir verlassen aber dann die eng an den Text angeschlossene laufende Kommentation und gehen zu einer freieren Darstellung über und wollen versuchen, die wesentlichen Grundbegriffe Hegels zur Sicht zu bringen, um daran das Problem einer Auseinandersetzung mit Hegel zu exponieren. Bislang haben wir einen durchgehenden straffen Gedankengang verfolgt: die ontologische Interpretation des Seins am Gegenstand, welcher uns zuerst das Dieses, dann das Ding der Eigenschaften, dann das Verhältnis von Erscheinung und übersinnlicher Welt war. Am Ende dieses Weges verschwindet der Gegenstand überhaupt; die Seinsfrage kommt in eine andere Bahn, in die Bahn des „Selbstbewußtseins": Ist dies der Weg ins Freie – oder ist dies der Brunnen, in den Hegel, wie Thales einst, abstürzt?

C. SELBSTBEWUSSTSEIN

d) Die Wahrheit der Gewißheit seiner selbst

15. Übergang vom „Bewußtsein" zum „Selbstbewußtsein".
Bestimmung des Selbstbewußtseins.
Die Wahrheit der Gewißheit seiner selbst

Wir stehen vor der Aufgabe, Hegels Übergang zum Selbstbewußtsein nachzuverstehen. Diese Aufgabe ist nicht leicht. Es geht hier um eine Grundentscheidung der Hegelschen Philosophie. Aber der Charakter und die Tragweite dieser Entscheidung sind keineswegs offenbar und liegen nicht klar zu Tage. Im Gegenteil. Es bleibt in einer merkwürdigen Verhülltheit, daß der Denker über den Rubikon geht. Es sieht so aus, als handle es sich nur um eine weitere Entfaltung der bereits in Gang gesetzten Fragen, um eine neue Stufe des bisherigen Problems. Hegel hat mit dem Begriff des Unendlichen den Gegenstand zu Ende gedacht. Das gegenständlich begegnende Seiende hatte in der Prüfung der es tragenden Seinsgedanken seine Eigenständigkeit verloren, seine Begrenztheit und feste Endlichkeit eingebüßt. Auf dem

Wege dieses wahrhaft vernichtenden Denkens ist uns nicht nur der Sinnengegenstand hinfällig geworden, ist nicht nur das Farbige, Harte, die feste Erde und das Lichtmeer des Himmels nichtig geworden, sondern auch der gedanklich bestimmte, im Denken ausgelegte Gegenstand, das Ding hat sich aufgelöst im Wirbel von Widersprüchen: das Endliche überhaupt wurde erkannt als durchsetzt mit dem „inneren Unterschied", wurde genommen als die sich selbst aufhebende Verendlichung des Unendlichen. Die Dialektik hat den Gegenstand vernichtet – und das Unendliche in Sicht gebracht. Im dialektischen Denken hat das natürliche Leben seinen Boden verloren; die Erfahrung, die es gemacht hat, ist negativ; nicht allein die Nichtigkeit von bestimmtem Seienden hatte es dabei erfahren, sondern die Negativität überhaupt; die Hinfälligkeit aller endlichen Dinge, ihr Durchsetztsein vom Nichts; das Nichts selber wurde dabei als eine dem Sein einwohnende Macht begriffen.

Die negative Erfahrung des bisherigen Denkweges wird nun von Hegel positiv interpretiert: gerade indem das natürliche Leben den Gegenstand verliert, gewinnt es seine Freiheit; es stößt die Fesselung ab an das vorhandene Seiende; es war bislang daran gehalten, daran gebunden, darauf angewiesen; es hatte am Gegenstand, im Umgang mit ihm sein Leben; es war in allem gegenstandsbezogen. Das Verschwinden des Gegenstandes gibt dem sonst daran gefesselten Leben die Freiheit, verwandelt es in das „Selbstbewußtsein". Was hat es aber mit diesem Verschwinden des Gegenstandes auf sich? Ist er denn wirklich weg? Hat das Denken ihn beseitigt? Läßt sich die wirkliche Welt, lassen sich die handgreiflichen Dinge weg-denken? Was ist das für ein Wegdenken? Offenbar nicht jenes der bloßen Einbildung der Gedankenphantasie. So gut wir uns einen Traum ausmalen, ein Wunschbild erdenken, ebenso gut können wir uns vorhandenes Elend wegdenken; aber das nützt uns nichts; das Denken ist so ohne jede Kraft. An der unerbittlichen Wirklichkeit wird nichts geändert. Das dialektische Denken ist von einem bloßen Wegwünschen der wirklichen Welt weit entfernt; es wird nicht ein Gedankentraum gegen die Realität, nicht ein philosophisches Wunschbild gegen die harte Wirklichkeit gesetzt. Die Dialektik kann nicht und will auch nicht die vorhandene Welt, die wirklichen Dinge beseitigen; auch „nach" dem Durchlaufen der ontologischen Prüfung vernehmen unsere Sinne den farbigen Schein der Welt, begegnen uns Dinge mit Eigenschaften usf.; es ist alles wie vorher, dem tatsächlichen Bestand nach, – und doch alles auch ganz anders als vorher. Vorher galt uns das sinnliche Dieses, das Ding, als das „Seiende"; unser Seinsbegriff war unentwickelt und unentfaltet und ungeprüft. Die Dialektik ist einzig die Frage nach dem Sein. Sie ist das Denken, welches das Sein sucht, – das getrieben ist von der Ahnung, von dem „Anruf" des Seins, und es nicht schon in dem anerkennt, was sich uns zunächst bietet. Die Dialektik macht nicht die Welt der Dinge zunichte, sie macht den Seinsanspruch derselben zunichte. Das in den mannigfachen Formen des Gegensatzes begegnende Seiende ist für das seinsuchende Denken noch nicht das Sein selbst. Es muß über diese Formen hinaus, es muß den Bereich des Gegenstandes übersteigen.

Hegel übersteigt den Gegenstand in die Richtung auf das Selbstbewußtsein. Er nennt diesen Überstieg selbst einen Wendungspunkt. Der Sinn dieser Wende ist uns Problem. In welche Bahn kommt nunmehr die Seinsfrage? Um hier die rechte Antwort zu finden, müssen wir zuvor uns klarmachen, was Hegel unter „Selbstbewußtsein" versteht. Ist es denn so, daß nunmehr ein Übergang in einen anderen Bereich vollzogen wird? Etwa vom Bereich des Gegenstandes als der Außenwelt nun zum Selbstbewußtsein als der Innenwelt? Vom Ding auf den Menschen? Es ist einseitig und nur mit Einschränkung richtig, daß Hegel die Bahn seiner bisherigen Ontologie verläßt, welche die Seinsfrage exponiert hatte am Sein des Gegenstandes; diese Bahn wird nun im Ganzen fragwürdig. Sie wird dabei nicht preisgegeben und einfach beiseitegeschoben; Hegel geht nicht nur zu einem Anderen über, – sondern er gewinnt dieses Andere gerade in einer Interpretation der bisherigen Bahn. Das Verhalten des Bewußtseins, dem das Wahre ein Fremdes war, eben der Gegenstand, dieses Verhalten wird nun selber vom Selbstbewußtsein aus durchsichtig. Mit anderen Worten: das gegenstandsbezogene, an den Gegenstand gefesselte Bewußtsein ist selber eine sich nicht kennende Gestalt des Selbstbewußtseins. Mit dem Übergang zum Selbstbewußtsein interpretiert Hegel also erst eigentlich den bisherigen Weg seines Denkens. Die Bahn wird nicht verlassen, sie wird überhöht, sie wird in einer neuen überhöhten Weise wiederholt. Das ist der grundsätzliche Aspekt. Hegel gibt nicht die Ontologie des Dinges auf zugunsten einer Ontologie des Selbst; er zeigt vielmehr, daß beides dasselbe ist.

Wiederholen wir noch einmal kurz, wie Hegel den Übergang vollzieht. Der Grundriß des Gegenstandes hatte sich zuletzt in das Verhältnis des Inneren der Dinge zur Erscheinung auseinandergelegt. Das Innere ergab sich dabei als das Walten der Kraft, welche sich in die Erscheinung ergießt und sich dort ausbreitet; die Kraft des Seins hat den inneren Widerspruch in sich, sie ist das Sichselbstentzweiende und aus der Entzweiung wieder Sichherstellende, sie bildet Unterschiede und hebt sie wieder auf; als diese Bewegung des Bildens und Aufhebens von Unterschieden ist sie Leben, und zwar unendliches Leben. Das Innere der Dinge, das Herz der Welt, wurde gedacht als das ruhelose Spiel, welches das Sein selber spielt im Setzen der endlichen Dinge und in ihrer Aufhebung, im Bauen und Zerstören, im Seinlassen und Vernichten. Vom Ding aus, in der schrittweisen dialektischen Durchdenkung seiner Seinsverfassung war Hegel zum Begriff des Unendlichen gelangt. Das Ding aber ist das Andere, das dem Bewußtsein gegenübersteht; Subjekt und Objekt begrenzen einander und sind im Bezug auf einander jeweils endlich; sie sind unterschieden, und der Unterschied der beiden Seiten ist als Unterschied zwischen zwei Endlichkeiten selbst ein endlicher Unterschied. Aber endliche Unterschiede sind insgesamt solche, die „im Grunde", d. h. in der Seinstiefe des Unendlichen aufgehoben sind. Das in der Blickbahn der ontologischen Frage nach dem Gegenstand aufleuchtende Unendliche zwingt zur Aufhebung des Gegenstandes, weil er selbst ein gesetztes Endliches ist. Der Gegenstand hat sich selbst aufgehoben dadurch, daß er in sich zurückging, in sich reflektierte, hinter seiner Begrenztheit das begrenzende unendliche Sein selbst als sein „Inneres" aufdeckte. Der so zu Grunde gehende Gegenstand zeigt nun die selbe Struktur wie das Selbstbewußtsein. Sie fallen zusammen.

Hegels Gedankenführung ist an dieser Stelle besonders schwer, weil sie verhüllt ist in einer anscheinenden Leichtverständlichkeit. Man könnte meinen, er mache Gebrauch von einer plausiblen Argumentation. Etwa derart: der Gegenstand ist zum Unendlichen geworden; damit sind alle Unterschiede im Grunde aufgehoben und nichtig; also auch der Unterschied zwischen Gegenstand und Wissen, zwischen Objekt und Subjekt. Es sieht dann so aus, als handle es sich um die Anwendung einer allgemeinen Regel auf einen besonderen Fall. Bei dieser Betrachtung aber kommt das Entscheidende des Hegelschen Gedankens gar nicht heraus. Im Denken der Unendlichkeit schon geschieht der Übergang zum Selbstbewußtsein, genauer: geschieht die Geburt des Selbstbewußtseins: erkennt sich das Ich im Ding, das Subjekt im

Objekt. Das Bewußtsein wird dabei im eigentlichen Sinne für sich, es findet sich selber im Ding, findet seine eigene Unendlichkeit in der Unendlichkeit, in welche ihm der Gegenstand verging. Das bedarf einer näheren Erläuterung.

Selbstbewußtsein – dieser Titel wird von Hegel in einem ganz eigenartigen Sinne verstanden, der zunächst dem üblichen Wortgebrauch sehr entgegensteht. Unser übliches Umgehen mit diesem Ausdruck meint den natürlichen Habitus der Mitwisserschaft um das eigene Leben. Wir leben nicht nur so in den Tag hinein, nur offen dem unmittelbaren Zudrang der Dinge, wir leben nicht wie das Vieh auf der Weide, benommen, wir wissen um unser Leben, wir verhalten uns zu ihm, halten uns auf in der Helle eines Selbstverständnisses, wissen um unsere Herkunft aus einer Vergangenheit und wissen um unsere Zukunft; wir schauen sozusagen selber zu im Tun unseres Lebens, sind unsere eigenen Zeugen und Mitwisser; und aus dieser Mitwisserschaft werden wir nicht entlassen, auch wenn wir sie loswerden wollen, wenn wir Betäubung, Zerstreuung suchen. Die Mitwisserschaft des Menschen mit seinem eigenen Lebensvollzug braucht nicht den Charakter der ausdrücklichen Selbstbekümmerung zu haben, der Sorge um das Heil der Seele, oder in wieder anderer Form, der theoretischen Neugier an sich selbst, braucht nicht psychologische Selbstzerfaserung oder eitle Selbstbespiegelung zu sein; zumeist ist die Mitwisserschaft ganz unausdrücklich. Wenn sie ausdrücklich wird, nennen wir sie Reflexion; wir sagen, wir verlassen den Duktus des gewöhnlichen Daseins, wir beschäftigen uns mit uns selbst; wir aktualisieren das Selbstbewußtsein. Wir werden als Ich für uns je eigens abgehoben. Wir begegnen uns. Dabei verstehen wir zwar, daß es dasselbe Ich ist, das zuvor unausdrücklich und nun ausdrücklich gewußt wird. Wir wissen, daß nicht die Reflexion das Ich erst entdeckt; es ist mitgewußt vor aller thematischen Zuwendung zu ihm; es ist eine Urvoraussetzung jedes Wissens; – auch das ganz an den Gegenstand hingegebene Wissen geht vom Ich aus auf den Gegenstand zu; es ist so immer schon der Blickstrahl des Ich, der an den Gegenständen haftet. Das Selbstbewußtsein, im üblichen Wortverstande, ist in allem Wissen schon da, ist eine Voraussetzung für alles gegenständliche Wissen. Nie ist das Wissen vom Gegenstand sozusagen zuerst da und dann durch eine Umdrehung oder Zurückbeugung das Sichselbstwissen des Ich; vielmehr geht das Sichselbstwissen des Ich in alle gegenstandsbezogenen Wissensbezüge ein, begleitet alles Verhalten zu Dingen. Das Selbstbewußtsein ist so überhaupt eine Bedingung für das Begegnen der Gegenstände. Gegenstände können nur einem Ich entgegenstehen, können einem Sichselbst-Wissenden als das Fremde erscheinen.

Das Selbstbewußtsein ist also eine ganz elementare Urgegebenheit, die zu jedem Wissen schon gehört. Selbst die schlichte sinnliche Gewißheit kennt schon die Mitwisserschaft des Ich mit sich selbst; und Hegel hat bereits bei der Interpretation der sinnlichen Gewißheit diese Struktur abgehoben, als er sagte: ich Dieser weiß Dieses. Also ist das Selbstbewußtsein doch schon immer da; es ist die Gegenseite zum Gegenstand. Im Wissen setzt sich das Ich dem Gewußten gegenüber. Gegenständliches Wissen gibt es und kann es nur geben für ein Selbstbewußtsein. Kant hat in der Lehre von der „transcendentalen Apperzeption" das Sichselbstwissen des Ich als Bedingung der Möglichkeit für die Erkenntnis des gegenständlich begegnenden Seienden interpretiert und an diesen „höchsten Punkt"[1] – wie er sagt – seine ganze Transcendentalphilosophie angeknüpft.

Folgt nun Hegel den Spuren Kants, wenn er die Bahn der ontologischen Interpretation des Gegenstandes verläßt und zum Selbstbewußtsein übergeht? Nein. Denn Hegel hat einen grundsätzlich anderen Begriff von Selbstbewußtsein. Wir fassen thesenhaft zusammen. Hegels Begriff des Selbstbewußtseins meint nicht das immer schon gegebene Mitwissen des im Lebensvollzug stehenden Ichs mit sich selbst; er meint auch nicht die ausdrückliche Reflexion als den Akt, durch welchen sich das Ich zum Gegenstand wird; und endlich meint er auch nicht das Selbstbewußtsein im Sinne der „transcendentalen Apperzeption" Kants, er meint nicht das Ich-denke, das alle meine Vorstellungen muß begleiten können. Selbstbewußtsein ist so aufgefaßt: ein schon vorhandenes Selbstbewußtsein. Und in diesem gegebenen Selbstbewußtsein unterscheidet sich das Ich ja gerade jeweils von seinem Gegenstand, setzt sich ihm entgegen, stellt sich auf die Gegenseite, ist das Subjektive gegenüber dem Objektiven. Aber mit dem Übergang zum Selbstbewußtsein soll, wie wir eingangs hörten, doch gerade der Unterschied zwischen Subjekt und Objekt, zwischen Bewußtsein und Gegenstand verschwinden. Wäre denn ein solches Verschwinden nicht eher ein Erlöschen des Selbstbewußtseins, ein Untertauchen des Ich im Nebel

---

[1] Kritik der reinen Vernunft, Transz. Analytik, 1. Abt., 1. Buch, 2. Hauptstück, 2. Abschnitt, § 16 (Anm. zu B 133).

einer unbestimmten Einheit? Wenn das Ich sich als das Selbst weiß, unterscheidet es sich doch damit eigens vom Fremden des Gegenstandes. Hegels Terminus hat also einen anderen Sinn. „Selbstbewußt" ist ihm das Ich nicht, wenn es auf die übliche und vertraute Art bei sich ist; wenn es nur sich weiß, in der Entgegensetzung zum Fremden. Sondern wenn es so zu sich kommt, daß es sich im Fremden selber erkennt, d. h. wenn es sich aus einer Selbstentfremdung zurückholt oder wenigstens eine Selbstentfremdung durchschaut.

Hegels Begriff des Selbstbewußtseins ist auf den Gegenbegriff der Selbstentfremdung bezogen. Nicht das einfache und bloße Sich-zu-sich-Verhalten, sondern das Zu-sich-Kommen aus einem Außersichsein, das Sichzurückgewinnen aus einer Verlorenheit ist für Hegel das Wesen des Selbstbewußtseins. Dieser Gedanke wird zu einem zentralen Motiv, das seine ganze Philosophie durchzieht. Aber auch noch weit über Hegel hinaus hat es gewirkt. Für Feuerbach besteht das Wesen der Religion in einer Selbstverkennung des Menschen, in einer falschen Transcendenz: der Mensch setze sein eigentliches Wesen in das Bild des Gottes hinaus, um es anzubeten; der Gott sei nur der entäußerte Mensch; es gelte, die Entfremdung wieder aufzuheben und den Menschen selbst in dem zu erkennen, was er bisher als seinen Gott hinausprojiziert habe. „... so viel Wert der Mensch hat, so viel Wert und nicht mehr hat sein Gott. *Das Bewußtsein Gottes ist das Selbstbewußtsein des Menschens, die Erkenntnis Gottes, die Selbsterkenntnis des Menschen*".[1] Anders als Feuerbach wieder faßt Marx die Selbstentfremdung des Menschen: als seine Vergegenständlichung zur Ware im welthistorischen Prozeß der Bildung des Proletariats; und es gilt auch für ihn, den Menschen wieder zur Selbsterkenntnis seines Wesens zu bringen durch die Aufhebung der Entfremdung, in der er sich verloren hat. Und endlich bei Nietzsche gewinnt dieser Gedanke einen besonderen Rang, der über die billige Freigeisterei Feuerbachs weit hinausliegt. Der Mensch ist sich selbst entfremdet, sofern er sich verloren hat in die Unterwerfung den an sich seienden Werten gegenüber; die Werte begegnen ihm als ein Fremdes, das über ihn verhängt ist. Erst wenn er sich als den Schöpfer aller Werttafeln entdeckt, wenn er den verborgenen Lebensursprung der Wertschätzung in der „Optik des Lebens" enthüllt, erkennt er sich: „... alle die Schönheit und Erhabenheit, die

---

[1] L. Feuerbach, Das Wesen des Christentums, in: Sämtliche Werke, ed. W. Bolin/ F. Jodl, VI, 15 (Schreibung modernisiert. Kursivdruck im Original gesperrt.).

wir den Dingen und den Einbildungen geliehen [haben], [will ich] zurück ... fordern als Eigentum und Erzeugnis des Menschen und als schönsten Schmuck, schönste Apologie desselben ... Das ist seine größte ‚Selbstlosigkeit', wie er bewundert und anbetet, und nicht weiß und wissen will, daß er s c h u f , was er bewundert".[2] Nietzsche versuchte, das Selbstbewußtsein des Menschen im Übermenschen zu gewinnen. Der Übermensch ist der sich durchschauende Mensch, der zum Selbstbewußtsein seines sonst verborgenen Wesens kommt – und sich damit zurückholt aus einer Verlorenheit und Entfremdung. Das Hegelsche Motiv ist bei Feuerbach, Marx und Nietzsche in einem Verfallsmodus noch am Werk und bestimmt den heillosen Subjektivismus ihres Denkens. Aber gerade in der Vergröberung läßt sich die Struktur des Gedankenmotivs zunächst leichter fassen. Das Selbstbewußtsein ist nicht immer schon vorhanden, sondern es entsteht durch den Grundakt der Einsicht. Erst indem das Sicherkennen im Anderen und im Fremden statthat, bildet sich das Selbstbewußtsein.

Bei Hegel ist der Gedanke noch nicht, wie bei seinen Epigonen, zu einem anthropologischen Motiv geworden; es steht bei ihm noch in der lebendigen Grundfrage der Philosophie. Die am Ding und Gegenstand orientierte Ontologie wird zur Ontologie in der Bahn des Selbstbewußtseins; Hegel wiederholt auf einer erhöhten Problemstufe die Seinsfrage. Aber so wenig ihm vorher der Gegenstand schon das Sein war, so wenig jetzt das Selbstbewußtsein. Am Gegenstand wird mitgängig je schon Sein verstanden, anders am Dieses, anders am Ding, anders am Bezug von Erscheinung und übersinnlicher Welt, – und nun wieder in einer anderen, ganz anderen Weise am Selbstbewußtsein. Das müssen wir unbedingt festhalten, um nicht in den Fehler der meisten Hegelinterpretationen zu fallen, die in seinem Werk nichts anders sehen als eine dogmatische Metaphysik, die das Subjekt, den Geist, die Vernunft mit dem Sein gleichsetzt.

Wir kehren zu unserer Eingangsfrage zurück. Was versteht Hegel unter dem „Selbstbewußtsein"? Die negative Abgrenzung gegen die gebräuchliche Art, von Selbstbewußtsein zu reden, macht die Sache nur dunkler. Aus welcher Entfremdung soll sich das Bewußtsein zurückholen? Aus jener Grundhaltung, in der das Bewußtsein auf den frem-

---

[2] F. Nietzsche, Unveröffentlichtes aus der Zeit der Fröhlichen Wissenschaft, Aph. 352, in: WW XII (= II/4), Leipzig ³1919, 170 (Schreibung modernisiert).

den Gegenstand bezogen ist, an ihn gefesselt ist und sich als Selbst ihm nur gegenübersetzt. Das Am-Gegenstand-Hängen, die Hingegebenheit an das Fremde, die Verlorenheit an die Dinge soll sich erweisen als eine Entfremdung; die Grundhaltung also als eine Weise, wie das Bewußtsein bei dem Seinigen ist, ohne es zu kennen; es ist in der Fremde, die nicht durchschaut wird; das Wahre begegnet in der Gestalt des Anderen, des Gegenstandes; die Wahrheit ist nicht in ihrem „einheimischen Reich". Erst wenn der Gegenstand sich aufhebt mit dem Heraustreten des Unendlichen, erst wenn es sich in der dialektischen Prüfung zeigt, daß der Seinsgedanke des Gegenstandes in sich über sich hinaustreibt, – erst im Untergang des Gegenstandes kommt die Wahrheit in ihr „einheimisches Reich", wie Hegel sagt. Aber dieser Untergang des Gegenstandes ist zugleich auch der Untergang des gewöhnlichen Selbstbewußtseins; denn es war ja nichts anderes als die subjektive Gegenseite zu ihm. Zugespitzt kann man sagen: erst im Untergang dessen, was wir gewöhnlich als das Selbstbewußtsein ansprechen, kommt es zur Geburt des wahren Selbstbewußtseins. Der endliche Gegenstand und das endliche Selbstbewußtsein vergehen, wenn das Unendliche in der Bahn der Seinsfrage auftaucht. Der Zugang zu Hegels Exposition des Begriffs des Selbstbewußtseins ist so außerordentlich schwierig, weil er ihn zu „erleichtern" sucht, weil er uns gleichsam eine Brücke bauen will, uns ein Leitbild an die Hand gibt.

Dieses Leitbild ist aber das gewöhnliche Selbstbewußtsein. Damit wird der grundsätzliche Unterschied, den wir vorher herausgearbeitet haben, anfangs verdeckt. Die allgemeine Struktur des Selbstbewußtseins überhaupt charakterisiert Hegel so: „Ich *unterscheide mich von mir selbst, und es ist darin unmittelbar für mich, daß dies Unterschiedene nicht unterschieden ist*". (128) Das klingt ganz einleuchtend und einfach. Im Sichselbstwissen ist das Ich das Wissende und das Gewußte, es ist unterschieden, doch weiß es, daß das Wissende und das Gewußte zusammenfallen. Wenn das Ich sich zu sich selbst verhält, setzt es also einen Unterschied und hebt ihn zugleich damit wieder auf. Das Tun des Ich hat dabei die merkwürdige Verfassung, welche wir beim Unendlichen kennenlernten: Setzen und Aufheben von Unterschieden, ein Unterscheiden des Nichtzuunterscheidenden und das Preisgeben wieder der Unterschiede. Dieses merkwürdige Tun aber ist doch dem Ichbewußtsein nur eigentümlich, wenn es sich auf sich selbst bezieht.

Und es ist im Bezug zu den ichfremden Gegenständen doch anders, dort ist es Setzen von Unterschieden (Subjekt entgegen dem Objekt), welche es gewöhnlich nicht aufhebt. Hegel bricht also ein Moment des gewöhnlichen Selbstbewußtseins – das Sichaufsichselbstbeziehen – heraus und nimmt dieses Moment als die Leitvorstellung, die uns den Zugang zum un-endlichen Selbstbewußtsein „erleichtern" soll. Das hat seine großen Gefahren. Vor allem versagt das Leitbild an der entscheidenden Stelle. Wenn ich mich weiß und dabei mich von mir, den Wissenden vom Gewußten unterscheide, so hält sich diese Unterschiedenheit schon von vornherein in der Helle, welche beide als dasselbe zeigt. Der Unterschied ist hier nie bis zur Schärfe einer wirklichen Differenz gegangen und kann also auch nicht die Selbsterkenntnis in einem Anderen sein. Aber das ist doch gerade der entscheidende Grundzug, auf den alles ankommt; Selbstbewußtsein ist Sichfinden im Fremden, Sicherkennen im Andersartigen. Worauf Hegel hinauswill, ist die Selbsterkenntnis des Bewußtseins im Gegenstand. Dieser Gegensatz soll nicht nur aufgehoben werden und einfach verschwinden, er soll vielmehr zur „Identität" gebracht werden; das Bewußtsein soll sich finden im fremden Gegenstand, soll zu sich kommen im andersartigen Element der Gegenständlichkeit. Oder anders gewendet: es soll den Gegenstand als seine eigene Selbstentfremdung durchschauen, soll erkennen, wie es sich in ihm verloren hat.

Der Übergang vom Bewußtsein zum Selbstbewußtsein, dieser Schritt vom Ersten zum Zweiten Hauptabschnitt der „Phänomenologie des Geistes" ist kein Wandel der Thematik. Unter dem Titel „Selbstbewußtsein" geschieht die überholende Interpretation des Bewußtseins; es wird in seiner Gegenstandsbefangenheit durchsichtig, und die ihm angetane Fremdheit schwindet. Das besagt, das gegenstandsbenommene, an dessen Fremdheit glaubende und dieser Fremdheit sich hingebende Bewußtsein ist schon das Selbstbewußtsein, aber in einer Gestalt, wo es sein wahres Wesen noch nicht kennt, wo es sich selber fremd ist, wo es nicht weiß, daß es in den Gegenständen, die es trifft, sich selber begegnet. Der Gedanke, der Hegels Konzeption des Selbstbewußtseins anscheinend zugrundeliegt, mag als ein Grundmotiv der mystischen Spekulation uns vorkommen. Wir leben immer auf eine merkwürdige Weise in der Welt; das Seiende ist uns vertraut und unheimlich zugleich, bekannt und unbekannt in eins, es ist uns fremd, und doch sind wir in dieser Fremde der Welt seltsam heimisch; ist es nun nicht ein alter Gedanke des Menschengeschlechts, daß alles im Grunde eins ist, daß die Fremdheit und Getrenntheit zwischen dem Seienden nur nichtiger Schein ist, der uns den Blick in die gemeinsame Lebenstiefe verstellt? *Tat twam asi,* das bist Du, sagt Indiens uralte Weisheit von dem, was uns als das Fremde und Andere erscheint. Wir sind es selbst, was hinter dem Schleier von Sais steht. Aber Hegels Gedanke ist nicht ein bloßer Ausdruck einer mystischen Grundstimmung, in welcher die Fremdheit der Dinge in einem unbestimmten Alleinheitsgefühl verschwindet. Er sagt nicht dem Denken ab und wirft sich der tiefsinnigen Ahndung in die Arme. Und deswegen ist der Übergang zum Selbstbewußtsein denkend vollzogen.

Die Exposition des Selbstbewußtseins beginnt Hegel zunächst formal. Sie hat deshalb am Anfang wenig Befriedigendes; man sieht zunächst noch gar nicht so leicht die grundsätzliche Bedeutung seiner Charakteristik. Vor allem vermissen wir die Kennzeichnung des Unterschieds zwischen dem gewöhnlichen, endlichen und dem un-endlichen Selbstbewußtsein. Hegel geht aus vom Modell des endlichen Selbstbewußtseins. Hier fallen Wahrheit und Gewißheit zusammen. Was bedeutet diese Unterscheidung? Bei den früher betrachteten Weisen des Bewußtseins, bei der sinnlichen Gewißheit, bei der Wahrnehmung usw. war uns das Wahre, d. h. das eigentlich Seiende etwas anderes als das Wissen; das Problem der Prüfung war jeweils, ob die Wissensidee der Seinsidee entspreche; und wir sahen, daß dort eine Differenz aufklaffte, die anscheinend nicht zu schließen war; in der Inkongruenz von Seinsidee und Wissensidee hatte die Dialektik ihren inneren Motor, der über alle Formen endlicher Gegenständlichkeit hinaustrieb.

Einen solchen Zwiespalt kann es nun, wie es scheint, beim Selbstbewußtsein nicht mehr geben. Das Wahre in der Selbsterkenntnis ist ja auch das Selbe, das diese Erkenntnis vollzieht. Zwar gibt es den Unterschied: das erkennende und das erkannte Ich; weil sie aber dasselbe sind, müssen hier Wahrheit und Gewißheit zusammenfallen. Und so überschreibt Hegel das erste Kapitel im Abschnitt „Selbstbewußtsein": „Die Wahrheit der Gewißheit seiner selbst". Das Ich hat es nicht mehr mit Fremdem zu tun, es hat nur noch mit sich zu tun. Das liegt im reinen Wesen des Selbstbewußtseins. Diese Bestimmungen müssen wir grundsätzlich festhalten. Aber wir dürfen sie nicht so interpretieren, wie wir so obenhin geneigt sind. Es heißt gerade nicht, daß das Ich sich nur auf sich zurückzieht, daß es absieht von der ihm fremden Welt, daß es sich einschnürt auf seinen engen Bereich und nicht mehr darüber hinausdenkt. Hegel will nicht die Philosophie auf die Enge des bloß formellen Selbstbewußtseins gründen, sie im schmalen Bezirk der abgekapselten Subjektivität ansiedeln. Im Gegenteil. Wir müssen erst verstehen lernen, was dieses Ich überhaupt ist. Hat es vielleicht auch dann und gerade dann auch nur mit sich zu tun, wenn es die Gegenstände denkt und das Herz der Dinge? Gilt es am Ende, das welthaltige Ich zu begreifen, jenes, das die ganze Welt ist, das sich verloren hat und sich entfremdet ist in der Maske des fremden Gegenstandes? Mit anderen Worten: gilt es das unendliche Ich als das wahrhafte Selbstbewußtsein zu begreifen, – das gerade an seiner Seele Schaden leidet, wenn es nicht die ganze Welt gewinnt? In der Tat. Hegel meint nicht das Einfältige, daß in der bloßen subjektiven Reflexion Wahrheit und Gewißheit zusammenfallen. Das, was die Wahrheit des ichfremden Seienden war, muß als Moment des unendlichen Selbstbewußtseins, als seine Gewißheit zum Vorschein kommen. Das Selbstbewußtsein muß sich durchsichtig werden als das Ganze aller Dinge. Daß dies keine Subjektivierung des Weltalls bedeutet, nicht seine Zusammenziehung auf die punktuelle Existenz im vereinzelten Ich, mag uns zuerst nicht eingehen. Das Ich hat es nur noch mit sich zu tun. Ist es damit nicht auf sich eingeschränkt? Aber Hegels Aussage zielt nicht auf das Ich, welches sich den Dingen und Gegenständen entgegensetzt und sich von ihnen absondert, sich gegen sie öffnet oder verschließt. Das Selbstbewußtsein ist diejenige Gewißheit, wo das Ich sich im Ding selber findet und dort aufdeckt. Die Dialektik des gegenständlichen Bewußtseins hat, von der sinnlichen Gewißheit angefangen, zu einer immer innigeren Verschlingung des Subjektiven und Objektiven geführt und ihren Höhepunkt erreicht dort, wo auf dem innersten Grunde des Dinges uns das Unendliche entgegentrat. Im Denken des Unendlichen verschwand der Gegensatz von Subjekt und Objekt als endlicher Glieder der endlichen Erkenntnisbeziehung; das Selbstbewußtsein entstand. Aber dies war nur der Anfang. Das Selbstbewußtsein hat den langen Weg vor sich, noch sich zu bewähren als die Wahrheit der Dinge; es muß sich in ihnen selbst aufdecken und darstellen; jetzt ist erst die Möglichkeit eines solchen Weges eröffnet. Davon sagt Hegel: „Das Bewußtsein hat erst in dem Selbstbewußtsein, als dem Begriffe des Geistes, seinen Wendungspunkt, auf dem es aus dem farbigen Scheine des sinnlichen Diesseits und aus der leeren Nacht des übersinnlichen Jenseits in den geistigen Tag der Gegenwart einschreitet" (140).

α) *Selbständigkeit und Unselbständigkeit des Selbstbewußtseins; Herrschaft und Knechtschaft; Freiheit des Selbstbewußtseins; Stoizismus, Skeptizismus*

16. *Die Momente des Selbstbewußtseins: Begierde – Leben. Das Selbstbewußtsein für ein anderes Selbstbewußtsein: Anerkennung – Kampf – Herrschaft/Knechtschaft – Freiheit. Stoizismus, Skeptizismus*

Hegels Lehre vom Selbstbewußtsein hat im Ganzen der „Phänomenologie des Geistes" nicht allein die entscheidende Bedeutung des Übergangs von der ontologischen Interpretation des Gegenstandes in die Fragebahn des Subjekts, sondern der eigentlichen Eröffnung des Grundgeschehens: sie bringt zuletzt den Hervorgang des Geistes, sein Erscheinen. Sie kann daher nicht genug mit starken Akzenten versehen werden. Die wesentlichen Grundmotive Hegels drängen sich hier in einer unerhörten Wucht vor. Wer überhaupt nur die Fähigkeit sich bewahrt hat, auch die Dramatik von Gedanken zu empfinden, kann nicht ohne tiefe Erschütterung diese Seiten lesen. Gewiß sind sie keine leichte Lektüre; aber was uns zuerst auffällt, ist eine eigenartige Veränderung der Sprache Hegels. Sie greift zu Bildern und Metaphern, mehr als sonst. Sie gibt zwar die abstrakte Begriffssprache nicht auf, aber sie holt aus zu Gleichnissen, die fast ein Eigenleben gewinnen; es ist, als ob die gedankliche Spannung nicht mehr im Begriff zur restlosen Aussage kommen könnte. Hegel, der es als seine geistige Aufgabe betrachtete, im Gegenzug gegen eine romantische Gefühlsphilosophie die Philosophie wieder dem Begriff zu vindizieren, kommt vom Abschnitt „Selbstbewußtsein" ab in eine Sprachatmosphäre gesteigerter geistiger Erregtheit, wo hinter den schwierigsten Gedankenwendungen Ur-Erlebnisse wetterleuchten. Hegel ist hier in der Hinwendung begriffen zur Aussage seiner Grunderfahrung vom Sein. Es ist seit je der Philosophie eigentümlich, ihre letzten Aussagen in der Sprache des Mythos, des Gleichnisses, des dichterischen Wortes zu versuchen. Mit der Erörterung des „Selbstbewußtseins" setzt bei Hegel jene innige

Durchdringung des abstrakten Gedankens mit dem bildstarken Gleichnis ein, das den eigentümlichen Zauber dieses Werkes ausmacht. Das ist zunächst nur eine Feststellung. Liegt der Grund dafür am Ende darin, daß Hegel mit der Explikation des Selbstbewußtseins in den einheimischen Bereich des existierenden Daseins eintritt? Daß er das Feld der menschlichen Freiheit in den Blick nimmt? Diese Frage läßt sich nicht eindeutig bejahen. Hegel geht nicht einfach von den Dingen draußen nun zum Menschen selbst über; er wechselt nicht die Thematik; die Ontologie des Dinges hat in sich selbst zu der Gestalt der Seinsfrage geführt, die am Selbstbewußtsein einsetzt.

Wir sind dabei, den Hegelschen Begriff des Selbstbewußtseins zu charakterisieren. Hegel gibt zunächst einen Vorbegriff. Diesem entnehmen wir ein Dreifaches: 1. das Selbstbewußtsein ist seiner formalen Struktur nach die Einheit des unterschiedenen Ich und Mich; ich weiß mich selbst; im Selbstwissen bin ich mir Gegenstand, habe mich von mir unterschieden und weiß mich doch eins in dieser Unterschiedenheit. 2. Das Selbstbewußtsein, wenn wir es nicht bloß der formellen Struktur nach nehmen, die wir ja am gegebenen Ichbewußtsein unmittelbar absehen können, – ist keine Gegebenheit; es ist nicht immer schon vorhanden, sondern ist entstanden als das Resultat des langen dialektischen Gedankenweges, auf welchem der Gegenstand, das Ding, zu Ende gedacht wurde; das Selbstbewußtsein entsteht erst in der ontologischen Erfahrung der Un-Endlichkeit; solange das Seiende in endlichen Gestalten erfahren wird, bleibt das Ich das Entgegengesetzte des Gegenstandes und bleibt so endlich wie dieser; erst im Verschwinden des Gegensatzes von Subjekt und Objekt entsteht das Selbstbewußtsein dadurch, daß das Ich sich im Ding selbst erkennt. 3. Das Selbstbewußtsein im Sinne Hegels ist wesentlich ein Sichfinden im Fremden, ist die Aufhebung einer Selbstentfremdung. Selbstbewußtsein ereignet sich als ein Geschehen, das einen Gegenstoß gegen eine uns sonst einhüllende Vergessenheit darstellt, eine Anamnesis, eine Wiedererinnerung, die nicht nur wie die Platonische die Urbilder (Ideen) der Dinge uns zurückruft, sondern uns selbst aus den Dingen. Gegen eine tiefere Lethe muß die *a-letheia* des Selbstbewußtseins gewonnen werden. Die Herstellung des Selbstbewußtseins ist somit ein Weg und eine Bewegung, welche die Dialektik des ersten Abschnittes, den Hegel mit „Bewußtsein" überschreibt, fortsetzt. Diese Bewegung wollen wir in den großen Grundlinien nachzudenken versuchen.

Hegel knüpft auch direkt an die durchlaufene Dialektik an. Der Gegenstand ist dem Bewußtsein untergegangen: er hat die Selbständigkeit seines massiven Bestehens verloren, seine unabhängige Fremdheit, worin er sich als das Dieses, als das Ding usf. gegen das Bewußtsein behauptet hat, ist getilgt in jenem Zusammenfall von Objekt und Subjekt, den das Auftauchen des Unendlichen brachte. „Untergang" besagt aber nicht schlechthinniges Verschwinden; immer noch ist die sinnlich ausgebreitete Welt da, die Vielfalt der Dinge, und auf der anderen Seite das Meinen und Vorstellen, – aber das Sein haust nicht mehr darin, es ist jetzt hinter allen Endlichkeiten als das Unendliche selbst aufgegangen. Das Bewußtsein von der gegenständlichen Welt zeigt sich jetzt als ein Moment des Selbstbewußtseins; es ist dieses in der Weise der Hingerissenheit an den Gegenstand, es ist das seiner selbst entfremdete Selbstbewußtsein, das nunmehr als das Unwesen einsichtig wird. Das Wesen des Selbstbewußtseins ist es, bei sich, und nicht bei Anderem zu sein. Es hat die Grundtendenz, sich herzustellen, sich aus seiner Gegenstandsbenommenheit zurückzuholen.

Das Selbstbewußtsein geschieht als das Zu-sich-Kommen, also als eine Bewegung. Hegel charakterisiert diese Bewegung als Begierde. Das ist von ganz grundsätzlicher Bedeutung. Wir sind es gewohnt, die Begierde gleichsam als ein dumpfes, triebhaftes Streben anzusehen, das den Vitalfunktionen eigentümlich ist, aber nicht sie als ein geistiges Verhalten zu nehmen; wir machen gewöhnlich den Unterschied von Erkenntnisvermögen, Begehrungsvermögen, Willensvermögen; Erkennen und Willen gelten uns als die Weisen, wie wir uns als Geistwesen beweisen, während die Begierde der niederen tierischen Natur, die wir nun mal nicht loswerden können, angehört. Von dieser simplen Psychologie ist Hegel weit entfernt. Das Selbstbewußtsein ist Begierde, es ist durchwaltet von einem Drang, einem Ur-Trieb; es ist der Trieb des Geistes selbst, sich zu suchen. Denn er ist nicht schon, was er sein kann; er ist durch einen Ausstand, einen Mangel, einen Fehl gezeichnet, – er leidet an seiner Endlichkeit – bis er seine wahre Unendlichkeit erreicht. Im Innersten des Geistes also waltet der Eros, die dämonische Grundmacht des Lebens.

Mit dem Ausdruck „Begierde" gibt Hegel die erste daseinsmäßige Kennzeichnung des Selbstbewußtseins. Das Wissen, in welchem das Ich sich selbst weiß, hat den Grundcharakter der Begierde. Hegel bestimmt diese Gier in einer höchst aufschlußreichen Weise als den Drang des Ich nach sich selbst und als die Vernichtung des gegenständlich Begehrten; und zwar sind ihm dies nicht zwei gesonderte Momente, sondern sie sind ursprünglich eins. Damit tut er einen unerhörten Tiefblick. Die Begierde nach etwas ist nicht bloß die Tendenz, etwas haben zu wollen, sondern es sich einzuverleiben, es zu vernichten in seiner Selbständigkeit; Begierde ist der Machtwille des sich selbst behauptenden Ich, ist das Streben nach sich selbst unter Vernichtung des Nicht-Ich. In allem Genuß liegt das eigentliche Genießen in der Vernichtung des Entgegenstehenden, in seiner Einverleibung. Das wird bei Hegel nicht expressis verbis gesagt, aber es ist als unausgesprochene Konsequenz seiner Interpretation der Begierde mit da. Sofern das Selbstbewußtsein Begierde ist, ist es der Drang, zu sich selbst zu kommen durch die Vernichtung, d. i. Einverleibung der ganzen gegenständlich entgegenstehenden Welt. Das Selbstbewußtsein ist zunächst auseinandergelegt in zwei auf einander bezogene Gestalten: in das Bewußtsein vom gegenständlich Seienden, und in das reine Sichselbstwissen. Diese beiden Gestalten stehen aber nicht einfach nebeneinander, sie sind in einer Gegenbewegung zueinander, die den eigentlichen Inhalt der dialektischen Geschichte des Selbstbewußtseins darstellt.

Wir wissen jetzt, daß das gegenstandsbezogene Bewußtsein, dem das Wahre ein Fremdes ist, nicht mehr den schlichten, einfältigen Gegenstand vor sich hat, nicht mehr das sinnliche Dieses oder das einfache Ding der Eigenschaften; wir wissen, daß hinter den endlichen Gestalten des Gegenstandes das unendliche Leben aufgegangen ist. Der Gegenstand ist kein „Stand", kein Ständig-Ruhendes, sondern ein in sich selbst Bewegtes, „Lebendiges", ist das flutende All-Leben, das in endlichen Gestalten nur erscheint. Hegel gibt in gedrängter Weise einen Wesensblick auf dieses All-Leben. Er nennt es „... die Unendlichkeit als das *Aufgehobensein* aller Unterschiede, die reine achsendrehende Bewegung, die Ruhe ihrer selbst als absolut unruhiger Unendlichkeit ..." (136), er bezeichnet es in der Metapher des Flüssigen. Das Flüssige ist das überall einheitlich Zusammenhängende, das zwar Gestalten annimmt, aber aus allen Formen wieder in die formlose Einheit zusammenrinnt. Wie das Meer die Wellen hat, die flüchtigen Formgebilde, die sogleich zerrinnen, so ist das All-Leben das Allumfangende Eine, in das alle Unterschiede sich auflösen. Nicht umsonst ist der älteste Gedanke des Abendlandes, welcher das Ursprüngliche, die Arché alles Seienden denkt, orientiert am Wasser. Thales faßt den

Urgrund aller Dinge im Symbol des Wassers. Das All-Leben aber ist nicht die einfache Unterschiedslosigkeit, ist nicht die Nacht, in der alle Kühe schwarz sind, sondern es ist selbst durchwaltet von der Tendenz, sich in sich zu unterscheiden; der Unterschied haust in ihm selbst als die „ungeheure Macht des Negativen" (29); es hat die Natur, sich zu entzweien, sich in Gestalten auszubilden; weil aber diese Gestalten Selbstbegrenzungen des Unbegrenzten sind, haben sie die Unruhe des Grenzenlosen in sich und müssen sich wieder auflösen; das Leben ist jener „bacchantische Taumel, an dem kein Glied nicht trunken ist", wie Hegel in der „Vorrede" zur „Phänomenologie des Geistes" sagt. (39) An dieser Stelle faßt er denselben Gedanken so: „Die einfache Substanz des Lebens also ist die Entzweiung ihrer selbst in Gestalten und zugleich die Auflösung dieser bestehenden Unterschiede; und die Auflösung der Entzweiung ist ebensosehr Entzweien oder ein Gliedern". (137 f.) Das All-Leben ist zugleich Bilden und Auflösen von Gestalten; es ist der Prozeß des Lebens, zu bauen und zu zerstören, und dieser Prozeß ist ein Kreislauf. In dieser spekulativen Bestimmung des All-Lebens sind bereits alle wesentlichen Züge enthalten vom „dionysischen Lebensbegriff" Nietzsches. Hegel und Nietzsche wiederholen hier die philosophische Grunderfahrung Heraklits. Hegel nennt das Leben die *„einfache Gattung"* (138).

Dieser Ausdruck bedarf der Auslegung. Er bedeutet nicht, daß Hegel das Leben als eine Gattung faßt, als eine neben anderen, etwa die Gattung der Lebewesen neben der Gattung der leblosen Dinge. Gattung, wie er den Ausdruck hier gebraucht, ist kein regionaler Begriff, nicht der Oberbegriff eines Gebietes des Seienden. Strenggenommen gebraucht Hegel hier eine Analogie. So wie die einzelnen Dinge im Allgemeinbegriff zusammengefaßt sind, so alle seienden Dinge, alle endlichen Gestalten, im Unendlichen, in der allumfangenden Flut des Lebens. Der Allgemeinbegriff faßt aber zusammen dadurch, daß von der Einzelheit abgesehen wird, daß von ihr abstrahiert wird; die Zusammenfassung ist daher eine abstrakte. Demgegenüber ist die Zusammenfassung aller Dinge im unendlichen Leben nicht eine „bloß gedachte und abstrakte", sondern eine wirkliche und reelle, sie ist eine konkrete Allgemeinheit, sie nimmt alle Dinge in sich auf, aber nicht in der Selbständigkeit ihrer Gestalt, sondern in der Aufhebung derselben. Was beim bloß abstrakten Allgemeinbegriff die harmlose Operation des gedanklichen Absehens von der faktischen Einzelheit ist, ist hier, d. h. in der Dimension des absoluten Begriffs des Lebens, der Schmerz des Untergangs und der Vernichtung aller endlichen Dinge. Das All-Leben ist die Gattung aber auch noch in einem profunden Sinn, es ist nicht nur das Allumfangende, das alles Endlich-Begrenzte in sich hält, es ist auch das Gattende, das zeugend-gebärende Prinzip, das alles Seiende aus sich entläßt – und wieder heimholt. Der Gegenstand hat sich in der dialektischen Erfahrung des ersten Abschnittes der „Phänomenologie des Geistes" in die einfache Gattung des Lebens verwandelt, d. h. hinter dem endlichen Gegenstand ist der unendliche Gegenstand, das Leben aufgestiegen. Das Leben aber ist an sich die einfache Gattung; es ist dies nicht für sich, sondern für das Bewußtsein. Das Wesen des Bewußtseins aber, hörten wir, ist das „Selbstbewußtsein"; denn das auf den Gegenstand bezogene Bewußtsein, das von ihm hingerissene, ist eine sich selbst noch nicht kennende Gestalt des Selbstbewußtseins. Es ist Selbstbewußtsein im Modus der Selbstentfremdung. Durch dieses Sichnichtselbstkennen hat es sich von der anderen Gestalt des Selbstbewußtseins, dem formellen Sichselbstwissen unterschieden und getrennt. Die eigentliche Geschichte des Selbstbewußtseins besteht nun darin, diese beiden einander fremden Gestalten zur Erkennung ihres einheitlichen Wesens zu bringen. Das ist der Weg vom Selbstbewußtsein zur Vernunft, zur ersten Erscheinung des Geistes.

Hegel wiederholt nun am Selbstbewußtsein dieselbe Bewegung, die er vorhin am Begriff des Lebens durchgeführt hat. Die zwei Gestalten, die die Spannung im Selbstbewußtsein darstellen und deren wesentliche Einheit es herzustellen gilt, sind nicht schon damit aufgehoben und aus ihrer Selbständigkeit gegeneinander erlöst, daß wir uns auf die bloß formale Einheit des Selbstbewußtseins berufen, auf die leere Tautologie Ich = Ich; vielmehr beharren die beiden Gestalten hartnäckig gegeneinander, und in der Verhärtung, in welcher sie sich behaupten, liegt die Schwere des Problems. Das Ich, das an den unendlichen Reichtum der Welt hingegeben und in ihn versenkt ist, kann nicht so geradewegs in das selbstbewußte Ich hineingenommen werden; es hängt mit allen Fasern an der Welt und ist in sie verwoben. Hegel beginnt die Exposition der dialektischen Geschichte des Selbstbewußtseins mit der entschiedenen Gegenüberstellung der beiden Gestalten des der Welt anhängenden und des sich ihr entgegensetzenden Selbstbewußtseins. Durch diese Trennung entspringt die Begierde; das Selbstbewußtsein will sich herstellen, ist Gier nach sich selbst und andererseits der Drang, den Gegenstand, woran das gegenstandsbenommene Ich gefesselt ist, zu vernichten. Diese Begierde nach Selbstwerdung könnte sich befriedigen in der Aufhebung der vom Gegenstand hingerissenen Bewußtseinsgestalt; aber diese Befriedigung hat den Charakter der Selbstgewinnung aus der Zerrissenheit; die Einheit des Selbstbewußtseins ist nicht der selige Zustand eines kampflosen Friedens, wo alle Dissonanzen gelöscht sind, sondern – und das ist für Hegel von entscheidender Bedeutung – eine Konsonanz, die aus den Dissonanzen herkommt.

Die Einheit des wahrhaften Selbstbewußtseins muß erstritten werden im Streit der selbständigen Bewußtseinsgestalten gegeneinander. Das Austragen dieses Streites ist die Geschichte des Selbstbewußtseins. Daß das Selbstbewußtsein wesentlich in zwei Grundgestalten zerfällt, besagt, daß die Einheit des Selbstbewußtseins eine innere Doppelung enthält. Selbstbewußtsein gibt es nur für ein anderes Selbstbewußtsein. Das ist der merkwürdigste Charakterzug an Hegels Begriff. Selbstbewußtsein ist in sich gedoppelt, nicht nur faktisch und zufällig, es muß es sein: wahrhaftes Selbstbewußtsein kann sich nur herstellen aus der Zerrissenheit zweier Selbstbewußtseine. Zunächst entfaltet er den Gegenbezug der beiden Gestalten. Und dies geschieht in der metaphorischen Form, daß Hegel hier von den beiden Gestalten spricht, als ob dies zwei getrennte Personen wären. Er personalisiert und läßt in der Metapher zweier selbständiger Personen die Grundgestalten des Selbstbewußtseins ihren Streit austragen. Das ist aber nicht nur eine nette, geistreiche Art, schwierige Gedankengänge in anschaulicher Form zu versinnbildlichen. Es ist viel mehr. Das Gleichnis hat nahezu den Rang des Symbols. Hegel sagt hier Entscheidendes aus über das Verhältnis von Personen, über Herrschaft und Knechtschaft, über Genuß und Arbeit; er klärt dadurch, daß er Metaphern verwendet, diese selbst mit. Im Gleichnis zweier Personen faßt Hegel den Bezug der beiden Grundgestalten des Selbstbewußtseins: das reine Sichselbstwissen und das Befangensein in der Hingebung an den Gegenstand. Personen sind füreinander nicht einfach da wie bloße Dinge, sie haben jeweils ihr gegenseitiges Füreinandersein an sich; sie sind nicht bloß füreinander, sie verhalten sich auch zu ihrem Wechselbezug; die eine ist, sofern sie sich von der anderen anerkannt weiß. Dem Stein, den ich sehe, ist mein Personsein gleichgültig; Ich und Stein verhalten sich nicht wechselseitig; aber das Ich und das Du nehmen je den Anderen als anderes Ich, erkennen ihn an; die Anerkennung aus dem Wechselbezug der Personen ist z. B. die soziale Rolle; die „Gleichgültigkeit", die Menschen den Mitmenschen gegenüber an den Tag legen können und auch zumeist tun, ist nur eine negative Weise der Anerkennung. Selbstbewußtsein der Person ist die wechselseitige Anerkennung durch den Anderen, – beide „... *anerkennen* sich, als *gegenseitig sich anerkennend*" (143).

Zwischen den beiden Grundgestalten des Selbstbewußtseins besteht nun die wechselseitige Anerkennung in einer beiderseitigen Anerkennung der Ungleichheit ihres Verhältnisses; das eine, das sich selbst schon wissende, das andere, das sich nicht kennende, sich verloren habende Selbstbewußtsein; sie sind in eine Differenz auseinandergetreten, die sich als Kampf der Selbstbehauptung beider gegeneinander charakterisiert. Das eine ist hingerissen vom Gegenstand, das andere war bei sich, aber noch nicht so, daß es im Fremden zu sich gekommen wäre. Die Einheit dieser widerstrebenden, widerspenstigen Gestalten herzustellen, ist die eigentliche Aufgabe der Verwirklichung des wahrhaften Selbstbewußtseins. Das Gegenverhältnis der beiden ist, wie Hegel sagt, ein Kampf. „Das Verhältnis beider Selbstbewußtsein[e] ist also so bestimmt, daß sie sich selbst und einander durch den Kampf auf Leben und Tod *bewähren*" (144)[1].

Aus diesem Kampf gehen sie hervor in eine Ungleichheit; das eine ist das selbständige Selbstbewußtsein, das nur für sich ist, – das andere das unselbständige, dem das Wahre noch außer ihm ist, das angekettet ist an den Gegenstand. Das eine nennt Hegel den Herrn, das andere den Knecht. Dem Herrn ist das gegenständliche Sein nur das Negative, woran er die dialektische Erfahrung gemacht hat; für den Knecht aber hat die gegenständliche Welt noch reale Bedeutung, er ist noch darein versenkt. Hegel beginnt nun mit einer großartigen Auslegung des in sich bewegten Verhältnisses von Herrschaft und Knechtschaft; dieses Verhältnis steht nicht, bleibt nicht beständig, sondern es verkehrt sich in sich selbst. In der Metapher gesprochen: der Herr ist die selbständige Macht, welche sich in der Negation alles Anderen behauptet; in diesem Negieren gewinnt er sein reines Fürsichsein; aber mit seinem Negieren verschwindet das Negierte nicht, es ist noch da, als ein

---

[1] Eckige Klammern im Original.

Bestehendes für den Knecht. Der Knecht ist der Knecht des Herrn. Durch den Knecht bezieht sich der Herr doch auf das, was er eigentlich negiert hat. Hegel symbolisiert das durch den Genuß; der Genuß ist die Einverleibung, die Tilgung, die Vernichtung des fremden Seienden; dies ist dem Herrn ein Leichtes, weil es ja der Knecht ist, der ihm die Früchte seiner Arbeit zum Genusse darbringt. Denn das Verhältnis des Knechtes zur selbständigen Wirklichkeit der gegenständlichen Welt ist nicht das leichte, wie beim Herrn, ist nicht das genießerische, welches die Härte des Wirklichen überhaupt nicht erfährt, sondern ist das schwere Verhältnis der Arbeit. Nur durch die Arbeit des Knechts wird dem Herrn der Genuß, d. h. die leichte, allzu leichte Negation der eigenständigen Wirklichkeit und der Selbstgenuß seines Fürsichseins möglich. Der Knecht ist zwar auch eine gewisse Form des Selbstbewußtseins; er muß also die Negation des Gegenstandes auch versuchen, aber die knechtische Negation ist ohnmächtig, sie kann das selbständige Sein des Gegenstandes nicht ganz aufheben, nur umformen, d. h. bearbeiten. Hegel hat damit den ersten Ansatz zu einer metaphysischen Wesensbestimmung der Arbeit gemacht: Arbeit ist der Versuch der Aufhebung der selbständigen Natur, ist die Macht der menschlichen Ohnmacht über sie. Durch die Arbeit des Knechts bleibt die im Genuß schwelgende Freiheit des Herrn selber noch mittelbar auf die unaufgehobene Wirklichkeit bezogen. Der Knecht ist der Knecht des Herrn, sein Tun ist mittelbar das Tun des Herrn; die Freiheit, in welcher der Herr ist, ist keine unbedingte, sie ist vermittelt durch das Tun des Knechts. Der Herr ist mit seiner Freiheit darauf angewiesen, daß der Knecht die Arbeit tut; er kann leicht gänzlich negieren, weil der Knecht die schwerere teilhafte Negation leistet; der Herr ist also in gewisser Weise, weil er angewiesen ist auf den Knecht und in seiner Freiheit von dessen Knechtschaft abhängig ist, der Knecht des Knechts. Die Herrschaft kehrt sich selber in Knechtschaft um. Und nun zeigt Hegel diese Umkehrung auch der Knechtschaft. Die Knechtschaft weiß auch von der Herrschaft; zunächst sieht sie diese selbst gegenständlich von außen, eben am Herrn; der Anblick des Herrn vermittelt schon die Möglichkeit der Freiheit; ferner hat die Knechtschaft je schon Erfahrungen hinter sich, in welchen der Knecht die Furcht und Sorge um sich selbst erfuhr; er lebt nicht nur in der Furcht des Herrn, vielmehr in der Furcht des absoluten Herrn, des Todes. Der Knecht, sagt Hegel, ist zum Knecht geworden, weil er das Leben der Freiheit vorgezogen hat; er hat sich dem Herrn unterworfen aus Furcht vor dem Herrn, dem alles Endliche überhaupt untertan: dem Tod. „[Er] ... hat durchaus in sich selbst erzittert, und alles Fixe hat an ihm gebebt". (148) Er hat den Schrecken der Unendlichkeit in seiner Todesangst erfahren – und darin das freie Fürsichsein schon an ihm selbst gespürt.

Aber am meisten erfährt der Knecht sein eigenes Fürsichsein gerade in dem, was das Siegel der Knechtschaft zu sein scheint: in der Arbeit. Der Genuß des Herrn hat nur verschwindenden Charakter; das ist schon die antike Erfahrung über die *hedone;* der Genuß zehrt das Genußobjekt auf, vernichtet es – und vernichtet damit auch sich selbst; der Genuß kommt über die ephemere Natur seines Vollzugs nicht hinaus. Die Arbeit dagegen, welche nicht aufzehrt, nicht vernichtet, sondern nur umformt, hat an der Beständigkeit ihres Werkgebildes selbst ein bleibendes Dasein. Arbeit, sagt Hegel und gibt damit eine ganz wesentliche Bestimmung, ist gehemmte Begierde. Die hemmungslose Begierde ist der Genuß. Ein Leben, das nur dem Genuß lebt, das alles unmittelbar aufzehrt, das nicht auf einen gegenwärtigen Genuß verzichtet, um einen höheren Genuß zu ermöglichen, das nicht vorsorgt, nicht Werkzeuge schafft, Vorräte usw. – ist überhaupt kein menschliches Leben; das Tier ist im unmittelbaren Genuß unschuldig, und sonst ist es ein ihm von der Natur verliehener Instinkt, Honig zu sammeln für die blütenlosen Tage; aber der Mensch, der nicht arbeitet, hat nur eine unechte Freiheit, – weil es andere gibt, die es für ihn tun. Die Arbeit ist eine Entäußerung des Menschen, die ihm durchsichtig bleibt; er setzt sich selber in seinen Werkgebilden hinaus und hat an ihnen den Bestand seiner Tat. Arbeit ist Bildung, nicht nur, sofern sie vorhandenes Seiendes umbildet, formt, sondern sofern das bildende Leben sich selbst dabei gegenständlich wird.

In diesen Gedankengängen gibt Hegel in äußerst zusammengedrängter Form eine philosophische Interpretation menschlicher Grundverhältnisse. Was er hier über Arbeit, Genuß, Herrschaft und Knechtschaft sagt, ist von welthistorischer Bedeutung geworden; seine ganze Sozialphilosophie liegt keimhaft hier schon vor. Aber das hat nur den Charakter von Metaphern; Hegel geht es an dieser Stelle nicht um sozialphilosophische Probleme, sondern um das ontologische Problem des Selbstbewußtseins. Er schildert die innere dialektische Geschichte desselben in der Gleichnisrede von Herr und Knecht. Die Gefahr, die Hegel mit seiner metaphorischen Redeweise hier beschwört, ist, daß zuweilen das Gleichnis nicht den Durchblick freigibt auf das, was es eigentlich sagen soll. Die beiden Grundgestalten des Selbstbewußtseins: das reine Sichwissen (der Herr) und das im Gegenstand befangene Wissen (der Knecht) können nicht einfach so zu einer harmlosen Vereinigung gebracht werden, daß ihre Differenz schlechthin zum Verschwinden gebracht würde. Vielmehr muß der Herr sich gerade im Knecht erkennen und umgekehrt. Der Knecht muß als das Außersichsein des Herrn erhellt werden. Die Gleichheit und Selbigkeit von Herr und Knecht scheint für das Selbstbewußtsein schon erreicht zu sein, wenn es die dialektische Erfahrung bedenkt, die es mit dem Gegenstand gemacht hatte. Dieser war zuerst ein handfester Sinnengegenstand, den man greifen, sehen, hören konnte; er war einfach da, undurchdringlich in seiner Faktizität; das Bewußtsein hat ihn nur hinzunehmen; aber das gegenstandsbezogene Bewußtsein hat immer mehr die sinnliche Haftung abgestoßen und die sinnliche Hülle durchschaut, in der ihm das Seiende entgegenstand; wenn es zuletzt in dem Ding selber den Begriff wiederfand, so war es zum Denken geworden. Denken bestimmt Hegel nun nicht, wie wir es im Alltagsgebrauch machen, als ein Haben irgendwelcher unverbindlicher Einfälle über die Dinge. Denken ist jener Bezug zum gegenständlich begegnenden Seienden, der die sinnliche Hülle durchbricht und das Ding selbst als reinen Begriff findet. Hegel sagt: „... zum gegenständlichen Wesen sich so verhalten, daß es die Bedeutung des *Fürsichseins* des Bewußtseins hat, für welches es ist, heißt *denken*". (151 f.) Oder: „Dem *Denken* bewegt sich der Gegenstand nicht in Vorstellungen oder Gestalten, sondern in *Begriffen* ...". (152) Wenn das Bewußtsein vom Gegenstand (der Knecht) also zum denkenden Bewußtsein geworden ist, dann fällt ihm selbst die Fremdheit des Gegenstandes zusammen: der Begriff im Ding und der Begriff im denkenden Verstand sind der gleiche.

Das Denken (so verstanden) bringt dem Knecht die Freiheit. Er ist nicht mehr an ein Anderes gekettet, das von ihm verschieden ist. Diese Stufe der Freiheit des Denkens sieht Hegel im Stoizismus verwirklicht. Er gibt von da aus eine großartige Interpretation des Stoikers. Aber die stoische Freiheit, in der der Gegensatz von Herr und Knecht nur als wesenlos erscheint, ist noch nicht die wahrhafte Herstellung des einen Selbstbewußtseins, das beide Gestalten einigt. Der Stoizismus ist für Hegel nur der Begriff, aber noch nicht die Realisierung der Gedankenfreiheit.

Der Skeptizismus ist ein Versuch, die Gedankenfreiheit zu verwirklichen; er ist nicht nur eine historische Erscheinung, sondern eine wesentliche Grundmöglichkeit des Philosophierens; er ist die erste, unmittelbare Praxis der Gedankenfreiheit. Das Denken erscheint im Skeptizismus als das negative Tun, das den Menschen von allem unmittelbaren Seinsvertrauen zu den Dingen befreit – und ihn in die leere Freiheit stellt. Auch die skeptische Philosophie bringt es ebensowenig wie der Stoizismus zur Herstellung des Selbstbewußtseins. Der Gegensatz im Selbstbewußtsein ist noch nicht ausgetragen; er verteilt sich jetzt nicht mehr an zwei abgesonderte Gestalten, die gegeneinanderstehen wie Herr und Knecht; vielmehr macht das Selbstbewußtsein im Durchgang durch die stoische und die skeptische Philosophie die bittere Erfahrung, daß es ein, aber ein in sich zerrissenes, ein in sich entzweites Selbstbewußtsein ist.

Hegel nennt diese Form das „unglückliche Bewußtsein". Es ist seine Interpretation der menschlichen Endlichkeit. Wir müssen dieses Unglück noch einer näheren Auslegung unterziehen; es ist kein Unglück, das uns eben zustößt, das nur faktisch und vermeidbar wäre. Das Unglück des „unglücklichen Bewußtseins" ist das wesenhafte Unglück des Menschen. In seiner Not entspringt auch für Hegel der tiefste Antrieb alles Philosophierens. Es ist die Melancholie des Daseins, der nachtschwarze Styx, an dessen Ufer nicht nur die Dichtenden und Denkenden, sondern wir alle, die ganz gewöhnlichen Menschen wohnen. Hegel faßt diese Lebensstimmung in die Worte: „Das Bewußtsein des Lebens, seines Daseins und Tuns ist nur der Schmerz über dieses Dasein und Tun; denn es hat darin nur das Bewußtsein seines Gegenteils als des Wesens, und der eignen Nichtigkeit". (160).

β) *Das unglückliche Bewußtsein*

17. *Endlichkeit des menschlichen Seinsverständnisses und unglückliches Bewußtsein*

In der Darstellung des unglücklichen Bewußtseins gibt Hegel eine entscheidende Interpretation der menschlichen Endlichkeit. Er berührt damit ein Thema, das unserer Zeit in einer ganz besonderen, dringlichen Weise am Herzen liegt. Die Frage nach dem Menschen scheint uns heute die frag-würdigste aller Fragen zu sein; wir haben das gesicherte Wissen um uns verloren, wir sind herausgefallen aus allen tragenden Sinndeutungen des Daseins; wir haben unheimliche Erfahrungen mit uns gemacht. Was ist der Mensch? Imago dei – oder ein Raubtier, ein beliebig-belangloses Lebewesen im Weltall oder die Stätte, wo allein sich die Wahrheit ereignet? In vielen Zungen wird heute das Pathos der Endlichkeit deklamiert, wird die Hinfälligkeit des Menschen, die Unzulänglichkeit seiner Vernunft, die Begrenztheit seiner Macht betont und zur Bescheidung vor dem Unerforschlichen, zur tragischen Übernahme des Scheiterns aufgerufen. Der ausdrückliche Einstand in die Endlichkeit unseres Daseins ist zu einer Lebensstimmung geworden, die gang und gäbe ist. Und diese allgemeine Gangbarkeit hat die verdächtige Tendenz zur Verflachung in sich; in seines Nichts durchbohrendem Gefühle genießt der desillusionierte Mensch unserer Zeit sein nihilistisches Existenzbewußtsein. Wo aber in unserer Gegenwart Philosophie wach und am Werk ist, ist die Endlichkeit des menschlichen Daseins nicht bloß offenbar in der düsteren Stimmung, die das Faktum hinnimmt, sondern ist offenbar im Denken, das die Endlichkeit als ein Problem zu begreifen sucht. Hegels Begriff der Endlichkeit kann zum Ansatzpunkt einer ausdrücklichen Auseinandersetzung mit ihm werden.

Zunächst geht es darum, uns seinen Begriff zu vergegenwärtigen. Wir fragen: in welchem Zusammenhang tritt bei Hegel das Problem der Endlichkeit auf? Es tritt nicht auf im Zuge einer unmittelbaren Auslegung des menschlichen Daseins selbst. Vielmehr erscheint es im Zuge der Entfaltung des allgemeinen Seinsproblems überhaupt. Hegel stellt das Seinsproblem in der „Phänomenologie des Geistes", wie wir wissen, in einer eigentümlichen Form. Was Sein ist, erfrägt er sozusagen nicht in direkter thematischer Zuwendung, sondern umwegig, indem er das Seiende auf das ihm eigene Sein hin abfrägt. Das Seiende begegnet uns in der Polarität von Subjekt und Objekt. Das besagt, die Begegnung von Seiendem geschieht in einer endlichen Situation. Das erfahrende Ich hat an dem erfahrenen Gegenstand das es Begrenzende und umgekehrt. Im Erfahren von Gegenständen ist das Ich selbst endlich, wie der Gegenstand ihm auch endlich ist. Die beiden Endlichkeiten sind nur durch einander, was sie sind; sie sind aneinander gebunden, sie ergänzen sich zum Ganzen. Hegels Frage nach dem Sein setzt ein bei dem endlichen Gegenstand eines endlichen Wissens: beim sinnlichen

Gegenstand. Worauf es aber bei der Auslegung dieses sinnlichen Gegenstandes ankommt, ist die Weise, wie er ist. „An" ihm ist das Sein als bloßes, unentfaltetes, einfaches „ist", als bloßes Vorhandensein des sinnlich Einzelnen. Die philosophische Besinnung wird zur dialektischen Explikation dieses simplen einfachen Seins; es zeigt sich dabei, daß das Einzelne, wie es vermeint ist, in Wahrheit ein Allgemeines ist; das sinnliche Meinen wird so über sich hinausgetrieben und wird zum Wahrnehmen; als solches bezieht es sich auf das Ding der vielen Eigenschaften; an diesem Ding verstehen wir „Sein" als das merkwürdige Zusammen von Einzelheit und Allgemeinheit; die dialektische Prüfung ergibt dann den kategorialen Grundgedanken der Kraft als Grundriß des Dingseins; das Ding ist Kraft — und damit aufgespalten in ein inneres Wesen und eine Äußerung; und die erneute Prüfung dieser Seinsvorstellung führt, wie wir gesehen haben, zur Aufhebung der Trennung zwischen Wissen und Gegenstand. Hinter dem endlichen Gegenstand zeigt sich das un-endliche Leben, das Seinsspiel der Kraft. Das Endliche als solches verschwindet nicht, aber es ist sozusagen durchsichtig geworden auf das in ihm anwesende Unendliche; denn alles Endliche wird nunmehr begriffen als Verendlichung des Unendlichen. Es ist das Leben des Unendlichen, sich in sich zu entzweien, Endlichkeiten zu setzen und sie wieder aufzuheben. Indem das Wissen nun eigentlich auf das Unendliche geht, hat es seine Entgegensetzung zum Gegenstand selbst aufgehoben. Mit dem endlichen Gegenstand fällt auch das endliche, ihm korrelative Ich weg. Aber dieses Wegfallen muß angemessen verstanden werden. Es besagt nicht, daß mit dem Denken des Unendlichen, d. h. mit dem Denken des Lebens nun schlechthin alles Endliche verschwunden sei; es ist immer noch da, aber in einer durchschauten Weise; es ist transparent geworden, es wird verstanden als Gestalt, in welche sich das Unendliche verendlicht; der Gestalt ist damit das Fixe und Endgültige genommen; sie ist die Weise, wie das Eigentlich-Seiende, das Leben, „erscheint". Das Endliche ist die Erscheinung des Unendlichen geworden.

Diese Einsicht bezeichnet den Übergang zum Selbstbewußtsein. Wie wir wissen, hat Hegels Begriff des Selbstbewußtseins mit dem üblichen Ausdruck wenig zu tun. Er meint nicht das bloße Sichselbstwissen des Ich, sondern das Sichselbsterkennen des Ich in der Fremdheit des Gegenstandes. Das Ich muß sich gerade in dem wiederfinden, was es sonst als das Andere, Fremde, das Nicht-Ich ansieht. Das Ich muß sich im

Ding erkennen, um wahrhaft Selbstbewußtsein zu werden. Das bedeutet, das Selbstbewußtsein ist kein gegebener Zustand, in dem wir je immer schon sind; es ist aber auch kein Zustand, den wir einmal erreichen, um in ihm auszuruhen. Wir haben nicht das Selbstbewußtsein (im Hegelschen Sinne) wie eine ein für allemal errungene Erkenntnis. Sondern das Selbstbewußtsein ist für Hegel nun wirklich eine Geschichte. Es ist die Geschichte des Untergangs des endlichen Bewußtseins, dem der Gegenstand ein Fremdes ist, und die Geschichte des Aufgangs der un-endlichen Einheit aller sonst entgegengesetzten Endlichkeiten.

Mit dem Abschnitt „Selbstbewußtsein" tritt das Seinsproblem bei Hegel in das entscheidende Stadium. Dieser Abschnitt ist die eigentliche Mitte des Werkes. Das wird vielfach verkannt. Nicht die Partien, in denen schließlich das absolute Wissen bestimmt wird, sind erst entscheidend; in der Lehre vom Selbstbewußtsein fallen die Grundentscheidungen der Hegelschen Philosophie. Das mag zunächst als willkürliche Behauptung klingen. Aber der aufmerksame nachdenkende Durchgang durch Hegels Lehre vom Selbstbewußtsein läßt erkennen, daß es hier um das fundamentale Problem des Verhältnisses von Endlichem und Unendlichem geht, mit welchem Hegels Philosophie steht und fällt. Inwiefern ist aber nun die Frage nach dem Verhältnis des Endlichen zum Unendlichen das Problem des Selbstbewußtseins? Das ist nur so lange merkwürdig und unverständlich, als man eben am gewohnten Begriff von Selbstbewußtsein festhält und darunter die Weise versteht, wie das Ich sich selbst weiß, wie es reflexiv auf sich selber bezogen ist. Das Ich weiß sich dann als das begrenzte Ich, das sich abgegrenzt hält gegen alles, was es nicht ist. Oder: es weiß sich im ausdrücklichen Sichunterscheiden von allem Nicht-Ich. Das gewöhnliche Selbstbewußtsein setzt das Ich also eigens ab gegen anderes Seiendes, umzirkt es in seinem Eigenen, das es gegen das ihm Fremde abschließt. Hegels Begriff des Selbstbewußtseins aber meint gerade das Gegenteil. Das Ich soll sich in allem, was es sonst als nicht zu ihm gehörig ansieht, erkennen. Bedeutet, so könnte man nun fragen, dies nicht eine sinnlose Ausweitung des Ich, das die ganze Welt in sich hineinnimmt und sich in einer phantastischen Weise aufbläht und über seine Grenzen bordet? Ist eine solche Aufgabenstellung nicht schlechthin Unsinn, eine Tollheit des Gedankens? Dem wäre so, wenn Hegel den absurden Versuch machen wollte, das Ich zum einzig-Seienden zu machen, die ganze

Welt zum bloßen Gebilde des Ich zu degradieren; wenn er das Ich in seiner endlichen Bestimmtheit, eben so wie wir es zunächst kennen, festhielte, um alles, was überhaupt ist, in es hineinzustopfen. Aber ein so unsinnig ausgeweitetes Ich ist nur ein „Faß" von Endlichkeiten, ist selbst endlich geblieben und nur vollgestopft mit endlichen Dingen.

Hegel gewinnt den Zugang zum Selbstbewußtsein aber, wie wir gesehen haben, erst mit dem Einblick in das „Leben", d. h. mit dem Einblick in die unendliche Tiefe des Seins, die das viele Seiende aus sich entläßt und wieder in sich zurücknimmt. Erst als hinter dem Gegenstand in der dialektischen Prüfung das unendliche Leben zur Sicht kommt, kann die Trennung fallen, die das Ich vom Gegenstand abscheidet. Das endliche Ich und der endliche Gegenstand, beide verlieren ihre fixe Selbständigkeit gegeneinander und werden als Gestalten des unendlichen Lebens transparent. Es ist von großer Bedeutung, daß Hegel den Begriff des Unendlichen zuerst exponiert in der dialektisch durchgeführten Ontologie des Dinges. Das unendliche Leben wird gerade nicht im Ausgang vom Menschen, wie man vielleicht erwarten möchte, gewonnen, sondern in einem radikalen Zu-Ende-Denken des Seienden, des Dinges, der Substanz. Und erst dann legt sich der gewonnene Begriff des Unendlichen auch auf die Wissensbeziehung des Ich zum Ding; sie erscheint als eine Form des Bezugs zweier Endlichkeiten. Und erst nach der Aufhebung der endlichen Fixierungen von Gegenstand und Ich, die sich wechselseitig begrenzen, kann es zur Entdeckung der inneren Unendlichkeit des Ich kommen. Das sich zum Selbstbewußtsein bringende Ich ist das unendliche Ich, das alles Seiende und alle endlichen Gestalten seiner selbst als Selbstverendlichungen durchschaut. Das ist Hegels prinzipieller Ansatz. Das Ich erkennt sich im Ding, nicht sofern es selber ein endliches Ich und dem Ding entgegengesetzt ist; es erkennt sich in ihm, sofern es zur Gewißheit durchdringt, „alle Wahrheit zu sein" und „alle Realität zu sein", wie Hegel es formuliert. (175 u. 176) Das aber ist seine Formel für das Vernunft gewordene Ich. Hegels Philosophie ist dem argen Mißverständnis ausgesetzt, als wäre bei ihm der Subjektivismus gleichsam auf eine sich schon überschlagende Spitze getrieben. Das ist zumindest noch eine Frage. Entsteht dieser Anschein am Ende dadurch, daß wir, im Bann der natürlichen Ausdrucksweise, Hegels Rede von „Ich", von Vernunft usw. immer im Sinne eines endlichen Ich und einer endlichen Vernunft mißdeuten? Vielleicht ist das, was er als unendliches Ich charakterisiert, am Ende gerade das Aufgehen des endlichen Ich in die weltdurchwaltende Vernunft.

Die Geschichte des Selbstbewußtseins haben wir in den Hauptzügen auseinandergelegt. Hegel setzt an mit der Unterscheidung zweier Iche, die zusammen erst das Selbstbewußtsein zu bilden haben: einerseits das reine Sichselbstwissen und andererseits das Wissen vom gegenständlich-Seienden, d. h. das in den Reichtum der Welt versenkte und sich darin verloren habende Wissen, oder den Herrn und den Knecht. Das reine Sichwissen ist nur ein Moment, das angewiesen ist auf das knechtische Bewußtsein; es hat seine Selbständigkeit und Freiheit gegen die Welt nur vermittels des Knechts, der ihm dient – und auch den fremden Dingen, woran er sich abarbeitet, untertan ist. Das Selbstbewußtsein ist zunächst der Kampf zwischen Herr und Knecht, der Kampf der zu behauptenden Selbständigkeit gegen die Welt und der Hingegebenheit an sie. Dieser Kampf kann nicht so sich entscheiden, daß ein Moment zum Siege käme; denn jedes hat an dem anderen überhaupt erst das Element seines Bestehens. Worauf es ankommt ist nun, nicht bloß die Selbständigkeit gegen die Welt, sondern in der Welt zu behaupten, Herr und Knecht wirklich zu einen. Der Stoizismus macht diesen Versuch: er begreift die Nichtigkeit aller sinnlichen Verhältnisse; er stellt das Selbstbewußtsein her als reines Denken. Das heißt: im reinen Denken verschwindet die Abhängigkeit des Bewußtseins vom gegenständlich-Seienden; denn es wird nicht mehr genommen als dieses Einzelne, das sinnlich ist, sondern als der durch das Sinnliche nur verhüllte Begriff. Das Seiende ist an ihm selbst Begriff, ist die ontologische Grundthese des Stoizismus, und es ist damit desselben Wesens wie mein Denken. Im Denken bin ich wahrhaft frei, weil ich nicht mehr abhängig bin von einem Fremden. Denkend ist das Selbstbewußtsein vollbracht, wie es scheint. Der denkende Begriff erkennt sich selber als den Begriff, welcher auch das Wesen der Sache selbst ist. Aber diese stoische Position ist im Grunde abstrakt; sie stellt zwar das Selbstbewußtsein her im Denken, aber sie läßt alle anderen Verhältnisse außer acht; sie negiert nur das Sinnliche und bleibt in der Negation stehen; sie vermag nicht das Einzelne in seiner Einzelheit zu begreifen; die stoische Vernunft läßt nur das Allgemeine gelten. Der Stoizismus vollbringt also das Selbstbewußtsein nur auf eine „allgemeine" Weise. Der Skeptizismus dagegen versucht, das Selbstbewußtsein in einer wahrhafteren Weise zustandezubringen: er wird hin und hergerissen von dem Gegenspiel des Allgemeinen und Einzelnen; er müht sich ab, das Ich nicht nur im allgemeinen Wesen der Dinge wiederzufinden, sondern auch im Einzelnen; aber dabei wird er verwirrt von der zufälligen Einzelheit; ihm tritt das Allgemeine als das Unwandelbare und das Einzelne als der verwirrende Wandel des Zufälligen auseinander.

Was der Skeptizismus zusammenzunehmen sich müht und eben doch nicht kann, eben den Widerspruch des Unwandelbaren und Wandelbaren, den erfährt nun das zerrissene Bewußtsein, das sich zum Selbstbewußtsein vollbringen will, als sein Unglück: es ist darin unglückliches Bewußtsein. Damit haben wir bislang den allgemeinen Zusammenhang angezeigt, in welchem Hegels Frage nach der Endlichkeit des Menschen steht. Ganz massiv gesagt: Hegels Begriff der Endlichkeit wird exponiert im Versuch, die Endlichkeit gerade zu überwinden. Sie kommt in Sicht in dem Moment, wo über sie hinausgegangen werden soll. Dieser Ansatz kann uns verdächtig erscheinen. Ist das Wesen der Endlichkeit überhaupt ursprünglich gefaßt, wo sie genommen wird wie etwas Ablegbares, etwas, was wir von uns abstoßen können? Ist sie dann überhaupt noch eine ernste und unheimliche Sache? Wird sie damit nicht in einem letzten Sinne harmlos? Gehört sie dann nur wie ein vorübergehender Zustand uns an, ist sie ein Unglück, aus dem es einen Ausweg gibt? In der Tat hat man Hegel diesen Vorwurf gemacht: man sagt ihm nach, daß er es zu einer wirklichen Erfahrung der menschlichen Endlichkeit gar nicht gebracht habe; Hegels Endlichkeit sei eine nur ihr selbst nicht ganz durchsichtige Unendlichkeit. Eine Philosophie aber, die schon von vornherein sich im Unendlichen heimisch und der Schranken der Endlichkeit ledig wähne, kenne gar nicht den abgründigen Daseinsernst und das echte Fragen; im Grunde sei doch schon alles gelöst; es sei nur der methodische Trick des absoluten Denkens, anscheinend endlich anzufangen. Mit einer solchen Polemik, die Hegel den existenziellen Ernst abspricht, kann man wohl Eindruck machen in einer Zeit, wo das Existenzgerede zur Gefahr des philosophischen Denkens geworden ist. Aber es bleibt die Frage, ob damit Hegels Gedanken begriffen werden.

Es läßt sich nicht leugnen, daß für Hegel das Unglück des Bewußtseins eine vorübergehende Natur hat; aber die Art des Vorübergehens bedarf einer sorgsamen Besinnung. Sie bedeutet nicht etwa, daß der Mensch zeitweilig in diesem Unglück sich befindet, daß er durch die Anstrengung des Denkens sich von diesem Unglück befreien könne.

Vielmehr ist der Mensch wesenhaft in diesem Unglück; es ist die Grundsituation des Menschen. Wenn dem so ist, dann kann er wohl überhaupt nie aus diesem Unglück herauskommen; aber bei Hegel führt die dialektische Denkbewegung doch aus ihm heraus. Das ist, wie es scheint, ein offenbarer Widerspruch. Der Widerspruch besteht aber nur solange, als wir eben voraussetzen, daß es der Mensch ist, der aus dem unglücklichen Bewußtsein herauskommt. Ist es denn so sicher, daß der Mensch das ständige Subjekt aller dialektischen Erfahrungen bleibt, die Hegel im Stufengang vom sinnlichen Bewußtsein bis zum absoluten Wissen beschreibt? Wir lassen die Frage offen.

Wie charakterisiert Hegel das unglückliche Bewußtsein? Er gibt keine Analyse einer statischen Verfassung, sondern exponiert auch hier eine Geschichte des Denkens: das Unglück des Bewußtseins ereignet sich als ein dreifaches Verhältnis, wie der Bezug des Wandelbaren zum Unwandelbaren gedacht wird. Das Bewußtsein existiert im Durchlaufen dieser drei Grundverhältnisse – und hat darin sein Unglück. Zunächst ist nicht leicht zu verstehen, warum die Exposition des unglücklichen Bewußtseins am Bezug des Unwandelbaren und Wandelbaren geschieht. Wie kommen plötzlich diese Begriffe auf? In Wahrheit sind es keine neu auftauchenden Begriffe, sondern die Grundbegriffe, welche in der ganzen bisher erörterten Geschichte der dialektischen Seinserfahrung die beherrschende Rolle spielen. In der Dialektik der sinnlichen Gewißheit hatten wir den Gegensatz von Einzelnem und Allgemeinem, und ebenso dann beim Ding und seinem Grundriß, der Kraft. Die im Zuge der Dialektik wachsende Bestimmung des Seins selbst brachte eine steigende Klärung im Zusammenhang des Allgemeinen und Einzelnen (ich erinnere nur an die Stufenfolge: sinnliche Allgemeinheit, unbedingte und absolute Allgemeinheit). In der formalen Betrachtung des Selbstbewußtseins wiederum trat uns das eine Moment, das reine Sichwissen als das eine und unwandelbare Wissen, dem anderen Moment des knechtischen Bewußtseins gegenüber, welches das an den Wechsel des Vielfältigen hingegebene Wissen ist. Der Stoizismus ist jene vorläufige Gestalt des Selbstbewußtseins, welche nur das Unwandelbare, d. h. das Allgemeine denkt, während die Verwirrtheit des Skeptizismus darin besteht, immer das Unwandelbare am Wandelbaren, das Allgemeine am Einzelnen zu messen und umgekehrt.

Das unglückliche Bewußtsein ist zunächst das Wissen darum, daß es ein ungeteiltes Bewußtsein ist, in welchem das Unwandelbare und das Wandelbare zusammenstehen. Es wird durch diesen Gegensatz sozusagen zerrissen und muß ihn doch zusammenhalten, weil er eben in ihm als einem Bewußtsein ist. Das unglückliche Bewußtsein ist im Grunde nichts anderes als die ontologische Interpretation dessen, was Hegel zuvor mit dem Unterschied von Herr und Knecht ausgelegt hatte. Der Unterschied von Herr und Knecht ist leichter zu fassen, es sind zwei Gestalten des Bewußtseins; der Herr weiß die Nichtigkeit des gegenständlich-begegnenden Seienden, eben weil ihm dessen Fremdheit nichtig ist. Das Gegenständliche ist ihm nicht ein Fremdes, weil er die Dialektik an ihm vollbracht hat, d. h. er nimmt es nur als das Allgemeine, und sieht ab von der sinnlichen Konkretion und faktischen Zufälligkeit, an welche der Knecht gefesselt bleibt. Das Bewußtsein des Herrn ist Wissen des Unwandelbaren, das des Knechtes ist Wissen des Wandelbaren. Das Unglück des Bewußtseins besteht darin, zugleich Herr und Knecht zu sein. Das unglückliche Bewußtsein verhält sich so zum Unwandelbaren, daß ihm dieses als das Wesentliche gilt, – das Wandelbare aber als das Unwesentliche. Sofern es aber ständig in das Wandelbare verstrickt ist, ist es sich selber unwesentlich; es ist sich selbst zuleid; es verwirft sich selber als das Nichtige, das es mit dem Nichtigen zu tun hat, das an das Wandelbare hingegeben ist und sich zum Unwandelbaren nicht zu erheben vermag. Damit rückt das Unwandelbare für es sozusagen hinaus: es wird ihm Gegenstand der Sehnsucht, die aber nicht das Ersehnte herbeizieht, sondern es immer mehr forttreibt. Dies ist das erste Verhältnis: das Unwandelbare, das Allgemeine, das eigentliche Sein, wird gleichsam gerade durch die darauf gehende Sehnsucht weggehalten; das Bewußtsein erfährt sein Ungenügen, seine Unzulänglichkeit; es hält den Hiatus zwischen dem Allgemeinen und dem Einzelnen in äußerster Schärfe offen und hat in der Scheidung die bittere Erfahrung des Abgetrenntseins vom Wesen, des Verstoßenseins in die Nichtigkeit.

Das zweite Verhältnis, das aus diesem ersten selbst hervorgeht, ist dieses: im sehnsüchtigen Bezug zum fernen und unerreichbaren Unwandelbaren aber ist doch ein Hinlangen des in die Einzelheiten verstrickten Bewußtseins zu der anscheinend ganz abgetrennten Sphäre des Unwandelbaren. Anders gewendet: gerade indem das Bewußtsein die Kluft zwischen den beiden Reichen offenhält, verbindet es selbst; es als einzelnes verhält sich sehnsüchtig zum Unwandelbaren; dadurch geschieht eine Berührung. Es geschieht damit das „... *Hervortreten der Einzelheit a m Unwandelbaren* und *des Unwandelbaren a n der Einzelheit*" (160); der ontologische Gegensatz von Allgemeinem und Einzelnem kommt in Fluß.

Das dritte Verhältnis nun, in welchem sich die Geschichte des unglücklichen Bewußtseins vollendet, ist die Umkehrung des ersten. Das Unwandelbare wird in die Einzelheit des sich selbst wissenden Bewußtseins zurückgenommen. Das Unwandelbare ist nicht das Allgemeine, nicht bloß die reinen Begriffe des Seienden, sondern ist das konkrete Leben dieser reinen Begriffe, das sich als einzelnes Bewußtsein ereignet. Das Unwandelbare und das Wandelbare fallen zusammen – und in diesem Zusammenfall bilden sie das unendliche Leben des Geistes. Das unglückliche Bewußtsein wird im Durchlaufen seiner drei Stadien zum Geist.

Hegels Gedankengang haben wir in starker Verkürzung wiedergegeben. Er ist auch so noch schwer genug. Es kam mir vor allem darauf an, die wesentlich ontologische Problematik dabei zu unterstreichen. Das Bewußtsein, das in der Dialektik des Gegenstandes bereits zum absolut Allgemeinen, d. h. zum Leben vorgedrungen war, muß in der Dialektik des Selbstbewußtseins nochmals in radikalerer Form das Verhältnis des Allgemeinen und Einzelnen „wiederholen". Einzelheit und Allgemeinheit aber sind jetzt keine Strukturen, die am gegenständlich-Seienden vorgefunden werden, sie sind jetzt als zwei gegensätzliche Seinsweisen des Bewußtseins angesetzt. Das bedeutet eine neue Dimension des Problems; Einzelheit und Allgemeinheit sind Weisen des Seinsverständnisses!

Was das Nachverständnis noch besonders erschwert, ist, daß Hegel in der Interpretation des unglücklichen Bewußtseins zugleich eine geschichtliche Situation mitmeint. Ebenso wie er mit dem Stoizismus und Skeptizismus prinzipielle Möglichkeiten und zugleich auch historische Situationen des Seinsverständnisses ansprach, so auch jetzt mit dem unglücklichen Bewußtsein. Verschiedentlich hat man versucht, diese Situationen konkreter zu bestimmen. Das ist aber ein gefährliches Unterfangen, weil damit leicht das innerste Absehen Hegels verfehlt wird. Hegel interpretiert die Geschichte spekulativ, und nimmt nicht einfach aus der faktisch gegebenen Geschichte historische Tatsachen und Situationen auf. Daß er aber dennoch unerhörte Tiefblicke in die Geschichte tut, hängt damit zusammen, daß das „systematische" Denken der Philosophie nicht in einem geschichtslosen Raume sich abspielt, sondern zutiefst geschichtlich ist. Man könnte versucht sein, die drei Stadien des Selbstbewußtseins in historischen Bezug zu bringen mit der antiken Philosophie, mit der neuzeitlichen und mit der Wendung, die dann Hegel eigentümlich ist. Etwa in der antiken Philosophie ist das Selbstbewußtsein verwirklicht als der Bezug zum Unwandelbaren, zum Allgemeinen der Idee, zum *kosmos ton eidon,* aber der *choris-mos* zwischen der sinnlichen Welt und der Welt der Ideen bleibt unbewältigt; das seinsverstehende Bewußtsein ist ein „unglückliches"; das Einzelne, vor allem das einzelne Bewußtsein, bleibt vom Reich des Unwandelbaren ausgeschlossen; anders dann in der Neuzeit, wo die Ideen als die Seinsgedanken der menschlichen Seele begriffen werden, und am Unwandelbaren die Einzelheit und in der Einzelheit der Seele das Unwandelbare auftritt; und endlich wäre dann Hegels eigener Versuch, über die subjektive Seele hinauszugehen, der dritte Schritt, der die Versöhnung des aufgerissenen Gegensatzes von Allgemeinem und Einzelnem bringen soll. Ein solches geschichtliches Schema würde allzusehr vereinfachen. Aber es hätte noch den Vorteil gegenüber anderen Versuchen, daß der grundsätzliche ontologische Sinn von Hegels Interpretation des unglücklichen Bewußtseins gewahrt bliebe.

Bedenklicher und fragwürdiger scheinen mir die umlaufenden geistesgeschichtlichen Deutungen des unglücklichen Bewußtseins zu sein. Es wird dann zu einer Seelenlage, zu einer existenziellen Haltung, was doch nur aus der Dialektik, d. i. aus der ontologischen Prüfung erwuchs. Man sagt z. B., das unglückliche Bewußtsein sei bereits eine Auslegung, die Hegel von der Religion gebe. Das ist nicht ganz abwegig, weil Religion ein Verhältnis des Menschen zum Unwandelbaren, Ewigen, und zwar in der Situation der Zeitlichkeit und zufälligen Einzelheit ist. Das unglückliche Bewußtsein sei das religiöse Selbstbewußtsein des Christen; es folge daher auf den Stoizismus und den Skeptizismus des antiken Heidentums; im unglücklichen Bewußtsein fühle sich der Mensch isoliert, vereinsamt in der Welt, er sei die auf sich selbst zurückgeworfene Innerlichkeit, die ihr Selbstbewußtsein gewinnt in der Verneinung der Welt; der christliche Religiöse sei Sklave und Herr zugleich; Herr gegen die Welt (im Akt der Verneinung) und Sklave gegenüber Gott; er entscheide sich für das unsterbliche Ich im Preisgeben des sterblichen; er optiere für das Unwandelbare im Verzicht auf das Wandelbare; das gegenwärtige Unglück des Christen sei das Unterpfand seines künftigen Glücks. Das dreifache Verhältnis des Unwandelbaren zum Wandelbaren sehe dann folgendermaßen aus: wo es zuerst schroff auseinandergerissen ist, das Wandelbare hier und das Unwandelbare dort, hätten wir die religiöse Position des Judaismus; Gott ist das Unwandelbare, vor dem alles Endliche schlechthin nichtig ist; im Christentum aber würde die Einzelheit selbst an das Unwandelbare übergehen, sofern das Göttliche im Menschensohn erscheint. Die dritte Stufe, wo das Unwandelbare in die Einzelheit des Bewußtseins selbst zurückkehrt, wäre dann das Ende des Christentums im Atheismus der Aufklärung. So deutet Kojève[1] das Problem des unglücklichen Bewußtseins. Das Bestechende dieser Deutung ist, daß er damit eine ganze Fülle von Einzelzügen konsequent zusammenbringen kann; aber die eigentliche Dimension des Unglücks ist dabei völlig verlorengegangen. Es geht hier nicht um ein Unglück, das in einer bestimmten existentiellen Haltung begründet ist, sondern um das wesenhafte Unglück des Selbstbewußtseins, dem es nicht glückt, wahrhaft Selbstbewußtsein zu werden. Es glückt ihm nicht, sich selber im Ding zu erkennen. Das Ding ist ihm zwar nicht mehr das Fremde, das andere Endliche, durch welches es selbst begrenzt wird. Aber es ist zerrissen durch den heillosen Gegensatz des Allgemeinen und Einzelnen – und solange es diesen Gegensatz nicht zu versöhnen vermag, ist es wesenhaft im Unglück. Fast mag es uns dürftig erscheinen, wie Hegel die Endlichkeit des Daseins bestimmt. Aber vielleicht steckt in dieser Dürftigkeit ein Reichtum, den wir noch nicht kennen.

*18. Die „ontologische" Dimension des unglücklichen Bewußtseins
(gegen existentielle und historistische Interpretation
des „unglücklichen Bewußtseins" und der Endlichkeit).
Übergang zur Vernunft: die Opferung des endlichen Bewußtseins*

Wir suchen uns den Sinn dessen nahezubringen, was Hegel unter dem „unglücklichen Bewußtsein" versteht. Das ist eine schwierige Interpretationsfrage. Wir haben den allgemeinen Zusammenhang exponiert, in welchem dieser Begriff auftritt: das unglückliche Bewußtsein

[1] A. Kojève, Introduction à la lecture de Hegel. Leçons sur la phénoménologie de l'esprit, Paris 1947; deutsche Auswahl von I. Fetscher, Frankfurt ²1975 (stw. 97); die behandelten Stellen auf S. 73 ff.

ist die Endgestalt des Selbstbewußtseins, das zuvor ausgelegt worden war in der Gestalt von Herr und Knecht, von Stoizismus und Skeptizismus. Aber alle diese Gestalten folgen nicht nur einander, lösen einander nicht ab wie in einem Maskenzug; vielmehr ereignet sich in dieser Abfolge von Gestalten eine innere Bewegung des Selbstbewußtseins, ereignet sich seine Geschichte. Im unglücklichen Bewußtsein vollendet sich die Geschichte des Selbstbewußtseins. Das ist der grundsätzliche Aspekt, den wir festhalten müssen. Wir verfehlen den Zugang, wenn wir, geleitet von der eindrucksvollen Wortprägung Hegels, das Unglück in einem bekannten und vertrauten Sinne aufnehmen, eben als die Misere des menschlichen Daseins, als die Hinfälligkeit, Gefährdung und Not unserer Existenz inmitten einer fremden und unheimlichen Welt.

Das Unglück, von dem Hegel hier handelt, ist weder das Unglück einer bestimmten faktischen Situation des Menschentums, noch einfach das Unglück, Mensch zu sein; es ist weder eine historische Daseinssituation, noch die existentielle Lage des Menschen schlechthin. Die Interpretationen zielen zumeist aber in diese Auslegungsrichtungen. Man versucht, das unglückliche Bewußtsein mit einer ganz bestimmten historischen Epoche gleichzusetzen, man sagt: es ist ein Zeitalter des Zwiespaltes und der Zerrissenheit, wo das Dasein sich nicht mehr auf die Welt und nicht mehr aus der Welt versteht, wo es das naive Zutrauen zu den Dingen verloren hat, – wo es sich durch eine abgründige Kluft getrennt weiß vom umgebenden Seienden, wo es die Innigkeit des Umgangs, die Freundschaft mit der Natur verloren hat, – wo es sich gegen sie behauptet und in dieser Gegenstellung versteift, – wo es abgerissen ist von der Welt und alle Brücken abgebrochen hat, – wo es ihm auf das Heil seiner Seele ankommt, wenn es auch dabei die ganze Welt verlöre; das unglückliche Bewußtsein wird so dann als die Grundhaltung des Christen genommen. Oder man glaubt noch radikaler in der Deutung zu sein, wenn man vom wesenhaften Unglück des Menschseins überhaupt spricht. Jenes Seiende, das ausgezeichnet ist durch Selbstbewußtsein, d. h. durch Freiheit, ist aus dem allgemeinen Naturzwang, der alle Lebewesen sonst durchwaltet, entlassen, – entlassen an es selbst, es steht in der ständigen Not der Entscheidung, im Elend des Wählenmüssens, in der Spannung des „Entweder – Oder"; jede Wahl ist auch ein Verzicht; jeder Gewinn verbittert durch das Wissen um das dadurch entgangene Andere; das Unglück wird dann gesehen als die unvermeidliche Einseitigkeit und Begrenztheit des geschichtlichen Daseins, das eine Möglichkeit nur ergreifen kann, wenn es zugleich andere abstößt. Auch wenn man das existentielle Unglück des Menschen noch radikaler fassen will als nur die Begrenztheit der menschlichen Freiheit, wenn man auf ein ursprünglicheres Unglück zurückgeht und die Seinsverfassung des Menschen auf ihre innerste Nichtigkeit, auf die Endlichkeit des Daseins hin ableuchtet, so bleibt zu fragen, ob damit Hegels Begriff vom Unglück des Bewußtseins getroffen ist.

Das „Unglück" ist kein ontischer, sondern ein ontologischer Begriff. Das bedarf einer näheren Verdeutlichung. Zunächst besagt dies: das Unglück ist kein Ereignis, kein Vorkommnis. Gewöhnlich nehmen wir doch den Ausdruck „Unglück" als die Bezeichnung eines Geschehens oder eines Zustandes; es ist dann etwas, was einem zustößt, was einen trifft. Das Bewußtsein ist aber nicht in diesem Sinne von einem Unglück betroffen. Oder wir sagen, jemand hat eine unglückliche Veranlagung, irgend einen Hang zur Grausamkeit, zum Verbrechen, zum Trunk, zur Schwermut; er ist ein unglücklicher Mensch, der nicht gelegentlich ins Unglück geraten ist, sondern der ins Unglück gekommen ist, schon als er zur Welt kam. Beide Male, beim gelegentlichen wie beim ständigen Unglück, ist das Unglück eine ontische Bestimmtheit. Anders kann nun der Begriff des Unglücks auftreten in einer grundsätzlichen Wesensbestimmung. Etwa ein Seiendes, z. B. der Mensch kann in seiner Seinsart unglücklich sein; es ist dann eine ontologische Aussage über den Menschen; die Seinsverfassung dieses Seienden wird dann als Unglück charakterisiert. Ist Hegels Ausdruck so gemeint? Nein, er ist keine regional-ontologische Aussage über den Menschen; keine Fixierung der Seinsverfassung einer bestimmten Region von Seiendem; er ist ontologisch in einem radikaleren Sinne; er kennzeichnet eine Weise des *legein*, des Ansprechens des *on*, er kennzeichnet eine Weise des Seinsverstehens. Wenn überhaupt bei Hegel die Endlichkeit des Daseins dort im Blick steht, wo er vom unglücklichen Bewußtsein spricht, so ist sie nicht gefaßt als eine unmittelbare Seinsbestimmung des Seienden, das wir je selber sind, sondern als eine Weise, wie wir Sein verstehen. Hegel findet die Endlichkeit des Daseins primär im endlichen Seinsverständnis.

Das scheint mir von grundsätzlicher Bedeutung zu sein; es zeigt, daß Hegel einzig im Zuge des allgemeinen Seinsproblems den Boden der Subjektivität betritt – und nicht etwa, weil er sich im voraus entschieden hätte, die Subjektivität als das Absolute anzusetzen. Das aber ist die naheliegende und deswegen auch am meisten in Umlauf gebrachte Lesart. Hegel wird zum Vollender der Metaphysik der Subjektivität abgestempelt. Das Mißverständnis des absoluten Subjekts beginnt schon in der Deutung des unglücklichen Bewußtseins – als des „noch nicht" absoluten. Absolutes Subjekt? Dieser zentrale Begriff des Deutschen Idealismus scheint am Ende eines langen geschichtlichen Weges zu stehen. „Subjekt" kommt vom lateinischen subjectum. „Subjekt" ist doppeldeutig: einmal ist es der Gegenbegriff zu Prädikat und stellt das Worüber der Aussage dar, eben das, wovon sie handelt; es ist dann ein Glied in der Struktur des Satzes, des Urteils; dann bedeutet Subjekt aber auch den Gegenbegriff zu Objekt. Wie hängen diese beiden Bedeutungen zusammen? Ursprünglich hat der Begriff des Subjekts nichts mit dem Ich oder der Person zu tun. Er bezeichnet vielmehr das Seiende an ihm selbst. Das Seiende, das Ding, die Substanz ist Subjekt, ist subjectum, ist das Daruntergeworfene und Darunterliegende. Worunter liegt es? Die naive Erfahrung findet die Dinge als begriffen im ständigen Wechsel, in Veränderungen, im Älterwerden – und findet sie als im ständigen Wechsel verharrend, identisch bleibend. Das Bleibende an den Dingen, das, was durch allen Wechsel hindurchgeht, ihm zugrundeliegt, das *hypokeimenon,* ist das subjectum, ist dasselbe wie die Substanz. Das heißt, die ursprüngliche Bedeutung von Subjekt ist die Substanz: „id quod substat accidentibus". Der Terminus Subjekt betrifft also primär das Sein des Seienden und ist anfänglich ein ontologischer Begriff. Beim Aussagen über das Seiende hält sich die Rede vornehmlich an das Zugrundeliegende, – von ihm sagt sie nähere Bestimmungen prädikativ aus; das Bleibende am Ding wird zum Worüber der Aussage; das Subjekt als Substanz wird in der Aussage zum Subjekt des Satzes; „Subjekt" wird somit ein logischer Begriff; das logische Subjekt aber macht sich in gewisser Weise selbständig; es spiegelt nicht nur in der Satzsphäre das ontologische Subjekt, die Substanz wieder; wir können auch Aussagen machen über Accidenzen und dann tritt die Accidenz selber als logisches Subjekt auf; der Satz aber enthält in sich noch die syntaktischen Möglichkeiten, daß wir grammatische Subjekte bilden, die sich nicht mit dem logischen Satzsubjekt decken. Wir haben einen eigentümlichen Fundierungszusammenhang zwischen ontologischem, logischem und grammatischem Subjekt. Anderseits, wo der Titel Subjekt als Gegenbegriff zu Objekt verstanden wird, hat sich ebenfalls eine merkwürdige geschichtliche Umkehrung des anfänglichen Sinnes vollzogen. Objekt bedeutet ursprünglich eher etwas Ichliches, – das objectum ist das Entgegengeworfene für ein Ich, ist solches, was einem Ich entgegensteht, – während doch Subjekt ursprünglich primär das Seiende an sich meint. Wie kommt es zu dieser Umkehrung?

Dafür waren zwei Momente in der Geschichte der Metaphysik von Bedeutung: einmal die christliche Weltauslegung und dann die Cartesianische Begründungstendenz für die Philosophie. In der christlichen Interpretation wird das geschaffene Seiende, das ens creatum, zu einem ens ab alio, verliert seine Eigenständigkeit, sein Ansichsein; Descartes teilt die endlichen Substanzen ein in die res cogitans, die denkende Substanz, und die res extensa, die ausgedehnte Substanz, – und begründet diese Einteilung im Rückgang auf ein „fundamentum inconcussum"; dieses unerschütterliche Fundament ist ihm das, was in allem Zweifeln sich als Unbezweifelbares erhält: die Selbstgewißheit des Ich. Das Ich wird durch diesen methodischen Vorrang der Zweifelsfreiheit zum ausgezeichneten *hypokeimenon*, zum „Subjekt" im prägnanten Sinne. Das denkende Subjekt gewinnt in steigendem Maße den Charakter des prototypischen Subjekts. Subjekt, im Sinne des allem Zweifel entzogenen Ich, wird zum methodischen Subjekt. Das Ich ist das methodische Zugrundeliegende; es wird so zum Prinzip der neuzeitlichen Philosophie. Dazu geht parallel die Wandlung des Objekt-Begriffs. Noch für die Scholastik bedeutet das Objekt = das im Denken Gedachte. Nunmehr meint es alles Seiende, was das Ich nicht ist; es wird zum Sammelbegriff für das gesamte Nicht-Ich.

Diese Begriffswandlung von Subjekt und Objekt läßt sich im ganzen nicht leugnen. Es ist nur die Frage, ob sie auch das Denken der Philosophie fatal bestimmt. Ist es wahr, daß der Deutsche Idealismus in der verhängnisvollen Gefolgschaft dieses Begriffswandels steht? Wird er zur Metaphysik der Subjektivität, weil sich ihm der ursprüngliche Begriff des Subjekts, der dasselbe meinte wie Substanz, in der verhängnisvollen Bedeutungsabwandlung eingeschränkt hatte auf das Subjekt im Sinne des Ich? Für Hegel zumindest ist doch das Ich nicht schlecht und recht die Substanz, oder gar die ausgezeichnete, methodisch gesicherte Substanz; vielmehr kommt nach seiner Einsicht, wie er ausdrücklich sagt, „... alles darauf an, das Wahre [d. i. das Eigentlich-Seiende] nicht als *Substanz*, sondern eben so sehr als *Subjekt* aufzufassen".(19) Worin Hegel zweifellos von der erwähnten geschichtlichen Bedeutungswandlung abhängig ist, ist die Entgegenstellung der beiden Begriffe Substanz und Subjekt, die ursprünglich doch dasselbe meinten.

Aber beide Begriffe erfahren bei Hegel doch eine originäre Exposition; sie werden nicht in einem aufgegriffenen Sinne verwendet, sondern durchlaufen je eine philosophische Durchdenkung. Diese Durchdenkung vollzog sich als die Dialektik. Und diese hatte immer die beiden Seiten im Blick, die Seite des Ansichseins und die Seite des Subjektiven – und hatte ferner im Blick die jeweilige Interpretation des Verhältnisses der beiden Seiten. Das Ich im Verhältnis zu dem ihm fremden Ding war die Bahn der ersten Dialektik, die auf die sinnliche Gewißheit, die Wahrnehmung und auf den Verstand ging; das Ich im Verhältnis zu sich selber als dem in die bunte Fülle der Welt versenkten Ich war die Bahn der Dialektik des Selbstbewußtseins, die zum unglücklichen Bewußtsein hinführt. Das Unglück des Bewußtseins ist das Nichtzusammenbringen von Selbst und Welt; das Selbstbewußtsein kann sich nicht einen aus seiner gedoppelten Gestalt, weil es einmal die Welt flieht und sie negiert, andererseits aber an ihr hängt, sie bearbeitet und an sie gefesselt ist. In dem gegensätzlichen Verhalten von Herr und Knecht, die doch im Grunde eins sind, ist das Selbstbewußtsein zerrissen. Diese Zerrissenheit gilt es nun entscheidend zu begreifen.

Das Unglück ist ein ontologisches Unglück, sagten wir eingangs. Es glückt dem Selbstbewußtsein nicht, die Gedanken des Unwandelbaren und des Wandelbaren, des Allgemeinen und des Einzelnen zusammenzubringen; es steht im Widerstreit dieser Gedanken und versteht nur in diesem Widerstreit so etwas wie das Sein. Was soll diese Rede bedeuten? Ist damit wirklich etwas Wesentliches über das Unglück des Daseins ausgesagt? In der Tat. Hegel gibt eine profunde Bestimmung der Endlichkeit des menschlichen Seinsverständnisses. Wir interpretieren sie also: das Unglück des Bewußtseins besteht in der Aufspaltung des Seinsverstehens in „essentia" und „existentia". Wo immer wir das Sein des Seienden meinen, unterscheiden wir das allgemeine Wassein und das bestimmte Daß-sein. Diese Unterscheidung ist uns nicht nur geläufig, sie gilt uns als unaufhebbar. Jedes Ding hat ein allgemeines Wesen, das es mit vielen anderen Dingen teilt, – es braucht dies nicht nur das Art- und Gattungshafte des Dinges zu sein; Art, Gattung sind besondere Weisen, wie das Allgemeine am Ding ist; das Ding hat, so sagen wir gewöhnlich, nicht bloß ein allgemeines Wesen, es ist eine faktische Wirklichkeit, ein einmaliges, unwiederholbares Ding, hier an diesem Ort und zu dieser Zeit. Das Ding als faktisches ist das Einzelne. In jedem Ding ist das Allgemeine und das Einzelne auf eine rätselhafte Weise zusammen da; sie sind aufeinander nicht zurückleitbar; sie widerstehen allen Versuchen, diese Differenz einzuebnen. Das Wassein ist nicht aus dem Daß-Sein zu begreifen – und ebenso auch nicht umgekehrt. Das seinsverstehende Bewußtsein des Menschen ist aufgeteilt, auseinandergerissen in die zwei irreduziblen Momente. Das Seiende ist janushaft; allgemein und einzeln; das Allgemeine am Seienden läßt sich im Begriff fassen, das Einzelne widersteht dem, läßt sich nur „finden", „erfahren", feststellen und hinnehmen. Das Einzelne in seiner Faktizität zeigt sich so als die Grenze der Begreifbarkeit; als Einzelnes ist das Seiende undurchdringlich für das Begreifen. Ein gedachtes Ding ist noch lange kein wirkliches; das Denken der hundert Taler macht mich nicht reicher; es fehlt die Wirklichkeit am Gedachten, das, was ihm erst die Solidität des Daseins gibt. Im denkenden Verhalten zum Allgemeinen des Seienden erfährt das Ich seine Freiheit; das Seiende in seinem allgemeinen Wesen ist gleicher Artung wie mein Denken; hier wie dort ist es der Begriff; aber in seinem Faktum scheint das Seiende undurchdringlich, scheine ich an es gefesselt zu sein und verdammt zu sein, mich immer hinnehmend zu ihm verhalten zu müssen. D. h. das Bewußtsein ist darin immer knechtisch.

Das Allgemeine und das Einzelne in ihrem Gegensatz halten das Bewußtsein zerrissen und konstituieren so sein Unglück; das endliche Seinsverstehen ist gespalten in Verstehen von Essenz und Existenz. So interpretiert, hat Hegels Begriff des unglücklichen Bewußtseins einen streng ontologischen Sinn. Der Ursprung der Trennung des Seins in Was-sein und Daß-sein, in Allgemeines und Einzelnes, in Wesen und Wirklichkeit bleibt dem endlichen Menschen verhüllt, er steht zunächst einfach in dieser Situation und findet sich als in sie versetzt. Zugleich aber ist ihm das Sein doch auch das Eine. Das Eine, das nur zwiespältig sich uns öffnet, das uns den Einblick in seine Einheit versagt und uns als die Seinsverstehenden selbst zwiespältig und zerrissen macht, – von dieser Not getrieben ereignet sich in der Philosophie der Versuch des Menschen, aus der zwiespältigen Situation, in die er versetzt ist, herauszukommen – und das Sein ursprünglicher, d. h. als den Ursprung jener Aufspaltung zu begreifen. Das bedeutet bei Hegel den Übergang vom Selbstbewußtsein zur Vernunft. Dieser Übergang ist aber nicht ein Wechsel, der zu etwas gänzlich Neuem hinführt; das

Selbstbewußtsein wird nicht aufgegeben und nun die Vernunft ergriffen.

Die Vernunft ist für Hegel nichts anderes als das wirkliche, das gelingende, das glückende Selbstbewußtsein. Im unglücklichen Bewußtsein gelingt nicht, mißglückt, was dem Selbstbewußtsein rein durch sich selbst aufgegeben ist: sich im Anderen zu finden und dort selbst anzuerkennen. Wir wissen, daß Hegel das Problem des Selbstbewußtseins gestellt hat dadurch, daß er sozusagen das Resultat der ganzen Dialektik des ersten Abschnittes (A) zusammenfaßte; in jener Dialektik war der Gegenstand als das Eigenständig-Seiende vergangen; im Durchdenken des Gegenstandes, d. h. seines ontologischen Schemas der Kraft, ging das unendliche Leben als der Grund des Gegenstandes auf; der Gegenstand erwies sich als aufzuhebende endliche Gestalt des Unendlichen und erwies sich (als) gleichen Wesens mit dem ihn denkenden Denken; Gegenstand und das Denken des Gegenstandes waren beide „Begriff", das Bewußtsein gewann so die Möglichkeit, sich im Ding wiederzufinden, seine Identität mit dem Ding zu erkennen. Eine solche Erkenntnis aber ist nicht mit dem vagen und ungefähren Einblick in die Selbigkeit von Bewußtsein und Ding schon geleistet; das Leisten dieser Erkenntnis stellte sich als das Problem des Selbstbewußtseins: das Ich, dem das gegenständlich Seiende zum Begriff geworden ist, soll sich einen mit dem Ich, dem der Gegenstand noch das Fremde, Selbständige ist, an dem es sich abmüht, d. h. arbeitet. Die Aufgabe des Selbstbewußtseins besteht also in der Einung von Begriff und Gegenstand, von Allgemeinem und Einzelnem, von Essenz und Existenz.

Das unglückliche Bewußtsein ist gleichsam die äußerste Wachheit, in der die Spannung des Problems in existentieller Schärfe auftritt. Das unglückliche Bewußtsein bringt sich selbst zu Ende, indem es den in ihm waltenden Gegensatz bis zum äußersten radikalisiert. Und die äußerste Not schlägt um in das Glück des Bewußtseins, welches für Hegel Vernunft heißt. Wie geht dieser Umschlag vor sich, wie verwandelt die radikale Besinnung die Grundsituation des zwiespältigen, in sich zerrissenen Seinsverstehens des Menschen? Hegel geht in den entscheidenden Gedankengängen aus beim Verhalten des Menschen zum gestalteten Unwandelbaren. Was soll das bedeuten? Das Unwandelbare, das dem Wandel nicht Unterworfene ist das Allgemeine; das Allgemeine aber begegnet uns als Allgemeines an Dingen, zeigt sich als ihr arthaftes Gepräge und ihre kategoriale Struktur; dieses Allgemeine erfassen wir gewöhnlich in den Begriffen. Das Allgemeine am Seienden gilt uns dann als etwas Fremdes und Jenseitiges. In bezug auf dieses fremde Allgemeine ist das Bewußtsein reines Denken; es denkt das Allgemeine am Einzelnen, denkt das Allgemeine des Einzelnen; es bringt schon reines Denken und Einzelheit zusammen, aber begreift noch nicht den Zusammenhang. Das Denken ist als Denken, das als Bewußtsein geschieht, ein einzelnes, in seiner Einzelheit denkt es das Allgemeine. Durch die Tat seines Denkens ist also schon das Einzelne und das Allgemeine zusammengehalten; das denkende Bewußtsein ist die einzelne Stätte, wo das Allgemeine gedacht wird. Aber das Bewußtsein begreift noch nicht, was es selber tut – oder wie in ihm die Einheit des Allgemeinen und Einzelnen schon da ist. Sein Denken nennt Hegel daher „Andacht". Das Denken ist sich selber verloren und denkt vor allem nicht, was damit geschieht, daß es das allgemeine Wesen aller seienden Dinge zu denken vermag. Hegel sagt: „Sein Denken als solche [Andacht] bleibt das gestaltlose Sausen des Glockengeläutes oder eine warme Nebelerfüllung, ein musikalisches Denken, das nicht zum Begriffe... kommt." (163) Was soll dieses Gleichnis? Gleichwie das Glockengeläut oder der Nebel einen Raum erfüllen, aber den erfüllten Raum selbst nicht gegenständlich scharf abgrenzen, so ist das Denken, welches das Allgemeine der Dinge denkt, über sich selber unklar, ist sich selber entzogen; es weiß noch nicht, daß in ihm das Allgemeine ist, welches es andenkt in seiner „Andacht". Wenn es hoch kommt, weiß es lediglich sich als das Einzelne, d. h. als den Gegensatz des Allgemeinen. Es kehrt im Bewußtsein seiner Einzelheit in sich zurück und begreift sein Denken des Allgemeinen als seine Tat; sein Denken ist ihm nicht ein Erschaffen des Allgemeinen, sondern nur eine Arbeit, eine Begriffsarbeit, welche es am Allgemeinen, genauer am durch Allgemeinheiten bestimmten Seienden tut. Aber diese Arbeit des Begriffs, welche das denkende Bewußtsein sich nur so zurechnet, daß es gleichsam vorhandene, ihm schon preisgegebene Strukturen erfaßt, welche das Unwandelbare ihm großmütig überläßt, diese Begriffsarbeit ist aber doch eine Weise, wie das Bewußtsein für sich wird, sich für sich selber bewährt. Es erfährt sich im Denken als wirkliches und wirkendes Bewußtsein und erfährt sich bestätigt in seiner Einzelheit.

Und hier bringt Hegel nun seine grandiose Interpretation des wahrhaften Selbstbewußtseins und der wahrhaften Wirklichkeit des Bewußtseins. Das Bewußtsein gewinnt sein Selbst, indem es sich entselbstet, seine Wirklichkeit, indem es sich entwirklicht. Das klingt vielleicht überspitzt, es ist aber der genaue Sinn von Hegels Gedankengang. Man hat in diesen sehr schwer durchdringlichen Stellen eine Rechtfertigung der Askese, des Mönchtums, der Selbstentäußerung sehen wollen. Gewiß Hegel spricht hier die Sprache der Askese. Aber es geht hier nicht um die Askese als ein bestimmtes existentielles Verhalten des Menschen zur Welt, nicht um die Absage an die Freuden der Erde und die Abkehr von der sündhaften Frau Welt, sondern um eine „Askese" im ontologischen Sinne. Das denkende Bewußtsein, welches das Allgemeine des Seienden denkt, soll sich nicht als das Einzelne gegen das in ihm gedachte Allgemeine behaupten, als ein einzelnes Seiendes neben anderen Dingen; es soll auf seine selbständige Einzelwirklichkeit Verzicht tun, soll sich „aufopfern". Solange das denkende Bewußtsein sich selbst festhält als eine vereinzelte Wirklichkeit inmitten der Welt, solange bleiben die in ihm gedachten Allgemeinheiten „draußen". Solange haben wir nur eine „Berührung" der disparaten Sphären des Einzelnen, hier des denkenden Bewußtseins, und des Allgemeinen, d. h. der gedachten Strukturen. Was Hegel mit der Rede von Aufopferung im Blick hat, ist eine fundamentale Umwendung des Blickes, nämlich die Umwendung vom Hinblick auf das innerweltliche Bewußtsein zu dem auf das Welt-Bewußtsein. In heutiger Terminologie würden wir sagen: die Umwendung vom ontischen Bewußtsein zur „Transcendenz des Daseins". Indem das Bewußtsein darauf verzichtet, sich als eine eigenständige Wirklichkeit neben anderen zu behaupten, gewinnt es sich erst in seiner alles umspannenden Totalität, erfährt es sich als die Einzelheit, in der alles Einzelne und Allgemeine des Seienden beschlossen ist; es erfährt sich als die Vernunft. Durch seine „Aufopferung" gewinnt es sich selber in seinem tiefsten Wesen. Seine Einzelheit ist demnach keine solche wie die Einzelheit des Dinges. Ein Ding ist immer noch neben anderen Dingen. Solange sich das Selbstbewußtsein gleichsam an seiner zufälligen Einzelheit festkrallt und sie verteidigt, sich also nimmt wie ein Ding neben anderen Dingen, bleibt es durch den Gegensatz zur Welt bestimmt, d. h. es kann sich dann gar nicht im Fremden der Welt selber erkennen und finden, es kann nicht zum wahrhaften Selbstbewußtsein gelangen, es ist unglückliches Bewußtsein, das am unausgetragenen Gegensatz des Einzelnen und Allgemeinen leidet.

Für Hegel bringt der Begriff der Vernunft die Versöhnung dieses Gegensatzes; die Vernunft ist das eine, einzelne Wirkliche, in dem alles

Allgemeine, alles Sein des Seienden gedacht wird. Hegels Vernunftbegriff steht dem antiken *nous* weit näher als der Vernunft Kants. Wenn wir einen Augenblick den öfters erwähnten äußerlichen Parallelismus im Aufbau der „Phänomenologie des Geistes" und der „Kritik der reinen Vernunft" bedenken, so tritt er auch jetzt wieder zutage. Kants Lehre vom Selbstbewußtsein, d. h. in seiner Sprache von der „transcendentalen Apperzeption", schließt sachlich die „transcendentale Analytik" ab; nun beginnt für ihn die Lehre von der Vernunft. Mit den Vernunftbegriffen und dem durch sie mitgeführten Schein beschäftigt sich die „transcendentale Dialektik". Entscheidend wird dabei für Kant, daß die reinen Vernunftbegriffe, die Ideen, keine objektive Bedeutung beanspruchen können; sie sind Begriffe, welche die Natur des menschlichen Erkenntnisvermögens zwar immer mit sich führt und in denen auch das unbedingte Ganze aller Erscheinungen gedacht wird; aber dieses Ganze ist „nur" Idee, ihr entspricht keine objektive Wirklichkeit. Das in den Ideen Gedachte: das Weltganze, die unbedingte Einheit des denkenden Subjekts (Seele) und der unbedingte Weltgrund, all das sind keine Gegenstände möglicher Erfahrung, sind Gedankendinge, deren Wirklichkeit nicht erwiesen werden kann. Kant bewegt sich gerade bei der Kritik der psychologischen, kosmologischen und theologischen Ideen mit selbstverständlicher Sicherheit auf dem Boden der Unterscheidung von bloßem Gedanken und wirklicher Vorhandenheit; das reine Denken gilt ihm als von sich aus ohnmächtig; gedachtes Sein ist sowenig wirklich wie die gedachten Taler.

Bei Hegel ist alles umgekehrt; für Hegel steht Kants Vernunftbegriff noch auf dem Boden des unglücklichen Bewußtseins; die von Kant ausgearbeitete Dialektik der reinen Vernunft hat in der Sicht Hegels die eigentliche dialektische Erfahrung mit sich selber überhaupt noch nicht gemacht. Diese wesentliche Differenz in der Auffassung der Vernunft zwischen Kant und Hegel muß uns gut gegenwärtig sein, soll hier nicht alles durcheinanderlaufen. Wir fragen zuerst ganz vorläufig, wie Hegel den Vernunftbegriff bestimmt. Der Vernunftbegriff ist nicht der Begriff eines vorhandenen Vermögens, das etwa neben Sinnlichkeit und Verstand steht, – und eine Ausstattung des Menschen bedeutet. Die Vernunft ist sozusagen überhaupt nicht vorhanden, sie entsteht erst in der dialektischen Erfahrung, welche das seinsverstehende Bewußtsein macht auf seinem langen Wege im Ausgang von der sinnlichen Gewißheit. Die Vernunft entspringt im Umschlag der negativen

Erfahrung des unglücklichen Bewußtseins in eine positive. Die Positivität derselben besteht darin, daß das Bewußtsein sich nicht mehr zu einem Anderssein verhält, zu einem Fremden, das es nicht ist, sondern daß es sich wirklich in dem ihm bisher Fremden selber erkennt. Das denkende Bewußtsein weiß sich nur als die Bewegung der Seinsgedanken, – es hat in der Aufopferung seine besondere Einzelwirklichkeit neben anderen Wirklichkeiten vernichtet und sich so zum wahrhaften reinen Denken gemacht. Vorher, in der Gestalt des unglücklichen Bewußtseins, ging es ihm um seine Selbständigkeit und Freiheit – auf Kosten der Welt; es hatte sich neben die Welt, neben das Seiende gestellt und in dieser Nebenstellung zu behaupten versucht. Weil es aber in der Aufopferung als seiner Aufhebung, als Vertilgung seiner endlichen Gestalt – wie Hegel sagt – das Fürsichsein aus sich „hinausgerungen" hatte, wird es nicht mehr durch einen Gegensatz zur Welt beunruhigt, „... [es] hat die Ruhe gegen sie empfangen". (176) Hegel faßt die erste wesentliche Bestimmung der Vernunft zusammen in dem Satz: „... alle Wirklichkeit [ist] nichts anders ... als ..." das geglückte Selbstbewußtsein, „... sein Denken ist unmittelbar selbst die Wirklichkeit ...". (176) Die Vernunft verhält sich zur Welt als „Idealismus". Der Idealismus tritt hier nicht auf als eine bestimmte philosophische Weltansicht, für die oder gegen die man sich zu entscheiden die Wahl hätte; der Idealismus ist das Begreifen, daß das Sein = Idee ist. Das Sein ist Gedanke, Denken und Sein sind dasselbe, *to gar auto noein estin te kai einai*.[1] Was den Zugang zu diesem ontologischen Idealismus Hegels besonders erschwert, ist nicht allein, daß wir heute unter dem Titel Idealismus erkenntnistheoretische Positionen zu denken gewohnt sind, sondern daß Hegel selbst den Idealismus des Vernunft-Standpunktes in der Fichteschen Terminologie formuliert. Mit der Hinwendung zur Vernunft stehen wir am Eingang zum dritten und größten Abschnitt des Werkes. Dieser Abschnitt selbst ist nicht mehr überschrieben; er zerfällt in vier überschriebene Unterabschnitte „Vernunft", „Der Geist", „Die Religion", „Das absolute Wissen". Daß er im Ganzen keine Überschrift trägt, hat seine tiefe Bedeutung; in dem Einheitlichen, was Vernunft, Geist, Religion und absolutes Wissen eint, – und das hier keinen Namen hat, liegt der wahre Schwerpunkt des Werkes.

---

[1] Parmenides, Frgm. B 3 (Diels-Kranz I, 231).

D. VERNUNFT

e) Gewißheit und Wahrheit der Vernunft

19. Bestimmung der Vernunft bei Hegel vor dem Hintergrund des alltäglichen und des subjektivistischen Verständnisses. Parallelen Hegel–Kant. Gewißheit und Wahrheit der Vernunft. „Unmittelbarer Idealismus"

Das Thema des Semesters läßt sich – bei allen vorsichtigen Vorbehalten – angeben als Hegels Lehre von der „Vernunft" in seinem Werk „Phänomenologie des Geistes".[1] Die unerhörte Schwierigkeit seiner Phänomenologie liegt darin, daß sie nicht vorliegende Befunde, nicht schlicht gegebene „Phänomene" beschreibt und zusätzliche Urteile und Theoreme anheftet, sondern daß er in die Gedanken eindringt, in denen und mit denen wir jeweils schon das Bestehende, Vorliegende, das Phänomen, die gefundene Sache und den geistigen Vollzug des Findens verstehen – oder doch zu verstehen meinen. Hegels Denken betrifft das „Seinsverständnis", nicht bloß als einen Gegenstand, sondern als die Operation, – es geht ihm nicht darum, ein vorbegriffliches Seinswissen auf den Begriff zu bringen, vielmehr darum, die Seinsgedanken und Seinsbegriffe durchzudenken, ihre inneren Widersprüche auszutragen und die Wendungen und Wandlungen im gewußten Sein und seienden Wissen zu durchlaufen in einer langen und langwierigen, mühsamen und stufenreichen „Erfahrung des Bewußtseins". Sein Denken ist „ontologisch" in einem besonderen und merkwürdigen Sinne. Wenn man mit dem Terminus „ontologisch" eine Denkweise charakterisieren will, welche die Dinge in ihrer Dingstruktur, die Dingbereiche in ihrem Gattungs- und Art-Gepräge, die Verfassung des Seienden nach Was-sein, Daß-sein, Wahr-sein und nach den Modalitäten des Möglich-, Wirklich- und Notwendig-Seins bestimmt, so trifft dies nicht auf Hegel zu. Weder hat er eine fertige Welt voraus, die in ihren materialen und formalen Strukturen zu beschreiben wäre, noch eine fertige Architektur des Erkenntnisvermögens. Der *logos* ist wesentlich mehr als eine Bestimmung des Seienden, des *on*, – man könnte die Formel wagen, daß bei Hegel eine Ontologie der Ontologie

---

[1] Dieser Einleitungssatz wurde aus der ersten Vorlesung übernommen anstelle des ersatzlos gestrichenen ersten Satzes dieser Vorlesungsstunde.

vorliege, sofern das Grundverhältnis von *on* und *logos*, von *noein* und *einai* das Bedachte und immer erneut zu Bedenkende der Hegelschen Philosophie ausmacht. Das haben wir anzudeuten versucht mit der These, die fundamentalen Seinsbegriffe Hegels, das Ansichsein und Fürsichsein, umgrenzen keine binnenweltlichen Regionen, nicht einerseits die unbelebte Materie und nicht andererseits das „Leben", das zuhöchst im Menschengeiste aufgipfelt, – sind prinzipiell weltweite Weisen, wie Sein sich ereignet, sie durchdringen und durchmachten sich in allem, was ist. Sie prägen sich aus im Verhältnis von Sein und Wissen – und bilden eine verwirrende Mehrdimensionalität des Seinsproblems.

Es mag eine Zumutung bedeuten, in einer Vorlesung Gedanken von der enormen Schwierigkeit des Hegelschen Textes vorzulegen, – es ist eine Zumutung nicht für den Hörer allein, auch für den Vortragenden, weil alle die Hilfen fehlen, die wir sonst bei schwierigen Theoremen zur Hand haben. In den positiven Wissenschaften haben wir zunächst eine vor-wissenschaftliche Kenntnis des Gegenstandsbereiches, bei der wir ansetzen können, um in einem methodischen Gang der Wissens-Steigerung nach Umfang, Genauigkeit, Strukturverständnis zu Einsichten und Erkenntnissen zu gelangen, die wiederum eine Basis für weiter vordringendes Erkennen werden und einen Horizont der Wissensprogression vorzeichnen. In der Methode hängen die einfachen mit den höchst komplexen Gedanken zusammen und bilden einen Forschungs- und auch korrelativ dazu einen Lehr- und Lern-Weg. Am Leitfaden der sach-logischen und formal-logischen Konsequenz schreitet das Erkennen voran, gewinnt es über viele Stufen und Etappen hinweg einen vorläufigen Höchst-Stand. Die positiven Wissenschaften führen einen bestimmten Stil der Mitteilung, der intersubjektiven Verifikation und der Lehrbarkeit mit sich. Die schwierigen Theoreme sind nicht für jedermann verstehbar, nicht faktisch-verstehbar, weil die Intelligenzen begrenzt sind und nur wenige die ungeheure rationale Arbeit auf sich nehmen. Jedoch bilden die Wissenschaften einen graduell verketteten Zusammenhang von einfachen und komplizierten Erkenntnissen.

Ist dies nicht ebenso in der Philosophie? Hat nicht auch sie eine vor-philosophische Kenntnis der Umwelt, steigt nicht auch sie in einer methodisch gezügelten Schrittfolge vom Elementaren zum Schwierigen auf? Hat nicht auch sie Leithilfe der Logik und der sachgegründeten

Konsequenzen? Ist die Philosophie „strenge Wissenschaft"[1] – oder etwas ganz anderes? Den Fall gesetzt, sie bestimme nicht die Dinge, die Sachen und Sachverhalte in einer ansteigenden Linie der schwieriger werdenden Rationalität, sie frage vielmehr nach dem Dingsein als solchem und nach den Grundbezirken der Weltwirklichkeit, versuche Wirklichsein als solches zu bestimmen, dann ist sie als denkende Durcharbeitung des in allem menschlichen Verhalten gebrauchten Seinsverständnisses, auch desjenigen, mit dem die Wissenschaften operieren, nicht mehr im Bilde der Wissenschaften, nicht mehr am Modell ihres progressiven Fortschrittes zu begreifen. Und wenn Hegels Philosophie überdies auch keine thematische Ontologie herkömmlicher Art ist, – keine Aussage über das Seiende als solches und seine Bereiche in den verschiedenen Seinsweisen, – auch kein objektives System von ontologischen Begriffen vorlegt, sondern das Seinsverständnis selbst bewegt, dann haben wir beim Versuch des Nach-Denkens keinen Boden, keine Plattform und kein sicheres methodisches Geleit. Es bedarf eines langen Atems, um die vielfachen Umbrüche des von Hegel gedachten Weltverhältnisses von Sein und Wissen mitzudenken, – man kommt nicht schnell zu Ergebnissen, am wenigsten zu solchen, die man schwarz auf weiß nach Hause tragen kann.

Allerdings ist es auch Hegels Philosophie nicht erspart geblieben, von der eilfertigen Meinung zurechtgemacht, auf Formeln abgezogen und katalogisierbar gemacht worden zu sein und im Warenhaus der Ideologien einen Platz erhalten zu haben. Es ist grotesk, was heutzutage Soziologen leisten in der Nivellierung eines Gedankenwerkes, um Hegel als Voraussetzung des Marxismus zu denunzieren. Wenn wir uns einlassen mit einem Text, wie in dieser Vorlesung mit dem Text über die „Vernunft" in der „Phänomenologie des Geistes", müssen wir bereit sein, auf ein schnelles und billiges Verständnis zu verzichten und uns einer Erfahrung mit dem radikal negativen Wesen der Philosophie auszusetzen.

Zunächst sind wir alle wohl der Meinung, zu wissen, was Vernunft sei. Wir gebrauchen diesen Terminus geläufig und in vielen Schattierungen. Wir nennen etwa einen Vorschlag, einen Plan, eine Haltung „vernünftig", um auszudrücken, daß nicht blinde Leidenschaft, sondern Überlegung und bedachtsames Erwägen darin sich bekundet. Im

[1] Vergl. E. Husserl, Philosophie als strenge Wissenschaft, ed. W. Szilasi, Frankfurt 1971 (Quellen der Philosophie 1).

Menschenleben mit seinem Tumult der Begierden und wilden Triebe spielt die Vernunft die Rolle eines guten und heilsamen Seelenführers, sie dämpft die Wut der irrationalen Lebensmotive, ordnet das Chaos der impulsiven Strebungen, ermöglicht einen gesitteten Umgang der Menschen miteinander. So genommen ist Vernunft mehr als listige Klugheit, mehr als ein rationales Mittel, um irgendwelche Zwecke durchzusetzen. Vernunft ist z. B. kein Instrument eines Tyrannen. Er kann teuflisch klug, jedoch nicht vernünftig sein, weil Tyrannei als solche der Vernunft widerspricht. In einem weiten Sinne also, der alles geistbestimmte Verhalten der Menschen vorwiegend in praktischer Arbeit umfaßt, wird der Begriff der Vernunft tagtäglich gebraucht. In anderer Weise sprechen wir von Vernunft, wenn wir einen rationalen Sinn in der Natur selbst, in der Geschichte, in der Welt vermuten. Die „Vernunft in den Dingen" meint dann nicht, daß die nichtmenschlichen Dinge Vernunftsubjekte, Vernunftvollzieher seien, sondern vielmehr daß in ihnen ein verborgener Sinn walte, den wir erkunden und herausziehen könnten. Und so unterscheiden wir ebenfalls geläufig eine „objektive" und eine „subjektive Vernunft". Der Mensch gilt uns als der Träger der subjektiven Vernunft, die ihn befähigt, die objektive Vernunft in den Dingen und schließlich in der ganzen Welt zu erkennen. Abgesehen von der Frage, ob es außer dem Menschen noch andere Vernunftsubjekte gebe und er als „animal rationale" Bürger eines Geisterreiches sei, wird jede Selbstverständigung des Menschen auch zu einer Frage nach seiner „Vernunft". Bald nehmen wir den Titel Vernunft als die inbegriffliche Bezeichnung für den Menschengeist, als Namen für das Erkenntnisvermögen überhaupt, bald meinen wir damit einen besonderen, allerdings ausgezeichneten Teil des Erkenntnisvermögens.

Etwa in Kants „Kritik der reinen Vernunft" wird Vernunft gebraucht als gleichbedeutend mit Erkenntnisvermögen überhaupt, aber auch in dem engeren Sinne eines besonderen, den höchsten Rang beanspruchenden Erkenntnisvermögens, das eigene und eigentümliche Begriffe, die „Ideen" besitzt, vom Verstande und von der Sinnlichkeit strukturell verschieden ist. Die Kantische Topologie des Erkenntnisvermögens ist eine wichtige Voraussetzung für Hegels Problematik. Er ist davon mitbestimmt, sofern er sich davon absetzt. Ihrem äußeren Aufriß nach korrespondiert Hegels „Phänomenologie des Geistes" der Kantischen „Kritik der reinen Vernunft". Bei Kant finden wir zuerst eine Theorie der Sinnlichkeit, dann die Theorie des Verstandes und schließlich die Theorie der Vernunft. In der „Phänomenologie des Geistes" entwickelt Hegel eingangs die Dialektik der sinnlichen Gewißheit, dann das Problem der Dingheit und den Verstandesunterschied von Erscheinung und übersinnlicher Welt. Bis hier entspricht Hegels Werk der „Transcendentalen Aesthetik" und der „Transcendentalen Analytik" der Kantischen Vernunftkritik. Hegels Lehre von der Vernunft bildet die Parallele zur „Transcendentalen Dialektik".

Allerdings ist nur mit größter Vorsicht von diesem Parallelismus zu sprechen. Bei Kant finden wir eine großartige systematische Architektur des Erkenntnisvermögens, die statische Ausbreitung des Bauplanes des Geistes, die Sonderung der einzelnen Vermögen und die Unterscheidung der Vermögen nach empirischen und apriorischen Momenten. Sinnlichkeit und Verstand erbringen im rechten Zusammenwirken die Erkenntnisleistung des Menschen, die als solche bezogen ist und auch bezogen bleibt auf das Feld der Erscheinungen, auf die Gegenstände der Erfahrung. Der Vernunft als dem Vermögen der „Ideen" bleibt nach Kant, obgleich sie der höchste Aufflug des Menschengeistes ist, lediglich die Aufgabe, der menschlichen Erfahrung bestimmte Totalitätshorizonte vorzuzeichnen, den Erkenntnisgang zu „regulieren". Jedoch gewinnt sie in ihren einheimischen Begriffen keine gegenständliche Erkenntnis, – und ein wesentliches Ziel der Kritik der Vernunft ist, den falschen und anmaßlichen Anspruch der Vernunftbegriffe und Vernunftschlüsse zu destruieren.

Bei Hegel ist alles anders. Er hat keine statische Auffächerung des Erkenntnisvermögens, keine fixen und streng gehüteten Distinktionen zwischen Sinnlichkeit, Verstand und Vernunft, – bei ihm ist alles in Bewegung, alles im Fluß. Er ist auf Kants Bauplan des Erkenntnisvermögens bezogen, indem er ihn verflüssigt, „liquidiert" und an die Stelle der Architektur eine Bewegung setzt. Die „Phänomenologie des Geistes" hat die Gliederung – dem Inhaltsverzeichnis nach –: „A. Bewußtsein", „B. Selbstbewußtsein" und nichtbetitelten Abschnitt „C", der in vier Untertitel zerfällt: „Vernunft", „Der Geist", „Die Religion", „Das absolute Wissen". Der erste Unterabschnitt des dritten Abschnittes C bildet die Vorlage und das Thema unseres Auslegungsversuches. Wenn man die angeführten Titel zunächst einmal überdenkt, so fällt die erkenntnistheoretisch klingende Nomenklatur auf. Es hört sich an, als wären ausschließend Bewußtseinsweisen, subjektive Akte und Haltungen im Thema, als triebe Hegel eine Bewußtseinsphänomenologie. Um diesem irreführenden Anschein zu entgehen, haben wir Hegels Ansatz auf das Problem von Ansichsein und Fürsichsein hin interpretiert und „Bewußtsein" als Seinsverständnis, als Bezug von Sein und Wissen gedeutet. Im Zuge dieser Auslegungsperspektive behaupten wir: bei Hegel liegt keine Topographie der menschlichen Erkenntnis nach Quellen und Stämmen, nach gesonderten „Vermögen" vor, keine Inventarisierung der Begriffe, keine Architektur und kein Bau- und Funktionsplan des menschlichen Geistes. Die „Vernunft" ist kein vorgegebenes, subjektives Phänomen, das neben Sinnlichkeit und Verstand bestünde und in ihrer eigentümlichen Verfassung zu umgrenzen wäre. Für Hegel ist die „Vernunft" eine bestimmte Gestalt des Seinsverständnisses, eine Station in der dialektischen Geschichte, die als „Phänomenologie des Geistes" geschieht.

Man kann deshalb nicht einfachhin anfangen, über die Vernunft vernünftig zu reflektieren oder sie als einen vorgegebenen seelischen Befund zu beschreiben. Auch ist sie für Hegel etwas anderes als eine bestimmte Ausstattung des Menschen, etwas anderes als bloße Intelligenzbegabung. Mit dem Begriff einer Fähigkeit kommt man ebenfalls nicht an Hegels Vernunftbegriff heran. Die Sehfähigkeit z. B. hat als solche keinen bestimmten Inhalt, – das gelichtete Auge kann vielerlei, was im Lichte steht, aufnehmen. Der Sehende hat einen Spielraum freier Beweglichkeit, worin er bald dieses, bald jenes in den Blick fassen kann, er kann auch über das Sehfeld hingleiten. Ist die Vernunft gewissermaßen ein geistiges Sehvermögen, eine Fähigkeit, die nicht ganz bestimmten Inhalten zugeordnet ist, vielmehr vieles und vielerlei fassen und auch fallen lassen kann? Hegels Begriff der Vernunft ist nicht inhaltsneutral, meint nicht ein Denken-Können, eine Denkfähigkeit besonderer Dignität, sondern meint eine Gestalt in den langen Wandlungen des Seinsverständnisses, eine Gestalt, die bestimmte Gedanken über das Verhältnis von Sein und Wissen in sich enthält. All das sind zunächst unsere Behauptungen. Wir müssen versuchen, sie ins Recht zu setzen im Nachdenken des Hegelschen Textes.

Der Abschnitt „Vernunft" in der „Phänomenologie des Geistes" ist folgendermaßen aufgegliedert: 1. Beobachtende Vernunft, 2. Die Verwirklichung des vernünftigen Selbstbewußtseins, 3. Die Individualität, welche sich an und für sich reell ist. Beim bloßen Hören der Termini wird noch nichts verstanden, sie sprechen auf einem Niveau, in das wir uns allererst hinaufbringen müssen. Hegel stellt einen kurzen exponierenden Gedankengang voran, den er überschreibt: „Gewißheit und Wahrheit der Vernunft". Was soll die Zusammenstellung der beiden Worte „Gewißheit" und „Wahrheit"? Immer wieder finden wir bei Hegel diesen Wortgebrauch. Hegelinterpreten von Rang deuten hier zuweilen in einem Rückgriff auf Descartes und lesen die beiden Worte im Sinne von „certitudo" und „veritas". Das erscheint mir äußerst fragwürdig. Handelt es sich überhaupt um das Problem, ob und inwieweit Wahrheit über Seiendes eingeengt und eingeschnürt wird durch die Absicht, in sicherer und verläßlicher Weise zu wissen, – um das Problem, ob die Sicherheit im Wissensbesitz, als Absicherung gegen Zweifelsversuche, die Wahrheitsfülle beeinträchtigt, ob die Frage, wie gewußt wird, vorrangig zu werden droht vor der Frage, was gewußt wird? Hegels Redeweise von Gewißheit und Wahrheit ist nicht Cartesianisch. Vielmehr geht es hier um das Verhältnis von Wissen und Sein, von *noein* und *einai*. Gewißheit und Wahrheit der Vernunft: dies betrifft das Problem, wie in der Vernunftsituation des Seinsverständnisses Sein gewußt wird und wie das Gewußte, das Wissen und der Wissende „ist", in welchem Grade von Seinsmächtigkeit er sich befindet.

Schon der erste Satz ist dafür ein Beleg: Die Vernunft ist kein eingeborenes Vermögen des Menschen; sondern er macht eine fundamentale Aussage darüber, was das Wahre, d. h. das eigentlich-Seiende für das Wissen in einer Situation ist, welche durch Wandlungen des Seinsverständnisses entstanden ist. Der Satz lautet: „Das Bewußtsein geht in dem Gedanken, welchen es erfaßt hat, daß das *einzelne* Bewußtsein *an sich* absolutes Wesen ist in sich selbst zurück". (175) Die Vernunft entsteht als Rückgang des Bewußtseins in sich selbst. Sie ist nicht vorher vorhanden als Ausstattung oder Fähigkeit, sie tritt auf als Resultat einer Geschichte, der Geschichte eines sich wandelnden Seinsverständnisses. In der voraufgehenden Phase dieser Geschichte war das Bewußtsein dadurch bedrängt, daß es die Seinsgedanken des Ansichseins und des Fürsichseins nicht zusammenbrachte, daß ihm die Welt zerfiel in diesseitige Erscheinung und in ein jenseitiges Wesen. Das Wesen wurde gedacht als das Unwandelbare, das Wissen aber als das Flüchtige und Vergängliche. Dies ist die Position des „unglücklichen Bewußtseins", womit der Gedankengang vor dem Vernunftkapitel abschloß. Indem nun die Reflexion sich darüber klar wird, daß der Unterschied, von welchem das unglückliche Bewußtsein gequält wird, ja vom Bewußtsein selbst gesetzt wird und es die Stätte bildet, worin das Unterschiedene auseinanderbricht, so wird das Bewußtsein zur „Vernunft". Die Vernunft umspannt den ganzen Bezug von Wissen und Sein. Hegel kann formulieren: ihre „... Wahrheit ist dasjenige, welches in dem Schlusse, worin die Extreme absolut auseinandergehalten auftraten, als die Mitte erscheint, welche es dem unwandelbaren Bewußtsein ausspricht, daß das Einzelne auf sich Verzicht getan, und dem Einzelnen, daß das Unwandelbare kein Extrem mehr für es, sondern mit ihm versöhnt ist." (175) Die Vernunft ist jene Gestalt des Seinsdenkens und des Denkendseins, wo der Gegenstand nicht mehr etwas Fremdes, nicht mehr ein jenseitiges Ansich für das Wissen ist, sondern im ganzen in das Wissen fällt, ebenso sehr wie das Wissen das Höchstmaß an Seinsmacht gewinnt. Die Vernunft kann Hegel also charakterisieren: „Diese Mitte ist die beide unmittelbar wissende und sie beziehende Einheit, und das Bewußtsein ihrer Einheit, welche sie dem Bewußtsein und damit *sich selbst* ausspricht, die Gewißheit [,] alle Wahrheit zu sein." (175)[1] Achten wir noch einmal auf die letzten Worte des zitierten Satzes: „die Gewißheit, alle Wahrheit zu sein". Es heißt nicht, die Gewißheit, alle Wahrheit zu haben, und meint ganz und gar nicht die certitudo, im Besitz aller Wahrheiten, aller veritates zu stehen. Wir müssen den Satz so lesen: die Gewißheit, alles eigentliche und vollgültige Sein in sich zu versammeln.

Die Vernunft ist das an- und für-sich-Seiende. Indem die Vernunft entsteht, vergehen vorausgegangene Stadien des Seinsverständnisses. Bisher hatte das Bewußtsein ein negatives Verhältnis zur Sphäre der ihm fremden Gegenstände, es war an sie hingerissen und vermochte doch nicht, ihre Fremdheit zu tilgen oder gar sich selbst in dem vermeintlichen Anderen und Fremden zu entdecken. „Bisher ist es ihm nur um seine Selbständigkeit und Freiheit zu tun gewesen, um sich für sich selbst auf Kosten der *Welt* oder seiner eignen Wirklichkeit, welche ihm beide als das Negative seines Wesens erschienen, zu retten und zu erhalten. Aber als Vernunft, seiner selbst versichert, hat es die Ruhe gegen sie empfangen und kann sie ertragen; denn es ist seiner selbst als der Realität gewiß..." (176) Das besagt weit mehr als die bloße Seinsgewißheit des Bewußtseins, sagt mehr als dies, daß das seinsverstehende Bewußtsein selber in gültiger Weise ist. Es weiß sich selber

---

[1] Eckige Klammer im Original.

als den Inbegriff von allem, was ist. Es ist nicht bloß real, es ist die Realität. Oder – wie Hegel lapidar sagt: es weiß, „... daß alle Wirklichkeit nichts anders ist als es; sein Denken ist unmittelbar selbst die Wirklichkeit...". (176)

Dasselbe ist Denken und Sein, dieser Parmenideische Satz ist der Grundsatz der Hegelschen Vernunft, – und die programmatische These des „Idealismus". Wenn Kant die Vernunft als das Vermögen der „Ideen" in seiner aufgegliederten Tafel des menschlichen Vorstellungsvermögens aufführt, so ist die Vernunft für Hegel die Seinsthese des Idealismus. Es ist dem Denken, sagt Hegel, „... indem es sich so erfaßt, als ob die Welt erst jetzt ihm würde; vorher versteht es sie nicht; es begehrt und bearbeitet sie, zieht sich aus ihr in sich zurück und vertilgt sie für sich, und sich selbst als Bewußtsein, – als Bewußtsein derselben als des Wesens, sowie als Bewußtsein ihrer Nichtigkeit. Hierin erst, nachdem das Grab seiner Wahrheit verloren, das Vertilgen seiner Wirklichkeit selbst vertilgt und die Einzelheit des Bewußtseins ihm an sich absolutes Wesen ist, entdeckt es sie als *seine* neue wirkliche Welt, die in ihrem Bleiben Interesse für es hat wie vorhin nur in ihrem Verschwinden; denn ihr *Bestehen* wird ihm seine eigne *Wahrheit* und *Gegenwart:* es ist gewiß, nur sich darin zu erfahren". (176) Der Idealismus hat eine Vorgeschichte, in welcher Sein und Wissen auseinanderfallen, getrennt scheinen durch einen fast unüberbrückbaren Hiatus, so daß der Gegenstand für das Bewußtsein „fremd" ist. Zwar ist auch in der Vorgeschichte das Bewußtsein seiend und das Sein gewußt, jedoch schließt das Sein des Bewußtseins noch nicht das Sein aller Dinge in sich ein. Erst mit der „Vernunft" wird das Wissen weltweit und wird das weltweite Sein ins Wissen eingebracht. „Die Vernunft" – heißt es im Text Hegels – „ist die Gewißheit des Bewußtseins [,] alle Realität zu sein; so spricht der Idealismus ihren Begriff aus." (176)[1]

Hier halten wir einen Moment an, um die Formulierung zu überlegen. „Gewißheit, alle Realität zu sein". Diese Redewendung kommt bei Hegel in mehrdeutigem Sinne vor, hat aber an dieser Stelle einen prägnanten und zugleich bestürzenden Sinn. Es gibt viele Dinge in der Welt, die „unterwegs" sind, die in der Zeit vorkommen, darin zerstreut sind, nicht in jedem Zeitmoment ihre ganze Seinsfülle beisammen haben. Vor allem gilt dies für die Lebewesen, die Pflanzen, Tiere, Menschen. Sie durchlaufen eine „Entwicklung", eine steigende Kurve

[1] Eckige Klammer im Original.

der Entfaltung, und eine fallende Kurve des Alterns, Schrumpfens und Verdorrens. Das junge Lebewesen läuft auf einen Höhepunkt zu, wo seine Kraft und Lebensmächtigkeit im Zenit stehen, wo es seine ganze Fülle und Wesenhaftigkeit versammelt. Es ist dann alle Realität, die gesamte Verwirklichung aller in ihm angelegten Möglichkeiten, die Aktualisierung aller Potenzen. Es mag zur Hinfälligkeit der Naturgeschöpfe gehören, daß sie nur kurze Zeit in der Wesensfülle sich zu halten vermögen und kaum aufgeblüht und ausgereift bereits wieder verfallen, zu Torsen und Ruinen hinabsinken. „Alle Realität" ist in dem eben skizzierten Sinnzusammenhang gleichbedeutend mit der vollen, ganz ausgewickelten Wesensfülle eines individuellen Seienden.

So aber ist der Ausdruck an unserer Textstelle gerade nicht gemeint. Die Vernunft ist nicht „alle Realität" als das Höchstmaß von Wissendsein, als die vollentfaltete Wesensfülle des Geistes, der am meisten wissend ist, sofern er das am meisten Seiende weiß, – die Vernunft ist alle Realität, sofern sie alles Wissen und alles Sein überhaupt ist. „Alle Realität" ist weltweit, ist nicht die Fülle eines Einzeldinges, ist das ganze und eine Sein in allem binnenweltlich Seienden überhaupt. Das ist eine ungeheuerliche These, die allem gewöhnlichen, aber auch allem positiv-wissenschaftlichen Meinen und Erkennen ins Gesicht schlägt. Für den normalen Menschenverstand ist das Erkennen, auch als Vernunft genommen, niemals das wahrhafte und gültige Sein aller Dinge. Der Mensch, wenn er nur nüchtern und kritisch genug sich betrachtet, findet sich in der Welt vor als eine gefährdete und gebrechliche Art von Lebewesen, allerdings auch als gefährlich für die Mitgeschöpfe, weiß sich als ein geringfügiges Ding im Umkreis riesiger Naturgewalten, weiß, daß er mit seinem Verstand das Universum umspannt, jedoch eben nicht das Universum ist. Diese normale Überzeugung geht unter, wenn die Gewißheit der Vernunft auftritt. Sie proklamiert sich selbst als das Sein in allem Seienden in der ganzen Welt. Vernunft ist Welt und Welt ist Vernunft. Wirklichkeit ist nichts anderes als Denken.

Hegel nennt dies den „unmittelbaren Idealismus" und faßt ihn in die Fichte'sche Formel „Ich bin Ich". Der Satz ist keine leere Tautologie, kein beliebiges Beispiel für die Gleichung A = A, in welches A als in eine Leerstelle man ebensogut Steine und Bäume oder Autos und Fabriken einsetzen könnte. Ich = Ich besagt vielmehr, daß das Ich als Subjekt sich in allen Substanzen, die ihm zum Gegenstande werden, finden kann und finden muß. Hegel legt das Prinzip des unmittelbaren Idealismus noch schroffer aus, indem er sagt, daß das Ich sich selber Gegenstand werde mit dem Bewußtsein des Nichtseins irgendeines Anderen, einziger Gegenstand, alle Realität und Gegenwart. Was an dieser Kennzeichnung des „unmittelbaren Idealismus" verwundert, ist die in der totalen Position mitlaufende Negierung. Die Vernunft versteht sich als die Totalität des Seins schlechthin, proklamiert sich exklusiv und behauptet, daß es nichts außerhalb ihrer oder neben ihr gebe – als eben das Nichts. Sie läßt auf dem verwaisten Platz, wo vordem anderes Seiendes dem Wissen gegenüberliegen mochte, nur das blanke Nichts zurück. Den Vernunftstandpunkt erreicht das Denken bei Hegel nicht in einer Aufnahme und Beschreibung vorliegender Phänomene, nicht in einer intentionalen Vergegenständlichung der Dinge für das vorstellende Bewußtsein, als vielmehr in der dialektischen Zerstörung und Auflösung der unentwickelten Seinsgedanken, die das sinnliche Gewahren, das Auffassen der Einzeldinge und das Verstandesdenken, das zwischen Erscheinung und Ding an sich scheidet, im ganzen tragen und durchherrschen. In diesem Gange der Vernichtung kommt die Vernunft hervor, sie hat eine Geschichte der Untergänge hinter sich, wenn sie „auftritt" und ihr Wesen in der spekulativen Gleichung ausspricht: Ich bin Ich. „Das Bewußtsein, welches diese Wahrheit ist, hat diesen Weg im Rücken und vergessen, indem es *unmittelbar* als Vernunft auftritt, oder diese unmittelbar auftretende Vernunft tritt nur als die *Gewißheit* jener Wahrheit auf". (177)

Damit weist Hegel auf die Möglichkeit eines verfänglichen und äußerst fragwürdigen Scheins hin, nämlich auf den Anschein, daß der „Vernunftstandpunkt" ein Standpunkt neben vielen anderen möglichen Standpunkten sei, – eine Position, die man wählen könne, annehmen oder ablehnen, sprachlich formulieren und in Thesen aussprechen könne. Die Sprache wird hier in einer unheimlichen, nivellierenden Potenz gesehen. Man kann über Waren auf dem Markt und über Philosopheme reden. Die Frage ist nur, ob man aus der Philosophie auch noch in der Sprache des Alltags und des naiven und unreflektierten Seinsverständnisses sprechen kann wie auf dem Markte. Nietzsche läßt seinen „Zarathustra" die Lehre vom Übermenschen auf dem Markte verkünden und die Erfahrung machen, daß die Menge nach dem „Letzten Menschen" schreit, in dessen Bild sie sich erkennt. Im Dunstkreis eines nivellierten und unausgedachten Seinsbegriffs „gibt es" in mehr oder weniger gleicher Weise Weltelemente und Einzeldinge, Sterne und Lebewesen, darunter intelligenzbegabte Subjekte, die vorstellungsmäßig das Vorhandene abbilden, sich Gedanken machen über Gott und die Welt und in Meinungssystemen zusammenfassen, unter anderem auch in „Philosophemen". Wo immer die Philosophie auftritt, muß sie den Verständnisboden und das Sprachmedium in Frage stellen, indem sie in der Sprache gegen die Sprache des Marktes und der Allerweltsverständlichkeit revoltiert.

Der „unmittelbare Idealismus" ist zunächst eine Behauptung, die Vernunft versichert nur, alle Realität zu sein, – sie erweist sich noch nicht als ihr Inbegriff. Mit anscheinend gleichem Rechte können andere Versicherungen gemacht werden, die den Universalanspruch der Vernunft einschränken. In der Gewißheit des unreflektierten Selbstbewußtseins weiß sich das Ich als Ich, weiß zugleich aber, daß ihm eine unabsehbare Vielzahl und Mannigfalt von gegenständlichen Dingen gegenüberliegt. Indem das Ich für sich Gegenstand wird, in ihm das wissende und das gewußte Ich die gleiche Natur der Ichheit haben, liegt ihm aber eine Welt von fremden Dingen gegenüber, von Dingen, die dem Bewußtsein zwar erscheinen, jedoch nicht das Bewußtsein sind. Die Nichtidentität zwischen Ich und den Dingen kann gleichermaßen „versichert", d. h. behauptet und dargelegt werden wie die Identität des Ich mit sich selbst. Die bloße Behauptung, das Ich sei die Welt und die Welt sei Ich, hat als „Versicherung" keinen höheren Rang als die Thesen, welche zwischen Subjektivität und Substanzialität, zwischen Ansichsein und Fürsichsein eine unübersteigliche Grenze setzen. Der unmittelbare Idealismus – als eine bloße Versicherung – muß zu einer denkerischen Vermittlung gebracht werden. Hegel drückt dies aus mit den Worten: „Erst wenn die Vernunft als *Reflexion* aus dieser entgegengesetzten Gewißheit auftritt, tritt ihre Behauptung von sich nicht nur als Gewißheit und Versicherung, sondern als *Wahrheit* auf; und nicht *neben* andern, sondern als die *einzige.*" (177 f.) Was die Reflexion aber für eine Begriffs-Arbeit ist, – eine Arbeit und Härte und Schwierigkeit von einem herakleischen Ausmaß – müssen wir noch sehen.

20. *Der bloß „versichernde Idealismus"* · *Der „leere Idealismus"*
(Kant- und Fichte-Kritik Hegels).

Die Vernunft ist kein im menschlichen Bewußtsein vorliegendes und bestehendes Vermögen, mit dem erkennend operiert wird oder das sich auf eine eigene Zone von Vernunftgegenständen bezieht, – im Zuge des Gedankenweges der Hegelschen „Phänomenologie des Geistes" ist Vernunft eine Entwicklungsstufe des Seinsdenkens und des Seinsverständnisses überhaupt, welche erst erscheint, wenn andere Gestalten des Bewußtseins zerbrochen und aufgelöst sind. Die Vernunft besteht nicht neben anderen, wenn auch niederen Formen des Erkenntnisvermögens, sie hat alle anderen aufgezehrt und hat sie hinter sich gebracht. Hegel charakterisiert dies so: sie hat jene „im Rücken und vergessen". Was jedoch abgetan und erledigt scheint, ist eine noch unbewältigte Vergangenheit der Vernunft, die störend auftauchen und das Selbstverständnis der Vernunft trüben kann.

Zunächst versteht sie sich als „Idealismus". Die Vernunft spricht sich aus als idealistische Seinsthese: es gibt nur die Vernunft, sonst nichts. Dies ist die „Gewißheit, alle Realität zu sein". Die Gewißheit wird als „Versicherung", als Behauptung, als Parole und Prinzip, – man könnte sagen: als Kampfparole ausgesprochen. Doch gegen wen oder was? Eben gegen andere Versicherungen, die auftreten könnten und mit dem nicht minderen Rechte, wie es alle bloßen Versicherungen haben, – die dem sich formulierenden Idealismus ins Gesicht schreien, daß er auch nur eine Formel, auch nur ein Spruch unter Sprüchen sei. Solange der Idealismus, als das Seinsverständnis auf dem Geistesniveau der Vernunft, sich nur „ausspricht", wendet er sich ja an ein fremdes und selbständiges Anderes, das er negieren will, – dem er aber diese Negation ansagt und meldet. Durch die Parole: alles ist Ich, hat er sich noch nicht vollbracht und eben noch nicht realisiert, daß „alle Realität" das Ich sei. Indem er nur spricht, widerspricht er sich bereits. Hegel bringt damit eine merkwürdige und paradoxale Struktur in den Blick, die – über seinen besonderen Fall des bloß „versichernden Idealismus" hinaus – allen absoluten, jedoch unmittelbar formulierten Seinsthesen zukommen mag. Die Denk-Formeln, welche die Welt interpretieren nach dem Schema: alles, was überhaupt ist, ist in Wahrheit nichts anderes als „Geist" – oder „Materie" – oder „Leben", sprechen ihre Position in Negationen aus. „Nichts anderes als ...", das Andere wird aufgehoben, verneint, ihm wird die Existenzberechtigung abgesprochen.

Die Welt zeigt sich dem naiven, vor-philosophischen Blick des Menschen in einer bunten Fülle, in einer Vielfalt von Erscheinungen. Zahllose Dinge und unabsehbar viele Arten von Dingen gibt es um uns herum, – wir haben Mühe, die Bereiche und Hauptunterschiede aufzuzählen. Vertraut bewegen wir uns in vielen Dimensionen, ohne sie in ihrer Vielzahl zu fixieren, wir gehen um mit Land und Meer, mit Erde, Wasser, mit Luft und Licht, kennen den Tag und die Nacht, die große Natur mit ihrem ungeheuren Sockel des unbelebten Stoffes, und kennen ihren Reichtum an Geschöpfen, die verschwenderische Fülle der Lebewesen, Gewächs, Getier und das Menschengeschlecht, und kennen auch dessen Werke, die Siedlungen, die Städte und Reiche, die Geräte, Werkzeuge, Maschinen, kennen Zahl und Figur und noch tausenderlei Dinge. Die Welt erglänzt uns in einem überwältigenden Spektrum von „Phänomenen". Zugleich aber nennen wir all dieses Mannigfaltige, Bunte und Vielzahlige „das Seiende". Die verschiedensten Phänomene kommen darin überein, daß sie sind, kommen überein im Bau ihrer Dinghaftigkeit, ihrer Substanzialität, kommen überein in dem Grundzug, für das menschliche Bewußtsein zu erscheinen und ihm zum Gegenstande zu werden. Wenn der Gedanke sich erhebt und der Anblick der Welt nicht mehr den Menschen bannt, wenn er Distanz gewinnt und sie überschaut, um sie zu begreifen, drängt sich wie mit Elementargewalt der Entwurf vor, alles Viele und Vielfache auf eine Einheit und ein Einssein zu beziehen. Die ontologische Reduktion läßt die Welt nicht stehen, wie sie ist, sie wirft ihr eine Gedankenkonstruktion über, ein Netz, ein Begriffsnetz, um das chaotisch-Viele, das Tausendgesichtige auf einen Nenner zu bringen. Alles, was ist, ist im Grunde nichts anderes als ... Wasser, Luft, Feuer, *nous*, Idee, *energeia* und *dynamis*, – „Vernunft", Ichheit. Die Welt wird auf ein zugrundeliegendes Einssein hin ausgelegt. Die Auslegungen führen die vielfältigen, unterschiedenen Phänomene auf eine *arche*, ein „Prinzip" zurück. Dabei spielt keineswegs nur das Schema eine Rolle, woraus das Ganze des Seienden bestehe, was das ursprüngliche Material der Welt sei, – auch andere Interpretationsbahnen werden von dem Gedankenwillen der Philosophie eingeschlagen, es dienen etwa menschliche Phänomene als Modelle für die Totaldeutung, z. B. die Arbeit, wenn Welt als Werk, – der Eros und der Kampf, wenn Welt als Krieg oder als das Gegen-

und Zu-einander von Liebe und Streit (*philia kai neikos*), oder das Menschenspiel, wenn Welt als „bacchantischer Taumel, an dem kein Glied nicht trunken ist" begriffen wird.

Das sachliche Recht solcher spekulativen Weltbegriffe steht jetzt nicht zur Debatte, nur die Struktur eines Denkens, das innerweltliche Phänomene gegen andere heraushebt und sie als das wahre Sein der Welt proklamiert, – das einen Weltteil zum Weltganzen emporsteigert. Das Wasser kommt phänomenal vor – neben dem Land, der Geist neben dem Geistlosen, das Leben neben dem Unbelebten, das menschliche Bewußtsein neben Bewußtlosem, was ihm zum Gegenstande wird, – die „Materie" neben Sinngebilden. Wenn nun ein Seiendes oder eine Art des Seienden zum Weltprinzip erklärt wird, bedeutet dies die Negation aller anderen Phänomene, mit denen bislang das favorisierte Phänomen im Weltzusammenhang zusammenstand. Der Gleichstand und die Gleichberechtigung wird aufgehoben, das eine Phänomen zur Position, alle Realität zu sein, emporgehoben, die übrigen, insgesamt hinabgedrückt in eine Nichtigkeit, werden verurteilt, das Unwahre gegenüber jenem einzigen Wahrhaftseienden zu sein. Auch die Weise, wie das Nichtigsein der ontologisch verurteilten Phänomene bestimmt wird, ist in der Geschichte der Philosophie in vielen Formen aufgetreten. Bald sind es „nur Erscheinungen", d. h. sind nicht das Wesen, – bald sind sie bloß abkünftige Gebilde einer ursprünglich schaffenden, schöpferischen Macht, leeres Außenwerk und weiter nichts, oder sind eine Sphäre des herabgeminderten und uneigentlichen Seins, sind flüchtige, zeitverfallene, ephemere und endliche, seinsschwache, schattenhafte Truggestalten, die vergehen vor dem stärkeren Dasein dessen, was wahrhaft und einzig ist. Die totale Seinsthese formuliert sich exklusiv, schließt alles andere, was doch als Phänomen sich zeigt, vom eigentlichen Sein aus, schlägt es nieder und wähnt sich im Triumph. Doch damit, daß das in die Negativität verstoßene Andere, das in seiner Erniedrigung den Schemel bildet für die Füße des Herrschenden und Herrschaftlichen, negiert wird, steht es dem zum Weltsein erhöhten Phänomen im Wege und bezeugt noch als Negiertes sein Anderssein. Die gedankliche Vertilgung läßt gewissermaßen den Leichnam der verneinten Phänomene oder doch eine leere Stelle zurück oder das Gespenst eines wesenlosen Scheins. Die Erhöhung des einen Phänomens zum Wesen der Welt ist die Erklärung schuldig, wieso es zuerst überhaupt anders aussehen konnte, wieso der

Anschein bestanden hatte, daß das ausgezeichnete Seiende „neben" anderem und andersartigem Seienden vorkomme. Gerade indem das eine absolut gesetzt, alles andere aber verneint wird, entsteht die Frage, ob das Absolute sich nicht mit einem Popanz abgibt, mit etwas, was es gar nicht in Wahrheit und Wirklichkeit gibt. Hat seine Selbstsetzung überhaupt die exkludierende Absetzung gegen das als nichtig Verurteilte nötig? Es ergibt sich die sonderbare Lage, daß die Negation, worin sich das als Wahrhaft-Seiendes Proklamierte gegen die mitkonkurrierenden anderen Phänomene behauptet, sich selbst widerspricht, weil sie einen Gegner anerkennt, den sie töten will.

Dieser Widerspruch liegt in allen absoluten Seinsthesen – und der Idealismus ist nicht besser dran als der Materialismus. Der bloß „versichernde Idealismus" schließt Anderes, was dem Bewußtsein gegenüberliegt oder doch in der Phänomenalität gegenüberzuliegen scheint, vom wahren Sein aus. Die Welt ist Vernunft – und nichts anderes, und Vernunft ist Welt, ist das Ganze und das eigentliche Seiende. Das ist die idealistische Versicherung, die sich nach außen wendet, ein Fremdes-Andere negiert – und so die Negation-nach-außen an sich hat. In diesem Zustand der Vernunft ist sie als mit dieser Negation behaftet vorhanden. Es sieht so aus, als sei die Vernunft der übriggebliebene Rest der Welt, das was eben schließlich ist, nachdem alles Außer- und Un-Vernünftige im dialektischen Feuerbrand in Rauch aufgegangen sei. Doch das ist eine Abstraktion, sagt Hegel. „Das *unmittelbare Auftreten* [der Vernunft] ist die Abstraktion ihres *Vorhandenseins*, dessen *Wesen* und *Ansichsein* absoluter Begriff, d. h. die *Bewegung seines Gewordenseins* ist". (178) Und er fügt erläuternd bei: „Das Bewußtsein wird sein Verhältnis zum Anderssein oder seinem Gegenstande auf verschiedene Weise bestimmen, je nachdem es gerade auf einer Stufe des sich bewußtwerdenden Weltgeistes steht. Wie er sich und seinen Gegenstand jedesmal *unmittelbar* findet und bestimmt, oder wie es *für sich* ist, hängt davon ab, was er schon *geworden* oder was er schon *an sich* ist." (178).

Es kommt nun entscheidend darauf an, vom bloß versichernden zum sich vollbringenden Idealismus überzugehen, seine These, die Vernunft sei alle Realität, wirklich zu realisieren, von der Gewißheit zur Wahrheit der Vernunft zu kommen. Der Vernunftidealismus vollbringt den Gang seiner Verwirklichung in Schritten. Zuerst faßt er sich in der Formel Ich = Ich, das Selbstbewußtsein ist, wie Hegel es ausdrückt, an sich selbst für sich. In ihm fallen Sein als Ansichsein und als Fürsichsein zusammen, es umspannt beide fundamentalen Seinsgedanken. Das „... Ich [ist] daher nur die *reine Wesenheit* des Seienden oder die einfache *Kategorie*". (178) Der Satz ist schwer zu verstehen. Er spricht aus einem Hintergrund, aus der von Hegel aufgearbeiteten Geschichte der Philosophie. Kategorien sind Grundbestimmungen des Seienden, ontologische Grundbegriffe, in denen die Verfassung, der Bau und die Verhältnis-Strukturen der Dinge gedacht werden und in der Weise des menschlichen Sagens, des Sagens vom Seienden sich bekunden. Aristoteles nimmt aus den mannigfachen Formen, wie Seiendes gesagt wird, wie das *on* ein *on legomenon* ist, die zehn Kategorien auf, die das Dingsein, das Wiebeschaffensein, das Wo- und Wannsein, das In-Beziehungstehen, das Wiegroßsein und die vier Strukturformen der Bewegung von Seiendem bestimmen. Das Seinsverständnis des Ichs vom Ding ist damit ausgedrückt. Kant nennt die reinen Verstandesbegriffe, die apriorischen Denkformen Kategorien, die Denkformen, welche das Gegenstandsein aller Gegenstände der Erfahrung vorgängig denken, er findet sie „am Leitfaden der Urteilsformen"[1] und ordnet sie in vier Gruppen zu jeweils drei Kategorien, in die Gruppen der Quantität, Qualität, Relation und Modalität. Kant betont mit großem Nachdruck, daß alle zwölf Kategorien im Denken des Ich zentriert sind, in der Einheit des Selbstbewußtseins gründen, also in dem, was er die „transcendentale Apperzeption" nennt. Sofern das Ich die sammelnde Mitte der zwölf Kategorien ist und diese das Gegenstandsein aller Gegenstände bestimmen, kommt das Seiende in der ganzen Welt im Charakter der Gegenständlichkeit unter diese Subjektivität des Subjekts. In Fichtes „Wissenschaftslehre" wird Kants „Transcendentaler Idealismus", der nur die apriorische Form der Welt für das Subjekt reklamiert, den empirischen Stoff jedoch nicht produziert, sondern rezeptiv hinnimmt, zum absoluten Idealismus umgebildet, das Ich wird Weltprinzip. Das Ich = Ich ist die „einfache *Kategorie*". (178)[1] „Einfach" ist hier nicht gemeint im Gegensatz zum „Verwickelten" und „Komplizierten". Das Ich als einfache Kategorie ist das monistisch gedachte Prinzip der Subjektivität. Hegel fährt an der themati-

---

[1] I. Kant, Kritik der reinen Vernunft, Elementarlehre II. Teil, 1. Abt., 1. Buch, 1. Hauptstück, 3. Abschnitt, § 10.
[1] Vergl. J. G. Fichte, Grundlage der gesamten Wissenschaftslehre (1794), I. Teil, § 1.

schen Textstelle fort: „Die *Kategorie*, welche sonst die Bedeutung hatte, Wesenheit des Seienden zu sein, *unbestimmt* des Seienden überhaupt oder des *Seienden* gegen das Bewußtsein, ist jetzt *Wesenheit* oder einfache *Einheit* des Seienden nur als denkende Wirklichkeit; oder sie ist dies, daß Selbstbewußtsein und Sein *dasselbe* Wesen ist; *dasselbe*, nicht in der Vergleichung, sondern an und für sich". (178) Auch noch in dieser Formulierung ist die exklusive Negation all dessen, was selbst nicht Denken ist, mitzuhören. Selbstbewußtsein und Sein, also zuerst als zweierlei Angesetztes – wird vereinigt, nein als „dasselbe" behauptet.

Diese Behauptung hat den Widerspruch an sich, daß sie die Zweiheit, die sie negiert, zuerst setzen muß, um sie aufzuheben. Wenn das behauptete „Einssein" schon wäre, könnte es gar nicht den Anschein des Verschiedenseins von Selbstbewußtsein und Sein geben, der emphatisch geleugnet wird. Das Resultat des Negierens widerspricht seiner Voraussetzung, die Identifikation dem Vorwegbestand der aufzuhebenden Zweiheit. In der frühen „Differenzschrift" („Differenz des Fichte'schen und Schelling'schen Systems der Philosophie..." von 1801) formuliert Hegel das spekulative Prinzip der „Identitätsphilosophie" als „Identität der Identität und der Nichtidentität".[2] Dem schlechten Idealismus ist es eigentümlich, daß er die ganze Wirklichkeit sozusagen auf eine Seite bringen will und doch die Gegenseite leerstehen läßt, – er hat in seinem Negieren doch ein vordem erfülltes, jetzt aber entleertes Andere sich gegenüber. Das besagt, er hat den Unterschied äußerlich an ihm haften. Wahrhafter als im schlechten, einseitigen Idealismus wird die Vernunft begriffen, wenn sie als mit einem Unterschied selber behaftet aufgefaßt wird. „Diese Kategorie nun oder *einfache* Einheit des Selbstbewußtseins und des Seins hat aber an sich *den Unterschied;* denn ihr Wesen ist eben dieses, im *Anderssein* oder im absoluten Unterschiede unmittelbar sich selbst gleich zu sein. Der Unterschied *ist* daher, aber vollkommen durchsichtig, und als ein Unterschied, der zugleich keiner ist. Er erscheint als eine *Vielheit* von Kategorien." (178) Das als Subjektivität – in diesem Stadium des Idealismus – deklarierte Sein bricht in einer Mannigfalt von Denkweisen, die zugleich Seinsweisen sind, auf und auseinander. Hegel drückt sich aus: „Indem der Idealismus *die einfache Einheit* des Selbstbewußtseins als alle Rea-

---

[2] G. W. F. Hegel, Differenz des Fichte'schen und Schelling'schen Systems der Philosophie, ed. G. Lasson, Hamburg UND 1962, 77.

lität ausspricht und sie *unmittelbar*, ohne sie als absolut negatives Wesen, – nur dieses hat die Negation, die Bestimmtheit oder den Unterschied an ihm selbst, – begriffen zu haben, zum Wesen macht, so ist noch unbegreiflicher als das erste dies zweite, daß in der Kategorie *Unterschiede* oder *Arten* seien." (178 f.) Das eine, weltweite, als Vernunft charakterisierte Sein, das gewonnen wurde auf einem Gedankenweg, der die Vielzahl und Vielfalt der Phänomene negierte und reduktiv allein das Ich, die Ichheit, die Subjektivität gelten ließ, – dieses einshafte, einheitliche Sein soll nun auf einmal selber als eine innere Vielheit und Mannigfaltigkeit bestimmt sein, – *die* Kategorie in ein Bündel von Kategorien auseinandergehen.

Was Hegel hier stört, was er „unbegreiflich" und „noch unbegreiflicher" nennt, ist eine Denkart, die im Absoluten wie in einem Feld oder Land Funde machen zu können meint, so, als wäre die Vernunft ähnlich wie eine vorfindliche Sache, über die jedermann Behauptungen aufstellen und Versicherungen abgeben könne. Es ist unangemessen und unangebracht, auf die Vernunft, auf den lebendigen *logos*, die Logik anzuwenden und auf sie hin wie auf eine beliebige Sache Distinktionen zu markieren. Die Vernunft ist alle Realität, ist das eine-einige und zugleich sich in sich entzweiende Sein. Sie „hat" nicht Unterschiede, sie ist der Unterschied als Vollzug der Selbstentzweiung. „Denn indem im reinen Ich, im reinen Verstande selbst *der Unterschied* anfängt, so ist damit gesetzt, daß hier die *Unmittelbarkeit*, das *Versichern* und *Finden* aufgegeben werde und das *Begreifen* anfange". (179) Man könnte vielleicht sagen, in absoluten Seinsthesen, welche z. B. den materiellen Stoff oder einen besonderen Stoff wie das Wasser als das eigentliche und wahre Wesen aller Dinge behaupten und versichern, hätte die denkende Vernunft an diesem erhabenen Stoffe immer noch ihr Werk zu tun oder könnte es wenigstens versuchen und ein kritisches Geschäft des Unterscheidens daran ausprobieren wollen. Wenn jedoch die Vernunft selber als das Sein in allem Seienden ausgerufen wird, steht doch zu erwarten, daß sie nicht unter fremde, von weißGottwoher geholte Unterschiede falle, sondern daß sie sich in ihr selber unterscheide und unterscheidend, sondernd, kritisierend bestimme. Hegel schleudert an dieser Stelle einen bösen Satz gegen Kant, der aus der Tafel der Urteile die Tafel der Kategorien herausgehoben hat. „Die Vielheit der Kategorien aber auf irgend eine Weise wieder als einen Fund, z. B. aus den Urteilen, aufnehmen und sich dieselben so gefallen

lassen, ist in der Tat als eine Schmach der Wissenschaft anzusehen..."
(179) Ein zentraler Methodegedanke aus der Kantischen Vernunftkritik, der doch Hegel auch im Abstoß noch ungeheuer viel verdankt, wird schmählich gebrandmarkt. Was das bedeutet, kann mit Gelehrtenbosheit oder dem „kollegialen" Ton zwischen Philosophieprofessoren nicht erklärt werden. Die Situation ist gefährlich, die Situation des denkenden Selbstbewußtseins als Vernunft und in der Gewißheit, alle Realität zu sein.

Hegel entwickelt im folgenden gerade diese Situation, wo die Vernunft nicht aus und ein weiß und durch die unbewältigte Vergangenheit, durch ihre dialektischen Vor-Stadien verwirrt wird. Die Darstellung der Vernunftverwirrung ist ein spekulatives Meisterwerk Hegels, der Gedankengang liegt auf einer so hohen Reflexionsebene, daß wir nur schwer zu folgen vermögen, zumal uns die Hegelschen Sätze „dürr", „abstrakt" und verklausuliert vorkommen mögen. Die Vernunft versucht, Ernst zu machen mit ihrer Gewißheit, alle Realität zu sein. Sie sagt sich selbst, daß die Wesenheit der Dinge (und zwar aller Dinge) und auch der Unterschied, d. h. die Entzweiung in der Vernunft selbst sind, die Vernunft kein äußeres Außen und kein fremdes gegenüberliegendes Ansichsein kennen dürfe. Von Dingen als eigenständig Wirklichem könne strenggenommen keine Rede mehr sein. Auch der Unterschied des einen und vielen falle in die Vernunft und habe sonstwie keine Sphäre, worauf er sich beziehen kann. Die Ichheit, die reine Kategorie, sammelt und bindet die vielen Kategorien in ihrer Selbstheit zusammen. Die eine und fundamentale Kategorie der selbsthaften Subjektivität mannigfaltigt sich in sich selber, zersetzt sich entzweiend in Unterschiede. Diese Verhältnisse sind zunächst undurchschaut und wirken störend und provokativ für das philosophierende Denken, welches das Denken als alleinige und einzige, alles einbegreifende Wirklichkeit behauptet und nun über das bloße Behaupten und Versichern hinauskommen will. Der Gegensatz der einen und einzigen Kategorie der Ichheit und der vielen, ihr anhängenden Kategorien der Gegenständlichkeiten bringt eine beunruhigende Zweideutigkeit in die Vernunft hinein. Hegel formuliert: die Kategorien „... widersprechen ihr [d. h. der Einheit der reinen Kategorie] durch diese Vielheit in der Tat, und die reine Einheit muß sie an sich aufheben, wodurch sie sich als *negative Einheit* der Unterschiede konstituiert." (179) Dadurch wird die Vernunft zur Einzelnheit, sie setzt sich in der Weise, daß sie gleichermaßen die vielen Kategorien, wie auch die noch undifferenzierte Einheit, Allheit des Subjektseins von sich ausschließt. Und so entsteht nach Hegel „... eine neue Kategorie, welche ausschließendes Bewußtsein, d. h. dies ist, daß *ein Anderes* für es ist". (179)

Wir können uns die verwirrende Lage vielleicht so vergegenwärtigen. Solange das Seinsverständnis noch „unterwegs" war zur Vernunft, die Vernunft in der Gewißheit, alle Realität zu sein, noch nicht aufgetreten war, lag in mancherlei Formen dem Wissen ein Gegenstand, dem Bewußtsein ein anderes und Fremdes gegenüber. Mit dem Auftritt der Vernunft als „Idealismus" wird die Versicherung abgegeben, alles überhaupt sei vernünftig und die Vernunft sei schlechthin alles. Es gebe nur die „denkende Wirklichkeit" – und sonst gar nichts. In der idealistischen Seinsthese wird die Gesamtheit des phänomenal sich zeigenden Un-Vernünftigen in der Welt schlechterdings negiert. Die Negation richtet sich nach außen und kommt nach siegreicher Schlacht in die Burg der Subjektivität zurück, um zu melden, daß draußen überhaupt nichts ist. War die Negation zuerst absetzender und ausschließender Art, so schlägt sie nunmehr in eine Zersetzung der Vernunft in ihr selber um. Das Einssein der Vernunft in der reinen Kategorie der Ichheit, worin das Ich Welt und die Welt Ich ist, und der reine Unterschied, als die Negativität, die eine Vielheit von Kategorien hervortreibt, verhalten sich „in" der Vernunft wie jeweils anderes zueinander, gelangen jedoch nicht zu einer festen und fixen Eigenständigkeit. Die Vernunft ist verwirrt, gerade verwirrt in ihrer „Gewißheit, alle Realität zu sein". Hegel bestimmt dies folgendermaßen: „Jedes dieser verschiedenen Momente verweist auf ein anderes; es kommt aber in ihnen zugleich zu keinem Anderssein. Die reine Kategorie verweist auf die *Arten,* welche in die negative Kategorie oder die Einzelheit übergehen; die letztere weist aber auf jene zurück: sie ist selbst reines Bewußtsein, welches in jeder sich diese klare Einheit mit sich bleibt, eine Einheit aber, die ebenso auf ein Anderes hingewiesen wird, das, indem es ist, verschwunden, und indem es verschwunden, auch wieder erzeugt ist". (179 f.)

Die denkerische Fracht solcher Sätze schöpft man nicht mit einem ersten Lesen oder Hören aus, sie verwehen wie ein sinnloses Gestammel, wenn man nicht die Reflexionsspannung auszuhalten vermag, aus der sie gesprochen sind. Die Hegelsche Optik der Vernunft ist nicht umzumünzen in eine für jedermann verständliche Beschreibung oder in eine informative Nachricht. Nicht eine ausgeklügelte Kunst- und Fach-Sprache bildet die Sperre, – Hegel schreibt Philosophie deutsch – das Hindernis ist die träge Bewegungslosigkeit des Seinsverständnisses, in dem wir alle gewöhnlich allzu gewohnt wohnen. Es ist ein steiler und mühseliger Weg zu vollbringen, bis die Vernunft nach der dialektischen Zerstörung der Seinsvorstellungen der Sinnlichkeit, der Wahrnehmung und des trennenden Verstandesdenkens auftritt und die Einheit alles Wirklichen als Denken behauptet. Weil jedoch die Vernunft bei der bloßen Versicherung nicht stehenbleiben kann, sie sei in Wahrheit alles und es gebe keine fremde Wirklichkeit neben ihr, so wird sie umgetrieben von inneren Widersprüchen. In einer gespannten Doppelung ist zuerst die Vernunft wirklich – und wirkend, sie ist zugleich der Weg zu sich selbst und das Resultat des hervorbringenden Weges. Hegel kontrastiert „... das unruhige *Hin- und Hergehen* [des reinen Bewußtseins], welches alle seine Momente durchläuft, in ihnen das Anderssein vorschweben hat, das im Erfassen sich aufhebt..." gegen „... die *ruhige* ihrer Wahrheit gewisse *Einheit*". (180) Aber nicht er, der Denker, setzt den Kontrast, das Bewußtsein als Vernunft doppelt sich in sich selbst. „Das Bewußtsein aber als Wesen ist dieser ganze Verlauf selbst, aus sich als einfacher Kategorie in die Einzelheit und den Gegenstand überzugehen und an diesem diesen Verlauf anzuschauen, ihn als einen unterschiednen aufzuheben, sich *zuzueignen*, und sich als diese Gewißheit, alle Realität, sowohl es selbst als sein Gegenstand zu sein, auszusprechen". (180) Die Zueignung von allem, was ist in der Welt, durch die Vernunft an die Vernunft ist die Realisierung, in der sie als Herrin der Welt, als triumphale Macht sich zu beweisen hat.

Vorerst allerdings ist der Idealismus nicht nur eine bloße Versicherung, er ist auch „leer". Er hebt an mit einem abstrakten, leeren Wort, er erhebt einen Anspruch auf alles, sagt, „daß alles sein sei", – daß es nichts gebe im Himmel und auf Erden, was nicht Bewußtsein, denkende Wirklichkeit, Vernunft sei. Der Idealismus proklamiert das Universum als sein Eigentum, als Besitzer der sich als Idealismus aussprechenden Vernunft. Mit dem Beiwort „leer" charakterisiert Hegel eine erste vernünftige Denkmöglichkeit, die ihre positive Bedeutung, wenn sie vorläufig, – eine schlechte Bedeutung hat, wenn sie „endgültig" sein will. Hegel zielt dabei wohl auf Kant ab, wenngleich er die Position des „leeren Idealismus" prinzipiell umreißt. Dieser ist eine Grundstellung des Subjekts zur Welt und zu allen Dingen in ihr derart, daß alles Nicht-Ichliche als ein Für-das-Ich-Seiendes bezeichnet wird, also „Erscheinung" genannt wird. Das Ich drückt gewissermaßen den Stempel eines vermeintlich universellen Besitzrechtes auf alles überhaupt. In allem Sein wird das Mein des Bewußtseins aufgezeigt, die Dinge werden als Empfindungen und Vorstellungen angesprochen, sie werden nicht verstanden in dem, was sie sind, sondern in der Art und Weise, wie sie uns erscheinen. Das gesehene Ding wird zum bildhaften Eindruck in mir, es selbst verschwindet mir hinter seinem Anblick, der in mich fällt.

Es ist ein genialer Gedanke Hegels, einen solchen Subjektivismus, dem die Erscheinung einer Sache, der subjektive Anblick die Sache selbst entzieht und dem die Dinge zu Empfindungsdaten und bloßen Vorstellungen umschlagen, als einen „absoluten Empirismus" zu denunzieren. Wie ist das möglich? Wenn man argumentiert, die Phänomene insgesamt seien subjektiv, sie seien „mein" Bild, meine Vorstellung von etwas, was ich gerade wegen des Bildes, wegen meiner Vorstellung nicht erfassen kann, – und wenn das Ich nicht aus sich selbst begreiflich machen kann, wieso es zu Bildern, zu Vorstellungen gelangt, so müssen diese doch einen uns unbekannten Erreger außer uns haben. Die Vernunft kann alle Erscheinungen als ihr Eigentum beanspruchen und doch anerkennen, daß etwas außer ihr sei, was sie nicht fassen und sich heranzwingen kann. Die Vernunft, auf dem Standpunkt des leeren Idealismus, „... befindet sich in unmittelbarem Widerspruche, ein gedoppeltes schlechthin Entgegengesetztes als das Wesen zu behaupten, die *Einheit der Apperzeption* und ebenso das *Ding*, welches, wenn es auch *fremder Anstoß* oder *empirisches* Wesen oder *Sinnlichkeit* oder *das Ding an sich* genannt wird, in seinem Begriffe dasselbe jener Einheit fremde bleibt." (181) Der leere Idealismus hat nur einen „abstrakten" Begriff der Vernunft und gerät immer wieder in den Widerspruch hinein, daß er zwar alles in die Vernunft einziehen und einsaugen will, aber nur die Phänomene packt und das, dessen Erscheinungen sie sind, unbegriffen muß stehen lassen. Der bloß versichernde und auch der leere Idealismus drücken nur die „Gewißheit" der Vernunft aus, alles zu sein, vermögen es jedoch nicht, diese Gewißheit zur Wahrheit, d. h. zur Wirklichkeit zu erheben, sie vollbringen nicht die volle Zueignung alles Seienden durch die Vernunft selbst. Hegel schließt den ersten kleinen Abschnitt über „Gewißheit und Wahrheit der Vernunft" mit dem Satze: „So inkonsequent [eben wie der leere Idealismus] aber ist die wirkliche Vernunft nicht; sondern, nur erst die *Gewißheit,* alle Realität zu sein, ist sie in diesem *Begriffe* sich bewußt[,] als *Gewißheit,* als *Ich,* noch nicht die Realität in Wahrheit zu sein, und ist getrieben, ihre Gewißheit zur Wahrheit zu erheben und das *leere* Mein zu erfüllen". (182)[1] Die Vernunft steht vor der schweren Aufgabe, die Dinge als Vernunft und die Vernunft als die Dinge zu erweisen und aufzudecken. Ein solches Projekt klingt nebelhaft und phantastisch und mag nicht nur bei Hinz und Kunz gleichgültige Ablehnung erfahren, auch bei guten und hellen Köpfen, die auf die szientistische Rationalität unseres modernen technischen und ökonomischen Zivilisationsapparates und auf eine „metaphysikfreie Wissenschaft" stolz sind. Die Gleichgültigkeit gegen die Philosophie ist modern geworden und ganz anders, als es Nietzsche meinte in der „Götzendämmerung" in dem Kurzkapitel „Wie die ‚wahre Welt' endlich zur Fabel wurde", hört man allenthalben den „Hahnenschrei des Positivismus".[2]

α) *Beobachtende Vernunft*

αα) *Beobachtung der Natur*

21. *Anorganische Natur: Beschreiben – Meinen – Vernunftinstinkt*

Die ausschweifende Phantasie des Menschen vermag sich vieles und mancherlei vorzustellen, sie kann das Bestehende und Vorhandene zu unterst und zu oberst kehren, in jedem Baum eine Dryade, im Quell eine Nymphe, in einem Tier einen verzauberten Prinzen ansetzen, die Wirklichkeit mit Märchen vergolden, sie kann bizarr das Kleine ins Riesengroße umsetzen, die getrennten Bereiche, Gattungen und Arten durcheinanderwirbeln, Fabelwesen erfinden, Ungeheuer ausbrüten, die Ordnung der Welt auf den Kopf stellen, so kommt doch schließlich der Moment, wo der Traum bricht, das bloß Ausgedachte in seiner Unwirklichkeit eingesehen wird, die Spiellust und Spielkraft der Phantasie sich erschöpft. Niemals aber würde die Phantasie wohl auf den Gedanken verfallen, daß sie weit mehr noch, als sie die Urheberin ihrer luftigen Gebilde ist, die Urheberin und die Substanz der Wirklichkeit

[1] Zweite eckige Klammer im Original.
[2] Aph. 4 (WW VIII, Leipzig 1919, 82).

selber sei, gegen die sie ihre Freiheit und ihr imaginäres Schöpfertum auslebt. Das wäre doch ungereimt und absurd. Doch einen ähnlichen Gedanken denkt die Vernunft. Sie erklärt sich selbst als die Substanz der Welt, als das wahrhafte und eigentlich wirkliche Sein in allem Seienden. Und dies ist nur die Hälfte ihres Gedankens. Indem sie sich als Substanz der Welt denkt, operiert sie ja immer noch mit einem Unterschied von Vernunft und Welt, – einem Unterschied, den sie aufheben und vertilgen will. Ihre Identität soll durch die Gleichsetzung der zuerst als verschieden vermeinten Größen hindurch mit sich selbst vermittelt werden. Das Sicherkennen in einem Anderen muß das Anderssein des Anderen aufheben, das Fremdsein des vermeintlich Fremden tilgen, die Welt in das Subjekt ziehen, – dies ist der halbe Weg. Die zweite schwierigere Hälfte des Gedankenweges der Vernunft besteht darin, das Einbezogene wieder hinauszusetzen, jedoch als die Erscheinung und Äußerung der sich verwirklichenden und verweltlichenden Vernunft. Hegels Problem der Vernunft wird durch diese doppelte Aufgabe charakterisiert. Es gilt zuerst das Vernünftige aus den Dingen schrittweise hervorzutreiben und herauszuholen, und dann die Vernunft selbst in der Ausdrucksgestalt des Dinghaften zu begreifen, sie selbst in dem Scheine eines Andersseins aufleuchten zu lassen und derart die Verwirklichung des vernünftigen Selbstbewußtseins zu vollbringen. Das klingt abstrakt, ist jedoch der Vorsatz und das Willensprogramm der Vernunft, wenn sie die Stufe des Idealismus erreicht hat. Allerdings ist es zunächst nur der versichernde und der leere Idealismus, der „die Vernunft" als das einzige Wahrhaft-Seiende proklamiert und aus ihrer Gewißheit spricht, alle Realität zu sein. Dieser Idealismus nennt alles, was ist, das Sein von allem Seienden das „Seine". Die Durchführung, die Vollbringung der idealistischen Seinsthese soll nunmehr in Gang kommen.

Wir schicken einige Reflexionen voraus. Der große, gedankenschwere Abschnitt in der „Phänomenologie des Geistes", der betitelt ist „Vernunft", folgt, wie wir wissen, den Abschnitten „(A.) Bewußtsein", „(B.) Selbstbewußtsein". Diese verhalten sich zueinander wie „Ansichsein" und „Fürsichsein", oder genauer: im „Bewußtsein" als dem Ansich des Wissens wird zuerst und zunächst das Ansich des Gegenstandes gewußt (sei dieses das sinnliche Dieses, oder das Ding, oder die Erscheinung im Gegenbezug gegen das „Ding an sich"), – im „Selbstbewußtsein" kommt das vorher im Ansichsein des Gegenstandes versunkene Wissen zu sich selber und fragt nach der Natur des Wissens selbst. Ganz ähnlich ist Hegels Vernunft-Thematik gegliedert in A. Beobachtende Vernunft, B. Die Verwirklichung des vernünftigen Selbstbewußtseins durch sich selbst. Das erste behandelt das Verhältnis der Vernunft, die sich als die einzige Realität proklamiert hat und darüber Versicherungen abgegeben hat, zu dem, was ihr als selbständige Wirklichkeit gegenüberzustehen scheint, – behandelt die Vernunft in ihrem idealistischen Tun gegenüber der Natur, gegenüber dem Geiste und schließlich gegenüber der Beziehung zwischen Natur und Geist. Das Schema von „Ansichsein" und „Fürsichsein" (vom Sein des Wissens her formuliert: von „Bewußtsein" und „Selbstbewußtsein") wiederholt sich auf der Stufe der Vernunft – und wird sich wiederholen im weiteren Gang des Hegelschen Werkes bis zum absoluten Wissen und auch in ihm selber wiederkehren.

Die ansichseiende Vernunft, auf das Vernünftigsein des Seienden bezogen, ist beobachtende, d. h. gegenständlich orientierte Vernunft, welche in Schritten, in Handlungsschritten sich in das vernünftige Selbstbewußtsein wandelt. Solche Schritte sind: das Beschreiben, das Unterscheiden von Wesentlichem und Unwesentlichem, das Erfassen der Merkmale, das Verallgemeinern, das Erkennen von Gesetzen und die Reinigung des Gesetzes zum Begriff. Mit all diesen Termini operiert Hegel in unserem Kontext. Man ist vielleicht versucht, hier ein Vokabular zu vermuten, in welchem ein theoretisches Verhalten im Stile der bekannten, positiven Wissenschaften sich formuliert. Diese beginnen doch in einer vor-wissenschaftlichen Situation, in der wir die Dinge kennen, oberflächlich und vorläufig kennen, das Beschreiben ist dann der erste Schritt, wie wir unsere Bekanntschaft mit den uns umgebenden Dingen vertiefen, sie in einer Vielheit von Bestimmungen ausfalten, immer zahlreichere Aspekte derselben uns vergegenwärtigen. Sicherlich lassen sich die aufgezählten Termini vom methodischen Verfahren der Wissenschaften her verstehen. Im Hegelschen Text sind sie jedoch nicht so gemeint. Ähnlich wie die berühmte Dialektik von „Herr und Knecht", die von Hegel ontologisch konzipiert ist und das Verhältnis von fundamentalen Grundstellungen im Seinsverständnis kennzeichnet, die im Kampfe, und zwar in einem Kampfe auf Tod und Leben miteinander ringen, auch noch in der Gleichnis-Ebene selbst einen hohen Rang besitzt und anthropologisch bedeutsam ist, – ähnlich ist es hier mit Hegels Charakteristik der Vernunftschritte. Auch im

Mißverständnis ist sie noch erhellend, auch als „Wissenschaftstheorie" noch bedeutsam. In Wahrheit aber geht es hier um die Gedankenschritte der Vernunft, die aus dem leeren Idealismus herauskommen und zu einer Erfüllung ihres Anspruches gelangen will. Die Vernunft hatte ihren Anspruch aufgestellt, die wahre und eigentliche Substanz aller Dinge, die einzige, weltweite Realität zu sein. Sie muß nun zusehen, wie sie diesen Anspruch vor sich selbst und für sich selbst erfüllt.

Hegel eröffnet den Gedankengang mit dem Satze: „Dieses Bewußtsein, welchem das *Sein* die Bedeutung des *Seinen* hat, sehen wir nun zwar wieder in das Meinen und Wahrnehmen hineingehen, aber nicht als in die Gewißheit eines nur *Andern*, sondern mit der Gewißheit, dies Andere selbst zu sein". (183) Das Bewußtsein in der Vernunftgestalt des Idealismus wird gewissermaßen rückfällig. Doch es geht nicht wirklich zurück in jene Denkweisen, wo der Gegenstand ihm fremd und äußerlich war. In der Weise der „Versicherung" und im leeren und noch unerfüllten Anspruch hält das Vernunftbewußtsein alles, was ihm fremd erscheint, als unbezwungener Gegenstand gegenüberliegt, von vornherein für das Seinige, für das ihm Gehörige, hat jedoch die Aufgabe vor sich, die „quaestio juris" seines angemeldeten Besitzrechtes klarzustellen. Und das geschieht so, daß es in sich die Denkweisen erinnert, die es im Anspruch überwunden, aber noch nicht in seiner eigenen Tat überwunden hat. Das Meinen und Wahrnehmen, von dem Hegel hier spricht, ist gleichsam ein Meinen und Wahrnehmen in der Situation der bereits als Idealismus sich aussprechenden Vernunft. Die vor-vernünftige Art und Weise von Meinen und Wahrnehmen war durch den Glauben oder durch das Vorurteil bestimmt, das Bewußtsein wäre in solchen Akten auf ein Fremdes und Anderes bezogen, auf etwas, was es zwar weiß, aber nicht selber ist. Das Meinen und Wahrnehmen in der Vernunftsituation ist ein durch den idealistischen Anspruch überhöhtes Meinen und Wahrnehmen. Hegel kennzeichnet die Lage folgendermaßen: „Früher ist es ihm [dem Bewußtsein] nur *geschehen*, manches an dem Dinge wahrzunehmen und zu *erfahren*, hier stellt es die Beobachtungen und die Erfahrung selbst an". (183) Was ist damit gemeint? Meint Hegel einen Unterschied zwischen einem rezeptiven und einem aktiven Verhalten, einer Passivität und einer Aktion des menschlichen Geistes? Wir wiesen schon darauf hin, daß die Wissenschaften, vornehmlich die Erfahrungswissenschaften, die vorwissenschaftlichen Kenntnisse, die uns widerfahren sind, aufnehmen und zu einer planvollen, fast strategisch gedachten experimentellen Erkenntnisaktion übergehen. Hier an unserer Stelle geht es nicht um den Unterschied zwischen der Lässigkeit des Hinnehmens von Erkenntnissen und der methodischen Anstrengung des Wahrheitsstrebens. Erfahrung im Bannkreis der Gegenstandsfremdheit und Erfahrung im Horizont des versichernden Idealismus – dies hier gemeint mit dem Unterschiede dessen, was früher war und was jetzt ist. Die Vernunft, die sich realisieren will in ihrem universellen Sein, beginnt damit, im Raume ihres spekulativen Vorentwurfs die „Erfahrung" anzustellen und Beobachtung zu treiben. „Meinen und Wahrnehmen ... wird nun von dem Bewußtsein für es selbst aufgehoben; die Vernunft geht darauf, die Wahrheit zu *wissen;* was für das Meinen und Wahrnehmen ein Ding ist, als Begriff zu finden...". (183) Die von der Vernunft angestellte Erfahrung über die Dinge muß zur Vernunfterfahrung von sich selber werden. Im Vollzug einer derartig das frühere Erfahrungs-Gerüst umbildenden vernunfthaften Welterfahrung gewinnt die Vernunft in der Welt Gegenwart, daseiende Wirklichkeit. „Die Vernunft hat daher jetzt ein allgemeines *Interesse* an der Welt, weil sie die Gewißheit ist, Gegenwart in ihr zu haben, oder daß die Gegenwart vernünftig ist. Sie sucht ihr Anderes, indem sie weiß, daran nichts anders als sich selbst zu besitzen; sie sucht nur ihre eigne Unendlichkeit." (183)

Hegel kennzeichnet das Vorgehen der Vernunft, die die Erfahrung veranstaltet und anstellt als Besitzergreifung. Dieses Bild ist nicht unbedenklich, obgleich es ein kräftiges und eindrucksvolles Bild ist. Besitzergreifung kennen wir in mannigfachen Formen. Ein freies Subjekt rechnet sich Sachen, also unfreie Dinge als seine Sphäre zu, allerdings nicht in willkürlicher Beliebigkeit, als vielmehr in einer von den Mitpersonen anerkannten und respektierten Weise. Der Mensch, sei es als Individuum oder als Gruppe, lebt in Verhältnissen des Eigentums, des Privat- und Staats-Eigentums, lebt normaler Weise in geregelten Verhältnissen, die als rechtmäßige durch Sitte und Rechtssatzung umgrenzt und geschützt sind. Besitzergreifung kann geschehen in legalen und illegalen Modis. Legal z. B. ist der Antritt einer Hinterlassenschaft, eines Erbes, einer Schenkung usw. Dann wird eine Sache, die bereits Eigentum war, Eigentum eines Anderen, vom neuen Eigentümer übernommen. In zahllosen Formen kann Eigentum rechtmäßig in ein neues Besitzverhältnis übergehen. Es gibt aber auch die Besitzergreifung von herrenlosen Sachen, von res nullius, – ein neuer Kontinent wird besiedelt, die Bodenschätze einer Wüste aufgespürt und in primären Besitzrechten aufgeteilt. Oder der Krieg entreißt einem Volke Gebiete des vaterländischen Bodens, die Fahne des Feindes kündet die siegreiche Besitzergreifung. Es sind schon Theoreme von politischer Relevanz, die z. B. das Eigentum an Sachen zurückleiten auf die Bearbeitung, auf die in der Arbeit sich vollziehende Vergegenständlichung menschlicher Energie und ihre werkhafte Verdinglichung. Krieger erobern, Arbeiter gestalten und formen die Sachen, die als Besitz ergriffen werden. Die Sachen selbst sind zuvor für den Besitzergreifenden „fremd", es gibt zwei Arten der Fremdheit, – die Fremdheit der herrenlosen Dinge und die Fremdheit von Dingen, die Eigentum von anderen Besitzern sind (die diesen durch Diebstahl, Raub oder Krieg abgenommen werden können).

Das alles ist selbstverständlich, – wird aber in dem Moment zu einem Problem, wo der Vorgang einer Besitzergreifung als Gleichnis, als Metapher, ja als Denkmodell verwendet wird, um das Verhältnis der Vernunft zu der ihr erscheinenden Welt zu bestimmen. Ergreift die Vernunft als Besitz, was ihr von Hause aus gehört, bemächtigt sie sich einer Sache, die herrenlos ist, oder einer Sache, die fremder Besitz ist, die sie nun mit kriegerischer Gewalt oder mit friedlicher Arbeit sich zueignet und aneignet? Oder ist es gar keine Besitzergreifung von etwas, was außerhalb der Vernunft liegt? Es gibt doch auch die Selbsterfassung, das sich in Besitz und unter eigene Kontrolle nehmen eines freien Subjektes? Ist am Ende diese Vorstellung zutreffender, um die Realisierung der Vernunftgewißheit zu bestimmen? Diese Frage können wir nicht sogleich beantworten. Gewissermaßen spielen alle Bedeutungen von „Besitzergreifung" im Hegeltext zusammen. Die Vernunft sucht sich der Dinge zu bemächtigen, die zuerst als geistlos, also als fremd, dann als geistverwandt, mithin als mögliches Besitztum, und schließlich als Vernunft selber angesetzt werden. Der Bezug der Vernunft zur Welt durchläuft sämtliche Weisen der „Besitzergreifung". Fremdbesitz und Selbstbesitz oder Selbstbesitz im durchschauten Anschein eines Fremdbesitzes bildet die Bahn der idealistischen Selbstverständigung der Vernunft. „Zuerst sich in der Wirklichkeit nur ahnend, oder sie als das *ihrige* überhaupt wissend, schreitet sie in diesem Sinne zur allgemeinen Besitznehmung des ihr versicherten Eigentums und pflanzt auf alle Höhen und in alle Tiefen das Zeichen ihrer Souveränität." (183) Indem die Vernunft alles, was außer und neben ihr ist, oder doch außer und neben ihr zu sein den Anschein hat, als ihr Eigentum reklamiert, kann sie ja immer noch bei etwas Fremdem verweilen und es aushalten müssen – so, wie der personale Eigentümer bei den Sachen ist, die ihm gehören, aber nicht mit ihm identisch sind. Die gesteigerte Form der Besitzergreifung wäre dann verwirklicht, wenn das Ich sich selbst in der Sache fände, die ihm gehört, – wenn das Ich selber „des Pudels Kern" wäre. Der versichernde Idealismus, dem das Ich alles und alles Ich ist, hat noch nicht erkannt, daß das bloße Prinzip der Identität Ich = Ich eine abstrakte Formel ist, und daß sowohl zum Ich, wie zum Gegenstande der Unterschied und die Vielheit der Arten gehöre. Der Versuch, das Ich mit dem ganzen gegenständlichen Gehalt der Welt zusammen- und in-eins-zudenken, kann und muß auch ansetzen bei der Negationsmacht des alle Dinge und jegliches Bewußtsein durchwaltenden Unterschieds und bei den in den Sachen und auch im Menschengeiste verankerten Allgemeinstrukturen. „Die Vernunft ahnt sich als ein tieferes Wesen, denn das reine Ich *ist* und muß fordern, daß der Unterschied, das *mannigfache Sein*, ihm als das seinige selbst werde, daß es sich als die *Wirklichkeit* anschaue und sich als Gestalt und Ding gegenwärtig finde." (184) Diese Forderung der Vernunft ist mißverständlich, keineswegs nur für die, die unterhalb des Idealismus stehen, auch für den Idealisten selbst. Es kann nicht heißen, die Vernunft fordere, daß sie für sich herauskomme aus Stein und Welle, aus Baum und Strauch – wie im Märchen die verzauberten Brüder aus den Sieben Raben. Sie kann sich erst selber begegnen, wenn sie sich verwandelt hat. „Aber wenn die Vernunft alle Eingeweide der Dinge durchwühlt und ihnen alle Adern öffnet, daß sie sich daraus entgegenspringen möge, so wird sie nicht zu diesem Glücke gelangen, sondern muß an ihr selbst vorher sich vollendet haben, um dann ihre Vollendung erfahren zu können". (184)

Ich – Unterschied – die Arten: das bildet die Gedankenbahn, auf welcher die Selbsterfahrung der Vernunft aus und in den Dingen sich begibt. Diese wichtigen Begriffe bleiben jedoch nicht unverwandelt stehen, sie erleiden eine dialektische Durchdenkung, welche hervorgetrieben wird durch die inneren Widersprüche in diesen Seinsgedanken. Hegel setzt ein: „Das Bewußtsein *beobachtet*...". (184) Lapidar wird der Vorgang der Vernunft zusammengehalten mit einem uns sonst bekannten Verhalten, eben mit dem Beobachten, das wir als Betrachten, interessiertes Verweilen bei Gegenständen, als distanziertes Erfassen in theoretischer Absicht kennen. Beobachten ist schon etwas anderes als der einfache und unmittelbare Umgang mit den Dingen. In konkreten Lebenssituationen sind wir auf vielfältigste Weise inmitten der Dinge, wir nützen und gebrauchen sie, sind in Beziehungen verstrickt. Das Nahe und Nächstliegende beobachten wir gewöhnlich nicht, es ist uns vertraut, bekannt, geläufig, wir kennen uns aus in unserer Umwelt, soweit wenigstens, daß wir mit den praktischen Geschäften zurecht kommen. Wenn „Störungen" in dem eingefahrenen und gekonnten Umgang auftreten, wenn wir dem Mitmenschen nicht mehr trauen oder einer dinglichen Sache nicht mehr verläßlich sicher sind, fangen wir an, zu beobachten, genauer und gründlicher hinzusehen, über einen größeren Zeitraum hinweg unser Spähen fortzusetzen, einen Menschen oder eine Sache zu belagern und zu belauern, bis wir alles über ihn oder sie herausgebracht haben. Beobachtung hat einen veranstalteten Zug, verwirklicht sich in einer Haltung eingehaltener Konsequenz. Das gilt besonders für die Beobachtung im wissenschaftlichen Sinne.

Wenn Hegel sagt, das Bewußtsein beobachtet, so ist keineswegs das gewöhnliche vor-wissenschaftliche oder wissenschaftliche Beobachten gemeint. Vielmehr ein Verhalten der Vernunft. Und diese Vernunft ist sofort verstört, insofern sie als Vernunft sich selber in den Dingen finden und erkennen will, aber als beobachtendes Tun auf die Gegenstände und auf das Wesen der Dinge selbst aus ist. Hier steckt bereits der erste Widerspruch. Hegel argumentiert bewußt kurzschlüssig, indem er dem Vernunftidealismus einen Weg zu weisen scheint. Den Fall gesetzt, der versichernde Idealismus sei überzeugt von seiner eigenen These, die Vernunft sei die einzige und allheitliche Wirklichkeit, so könne es ihm doch genügen, in reinem Selbstbezug sich zu erforschen, in die eigene Tiefe zu steigen, – er hätte es nicht nötig, sich auf die Dinge und Gegenstände einzulassen, da sie ja nichts anderes wären als eine Vernunftgestalt, gewiß weniger leicht einzusehen als das Ich für sich selbst. Ein derartiges Argument schlägt jedoch nicht durch, weil hier das Vernunftsein nur in der Gegenposition zum Gegenstandsein erkannt würde und der Gegenstand einfach zum vernünftigen Sein ernannt würde ohne jeglichen Erweis.

Der Vernunftidealismus in dieser statischen und unbewegten Gleichung von Sein und Ich, Substanzialität und Subjektivität, hat, wie Hegel sich ausdrückt, „... die Momente des Seins und des Ich noch nicht getrennt und wieder vereinigt..." (184) Wenn nun die Vernunft zur Beobachtung übergeht, nicht still verharrt in ihrer vielleicht utopischen, vielleicht wahren Gewißheit, alle Realität zu sein, – wenn sie sich bewegt, gerät sie alsobald in einen Widerspruch, und zwar in einen Widerspruch zwischen ihrem Tun und der Meinung von ihrem Tun. Sie meint, die sinnlichen Dinge beobachtend zu erfassen in dem, was und wie sie sind, eben als Sinnendinge zu erfassen. In Wahrheit aber verwandelt sie die Sinnendinge, wenn sie diese erkennt, „... sie verwandelt ihre Sinnlichkeit in *Begriffe*, d. h. eben in ein Sein, welches zugleich Ich ist, das Denken somit in ein seiendes Denken, oder das Sein in ein gedachtes Sein, und behauptet in der Tat, daß die Dinge nur als Begriffe Wahrheit haben." (184 f.) Zwei Widersprüche stören und beunruhigen die beobachtende Vernunft, 1. sie will Selbsterkenntnis und zugleich Wesenserkenntnis der Dinge sein, 2. sie will die Sinnendinge wahrhaftig als sinnliche auffassen und verwandelt sie in ihrem Denken zu Begriffen. Und diese Widersprüche treten auf zwischen der Tat der Vernunft und der Meinung der Vernunft von ihrer Tat. Die Meinung verkehrt das wirkliche Geschehen. Das Tun und Meinen der beobachtenden Vernunft geht auf Natur, den Geist und die beide verbindende Beziehung.

Hegel fängt an mit der Reflexion auf die Beobachtung der Natur. Es ist weder das alltäglich-naive, noch das positiv-wissenschaftliche Bewußtsein, welches in seinem Naturbezug ausgelegt wird, – es ist das Vernunftbewußtsein, das beobachtet, sich an der Natur versucht.

Wenn gedankenlos vom Beobachten gesprochen wird und die Erfahrung, die Empirie als die vorzüglichste Erkenntnisquelle ausgegeben wird, tritt gewöhnlich eine überstarke Akzentuierung der Sinne auf, so „... als ob es allein um ein Schmecken, Riechen, Fühlen, Hören und Sehen zu tun sei ..." (185) Der Empirismus wird allzu voreilig zum Sensualismus. Dabei werde, nach Hegel, vergessen, daß die Sinnesdaten auf einen Gegenstand bezogen werden müssen, – daß die Gegenstandsverfassung ebenso wesentlich sei wie die optischen oder akustischen Daten. Nach geringer Reflexion müsse man eingestehen, daß es dem Bewußtsein, das die Erfahrung anstellt, gar nicht so sehr darauf ankomme, gerade diesen gegenüber vielen anderen sinnlichen Gegenständen zu ergreifen oder rein zufällige Relationen zwischen den Dingen festzustellen. Hegel sagt, das Bewußtsein wird „... z. B. die Wahrnehmung, daß dies Federmesser neben dieser Tabaksdose liegt, nicht für eine Beobachtung gelten lassen. Das Wahrgenommene soll wenigstens die Bedeutung eines *Allgemeinen*, nicht eines *sinnlichen Diesen* haben." (185) Die Beobachtung sucht einen allgemeinen Zug, der gleichbleibt, an den Sinnengegenständen zu fixieren, und wiederholt gleichförmig die Bewegung des Feststellens von Invarianten. Eine Struktur an den vielen, unabsehbar vielen Gegenständen wird herausgehoben durch das Bewußtsein, das damit ein abstraktes Mein, einen abstrakten Besitz von Ichgedanken am Gegenstande behauptet. Das Ding wird in einem allgemeinen Grundzug, den es mit vielen anderen Dingen gemeinsam hat, gepackt und für das Ich aussagbar. Diese Vorform oder Primitivform der Beobachtung nennt Hegel (in terminologischer Absicht) das „Beschreiben". Das Beschreiben ist sozusagen ein Entlanglaufen des wahrnehmenden Geistes an der langen Reihe von Dingen, die zu unserer Situation gehören – und die es eben in der Welt gibt. Hegel beschreibt das Beschreiben aus einer spekulativen Optik heraus. Für gewöhnlich hat der Terminus „Beschreiben" einen guten, respektablen Sinn. Wir unterscheiden etwa (mit Windelband und Rickert) „idiographische" und „nomothetische" Wissenschaften, oder eine beschreibende und erklärende Psychologie. Die „Phänomenologische Denkrichtung" des Jahrhundertbeginns hat den Weg einer eingehenden, subtilen und nuancenreichen Beschreibung der Gegebenheitsweisen der Dinge für das wahrnehmende Bewußtsein als die Methode proklamiert, „zu den Sachen selbst zu gelangen und unverstellt die Dinge aufzunehmen, wie sie sind". Das Sichzeigen, Sichdarstellen des Seienden wurde akzeptiert als Verifikation. Mit diesem „phänomenologischen Beschreiben" hat Hegels Text hier an unserer Stelle gar nichts zu tun. Er kritisiert das Beschreiben als die gedankenlose Haltung, die Dinge einfach und schlicht aufzunehmen, vom einen zum nächsten weiterzugehen und so ins Endlose. Das Beschreiben operiert mit unentwickelten Seinsgedanken über den Gegenstand, über das Ich und über die Beziehung beider. „Dies oberflächliche Herausheben aus der Einzelheit und die ebenso oberflächliche Form der Allgemeinheit, worein das Sinnliche nur aufgenommen wird, ohne an sich selbst Allgemeines geworden zu sein, das *Beschreiben* der Dinge, hat noch in dem Gegenstande selbst die Bewegung nicht...". (185 f.) Das besagt, das Beschreiben setzt implizit voraus, daß die Dinge vorhanden sind und vorliegen wie ein Vorrat, den man durchmustern kann, – wie ein Feld von Sachen, das eine Strecke weit zu durchwandern ist, wo man bald dieses, bald jenes Ding am geistigen Wanderweg benennen, beobachten – beschreiben kann, Gedanken, Meinungen, Auffassungen an sie herantragen und dazu noch die beigebrachten Meinungen mit den Sachen selbst vergleichen kann. Dinge werden dabei viele vorgenommen als Beschreibungsgegenstände, doch die Dingheit selbst und das Gegenstandsein bleiben in einer monoton-gleichförmigen Weise gedacht. Das Interesse gleitet von einem zum anderen Ding – und bewegt doch keineswegs den Seinsgedanken der „Sache selbst". Hegel trifft mit zynischer Nüchternheit diese deskriptive Monotonie, er sagt: „Der Gegenstand, wie er beschrieben ist, hat daher das Interesse verloren; ist der eine beschrieben, so muß ein anderer vorgenommen, und immer gesucht werden, damit das Beschreiben nicht ausgehe" (186).

Das Beschreiben bleibt nicht auf ganze Dinge hin fixiert, es dringt auch in die Teile und die Teile von Teilen ein – und so immerfort, und es wird nie an Beschreibungsmaterial gebrechen, die Welt ist voll von Dingen, die man betrachten, beobachten, auf allgemeine Züge hin überschauen kann. Doch gerade im Hinblick auf die „allgemeinen Züge" der Gegenstände der Beschreibung kommt die beobachtende und ins Beschreiben versenkte Vernunft in eine schwierige Lage, in eine Verlegenheit. Sie will die Sinnendinge der umgebenden Natur in den ihnen anhängenden „allgemeinen" Strukturen fassen, sie in ihren Begriffen aufnehmen, nach Gattung und Arten klar und deutlich getrennt. Doch damit hält das Beschreiben sich in unsicherer Weise in dem Stufenbau der größeren und kleineren Allgemeinheiten. Wissen wir denn, was noch über die Gattungen der Dinge hinausliegt als Allgemeines, – wissen wir denn, wie die niedersten übergehen in die Einzelheiten? „Aber die Grenze dessen, was wie der Elefant, die Eiche, das Gold *ausgezeichnet*, was *Gattung* und *Art* ist, geht durch viele Stufen in die unendliche *Besonderung* der chaotischen Tiere und Pflanzen, der Gebirgsarten ... über. In diesem Reiche der Unbestimmtheit des Allgemeinen, worin die Besonderung wieder der *Vereinzelung* sich nähert, und in sie hie und da auch wieder ganz herabsteigt, ist ein unerschöpflicher Vorrat fürs Beobachten und Beschreiben aufgetan." (186) Dieser Reichtum verkehrt sich aber schnell in einen Mangel, wenn das Bewußtsein in seinem Hunger nach Wirklichem nicht mehr weiß, ob es im Beschreiben der Einzelheiten überhaupt „Wesentliches" oder „Unwesentliches" in den Griff nimmt. Besteht nicht die Gefahr, daß das Beobachten und Beschreiben im Sand des Banalen, des ganz und gar Gleichgültigen und des zufälligen Einzelnen auslaufe und verebbe? Doch nicht, um Hegels

Beispiel zu wiederholen, kommt es auf eine Tabaksdose an, die auf dem Tische neben dem Federmesser liegt. Gesucht wird an den erscheinenden Dingen das „abstrakte Mein", der Eigentumscharakter der Gegenstände für das Bewußtsein. Gesucht wird, woran sie erkannt werden, nicht aber das, was sie im faktisch Einzelnen alles noch sein mögen. Erkannt werden die Dinge an ihren allgemeinen Zügen, an ihren generellen Momenten.

Der problematische Unterschied des Wesentlichen und Unwesentlichen, mit welchem Unterschied das Beschreiben sich auf das geistige Niveau hinaufhebt und dem grauen Nebel des Unbestimmten entkommt, verschärft seine Fragwürdigkeit noch mit dem Bedenken, ob das, was für das Erkennen wesentlich ist, es auch für das Ding selber sei – und gleichermaßen auch beim „Unwesentlichen". Hegel formuliert: „Einesteils sollen die *Merkmale* nur dem Erkennen dienen, wodurch es die Dinge voneinander unterscheide; aber andernteils [soll] nicht das Unwesentliche der Dinge erkannt werden, sondern das, wodurch sie selbst aus der allgemeinen Kontinuität des Seins überhaupt sich *losreißen,* sich von dem Andern *abscheiden* und *für sich* sind. Die Merkmale sollen nicht nur wesentliche Beziehung auf das Erkennen haben, sondern auch die wesentlichen Bestimmtheiten der Dinge, und das künstliche System dem Systeme der Natur selbst gemäß sein und nur dieses ausdrücken." (187)[1] Mit einiger Verwunderung mag man diesen Satz hören, welcher das erste Selbstverständnis der beobachtenden Vernunft ausspricht als einen Dualismus – und dem Bewußtsein eine Gegenwelt entgegenstellt. Hegels Formel ist provokativ. An uns ist es, dieses Ärgernis weiterzudenken.

22. Kritik des „Beschreibens":
Unterscheidung von Wesentlichem und Unwesentlichem; Bestimmtheit und Allgemeinheit – Gesetz – Umstand

Hegels spekulativer Begriff der Vernunft wird entfaltet in einem Gang von Denkschritten, welche nicht so sehr das vernünftige Erkennen nach seinem Umfang und nach seinen Gehalten, nicht so sehr die Arbeit der Vernunft an den ihr zukommenden Sachen und Sachverhalten bedenken, – vielmehr die Seinsgedanken auseinanderlegen und in

[1] Eckige Klammer im Original.

ihren Widersprüchen aufdecken, welche die Vernunftarbeit führen. Die Natur, der Geist und die Beziehung beider bilden die Thematik der Vernunft — und sind die Welt. Der Standpunkt der Vernunft ist die idealistische Ansicht, „Vernunft" tritt erst auf als der Gedanke, daß das Denken und das Sein „dasselbe" sind. Mit diesem Gedanken sind alle Vorstellungen verabschiedet, die den Gegenstand als etwas grundsätzlich Fremdes dem Ich entgegenstellen, — verabschiedet im Prinzip. Die Vernunft versichert, alle Realität zu sein. Sie ist in der Gewißheit, in allem Seienden das Sein zu sein. Es gibt nichts außer ihr. Diese Versicherung muß sie nun nicht nach außen, wohl aber für sich erweisen. Sie sucht sich selber in allem, was anders als sie zu sein scheint, will sich als die Wahrheit der Dinge und die Dinge als ihren eigenen Ausdruck erkennen. Die Vernunft reflektiert auf sich, wie sie zunächst als „Vernunftinstinkt" arbeitet. Mit diesem Terminus „Vernunftinstinkt" setzt Hegel nicht biologisch an, etwa um auch noch die Vernunft naturhaft zu sehen, sie als Lebensphänomen anzusprechen und in das Vorliegende, Vorhandene und Gegebene zu verrechnen. Instinkt der Vernunft ist das Verhalten, wo die Vernunft wieder zurückgefallen scheint in das Meinen und Wahrnehmen — und mit dem Beschreiben der Welt beginnt, um schrittweise mehr und mehr das „Vernünftige" an den Dingen herauszuholen, sich in ihnen dabei zu entdecken. Daß dies kein Weg steigender Triumphe, sondern eher ein Weg der Niederlagen ist, auf dem das Denken in immer neue Verwirrungen stürzt, zeigt Hegel sozusagen in dem dialektischen Begleit-Text, mit dem er das Tun und das Meinen der Vernunft über ihr Tun verfolgt. Und dieser Begleit-Text ist das Wichtige, er bildet eine Kette von Reflexionen über Beschreiben, Unterscheiden, Gesetzeseinsicht usw., über die mannigfachen Methoden, wie das Erkennen sich auf Natur und Geist bezieht.

Die „Natur" scheint dabei in einem anderen Grundverhältnis zur Vernunft zu stehen als der Geist. Machen wir uns das klar am Cartesianischen Dualismus der Substanzen. Die Welt ist das vereinigte Ganze aus res extensa und res cogitans, sie liegt vor als Doppelbereich. Körperding und denkendes Ding sind die Grundbezirke der Phänomene in der Welt. Sie verhalten sich wie wesensverschiedene Regionen gegeneinander. Damit haben wir zwei Grundtypen von Gegenständen für das philosophische Erkennen. Beide sind vorhanden. Die Seinsvorstellung des massiven Vorhandenseins, eines bewegungslosen Ansich zu erschüttern und ins Fragwürdige zu reißen, ist der Anfang der Philosophie. Wenn sie die Stufe des „Idealismus" erklommen hat, proklamiert sich die Vernunft als allheitliche und einzige Realität, sie behauptet, die Wahrheit der Natur und die Wahrheit des binnenweltlichen, ontischen Geistes zu sein. Und nun drängt sich uns vielleicht die Meinung auf, die spekulative Vernunft möge sich eher und leichter in den ontischen Geist-Phänomenen erkennen als in den ontischen Naturphänomenen. Der Anschein des Fremdseins sei beim Naturding offensichtlich größer als beim Geistding. Legt es dann sich nicht nahe, beim Geist-Ding in der Welt anzufangen statt beim Natur-Ding, wenn die Vernunft sich als die Wahrheit der Dinge erweisen will? Hegel geht gerade umgekehrt vor, ordnet die spekulative Naturphilosophie der spekulativen Geistphilosophie vor. Es gilt den härteren Anschein der Fremdheit des Gegenstandes abzuarbeiten, um nicht von dem scheinbaren Ähnlichkeitsbilde zwischen dem ontischen Geist in der Welt, der ein Teil des Ganzen ist, und der spekulativen Vernunft, die die Welt ganz ist, verleitet zu werden.

Die ersten Schritte der beobachtenden Vernunft in ihrem Bezug zur Natur haben wir uns vergegenwärtigt. Die erste Handlung des Erkennens an der Natur ist das „Beschreiben". Sein Wert wird von Hegel nicht herabgesetzt, Beschreiben ist eine Art von Sammeln und Vertiefen der Beobachtungen, ein geistiges Zur-Präsenz-Bringen der Gegenstände und ihrer vielen Bestimmtheiten und Momente, ein Anhäufen von Wissen über die Dinge. Naturerkenntnis beginnt mit Naturbeschreibung. Hegel reflektiert auf die implizite Voraussetzung der Beschreibung: die Sachen werden vermeint als vorliegende Befunde, die sich immer gleich verhalten, als ein sichgleichbleibendes Gegenstandsfeld, das man endlos durchmustern kann. Die Monotonie des Beschreibens, die von einem Gegenstand zu anderen geht, von einem Naturding zum anderen, von den Seiten, Teilen, Bestimmungsstücken zu wieder anderen Seiten, Teilen und Bestimmungsstücken eines weiteren Gegenstandes und so unaufhörlich weiter, – die Dürftigkeit eines solchen Vorgehens liegt nicht in einer mangelnden Ergiebigkeit, – die Welt ist unerschöpflich fürs Beschreiben, – die Dürftigkeit liegt in dem simplen und unbewegten Gegenstandsmodell, das dabei stillschweigend vorausgesetzt wird. Wenn aber das Vernunftinteresse über das bloße Aufnehmen, Sammeln, Katalogisieren vorfindlicher Dinge hinausdrängt, gerät es alsbald in Verlegenheiten und Schwierigkeiten, die sich zu Verwirrungen steigern und eine dialektische Kettenreaktion auslösen. Das Beschreiben geht dazu über, den Unterschied von Wesentlichem und Unwesentlichem zu machen, und wird auf die Frage zurückgeworfen, welche Instanz über die Richtigkeit dieses Unterschiedes entscheide: ob das Erkennen von sich aus die Verschiedenheit des Wesentlichen und Unwesentlichen setze oder an den Dingen selbst vorfinde. Sind die Naturdinge von Hause aus „geartet", in einem architektonischen System von Arten und Gattungen ausgebreitet – oder trägt das Erkennen, indem es „Merkmale" fixiert, die Marken seines Merkens in die Dinge hinein? Ein Dualismus zwischen dem natürlichen System der Dinge und dem künstlichen System des Intellekts bricht auf und wird zum Ärgernis für die Vernunft.

Dieses Problem müssen wir uns etwas verdeutlichen. Wir Menschen leben in mannigfachen Weisen des Verstehens, Kennens und könnenden Umgangs in die Welt hinein, in der wir je ein Seiendes sind unter Seiendem. Im Umblick zeigt sich uns die Gesamtheit der Dinge „gegliedert", aufgegliedert in Arten und Gattungen. Dabei sind allerdings niemals alle Dinge des gleichen Aussehens beisammen und abgegrenzt gegen andere Regionen, nicht alle Steine sind auf einem Haufen, nicht alle Lebewesen in einer Herde. Im Umkreis der Phänomene finden wir zwar den elementarischen Zusammenhang der Erde als Land, des Wassers als Meer, der Luft als Reich der Wolken und Winde, des Feuers als des Sonnenlichts und Sternenlichts, das die Himmelsglocke erhellt. Aber auf der Erde, über ihre Oberfläche hin verstreut, finden wir die „Einzeldinge", die ein eigenes Aussehen haben, ein Gesicht, eine Gestalt, eine individuelle Figur. Wir greifen in Gedanken das vielfach Verstreute zu Klassen, Gruppen, Arten, Gattungen zusammen, – in der Wirklichkeit ist Verschieden-Geartetes beisammen; Raum und Zeit bilden die Felder der Konstellation des Art-Verschiedenen. Hier und Jetzt im Hörsaal sind tragender Erdgrund, Gebäude als Menschenwerk, Menschen und viele Gebrauchsdinge beieinander – und doch hat dabei jegliches Ding sein bestimmtes Artgepräge. Doch hat auch jedes Ding seinen Bau, sein Gerüst, ist Substanz und trägt Eigenschaften an sich, – diese Dinge verharren und verändern sich im Verharren, sie haben einen festen Stil der Wandlungen und ihre eigenen Formen von Bewegung. Und schließlich ist jedes Ding über Art und Dingstruktur hinaus „seiend". Es gibt nun mannigfache Sichtweisen: einmal können wir interessiert sein am Art- und Gattungs-Charakter der Dinge, – an den selbständigen Substanzen, die durch ein fixes Gepräge, durch ein wesentliches Was-sein sich herausheben. Sie kommen, was nicht zu leugnen ist, in einem durchlaufenden und zusammenhängenden Seinsmedium vor, – das Federmesser liegt auf dem Schreibtisch neben der Tabaksdose, das Mobiliar im Zimmer, – was durch Abstände auseinandergerückt ist, ist zugleich verbunden durch die Luft und das Licht der Zwischenräume, – nirgends hört „Sein" auf, nirgends gibt es eine Unterbrechung, die Welt ist voll von Sein. Doch heben sich aus der allgemeinen Flut wie Wellen die Sondergestalten der sogenannten Einzeldinge ab. Kontinuität des Seinsfeldes und Diskretion der darin besonderten Gestalten durchdringen sich.

Das sollte man sich vergegenwärtigen, wenn man Hegels dialektische Kritik an den im „Beschreiben" stillschweigend vorausgesetzten Seinsgedanken verstehen will. Das Beschreiben geht endlos von einem Gegenstand zum nächsten, – es läuft auf dem Boden des kontinuierlichen, von den diskreten Einzeldingen besetzten Seinszusammenhangs, und läuft und läuft... Wenn das Beschreiben aber sich erheben will zum Beschreiben des Wesentlichen an den Dingen und das Unwesentliche auszulassen sich bemüht, wird es beirrt nicht nur von der Zweideutigkeit, ob das Wesen der Sache identisch sei mit dem Wesen für das Erkennen, – es wird stärker noch verstört durch die Frage, ob die Einzeldinge ihre bestimmte Individualität halten und durchhalten können gegenüber dem durchlaufenden Seinszusammenhang, aus dem sie sich erheben. Bleiben die „Wellen" oder verströmen sie in der „allgemeinen Flut"? Das Erkennen der Naturdinge kommt vorübergehend in eine zuversichtliche Lage, wo für es das subjektiv Wesentliche mit dem objektiv Wesentlichen klar zusammenzufallen scheint, eben im unterscheidenden Erkennen von solchen Naturdingen, die selber sich unterscheiden, den Unterschied handelnd markieren. Hegel nimmt als Beispiel dafür das wesentliche Beschreiben des Tierreichs – und sagt: „Die Unterscheidungsmerkmale der Tiere z. B. sind von den Klauen und Zähnen genommen; denn in der Tat *unterscheidet* nicht nur das Erkennen dadurch ein Tier von dem andern; sondern das Tier *scheidet* sich dadurch selbst ab; durch diese Waffen erhält es sich *für sich* und gesondert von dem Allgemeinen". (187) Es ist nicht bloß einzeln, es vollzieht den Akt seiner Vereinzelung. Anders sei es, meint Hegel, mit der Pflanze, sie berühre nur die Grenze der Individualität, sei nicht mehr so durch sich selbst abgesetzt von dem Seinsboden – wie das

Tier, das im Kampfe sich behauptet. Was noch unterhalb der Pflanze sei, habe nur eine ephemere und zufällige Eigenform, die sich auflöse und in das allgemeine elementarische Sein vergehe. Damit verweist Hegel erneut auf einen versteckten Widerspruch in der Weise, wie die beobachtende Vernunft das Dingsein denkt. Sie denkt das Naturding im Gedankenbild eines Stückes, das in das Element und seine „Ruhe" zurückgesunken ist, oder im Bilde einer sich kämpferisch behauptenden Einzelheit. „Das *ruhende Sein* und das *Sein im Verhältnisse* kommt in Streit miteinander, das Ding ist in diesem etwas anders als nach jenem, da hingegen das Individuum dies ist, im Verhältnisse zu anderem sich zu erhalten. Was aber dies nicht vermag und *chemischer Weise* ein anderes wird, als es *empirischer Weise* ist, verwirrt das Erkennen und bringt es in denselben Streit, ob es sich an die eine und andere Seite halten soll, da das Ding selbst nichts gleichbleibendes ist und sie an ihm auseinanderfallen" (187 f.).

Das Dilemma der beobachtenden Vernunft im Hinblick auf das Naturding verschärft sich: das Beschreiben, Unterscheiden nach Wesen und Unwesen, verbunden mit der Frage, ob dieser Unterschied dem Erkennen oder den Sachen selbst angehöre, wird jetzt vor den Kopf gestoßen, dadurch daß dem Bewußtsein die Sicherheit verlorengeht darüber, was ein Ding überhaupt ist. Sind nur „Individuen", mit einer festen Figur und einem beharrenden Aussehen, Naturdinge, oder auch die Stoffe, die chemisch sich wandeln und wechselnde Aggregatzustände durchlaufen? Ist Ding gleichbedeutend mit „bestimmtem Sein" oder mit einem gesichtslosen Stoffe, der viele und vielerlei Gesichter annehmen kann? Bestimmtheit und Allgemeinheit – diese beiden im Dinggedanken zusammengebrachten Seinsbegriffe bilden gewissermaßen ein explosives Gemisch, das ungefährlich ist, solange wir nicht ausdrücklich denken, das aber zu einer unerträglichen Unverträglichkeit aufflammt, wenn wir es auszudenken versuchen. Die immanente Dialektik charakterisiert Hegel also: „Wenn nun die Bestimmtheit nach einer Seite das Allgemeine, worin sie ihr Wesen hat, besiegt, so erhält dieses dagegen auf der andern Seite ebenso sich seine Herrschaft über sie, treibt die Bestimmtheit an ihre Grenze, vermischt da ihre Unterschiede und Wesentlichkeiten. Das Beobachten, welches sie ordentlich auseinanderhielt und an ihnen etwas Festes zu haben glaubte, sieht über ein Prinzip die andern herübergreifen, Übergänge und Verwirrungen sich bilden, und in diesem das verbunden, was es zuerst für schlechthin getrennt nahm, und getrennt, was es zusammenrechnete; so daß dies Festhalten an dem ruhigen sich gleichbleibenden Sein sich hier gerade in seinen allgemeinsten Bestimmungen, z. B. was das Tier, die Pflanze für wesentliche Merkmale habe, mit Instanzen geneckt sehen muß, die ihm jede Bestimmung rauben, die Allgemeinheit, zu der es sich erhob, zum Verstummen bringen und es aufs gedankenlose Beobachten und Beschreiben zurücksetzen" (188).

Eine solche Passage zeigt die enorme Kraft Hegels, schwierigste Gedanken in ihrer Dialektik darzulegen, die Wandlungen des Seinsverständnisses wie eine Geschichte zu erzählen. Wir, die Leser, müssen uns aufs äußerste anstrengen, um die Geschichte nachzudenken, wie die Vernunft durch Wirrnisse und Wandlungen hindurch sich aus der Natur herausfindet, das Vernünftige herausholt aus dem vermeintlichen Antipoden des Geistes. Die Vernunft liegt in der Natur nicht wie ein Schatz in der Truhe, nicht wie die Goldader im Gestein, eher ist sie Schatz als Truhe, Goldader als Gestein. Jedoch die zunächst bereitliegenden Vorstellungsweisen, wie wir das Insein in einem Anderen denken, reichen alle nicht zu, um das Tun der Vernunft im Durchdenken ihrer Naturvorstellung zu begreifen. Jetzt steht die „Bestimmtheit" in Frage. Was ist das „Was-sein" der als Individualitäten angesetzten Dinge? Zuerst meinen wir, daß die Naturdinge bleiben in ihrem Was, in ihrem Artgepräge, jedes einzelne unter einen Art- und Gattungsbegriff falle. Bestimmtheit hat für uns den Schein des Bleibens. „Wesentliche Merkmale" vermuten wir als ruhende Bestimmtheiten der Dinge. Doch die Dinge sind im Fluß, – nicht so nur, daß sie zeitweilig sind, eine Weile nur vorhalten und verfallen, verkommen, untergehen, sie sind im Fluß auch als der Dinggedanke im Wirklichen. Wenn es der beobachtenden Vernunft aufdämmert, daß das bestimmte Ding keine Sache ist, die isoliert und in erhabener Einsamkeit bestehen kann, – wenn die bestimmten Dinge sich wandeln, gerade weil sie bestimmt sind und die Bestimmtheit in Entgegengesetztes übergehen muß (wie das Kalte ins Warme, das Feste ins Flüssige usf.), dann wird sie sich nicht anheften an den Zug der Einzelfiguren und der ontischen Sonderlinge, sie wird das Gesetz suchen, dem gemäß das Besondere sich bildet und auch wieder vergeht. Nach dem Beschreiben, nach dem Unterscheiden in Wesen und Unwesen, nach dem Zweifeln, was den Dingen und was dem Erkennen dabei zuhöre, und nach dem Streit zwischen Bestimmtheit und Allgemeinheit am (oder besser: im) Naturding, erreicht die beobachtende Vernunft ein neues Niveau mit der Voraussetzung des Gesetzes.

Naturhaft-dingliches Sein ist gleichbedeutend mit Sein-in-Gesetzen. (Wir erinnern uns an die bekannte Formel Kants, die Hegel hier spekulativ einholt: „*Natur* ist das *Dasein* der Dinge, so fern es nach allgemeinen Gesetzen bestimmt ist")[1] Das Gesetz, als die Vernunft in der Natur, steht in einem doppelten Aspekt: als das Regelverhalten der naturhaften Dinge – und als begreifender, zusammenschließender Gedanke. Die Vernunft „... sucht ... nach dem *Gesetze* und dem *Begriffe* desselben; zwar nach ihnen ebenso als *seiender* Wirklichkeit, aber diese wird ihm [dem Vernunftinstinkt] in der Tat verschwinden und die Seiten des Gesetzes [werden ihm] zu reinen Momenten oder Abstraktionen werden, so daß das Gesetz [der Natur] in der Natur des Begriffes hervortritt, welcher das gleichgültige Bestehen der sinnlichen Wirklichkeit an sich vertilgt hat." (189) Das Naturgesetz ist in den Dingen und ist im Verstande. Aber ist es damit nicht verdoppelt, nicht auseinandergerissen und auf zwei Sphären verteilt? Keineswegs. Das Gesetz gilt im Felde der Erfahrung, im Reiche des Seienden, das für das Bewußtsein ist. Das Gesetz wirkt beherrschend im Sinnfälligen, machtet im Umkreis der Erscheinungen, es hat an dem beschriebenen Wirklichen seine Wahrheit, sofern es darin gilt. Sein Gelten ist das Durchwirkendsein durch die erscheinenden Naturdinge. Das Gesetz herrscht und wirkt als die Vernunft in den Dingen. Das Denken jedoch, welches die Gesetze der Natur denkt und dabei sie nicht als etwas Vorhandenes einfach vorfindet, vielmehr der Natur „vorschreibt", ist als gesetzgebende Vernunft im Element des Begriffes wirklich. Bloß vorgefundene Regeln im Verhalten der Naturdinge wären als Funde ebenso zufällig, gewissermaßen potenzierte Fakten allerdings, wie rinnender Regen oder strahlende Sonne. „Aber daß es [das Gesetz] wesentlich als Begriff ist, widerstreitet nicht nur dem nicht, daß es für die Beobachtung vorhanden ist, sondern hat darum vielmehr notwendiges *Dasein* und ist für die Beobachtung." (189) Der Sinn des Satzes kann dahin verdeutlicht werden: gerade indem das Gesetz das Regelwesen der Dinge und zugleich die Notwendigkeit des vernünftigen Begriffes ist, können sich in ihm Natur und Vernunft einen, die sinnliche Natur in ihrem regelgebändigten Erscheinen in den Begriff kommen, selber und in Wahrheit die Natur des Begriffs zu haben.

[1] I. Kant, Prolegomena, § 14 (WW IV, 294).

Das Gesetz wirkt in der Realität, wirkt im Wirklichen. Für die beobachtende Vernunft hat das Natur-Gesetz zuerst den Anschein, eine Sache in den Sachen, eine Regel in den Dingen, eine Struktur in der Realität zu sein. Wiederum fällt die Vernunft, die sich vorerst als Vernunftinstinkt auswirkt, auf ein dualistisches Schema herein. Sie meint, das Naturgesetz läge der auffassenden Vernunft wie etwas Fremdes gegenüber. Allein, was die Vernunft bei ihrem Beobachten zunächst meint, widerlegt sie durch ihr eigenes Tun. Sie durchmustert nicht sämtliche sinnlichen Dinge, um an ihnen die Regel abzulesen, wie sie sich gesetzmäßig verhalten, – und doch spricht sie die Regel des Gesetzes für alle Dinge aus. Wie ist das überhaupt möglich? Handelt es sich hier um unzulässige Verallgemeinerungen – oder um die Meinung, man könne von einigen Dingen auf alle Dinge schließen? Mit welchem Gesetzesbegriff operiert die beobachtende Vernunft? Der Gesetzesbegriff ist unklar und verworren. Man könnte eine Entwirrung versuchen, dadurch daß zwischen empirischen und apriorischen Naturgesetzen unterschieden wird – wie bei Kant, – daß man ein induktiv gewonnenes Regelgesetz von vorläufiger Geltung nicht zusammenwirft mit einem apriori verstandenen und apodiktisch geltenden Strukturgesetz (wie z. B. die Kausalität). Hegel läßt den Unterschied von empirischem und apriorischem Gesetz beiseite. Mit Gesetz denkt er eine Vernunft in den Dingen selbst. Und wenn man unterscheiden will zwischen „wahrscheinlichen" und „notwendigen Gesetzen", also zweierlei Gesetz ansetzt, so versteht man nicht das Gesetz als die Vernunft in den Dingen, nicht als das Notwendige im Anschein des faktisch Regelhaften. Nicht alle einzelnen sinnlichen Dinge müssen uns die Erscheinung des Gesetzes gezeigt haben. Hegel sagt: „Daß die Steine, von der Erde aufgehoben und freigelassen, fallen, dazu fordert es gar nicht, daß mit allen Steinen dieser Versuch gemacht werde; es sagt vielleicht wohl, daß dies wenigstens mit sehr vielen müsse versucht worden sein, woraus dann auf die übrigen mit größter Wahrscheinlichkeit oder mit vollem Rechte *nach der Analogie* geschlossen werden könne. Allein die Analogie gibt nicht nur kein volles Recht, sondern sie widerlegt, um ihrer Natur willen, sich so oft, daß, nach der Analogie selbst zu schließen, die Analogie vielmehr keinen Schluß zu machen erlaubt". (190) Hegel spricht weiterhin von den „beiden Umständen" des Gesetzes.

Dieser Terminus „Umstand" hat manches für sich – und wir könnten ihn schon bei der simplen Methode des „Beschreibens" gebrauchen - etwa in phänomenologischer Absicht. Zumeist reden wir doch so, daß dem erkennenden Subjekt ein Gegenstand oder eine Vielzahl von Gegenständen gegenüberliegt, wir reduzieren den Erkenntnisbezug auf das Schema „Ich und Gegenstand". Doch das erfaßte Ding ist in eine Mannigfalt anderer Dinge eingelagert – und ebenso kommt das erfassende Ich unter anderen Dingen, seien es belebte oder unbelebte, vor, es ist situiert. Die Situation ist eine Gesamtlage, worin vieles und vielerlei bei-, neben-, um-einander ist, Dinge eingeräumt sind in eine Gegend, Begebenheiten in eine umfangende Zeitweile einbehalten, – alle Dinge sind miteinander verflochten im Geflecht von Umständen. Es ist äußerst fraglich, ob die Situation sich aus Dingen aufbaut oder ob die Dinge in einer welthaften Gesamtlage sind, die ihren Relationen und Umständen eröffnend, d. h. raumgebend und zeitlassend voraufgeht. Schon mit dem, was Hegel als allgemeine Kontinuität des Seins charakterisiert hatte – gegenüber den abgesonderten und fixen Individualitäten, die wie das Tier mit Klauen und Zähnen ihren Eigenstand verteidigen, kam Umstandhaftes in den Blick. Das Gesetz, als die Vernunft in der Natur, spielt in beiden Umständen, im Element des Geistes und im Element des Stoffes. Das Gesetz als das, was die Zustandsabfolge und die Umstände der Dinge, beziehungsweise ihr Verhalten unter besonderen Umständen regelt, tritt zwiefach auf und ist doch ein und dasselbe, gilt im Erfahrungsfeld – und ist die Vernunft in ihrer Äußerung und Auslagerung. Das Bewußtsein „... hat also in der Erfahrung das *Sein* des Gesetzes, aber ebenso dasselbe als *Begriff*, und nur um *beider Umstände willen* zusammen ist es ihm wahr; es gilt darum als Gesetz, weil es in der Erscheinung sich darstellt und zugleich an sich selbst Begriff ist." (191) Der Vernunftinstinkt der beobachtenden Vernunft drängt, nach Hegel, weil ihr das Gesetz ortslos oder in seinem Orte unbestimmt zu sein scheint, auf eine „Reinigung des Gesetzes". Noch bringt das Bewußtsein das Gesetz als Regelzwang in den Sachen und als Geistmoment in seiner Allgemeinheit nicht zusammen. „Wie das Gesetz zuerst erscheint", – sagt Hegel – „stellt es sich unrein, umhüllt von einzelnem sinnlichem Sein, der Begriff, der seine Natur ausmacht, im empirischen Stoff versenkt dar." (191) Die konkreten Dinge und konkreten Umstände, die Anlaß und Prüffeld für die Aufstellung eines Naturgesetzes sind, werden von der beobachtenden, hier von der experimentierenden Vernunft unablässig variiert.

Das Gesetz löst sich ab von den zufälligen Substraten, an denen es erschaut worden ist, – die Elektrizität ist nicht mehr die positive Harz- und auch nicht mehr die negative Glas-Elektrizität, sie wird erkennbar und bestimmbar als elektrisches Feld. Die einzelnen Dinge, woran das Elektrische, das Saure und das Basische zu hängen schien, werden gleichgültig – sind bestenfalls Beispiele, an denen Naturkräfte sich bekunden. Eine Reinigung des Naturgesetzes, in der Ablösung der regelbestimmten Kräfte von den zufälligen Trägern, wird erreicht in jener Beobachtung, welche vor allem die anorganische Natur betrifft. Es ist jene Fundamentalschicht, die proteushaft die Formen und Figuren wechselt, in Prozessen physikalischer und chemischer Art sich umtreibt, es ist der Stoff, woraus letztlich alles besteht, oder die Energie, die in allem wirkt, jedoch nicht mit gerade diesen oder jenen Einzeldingen wesentlich verbunden ist. „Das Resultat der Versuche [den Gesetzesbegriff zu reinigen durch ein Ausprobieren des Gesetzes an möglichst vielen Dingen]" – sagt Hegel, „hebt auf diese Weise die Momente oder Begeistungen als Eigenschaften der bestimmten Dinge auf und befreit die Prädikate von ihren Subjekten. Die Prädikate werden, wie sie in Wahrheit sind, nur als allgemeine gefunden; um dieser Selbständigkeit willen erhalten sie daher den Namen von *Materien*, welche weder Körper noch Eigenschaften sind ...". (192) Mit diesen Worten beschreibt Hegel ein Resultat, ein Denkresultat, das Ergebnis eines Nachdenkens und einer dialektischen Erwägung: das Naturding, in seiner anorganischen Einfachheit genommen, ist nicht wahrhaft ein Stück Mineral oder ein Windhauch oder eine Welle, was man beschreiben kann, unterscheiden und bestimmen kann, das anorganische Naturding löst sich beim näheren Zusehen oder (besser noch) Zugreifen auf in den puren Stoff, in wechselnden Zuständen und verschiedenen Erscheinungsformen vorgefunden. An dem anorganischen Stoffe der Welt sind vielleicht einige Unterschiede anzubringen, welche die kosmischen Elemente voneinander abscheiden, aber die Ballung des Stoffes zu Dingen ist letztlich gleichgültig. Die Einzeldinge sind nicht die Träger des Welt-Stoffes, er hängt nicht an ihnen wie das Fleisch am Skelett, sie sind entstehend und vergehend auf dem Boden des allgemeinen Stoffes und müssen sich in seinem Element formen oder Formung erfahren.

Es kommt Hegel jedoch nicht darauf an, eine Charakteristik des anorganischen Weltstoffes zu geben, sondern aufzuhellen, wie in der Beobachtung der Natur die darin verschlossene Vernunft herauskommt und diese sich im scheinbar Anderen selber finden kann. Und das hat er schrittweise in der Dialektik der Begriffe Beschreiben, Unterscheiden, Gesetz vorangetrieben. Dabei ergab sich das Resultat, daß die Natur als bloße Materie die merkwürdige Natur des Allgemeinen (wir könnten sagen: des „Konkret-Allgemeinen") habe. Hegel formuliert: „Die *Materie* ist hingegen nicht ein *seiendes Ding,* sondern das Sein als *allgemeines* oder in der Weise des Begriffs. Die Vernunft, welche noch Instinkt ist, macht diesen richtigen Unterschied ohne das Bewußtsein, daß sie, indem sie das Gesetz an allem sinnlichen Sein versucht, eben darin sein nur sinnliches Sein aufhebt und [daß], indem sie seine Momente als *Materien* auffaßt, ihre Wesenheit ihm zum Allgemeinen geworden und in diesem Ausdrucke als ein unsinnlich Sinnliches, als ein körperloses und doch gegenständliches Sein ausgesprochen ist." (192)[1] Der Gedankengang mag befremden. Die reine Materie, die wir doch als den äußersten Gegensatz zum Geiste vermeinen, soll nicht nur mit dem Geiste den gleichen Charakter des Allgemeinseins gemeinsam haben, sondern selber der Geist, die Vernunft, das Gedankenhafte sein. Ist das so aufzufassen, wie Platon etwa die *chora* denkt oder Aristoteles die *prote hyle,* solches, was wir nirgends vorfinden in konkreter, dinghafter Gestalt, was wir jedoch für alle Dinge als Urstoff voraussetzen müssen? Platon und Aristoteles verbleiben in einem dualistischen System, Hegels Philosophie ist Identitätsphilosophie (– wie wir wissen: nicht einer ontischen Gleichsetzung von Natur und Geist, vielmehr einer ontologischen Denkart, die in der Natur den Geist „aufschließt" und zugleich den Anschein einer „Differenz" begründet).

Im folgenden geht Hegel dazu über, die Voraussetzung, Entwürfe und Denkmodelle zu bedenken, kritisch und dialektisch zu bedenken, welche die beobachtende Vernunft in ihrem Bezug zur organischen Natur operativ gebraucht. Ob damit, daß das naturhafte Leben mit seinen Erscheinungen von ontischer Intelligenz der beobachtenden Vernunft näher steht als der leblose Felsbrocken, bereits eine leichtere Begriffsarbeit im Text – und für uns – bevorsteht, bleibt abzuwarten.

---

[1] Eckige Klammer im Original.

23. Organische Natur: Bestimmung – Verhältnis zum „Lebenselement" – Zweckbegriff – Inneres und Äußeres – Organische Eigenschaften (Sensibilität; Irritabilität; Reproduktion)

Der mit dem Titel „Vernunft" überschriebene Abschnitt der „Phänomenologie des Geistes" gehört zu den schwersten Partien dieses Werkes. Das Niveau der Gedankenführung kann, wenn einmal erklommen, nicht einfach festgehalten werden, es muß immer wieder aufs neue erkämpft werden. Und die eigentliche Schwierigkeit liegt darin, daß Hegel in seiner Darstellung selber ein spekulatives Niveau aufgibt und die Vernunft, deren Seinsthese, allgemein gesprochen, der „Idealismus" ist, in ihrer mehrmals wiederkehrenden Rückfälligkeit, in ihrem Rückfall ins „Meinen und Wahrnehmen", allerdings ins wissenschaftliche Meinen und Wahrnehmen charakterisiert. Aufschlußreich ist sein Terminus „Vernunftinstinkt". Die Vernunft in ihrem instinktiven Tun, d. h. in ihrem Sichsuchen in der Natur, in ihrem Drange, sich selber herauszuholen aus den Dingen und zugleich die Dinge als ihren Ausdruck zu begreifen, ist das Thema für den spekulativen Betrachter, der die Arbeit und Mühsal, die vielfachen Denkweisen der Vernunft betrachtet, die sie angesichts der Natur aufwendet. Die Vernunft in ihrem Experiment mit der vermeintlichen Fremdheit der Natur, die Vernunft als praktizierenden, nicht bloß versichernden Idealismus zu erweisen, ist die Aufgabe.

Es wäre unseres Erachtens falsch, hier von einer Vermischung philosophischer Methoden zu sprechen, phänomenologische Sichtweisen und spekulative Seinsdeutungen unterscheiden zu wollen. Für eine solche Differenz scheint allerdings manches zu sprechen. Man könnte versucht sein, zu sagen, Hegel kennzeichne das „Beschreiben" der Naturdinge und gehe dann zum „Unterscheiden zwischen Wesenhaftem und Unwesentlichen" über, gelange schließlich zur Gesetzeserkenntnis von der anorganischen Natur. Das wäre die eine Ebene. Die zweite Ebene bestünde in einer beiherlaufenden Reflexion der Vernunft über ihre Stufen und Stadien der Naturerkenntnis. Ein solches Schema ist aber zu simpel. Hegel beschreibt nicht das Beschreiben, bestimmt nicht das auf den Naturgegenstand bezogene Unterscheiden und gibt keine allgemeine Charakteristik der Naturgesetzlichkeit derart, als ob dies vorhandene und beobachtbare Denkweisen des Menschen in seinem Naturbezug wären. Es wird hier keine Theorie der wissenschaftlichen Naturerkenntnis aufgestellt – und auch nicht gefragt, wie ist Naturwissenschaft möglich. Vielmehr ist Hegels Absicht, die Vernunft in ihrer rückfälligen Selbstvergessenheit, eben als das denkende Tun und das tuende Denken des Vernunftinstinktes zu erfassen und die Widersprüche der leitenden Seinsgedanken herauszustellen, in welche sich dabei der Vernunftinstinkt verstrickt. Das Beschreiben wird charakterisiert in seiner Monotonie, in seiner sturen Voraussetzung vorgegebener Dinge, in der seinsbegrifflichen Unbewegtheit. Erst wenn Bestimmtheit des Dinges und seine gattungshafte Allgemeinheit für das Nachdenken problematisch, wenn Ding und elementarischer Grund, aus dessen Kontinuität das einzelne, selbständige Ding sich abstückt, als konflikthaltige Gedanken erfahren werden, gewinnt die Natur, die zuerst als ein breit hingelagertes Universum des Vorhandenen vermeint war, eine aufregende und erregende Fragwürdigkeit.

Der Satz der Vernunft in bezug auf die anorganische Natur ist die spekulative Gleichung von Materie und Geist. Dieser Satz ist das Resultat der langen Denkbewegung, die vor sich ging als Kritik von Beschreiben, Unterscheiden und Erkennen von Gesetzen. Die bei dieser Kritik gemachten dialektischen Erfahrungen bilden weiterhin die operativen Denkmittel für die Auseinandersetzung der Vernunft mit der organischen Natur, welche „Aus-einandersetzung" schließlich zu einer „In-einandersetzung" führen wird. Denkmodelle, die in der Problematik der Vernunftansicht der anorganischen Natur von Hegel entwickelt worden sind, kehren in einer überhöhenden Differenziertheit angesichts der organischen Natur wieder – wie z. B. dinglicher Eigenstand und Flüssigkeit des Elements oder die „Befreiung der Prädikate von ihren Subjekten". Man könnte nun fragen, wie Hegel den Übergang gewinne von der anorganischen zur organischen Natur. Uns am nächsten liegt die übliche Meinung, die Dingwelt stelle einen geschichteten Stufenbau dar derart, daß auf dem breiten Sockel des nichtlebendigen Seienden die schmalere Stufe des organischen Reiches sich erhebe, auch dieses in sich gestuft in die vegetabilische Natur, dann darüber das Tierreich und aus ihm sich als Spitze erhebend das „Menschenreich". Und man meint schon eine bedeutsame Einsicht gewonnen zu haben, wenn man einerseits sagt, das Menschliche sei im Tierischen, das Tierische im Vegetativen, das Vegetative im leblos-Stofflichen gegründet und andererseits bestünden qualitative Differenzen in der Seinsweise der verschiedenen Bereiche. Es ist eine offene Frage, ob mit dem Schichtenmodell auch nur die phänomenale Weltansicht des vorphilosophischen Alltags angemessen charakterisiert ist. Hegel jedenfalls bewegt sich nicht in diesem ausgefahrenen Geleise. Es geht nicht darum, nach der anorganischen Natur nun die organische zu betrachten, gewissermaßen auf ein neues Thema umzuspringen, einen neuen und anderen Gegenstand zu wählen, einen thematischen Wechsel zu veranstalten. Es ist vielmehr die Vernunft als Vernunftinstinkt, die durch ein Vergessen mit dem neuen Gegenstand konfrontiert wird und an ihm eine andere Art des Beobachtens zu praktizieren hat.

Worin besteht dieses Vergessen? Mit der Gleichsetzung von Materie und Geist war schon eine Denkbewegung zu dem Resultate gekommen, daß es die Vernunft selber sei, die sich als Gesetzlichkeit an und in der Natur selber finde. Hegel spricht das Resultat also aus: „Als die Wahrheit dieses versuchenden Bewußtseins sehen wir das reine Gesetz, welches sich vom sinnlichen Sein befreit, wir sehen es als *Begriff*, der im sinnlichen Sein vorhanden, aber in ihm selbständig und ungebunden sich bewegt, in es versenkt frei davon und *einfacher* Begriff ist." (192 f.) „Wir" sehen es, – wer ist dieses Wir? Das „Wir" ist aus der Optik der Vernunft gesprochen, die sich als Idealismus formuliert hat und nun sich selber in der rückfälligen und herabgesetzten Gestalt des „Vernunftinstinktes" zuschaut – gewissermaßen vernünftig ihr Beobachten beobachtet. Für den Vernunftinstinkt ist die Erfahrung noch nicht reflektiert, die er gemacht hat mit der anorganischen Natur, eben daß der Begriff in allem Naturhaften als das darein versenkte Wesen lebt, – der Vernunftinstinkt sucht ein geisthaft lebendiges Naturfeld, um sich darin zu erkennen. Er ist ohne Beziehung auf die vorangegangene dialektische Bewegung. „Dies, was in Wahrheit das *Resultat* und *Wesen* ist, tritt für dies Bewußtsein [für den Vernunftinstinkt] nun selbst, aber als *Gegenstand* auf, und zwar indem er eben für es nicht *Resultat* und ohne die Beziehung auf die vorhergehende Bewegung ist, als eine *besondere Art* von Gegenstand, und sein Verhältnis zu diesem als ein anderes Beobachten." (193) Die organische Natur wird gewissermaßen zu einem ontischen Symbol für das idealistisch gedachte ontologische Verhältnis von Vernunft und Natur. Das belebte Ding hat eine analoge Struktur wie die all-lebendige Vernunft in allen Dingen. Der Organismus wird so zum probeweisen und problematischen Modell des Vernunft-Idealismus.

Ob allerdings die Strukturen des Organischen adäquate Entsprechungen liefern, um den Begriff, den lebendigen Begriff in allem begriffslos scheinenden Seienden sprachlich darlegen zu können und den Idealismus deutlicher zu machen, ist noch nicht entschieden. Es könnte sein, die beobachtende Vernunft gerate bei der Auslegung des Organismus in noch größere Schwierigkeiten und Gedankenwidersprüche als vorher beim Anorganischen. Zuerst hat es den Anschein, ein organisches Lebewesen walte mit seiner beseelenden Lebenskraft in seinem Stoffleib – wie die Vernunft als Weltseele in allen Dingen. Bei näherem Zusehen verschwindet die Plausibilität dieses einfachen, allzueinfachen Schemas. Hegel durchläuft – wie vorher bei der anorganischen Natur – wiederum einen Denkweg, der anzufangen scheint, ebenso wie vorhin, bei der phänomenalen Gegebenheit. Wie erscheint uns das „Organische"? Man könnte leicht ausführliche Beschreibungen anstellen, eine ausgedehnte Morphologie der Lebewesen auf naiver Anschauungs- und Erfahrungsbasis etablieren oder Botanik und Zoologie bemühen. Das wäre offensichtlich das rechte Verfahren, um einen Zugang zur belebten Natur zu gewinnen. Hegels Absicht ist weder naiv-phänomenologisch, noch erfahrungswissenschaftlich. Er stößt sofort zu einem Begriff des Organismus vor, so nämlich, daß er den Organismus als „Begriff" (im spekulativen Sinne) charakterisiert. „Solcher Gegenstand, welcher den Prozeß in der *Einfachheit* des Begriffes an ihm hat, ist das *Organische*". (193) Das Organische ist Prozeß. Das ist allgemein bekannt. Der Typus des Organismus ist uns vertraut als ein Ding, das in mannigfachen Prozessen, z. B. des Stoffwechsels lebt, fremde Dinge sich einverleibt, andere ausstößt, in einer beständigen Kommunikation mit der dinghaften Umgebung sich befindet, immerfort anders wird und dasselbe bleibt. Ein unbelebtes Ding, wird man vielleicht sagen, befindet sich auch in beständigen Prozessen, es bleibt z. B. als Felsblock eine relative Weile in einer festen, bestimmt umrissenen Gestalt, wenn auch beständig Wind und Wetter es umstürmen, seine Oberfläche aufrauhen. Es bleibt in Prozessen der Schwerespannungen, des Temperaturwechsels, bleibt unter mancherlei physikalischen und chemischen Einflüssen, ist von seiner Umgebung abhängig, altert im Ablauf der Zeit. Die phänomenale Identität des leblosen Dinges ist jedoch eine andere als die des Organismus, es leistet nicht selber seine Selbstbewahrung. Das anorganische Ding ist bestimmt, das organische ist sich bestimmend, sich erhaltend in fortwährendem Aufnehmen und Abstoßen von Fremdem. Das Lebewesen ist ein Ding, das Prozeß, und ein Prozeß, der ein Ding ist. Hegel formuliert: „Wenn das unorganische Ding die Bestimmtheit zu seinem Wesen hat und deswegen nur mit einem andern Dinge zusammen die Vollständigkeit der Momente des Begriffs ausmacht und daher in die Bewegung tretend verloren geht: so sind dagegen an dem organischen Wesen alle Bestimmtheiten, durch welche es für anderes offen ist, unter die organisch einfache Einheit gebunden; es tritt keine als wesentlich auf, welche sich frei auf anderes bezöge, und das Organische erhält sich daher in seiner Beziehung selbst". (193) Der Unterschied zwischen dem anorganischen und dem organischen Ding wird von Hegel nicht deskriptiv, sondern sofort seinsbegrifflich bestimmt. Das leblose Ding ist fixiert, das lebendige ist „absolute Flüssigkeit", wie er sagt, ist als Prozeß.

Die beobachtende Vernunft, in ihrem Vorgehen als Vernunftinstinkt, exponiert ihre Aufgabe wiederum als ein Forschen nach Gesetzen. Dabei geht es aber nicht um Gesetze, welche das Organische als einen abgeschlossenen Bereich durchherrschen, vielmehr um Gesetze, die das Verhältnis der organischen zur anorganischen Natur betreffen. Die gesuchten Gesetzmäßigkeiten sind prinzipiell zweiseitig orientiert, beziehen sich auf Verhältnisse des Ungleichartigen. Das Ungleichsein der beiden Seiten, nämlich von anorganischer und organischer Natur, wird von Hegel wiederum in einer schwierigen Begriffssprache ausgesprochen. Für die Seinsweise des anorganischen Dinges ist es konstitutiv, daß seine Prädikate von ihm selbst als Subjekt freiwerden können, sich ablösen als allgemeine Bestimmungen, und das feste, fixe Ding in die Kontinuität der großen Elemente sich auflöst. Jedes individuelle Ding ist zugleich auch im Medium der Elemente, worin es als zeitweilige Gestalt besondert ist. Das gilt auch für das organische Individuum, für jede Individualität überhaupt. Allerdings muß die Individualität des lebendigen Wesens noch anders und noch wesentlicher gefaßt werden.

Zunächst aber verweist Hegel auf einen Zusammenhang zwischen dem Natur-Element und dem besonderen Lebewesen, das in diesem Naturelement sein Lebensmedium hat. Das Lebewesen ist anders im Element als ein Stein. Ein Stein ist ein Einzelding, ontologisch ein „Individuum" – und ist zugleich ein Stück Erde, ein Stück des Elementes „Erde", das als ganzes alle abgestückten Teile unterläuft. Ein Tier aber ist „im Elemente" in der besonderen Weise des Aufenthalts, der Vogel in der Luft, der Fisch im Wasser. „Luft, Wasser, Erde, Zonen und Klima sind solche allgemeine Elemente, die das unbestimmte einfache Wesen der Individualitäten ausmachen, und worin diese zugleich in sich reflektiert sind". (193) Es ist nun durchaus möglich, die Organismen aus dem Zusammenhang mit ihrem jeweiligen Lebens-Element zu charakterisieren. Das ergibt aber nach Hegels Auffassung nur geringwertige Gesetze, Gesetze, deren Armut der Mannigfaltigkeit der Organismen nicht entspricht. (In der modernen Biologie mit ihrer differentiellen Umwelt- und Verhaltensforschung hat der Begriff des Lebensmediums eine große und grundsätzliche Bedeutung erlangt, – was Hegel natürlich nicht vorauswissen konnte.) Er spricht fast wegwerfend von den Versuchen, den Organismus wesentlich auf sein heimisches Element zu beziehen, er sagt: „Dergleichen Beziehungen des Organischen auf das Elementarische sind daher in der Tat nicht *Gesetze* zu nennen; denn teils erschöpft... eine solche Beziehung... gar nicht den Umfang des Organischen, teils bleiben aber auch die Momente der Beziehung selbst gleichgültig gegeneinander und drücken keine Notwendigkeit aus" (194).

Dagegen setzt Hegel den Zweckbegriff als eine entscheidende Kategorie des organischen Seins an. Er macht dabei die Einschränkung, daß für das beobachtende Bewußtsein, eben für den Vernunftinstinkt, der Zweck nicht als das Wesen des Organismus erscheine, sondern zunächst aufgefaßt werden mag als ein fremdgesetzter Zweck, als eine Absicht in einem anderen Verstande, der mit dem organischen Naturgeschöpf irgendetwas vorhat. Damit verkenne aber die beobachtende Vernunft bei ihrem Hinblick auf das Organische dessen eigentliche Verfassung, sich selbst Zweck zu sein. Aus solcher Verkennung muß sie sich mehr und mehr herausarbeiten. Hegel nimmt die künftige Einsicht der beobachtenden Vernunft vorweg mit dem Satze: das Organische ist „... in der Tat der reale Zweck selbst; denn indem es *sich* in der Beziehung auf anderes *selbst erhält*, ist es eben dasjenige natürliche Wesen, in welchem die Natur sich in den Begriff reflektiert, und die an der Notwendigkeit auseinandergelegten Momente einer Ursache und einer Wirkung, eines Tätigen und eines Leidenden in Eins zusammengenommen, so daß hier etwas nicht nur als *Resultat* der Notwendigkeit auftritt; sondern, weil es in sich zurückgegangen ist, ist das Letzte oder das Resultat ebensowohl das *Erste*, welches die Bewegung anfängt, und sich der *Zweck*, den es verwirklicht." (195) Der Satz bedarf einer Erläuterung. Er spricht nicht etwas aus, was wir unmittelbar oder durch eine längere konsequente Beobachtung am Organismus finden. Er kann durch Erfahrungsbefunde weder verifiziert, noch falsifiziert werden. Der Organismus wird hier konstruktiv gedacht und zwar im Kontrast gegen das leblose Ding. Während das anorganische Stoffding von der Kausalität des universellen Geschehens so bestimmt wird, daß klar der Anfangszustand und der Endzustand, etwa als Ursache und Wirkung unterschieden werden kann, und ebenso klar sich abzeichnet, worin das Ding Einwirkung erfährt und Wirkungen ausübt, also worin es leidet und tätig ist, ein Bewegungsprozeß durch das Ding hindurchgeht, ist der Organismus selbsttätig und selbstleidend, er ist Motor und Endziel seiner Bewegung in einem. Der Organismus ist gewissermaßen ein System des Kreislaufes, etwas, was sich selbst hervorbringt, jedoch nicht als hervorgebrachtes Werk von seinem Hervorbringen, von seiner selbstkonstituierenden Kraft abgelöst werden kann, ist *ergon* und *energeia* zugleich. Damit hat Hegel eine Wegweisung und Vorzeichnung, gleichsam eine Bahn vorgegeben, worin nun die beobachtende Vernunft voranschreitet.

Es ergibt sich alsbald eine Schwierigkeit und Verwirrung, weil die beobachtende Vernunft, die sich zum Zweckbegriff erhebt, diesen gleich zweimal zu finden scheint: einmal als einen Begriff des Bewußtseins, einen Begriff, womit sie den Organismus verstehen will, das andere Mal als Eigenart der Sache selbst. Der Zweck im Verstehen und der Zweck im Sein fallen offensichtlich nicht zusammen, ihre Beziehung hat den Charakter des Zufälligen, eben des zufälligen Vorgangs, daß ein wissendes Bewußtsein auf ein organisches Lebewesen sich richtet. Das kann auch die Form bisweilen haben, daß ein Bewußtsein, das inkarniert, in einem Leibkörper geortet ist, sich auf sich in der Außenperspektive eines Organismus bezieht. Der Organismus, obzwar er vielfältig in Beziehungen zu dem umgebenden Seienden steht, erbringt in allem Austausch mit der Umgebung immer nur sich selbst, seine Handlungen und Tätigkeiten sind „rückgekoppelt". Oder anders ausgedrückt, der Organismus ist ein Beispiel, wie etwas *„an und für sich selbst"* ist". (196) Damit hat Hegel die Formel, die das Wesen des Geistes bezeichnet, bereits für ein gegenständliches Ding, eben den Organismus, gebraucht. Jedoch nicht von ungefähr. Weil beim Organismus das, was er ist, zusammenfällt, ist er „Begriff an ihm selbst". Mit zwei Thesen transcendiert Hegel die Optik des „Vernunftinstinktes":
1. der Organismus sei jenes natürliche Wesen, wo die Natur sich in den

Begriff reflektiere, – 2. durch den Zusammenfall von Sein und Telos sei der Organismus bereits „Begriff an ihm selbst".

Und nun geht er zu einer Parallelisierung von Organismus und Selbstbewußtsein über. Was wir als Parallelisierung, gewissermaßen mit einem Verlegenheitswort bezeichnen, ist weit mehr als nur eine Strukturähnlichkeit. „Ebenso ist aber das *Selbstbewußtsein* beschaffen", – sagt Hegel – „sich auf eine solche Weise von sich zu unterscheiden, worin zugleich kein Unterschied herauskommt". (196) Und es ist ja keine beliebige Vergleichung, die Selbstbewußtsein und Organismus in einer Strukturanalogie aufleuchten läßt. Das Selbstbewußtsein findet nicht nur andere Lebewesen, die die Erde bevölkern, es findet ja auch sich materialisiert und inkarniert vor – und hat an ihm selbst ein ausgezeichnetes Paradeigma des organischen Seins. Hegel kann daher sagen: „Es [das Selbstbewußtsein] findet daher in der Beobachtung der organischen Natur nichts anders als dies Wesen, es findet sich als ein Ding, *als ein Leben,* macht aber noch einen Unterschied, zwischen dem, was es selbst ist und was es gefunden, der aber keiner ist. Wie der Instinkt des Tieres das Futter sucht und verzehrt, aber damit nichts anders herausbringt als sich, so findet auch der Instinkt der Vernunft in seinem Suchen nur sie selbst." (196) Doch zunächst hat das Finden die falsche und verkehrte Form, sofern der Zweck nicht in der Sache, sondern in der Auffassung zu liegen scheint und überdies noch von einem fremden, höheren Verstande als dem menschlichen gesetzt zu sein scheint. In Paranthese gesagt: Hegel vollzieht auf diesen Seiten seines Werkes eine Auseinandersetzung mit Kants „Kritik der Urteilskraft", vor allem mit dem 2. Teil, mit der Kritik der teleologischen Urteilskraft. Selbstbewußtsein und Organismus verhalten sich noch in weiteren Zügen analog: das organische Ding stelle sich so dar, als ob sein Begriff außer es falle, eben nur in einem beobachtenden Bewußtsein oder gar in einem göttlichen Verstande gesetzt werde, – ebenso stellt sich die Vernunft so dar, daß ihr Begriff (der Begriff vom Organismus) außer ihr existiere als ein seiendes Ding. Beide Seiten, der Organismus und die Vernunft praktizieren eine „Gleichgültigkeit" des jeweiligen Wesens gegen den Begriff. „Das Organische zeigt sich als ein sich selbst *erhaltendes* und in sich *zurückkehrendes* und *zurückgekehrtes.* Aber in diesem Sein erkennt dies beobachtende Bewußtsein den Zweckbegriff nicht, oder dies nicht, daß der Zweckbegriff nicht sonst irgendwo in einem Verstande, sondern eben hier existiert, und als ein Ding ist". (197) Die beobachtende Vernunft wird verwirrt dadurch, daß sie das Einzelnsein des Organismus nicht mit dessen Allgemeinheit, Individualität nicht mit der Gattung zusammenbringt. Sie vermag noch nicht, die „innere Bewegung des Organischen" selber als „Begriff" aufzufassen. Für sie ist die Vorstellung leitend, das organische Wesen müsse doch bestimmt werden können nach festen, vorliegenden, seienden Momenten. Und als solche Momente werden angesetzt einmal der Zweck in der Begriffsform und der organische Gegenstand als vorgegebene Wirklichkeit. Diese vorläufige Ansicht bedeutet nach Hegel „... eine dunkle und oberflächliche Weise, worin der Gedanke in das Vorstellen herabgesunken ist" (199).

Die Unterscheidung zwischen dem geistigen Zweck und der vorliegenden Organismusgestalt operiert mit dem Schema des „Inneren" und „Äußeren". Inneres und Äußeres sind im Hinblick auf die Organismen keine verschiedenen Dinge, vielmehr bleibt es dasselbe Ding, das sich in diesen Unterschied auseinanderlegt, der doch wiederum kein fester und unwiderrufbarer Unterschied ist. Für die beobachtende Vernunft erklärt sich der Unterschied des Inneren und Äußeren so, daß am Organismus das Äußere nur Ausdruck des Inneren sei. Der Organismus wird interpretiert als ein Ausdrucksverhältnis. Das ist offensichtlich ein anderes Verhältnis als das an der anorganischen Natur erörterte Verhältnis von Ding und Element. Auch der Unterschied von Innerem und Äußerem, obwohl er sich ganz plausibel anhört, ist voller Schwierigkeiten. Machen wir uns das in einem kleinen Exkurs deutlicher. In vielen Bedeutungen gebrauchen wir den Unterschied des Inneren und Äußeren. Wir haben unseren Aufenthalt auf dem Rücken der Erde, befinden uns auf ihrer Oberfläche. Vulkane werfen das Magma des Erd-Inneren heraus, die Menschen dringen mit Brunnen, Bergwerken, Bohrungen in den verschlossenen Grund und ziehen vordem innerliche Dinge ans Tageslicht, Wasser, Kohlen, Gold, Petroleum. Indem diese vordem erdinnerlichen Dinge äußerlich werden, erhalten sie grundsätzlich kein anderes Gepräge. Inneres und Äußeres hat eine homogene Struktur. Ebenso, wenn wir große Dinge zerschlagen, zerstükken, zertrümmern, ist das Innere nicht qualitativ vom Äußeren verschieden. In anderer Hinsicht wird vom Inneren und Äußeren gesprochen, z. B. bei Gefäßen, Behältern, Verhüllungen – oder bei Siedlungen, Häusern, Wohnungen – oder bei Institutionen als Außenwerken für kulturelle Sinnmächte – oder bei den Dokumentationstechniken, wo wir den äußeren Buchstaben vom inneren Bedeutungssinn abscheiden – oder wenn wir sagen, das Blut, die Eingeweide, das Gehirn und die Nervenstränge seien „innerlich" gegenüber der leibumspannenden Haut. Und wiederum gänzlich anders, wenn wir sagen, im Lebewesen seien Empfindungen, Vorstellungen, Gedanken, Willensakte und dgl. Im letzteren Fall handelt es sich nicht um einen relativen Unterschied – wie bei der Käsemilbe Pascals, wo in dem winzigen Tier eine Außenansicht und eine interne leibliche Organisation mit Blutbahnen usf., an diesen wiederum die äußere Aderröhre und darin das innerliche Blut usf. unterschieden werden kann. Vielmehr geht es um eine Differenz zwischen der res extensa und der res cogitans. Es ist also immer kritisch zu überlegen, in welchen Sphären man mit dem Unterschied des Inneren und Äußeren operiert. Ist die Erdrinde äußerer Ausdruck der inneren tektonischen Gewalten, ist der Buchstabe Ausdruck eines Lautes, ist der Schädel Ausdruck des darinliegenden Gehirns – oder eher die feste, schützende Schale für das empfindliche Organ, oder ist der Schnitt eines Antlitzes Ausdruck einer bestimmten Geistigkeit? Die Beispiele zeigen, daß die Korrelation von „Innerem" und „Äußerem" auch als Ausdrucksbeziehung ganz verschieden verstanden werden kann. Das gilt bereits für den Bereich der Phänomene, für das weite Feld der erscheinenden Dinge, worin Steine, Pflanzen, Tiere, Menschen, menschengemachte Gebilde, Zeichen, Symbole zusammen vorkommen. Und in einem schwierigsten Sinne könnte von Ausdruck gesprochen werden, wenn die Vernunft im Zuge ihrer idealistischen Selbstverständigung sich selbst als das „Innere" aller Dinge, als ihr geheimes Wesen proklamierte und in den Sachen der Welt, im Bereich der anorganischen und organischen Natur, ihren Abdruck und Ausdruck finden wollte – und dieses Programm gerade in der Beobachtung des organischen Naturdinges zu realisieren strebte, weil der Organismus gewissermaßen ein ausgezeichnetes Modell abgibt, ein ontisches Modell für den zentralen ontologischen Vernunftgedanken. Hegel zielt in diese Richtung. Doch ist es großartig, wie er den Organismus immer wieder kritisch durchdenkt und immer kritischer den spekulativen Vernunftansatz, nämlich daß die Vernunft alle Realität sei, formuliert. „Die organische Substanz als *innere* ist die *einfache* Seele, der reine *Zweckbegriff* oder das *Allgemeine*, welches... in seinem *Sein* als das *Tun* oder die *Bewegung* der *verschwindenden* Wirklichkeit erscheint; da hingegen das *Äußere*, entgegengesetzt jenem seienden Innern, in dem *ruhenden Sein* des Organischen besteht". (199 f.) Inneres und Äußeres werden als Gegensatz von bewegter Unruhe des Lebens und ruhender Statik der organismischen Gestalt gefaßt. Und dieser Gegensatz bestimmt die Struktur des Organismus.

Zuerst nennt Hegel drei fundamentale Eigenschaften, die das Lebewesen auszeichnen: die Sensibilität, Irritabilität und die Reproduktion. Es wäre sicher eine wichtige Sache, Hegels biologische Konzeption von der berufenen Fachwissenschaft überprüfen zu lassen. Doch sind eben seine Aussagen von vornherein mehrdimensional, zielen auf phänomenale Bestimmungen am Organismus und interpretieren sogleich diese Bestimmungen auf Strukturen des vernünftigen Begriffs hin. Er macht sich den Einwand, die drei genannten Eigenschaften gehörten vornehmlich dem tierischen Organismus an und fänden sich an diesem in der entwickelten Form. Das Pflanzenhafte wird auch als Problem zurückgedrängt und gibt nur den blassen Untergrund ab für das Tier-Modell. Die Sensibilität wird gedeutet als Empfindungsfähigkeit, als die Kapazität zu Impressionen. Die Irritabilität gilt für Hegel als die Fähigkeit eines Organismus, nicht nur Eindrücke zu empfangen und hinzunehmen, sondern darauf zu antworten, zu reagieren, mit Handlungen die Umweltdinge zu bestimmen, die zuvor den Organismus bestimmt und gereizt haben. Die Reproduktion wird gesehen als die plastische Kraft des Lebewesens, sich in seinem Bestande zu erneuern, als auch sich in einem Nachkömmling zu wiederholen. „Die *Reproduktion* aber ist die Aktion dieses *ganzen* in sich reflektierten Organismus, seine Tätigkeit als Zwecks an sich oder als *Gattung,* worin also das Individuum sich von sich selbst abstößt, entweder seine organischen Teile oder das ganze Individuum erzeugend wiederholt". (200) Diese drei Grundkräfte des Organismus haben eine dinghafte Objektivierung, die Sensibilität im Nervensystem, die Irritabilität im Muskelsystem, die Reproduktion – wie Hegel drastisch sagt, im „Eingeweide der Erhaltung des Individuums und Gattung". (201)

Ist mit der Unterscheidung von den drei Grundkräften des Organismus und den objektiven leiblichen Systemen bereits Inneres und Äußeres verstanden und in seinen Gegenbezügen erhellt? Kann hier die beobachtende Vernunft – oder genauer der Vernunftinstinkt in seinem Hinblick auf die organische Natur und auf ihre Beziehung zur anorganischen Grundlage bereits zu Gesetzen kommen? Oder sind „Gesetze" im Felde des Organischen völlig verschieden von den Naturgesetzen, die den leblosen Stoff beherrschen? Das wird nun zu einer Frage, die einer langen und subtilen Ausarbeitung zugeführt wird. Vorgreifend – wie es immer Hegels Art ist, wenn ein Gedankenmotiv über eine größere Strecke hinweg durchgehalten wird, – sagt er: „Die beiden Seiten eines organischen Gesetzes wären also zwar wohl zu beobachten, allein nicht Gesetze der Beziehung derselben; und die Beobachtung reicht nicht darum nicht zu, weil sie, *als Beobachtung,* zu kurzsichtig wäre, und nicht empirisch verfahren, sondern von der Idee ausgegangen werden sollte; denn solche Gesetze, wenn sie etwas Reelles wären, müßten in der Tat wirklich vorhanden, und also zu beobachten sein; sondern weil der Gedanke von Gesetzen dieser Art keine Wahrheit zu haben sich erweist". (201) Mit dieser lapidaren Absage verschärft sich die Frage nach der wahren Natur der Gesetze vom Organismus.

24. Sensibilität – Irritabilität – Reproduktion.
Gesetz des Verhältnisses von Innerem und Äußerem (Gestalt).
Gesetze des Innern: „Reflektiertsein des Organismus"
(Grade der Irritabilität, Kräfte). Gesetze des Äußeren (Schwere)

Der Organismus, die organische Natur in ihrer Bezogenheit auf die anorganische Grundlage, bildet das Thema für die beobachtende Vernunft, die dabei nach Gesetzen sucht, ausspäht nach vernünftigen Verhältnissen in dem ungeheuren Reich der Formen und Gestalten des Pflanzen- und Tierreiches. So charakterisiert man auch – vielleicht nicht mit Unrecht – die Absicht von Botanik und Zoologie. Beide sind für uns empirische Wissenschaften, die ihre eigenen Kategorien, ihre Vorbegriffe von der Seinsverfassung des Lebendigen beständig überprüfen in der Erfassung der tausendfachen Lebenserscheinungen. Und die auch den Botanik und Zoologie treibenden Menschen miteinbegreifen in das Reich des Lebens, das Vernünftigsein als eine besondere Weise von Lebendigsein verstehen. Sache dieser Wissenschaften ist es, den zoologischen Aspekt des Menschen vom Menschen durchzuführen und in wissenschaftlichen Theoremen zu bewähren. Dabei können sie die Verständigung suchen mit der Philosophie und mit ihr Grenze, Reichweite und Legitimität ihrer theoretisierenden Blickbahnen diskutieren.

Hegels Problematik in unserem Textzusammenhang ist eine völlig andere, betrifft keine wissenschaftstheoretische Diskussion der Philosophie mit den Wissenschaften vom Lebendigen. Nicht irgendein rationelles Interesse des Menschen an eigentümlichen Naturerscheinungen wird bedacht, sondern das Vernunftverhältnis zur belebten Natur – und „Vernunft" besagt das zum „Idealismus" gewandelte Seinsverständnis, welches das Denken, den lebendigen Begriff, als das wahre und eigentliche Sein in allem Seienden zunächst versichernd behauptet und seine Behauptung zu erweisen sucht. Die Vernunft sucht sich selbst in allen Welterscheinungen. Und sofern sie noch „sucht", ist sie der „Vernunftinstinkt". Hegel treibt ein destruktives Geschäft. Es gilt den Schein zu vertilgen, daß dem denkenden Geiste in der belebten Natur eine Macht entgegenstünde, die er nicht ist oder die ihn gar selber umfange und einbehalte. Das Bewußtsein sieht aus wie eine besondere Lebensäußerung neben vielen anderen. Es kommt alles darauf an, das „Leben" dem Begriffe zu vindizieren und die Meinung umzubrechen, der Geist sei bloß eine kontingente Äußerung des naturhaften Lebens. Diese kämpferische Absicht leitet Hegels Gedankengang in der Erörterung der beobachtenden Vernunft, die „Gesetze" des Organischen sucht. Die schrittweise Destruktion vermeintlicher Gesetze kennzeichnet den Verlauf des Kampfes. In die leblose Natur trägt der Geist seine Gedanken als Gesetze hinein, versteht Gesetze als eigene Setzungen und kann am Ende die Materie mit dem Geiste „gleichsetzen". In der organischen Natur will er das Experiment des Gedankens wiederholen und aufs neue die dialektische Diskussion von Allgemeinheit und Bestimmtheit, von Ding und Element, von Fürsich- und Ansich-sein entfachen. Die Vernunft strebt in ihrem Beobachten danach, die Arbeit der Natur, sich als Gedanke auszubilden, ihren mühseligen und langwierigen Weg der Geistwerdung zu erkennen.

Die Vernunftansicht der organischen Natur macht zuerst die Voraussetzung, der Organismus sei als Ding gerade Prozeß, Prozeß der Selbsterhaltung gegen Anderes, ferner der Prozeß habe die Struktur der Rückbeugung, gehe nicht durch das organische Ding bloß hindurch, wie sonst der Naturprozeß durch Steine, Wellen, Wolken hindurchziehe, der Prozeß als solcher sei „reflektiert" und auf den Organismus als Zweck ausgerichtet, oder besser: der Organismus sei Zweck (nicht in einem auffassenden Bewußtsein oder gar in einem fremden göttlichen Verstande gesetzt), und schließlich trete der Organismus als eine Gegenspannung des Inneren und Äußeren auseinander und eröffne damit die Dimension des Gesetzes überhaupt mit der Hypothese des Grundgesetzes, *„daß das Äußere der Ausdruck des Innern"* sei. (199) Im Verhältnis der Organismen, vornehmlich der tierischen, zu ihren umweltlichen Lebensmedien mag die biologische Wissenschaft Gesetze finden und aufstellen. Doch dergleichen Gesetze werden von Hegel gering geachtet und abgewertet, zu bloßen „Funden" von Eigentümlichkeiten degradiert. Hegel destruiert die vermeintliche und voreilige Gesetzeserkenntnis des Vernunftinstinktes, indem er nicht nur den Gegenstand, hier den Organismus, zunehmend komplexer ansetzt, sondern auch indem er den intellektuellen Anspruch an ein Naturgesetz immer höher hinaufschraubt. Wenn der Organismus ein Gefüge des Inneren und Äußeren ist und wenn hier Gesetze obwalten, welche das Äußere als Ausdruck des Inneren bestimmen, dann können es keine einfachen, sozusagen eindimensionalen Gesetze sein. Es ist zwar der eine Organismus, der sich auseinanderlegt nach den zwei Dimensionen des Inneren und Äußeren. Welche Art von Gesetzen können hier gesucht, gefunden, aufgestellt werden? Das ist jetzt die Frage. „Es ist nun zu sehen, welche *Gestalt* das Innere und Äußere in seinem Sein hat". (199) Der Organismus wird in seiner entwickelteren Weise gefaßt, eben als der tierische, und dieser nun in seinen einfachen organischen Eigenschaften ausgelegt als Sensibilität, Irritabilität und Reproduktion. Der Unterschied des Inneren und Äußeren am Organismus erscheint hier als ein Unterschied von inneren Lebensphänomenen und ihrer sachlichen Dokumentation als Nerven-, Muskel- und Eingeweidesystem. Verhält sich in der Tat die Empfindungsfähigkeit zum Empfindungsorgan wie „Inneres" und „Äußeres"? Welchen Sinn hat hier dieser Unterschied? Ist er gleich mit dem Unterschied der Außenhaut und der inneren, von der Haut umspannten leiblichen Momente wie Fleisch, Skelett und dergleichen? Daß es anders ist, anders als ein Unterschied, der sich an jedem Kartoffelsack demonstrieren läßt, anders als die Differenz von Sack und Kartoffeln, liegt auf der Hand. Aber wie er anders ist, ist schwer zu sagen.

Es sind „eigentümliche Gesetze", sagt Hegel, welche die organischen Momente in ihrer Doppelform betreffen: als Nervensystem und als Sensibilität z. B., die Formulierung solcher Gesetze müßte doch gerade im klaren sein über die Natur des Unterschieds und sagen können, wie das innerliche Empfinden als Nerv äußerlich wird. Das eine und das andere ist doch zu beobachten, der Nerv kann bloßgelegt, das Empfinden bewußt betrachtet werden. Aber kann auch die Beziehung beider, jeweils für sich beobachtbarer Seiten selber beobachtet werden? Das ist mehr als fraglich. Hegel verschärft die Fragestellung, indem er den Unterschied des Inneren und Äußeren weiter kompliziert und sagt: „Die Seite, welche das *Innere* heißt, hat ihre *eigene äußere* Seite, die unterschieden ist von dem, was im Ganzen das *Äußere* heißt". (201) Die organischen Momente der Sensibilität, Irritabilität, Reproduktion äußern sich jeweils selbst, ihre Äußerungen sind ein Äußeres von besonderer Prägung und verschieden von der leiblich-materiellen Gestalt der anatomischen Dokumentation. Somit haben wir eine Dreifalt zu unterscheiden: das Innere im Sinne der organischen Eigenschaft, ihre spezifische Äußerung, und die körperhafte, verdinglichte Sache, eben Nerv, Muskel, Eingeweide. Wo und wie sollen und können hier „Gesetze" aufgestellt werden, wo und wie findet die beobachtende Vernunft Sachverhalte, die sich in Gesetzesform fassen lassen? Gerade dadurch, daß sich diese beobachtende Vernunft nicht ruhig verhält und irgendwelchen „inneren" und „äußeren" Sachen bloß zuschaut, vielmehr dadurch, daß sie das Verhältnis des Inneren und Äußeren problematisiert, erschwert sie ein naiv-frohgemutes Aufstellen von Gesetzen. „Es ergab sich für ein Gesetz das Verhältnis, daß die allgemeine organische *Eigenschaft* an einem organischen *Systeme* sich zum Dinge gemacht und an ihm seinen gestalteten Ausdruck hätte, so daß beide dasselbe Wesen wären, das einemal als allgemeines Moment, das andre Mal als Ding vorhanden". (201 f.) Die Selbigkeit des Organismus in der Verschiedenheit des Empfindens und des weißlichen Nervs in Gesetzen auszusprechen, die mehr als irgendwelche funktionellen Abhängigkeiten konstatieren, die die Weise bestimmen sollten, wie das Empfinden sich zum Nerv macht, hält Hegel für ein aussichtsloses Unterfangen.

Der Unterschied des Inneren und Äußeren, der sich leicht nahelegt, ist schwer zu begreifen. Nun könnte man ausweichen wollen in ein Gesetz-Aufstellen jeweils auf einer Seite der schwierigen und problematischen Korrelation des Inneren und Äußeren. „... es bietet sich daher zuerst der Gedanke eines Gesetzes an, als eine Beziehung der allgemeinen organischen Tätigkeiten oder Eigenschaften aufeinander." (202) Aber auch hier stellt Hegel das Gesetze-machen mit neuen Argumenten in Frage. Die „organische Eigenschaft" ist in ihrem Eigenschaftsein bereits ein Problem, sie ist nicht abgegrenzt gegen andere organische Eigenschaften, wie sonst ein Ding abgegrenzt ist gegen ein anderes, oder wie Eigenschaften am Leblosen gegeneinander ausgegrenzt sind. Zwar ist nicht eine Seite am Felsblock schwer und eine andere hart, der ganze Felsen ist schwer und hart, die Eigenschaften bestimmen ihn überall und ganz. Bei den organischen Eigenschaften ist es jedoch noch etwas anders. Hegel nennt sie nicht umsonst auch „Tätigkeiten". Sie durchgreifen einander, durchspielen das ganze Lebewesen. „... die Sensibilität geht über das Nervensystem hinaus und durch alle andern Systeme des Organismus hindurch; — teils ist sie allgemeines *Moment*, das wesentlich ungeschieden und unzertrennlich von Reaktion oder Irritabilität und Reproduktion ist." (202) Die Lebensmomente haben den Charakter des „Flüssigen", durchwirken und durchmachten einander, sind eben nicht nur nebeneinander vorhanden.

Diese wechselseitige Integration von Sensibilität, Irritabilität und Reproduktion macht es nach Hegel unmöglich, fixe Gesetze über die vielfältigen Verhältnisse dieser Lebensmomente aufzustellen. Sie können unterschieden werden — und zwar qualitativ, ihrem Begriffe nach. Wenn man aber die Beziehungen fixiert — und zwar wie Hegel kritisierend bemerkt, fixiert außer ihrem wahren, qualitativen Unterschied, also sie wie Seiten gegeneinander absetzt, erscheinen sie in quantitativer Verschiedenheit. Die Quantifizierung des Lebendigen erlaubt, Gesetze aufzustellen, — aber was für armselige Gesetze. Hegel spottet: „... [der] qualitative... Gegensatz tritt somit in die *Größe*, und es entstehen Gesetze der Art, daß z. B. Sensibilität und Irritabilität in umgekehrtem Verhältnisse ihrer Größe stehen, so daß, wie die eine wächst, die andere abnimmt; oder besser gleich die Größe selbst zum Inhalte genommen, daß die Größe von etwas zunimmt, wie seine Kleinheit abnimmt". (203) Fixieren, Quanteln, Messen, was am leblosen Stoffe geeignete Methoden sein mögen, um seine Verhältnisse in Gesetzesform auszusprechen, versagen am Lebendigen, versagen an den prozeßhaften, insichreflektierten und reaktiven Tätigkeiten. Im Grunde kommen bei den quantifizierenden Beobachtungen nur tautologische Sätze heraus, höhnt Hegel, nach der Manier etwa, „... daß die Größe eines Loches *zunimmt*, je mehr das *abnimmt*, was seine Erfüllung ausmacht, so kann dies umgekehrte Verhältnis ebenso in ein gerades verwandelt und ausgedrückt werden, daß die Größe des Loches in geradem Verhältnisse der Menge des Weggenommenen *zunimmt* ...

- ein *tautologischer* Satz ...". (203) Als ein „leeres Spiel des Gesetzgebens" bezeichnet Hegel die quantifizierende Denkweise im Felde des Organischen, es könne allenthalben mit allem getrieben werden und beruhe auf der Unbekanntschaft mit der logischen Natur dieser Gegensätze. Die beobachtende Vernunft ist zunächst auch außerstande, die versuchten Gesetze als Gesetze a priori zu fassen, sie verhält sich rein aufnehmend und findend wie zu etwas schlicht Vorhandenem. Damit „... sinken Sensibilität, Irritabilität, Reproduktion zu gemeinen *Eigenschaften herunter*, die gegeneinander ebenso gleichgültige Allgemeinheiten sind als spezifische Schwere, Farbe, Härte usf." (205).

Nun könnte man immer noch, bei Anerkennung dieser Hegelschen Kritik, meinen, ein Gesetz vom Organismus müsse beide Seiten, die inneren Lebensmomente und die äußeren Verdinglichungen derselben in Gestalten, auf einander beziehen und das wahre Äußere als Abdruck des Inneren verstehen lassen. Doch dagegen bringt Hegel das Argument vor: die Lebenstätigkeiten seien „durchdringende, flüssige" (wir könnten sagen prozeßhafte) Eigenschaften und könnten sich als solche nicht in einem begrenzten Dinge, einem Körperdinge manifestieren und daran einen „ausgeschiedenen realen Ausdruck" haben. (206) Als die Position, von woher er kritisch das Gesetzegeben des Vernunftinstinktes bei seinem Beobachtungsversuch der organischen Natur beurteilt, läßt Hegel die Vernunftidee vom Organismus aufleuchten. Nach ihr ist „... die abstrakte Idee des Organismus in jenen drei Momenten nur darum wahrhaft ausgedrückt..., weil sie nichts Stehendes, sondern nur Momente des Begriffs und der Bewegung sind...". (206) Die Vernunft schaut bereits vor auf die Bewegung des Begriffs als der wahren und eigentlichen Lebensbewegung, die jedoch der „Vernunftinstinkt" noch nicht erkennt bei seinem Beobachten und Gesetze-Suchen. Dieser wird von einer seinsbegrifflichen Verlegenheit zu anderen fortgetrieben, das Verhältnis des Inneren und Äußeren wird ihm immer verwickelter und undurchsichtiger.

Auch die sogenannte Außenseite des Organismus, die doch in massiver Deutlichkeit vorzuliegen scheint, ist in ihrer phänomenalen Gegebenheit problematisch. Hegel unterscheidet die sich äußernde Lebensbewegung von dem dinghaften Gebilde, das ihm anatomisch zugeordnet wird. „In den Systemen der *Gestalt* als solcher ist der Organismus nach der abstrakten Seite der toten Existenz aufgefaßt; seine Momente, so aufgenommen, gehören der Anatomie und dem Kadaver, nicht der Erkenntnis und dem lebendigen Organismus an. Als solche Teile haben sie vielmehr aufgehört *zu sein,* denn sie hören auf, Prozesse zu sein. Da das *Sein* des Organismus wesentlich Allgemeinheit oder Reflexion in sich selbst ist, so kann das *Sein* seines Ganzen, wie seine Momente nicht in einem anatomischen Systeme bestehen, sondern der wirkliche Ausdruck und ihre Äußerlichkeit ist vielmehr nur als eine Bewegung vorhanden, die sich durch die verschiedenen Teile der Gestaltung verläuft und worin das, was als einzelnes System herausgerissen und fixiert wird, sich wesentlich als fließendes Moment darstellt...". (206)

Es wäre ein arges Mißverständnis, wenn man diese Textstelle deuten wollte auf den banalen Unterschied eines lebendigen und eines toten Organismus hin. Hegel betont nicht, daß der sezierte Leichnam nicht die wirkliche Gestalt des Organismus ist. Ihm geht es darum, eine unzulässige Verdinglichung zu unterbinden, eben jene Fixierung der Sensibilität als grauer Nervensubstanz. Nun aber könnte man entsetzt fragen, ist Hegel bei seiner Destruktion der Versuche der beobachtenden Vernunft, im Organischen „Gesetze" aufzuspüren und aufzustellen, ganz mit Blindheit geschlagen gegenüber allen rationalen Experimenten, die materiellen Bedingungen seelischer Prozesse aufzuweisen? Leugnet er die Möglichkeit wissenschaftlicher Erkenntnisse psychophysischer Art? Es genügt doch, wenn das Auge Ärgernis bereitet, es – nach dem Bibelworte – auszureißen, um zu erfahren, daß damit das Sehen, nicht nur des Verführerischen, sondern von allem Sichtbaren in Helle und Glanz erlischt. Ein Messerschnitt genügt, um Origenes von bösen Lüsten zu befreien. Die materielle Bedingtheit der Lebensvorgänge, ja vielleicht sogar ihre materielle Natur ist durch die biologische Wissenschaft in einem weiten Umfange aufgehellt worden. Hegel gibt keine Wissenschaftskritik, – er kritisiert den Vernunftversuch am organischen Bereich, kritisiert, indem er die dabei leitenden Vorstellungen seinsbegrifflicher Art erschüttert und in Bewegung bringt. „Das Wesentliche des Organischen, da es an sich das Allgemeine ist, ist vielmehr überhaupt, seine Momente in der Wirklichkeit ebenso allgemein, d. h. als durchlaufende Prozesse zu haben, nicht aber an einem isolierten Dinge ein Bild des Allgemeinen zu geben". (207) In der Absicht auf Gesetze verstellt sich die beobachtende Vernunft den Blick auf den Organismus, weil sie ihn festhalten will, nach zwei festgehaltenen Seiten, nach einer fixen Innerlichkeit und einer fixen Äußerlichkeit, nach

Lebensmoment und dessen objektivierter, dinghafter Erscheinung. Der Organismus widersteht, je wesentlicher er begriffen wird, allen Gesetzgebungsversuchen, die ein statisches Inneres auf ein statisches Äußeres beziehen wollen.

Und nun verstärkt Hegel seine Kritik noch durch eine Gegenüberstellung des Gesetzesproblems bei der anorganischen Natur und des Gesetzgebungsproblems bei der organischen Natur. Und dies bedeutet auch einen Unterschied im Verhalten des Verstandes. Ein Naturding lebloser Art, wieder in unserem Beispiel der Felsblock, liegt dem Wahrnehmen gegenüber, kann mit einem Blick erfaßt, aber nicht mit einem Gedanken gedacht werden. Sobald der aufnehmende, gewahrende Verstand das Felsending nicht nur anglotzt, vielmehr wahr-nehmen will, muß er hin- und hergehen und seine auffassenden Gedanken bewegen, er nimmt das Ding als allgemeines in seiner Art und in seiner Dinghaftigkeit, und nimmt es auch als einzelnes, als diesiges, unterscheidet Wesen und Unwesen, und in einer veräußerlichten Weise auch Inneres und Äußeres, die Oberfläche und was sich darunter verbirgt. Der Verstand geht hin und her – und gerät schließlich in Verwirrung. Im Gewahren eines Organismus aber ereignet sich ein Übergehen von Gedankenbestimmungen sozusagen in der Sache selbst, geschieht im Gegenstand (nicht im Verstande allein). Der Organismus prozessiert, analog wie der Begriff (im spekulativen Sinne). Wenn überhaupt Gesetze am Organischen gefunden und aufgestellt werden können, müßten es offenbar Gesetze eines besonderen Typus sein. „In Ansehung des Inhalts sollen hiemit hier nicht solche Gesetze erhalten werden, welche nur ein ruhiges Aufnehmen rein *seiender* Unterschiede in die Form der Allgemeinheit sind, sondern Gesetze, die unmittelbar an diesen Unterschieden auch die Unruhe des Begriffes und damit zugleich die Notwendigkeit der Beziehung der Seiten haben." (208) Sind solche dynamisierten Gesetze hinsichtlich der organischen Natur möglich? In gewissem Sinn ist jedes organische Lebewesen zugleich „natura naturans" und „natura naturata", ist in einem Lebensvollzug und sinnlich vorhandenes Ding. Das Dynamische des Prozesses und das Statische seines materiellen Erscheinungsbildes in seinem Zusammenhange als ein Gesetz fassen zu wollen, statuiert wiederum ein Statuarisches und scheitert so in seiner Absicht.

Im Anschluß daran erörtert Hegel einen weiteren Versuch des Verstandes, doch noch zu Gesetzen vom Lebendigen zu kommen. Er setzt an bei dem Moment des „Reflektiertseins" des Organismus. Der Terminus ist mehrdeutig. Reflektiert ist bereits jedes Ding, sofern es aus der Masse des Elementes sich heraushebt, wie der Felsblock aus der Bergflanke, wie der Berg aus der Erdrinde, also sofern es eingetreten ist und in einen eigenen Umriß, eine Figur, einen Ort, ein Was-sein, eine Substanzstruktur hat und mit alledem eine Weile vorhält, an ihm Veränderungen hat, sie aber durchsteht, im Wechsel beharrt. Das Einzelding als solches ist „reflektiert". Es gibt aber auch noch besondere Akzentuationen dieses Fürsichseins, – in der Weise des Sichwissens, Sichspürens, Sichfühlens. Wir erinnern uns an den Satz Hegels „Das Tier endigt mit dem Selbstgefühle". (196) Das Tier, der prototypische Organismus, ist reflektiert, sofern es ein Einzelding ist, und ist reflektiert, sofern es sich selbst absetzt gegen das umgebende Andere, seine Individualität „mit Zähnen und Klauen verteidigt". „... das in sich zurückgekommene organische Sein ist vollkommen gleichgültig gegen anderes, sein Dasein ist die einfache Allgemeinheit und verweigert dem Beobachten bleibende sinnliche Unterschiede, oder was dasselbe ist, zeigt seine wesentliche Bestimmtheit nur als den *Wechsel seiender* Bestimmtheiten." (208) Wenn ein Gesetz des Organismus erfaßt werden soll, indem man bei seiner Individualität und Einzelnheit ansetzt, also anders als vorhin bei den Lebensmomenten und ihrer dinghaften Objektivation, gerät man auch wieder in eine Sackgasse des Denkens, sofern das Einzelding als statisches Eins, als Größe und quantitatives Volumen genommen wird; denn die Fixierung in der Absicht, zu einem Gesetz zu kommen, macht aus der Einzelnheit des Dinges, aus seinem Reflektiertsein, verfälschend eine „feste Bestimmtheit", gibt ihm „... die Form einer unmittelbaren Eigenschaft oder einer ruhenden Erscheinung, wird ferner in die Bestimmung der Größe aufgenommen, und die Natur des Begriffs ist unterdrückt" (209).

Auch dieser Ansatz scheitert, es reicht nicht aus, die Perspektive auf den Organismus, die ihn als Sache nimmt, als eine nach innerem und äußerem Was-sein aufgespaltene Sache, auszutauschen gegen eine Perspektive, die ihn als insichreflektierte Einzelnheit nimmt. Auch die Umschrift organischer Fakten wie Reizbarkeit in differenzierte Sinnesorgane, empirisch wahrnehmbarer Muskulatur in Grade der Irritabilität, ergibt keinen neuen Weg zu Gesetzen. Es nützt auch wenig, die Lebensmomente der Sensibilität, Irritabilität, Reproduktion als „Kräfte" zu charakterisieren, wenn der Kraftbegriff neutral gegen den Unterschied des Leblosen und Lebendigen gehalten wird, man ebensogut von der Schwerkraft im mechanischen, wie von der Selbsterneuerungskraft im biologischen Sinne sprechen kann. Alle Bemühung um Gesetzgebung des Verstandes im Felde des Organischen, sagt Hegel: „... verliert also wieder ihren Wert, und zwar dadurch, daß der Verstand das Gesetzgeben noch nicht aufgehoben hat." (209) Schroffer kann das tantalische Verhalten des Vernunftinstinktes, der im Organismus sich – als gesetzgebende Macht sucht, gar nicht bestimmt werden. Damit ist ein wichtiger Abschnitt in Hegels Gedankengang zu Ende gekommen, nämlich die kritische Prüfung der Gesetzgebungsversuche des beobachtenden Vernunftinstinktes – und zwar auf der Seite des „Inneren" des organischen Seins, also der Lebensmomente, ihrer Äußerungen und des Insichreflektiertseins des Organismus als solchen.

Nun bleibt ein zweiter Prüfungsgang noch übrig, der vor allem die Gedanken und auch Gedankenlosigkeiten prüft, mit denen gewöhnlich das „Äußere" der Organismen und ihre Beziehung zum naturalen Stoffe vorgestellt wird. Inneres und Äußeres bilden keinen schlichten Unterschied und Gegensatz. Wir haben gesehen, daß Hegel zuerst vom Inneren her, von der „Seele" (um es massiver als zulässig auszudrükken) das Verhältnis des Inneren und Äußeren bestimmt, oder genauer: die darauf bezüglichen Bestimmungsversuche des Vernunftinstinktes kritisch destruiert. Nun ist an der Reihe, vom Äußeren, vom stofflichen Dinge her das Innen-Außen-Verhältnis zu kennzeichnen. Er beginnt mit dem Satze: „Das *Äußere* für sich betrachtet ist die *Gestaltung* überhaupt, das System des sich im *Elemente* des Seins gliedernden Lebens und wesentlich zugleich das Sein des organischen Wesens *für ein anderes,* – gegenständliches Wesen in seinem *Fürsichsein*." (211) Hier gebraucht Hegel, wie oft, den Terminus „Sein" als gleichbedeutend mit Vorhandensein, mit Bestehen, Vorliegen, Vorkommen. Das „Leben" ist im vorfindlichen und vorliegenden Organismus vorhanden, ist damit ein einfacher Gegenstand einer möglichen Betrachtung und Beobachtung. Das besagt, es ist für Anderes, dem es sich darstellt oder auch entgegenstellt. Es kann auch ein vorhandener Gegenstand – für ein Bewußtsein sein, dem es sich in der Form des Vorliegens darbietet. Das Organismus-Ding ist es selbst – zunächst – gegen die äußere, unorganische Natur an ihm selber. Auch die belebte Materie ist Materie, die Lebewesen bestehen zu einem hohen Prozentsatz aus Wasser. Wie sich das organische Lebewesen zum bloßen Stoffe in sich selbst und um sich herum und auch zum Stoff an den anderen Lebewesen, die es liebt oder auffrißt, verhält, läßt sich schwer als Gesetz fassen, weil das organische Individuum den Stoff, aus dem es besteht und den es sich fortwährend einverleibt, selber „organisiert" – oder mit Hegels Worten „eine allgemeine und freie Beziehung" darauf hat. (211) Das Lebewesen kehrt sich gegen die anorganische Natur und ist zugleich „für sich". „Das *wirkliche* organische Wesen ist die Mitte, welche das *Fürsichsein* des Lebens mit dem *Äußern* überhaupt oder dem *Ansichsein* zusammenschließt." (211) Der Zusammenschluß ist das Problem. Das Leben, die Lebensmacht, die die organischen Gestalten durchpulst, wird – weil sie nicht als ein seiender Befund, der sich finden läßt, genommen werden kann – fast ins „Inhaltslose", fast in mystische Unbestimmtheit abgedrängt und abgeschoben, als Freiheit deklariert. „Dieser Begriff oder reine Freiheit ist ein und dasselbe Leben, die Gestalt oder das Sein für anderes mag in noch so mannigfaltigem Spiele umherschweifen; es ist diesem Strome des Lebens gleichgültig, welcher Art die Mühlen sind, die er treibt." (211) Mit Nachdruck weist Hegel darauf hin, daß eine derartige Auseinandersetzung des Äußeren beim Organismus, die Aufspaltung in ein leibliches Außenwerk und, kontrastierend dazu, in ein unbestimmt bleibendes „Leben", nicht mehr eine Betrachtung des Organischen ist, weil beide Seiten gegeneinander verfremdet worden sind. Das Leben strömt, strömt wie ein machtvoller Wasserstrom, der nicht anhält und nicht bei den „Mühlen" stehenbleibt. Was wird mit dem plastischen Gleichnis von Strom und Mühle gedacht? Die Mühle ist ein technisches Gebilde, eine Art von Maschine, der Strom eine Urkraft der Natur. Verhält sich nun, könnte man fragen, das Außengebild des Organismus zum flüssigen Element des Lebens – wie die Mühle zum Strom? Oder sind auch solche Gedanken abwegig? Hegel examiniert mehrere hypothetische Gedankengänge, die die „Außenseite" des Organismus zu bestimmen probieren. Wenn nicht der mystische Lebensstrom das Innere des organischen Außengebildes ist, – was ist denn dann das Innere jenes Außen?

Wir haben, wenn wir den Text aufmerksam gehört haben, ersehen können, daß Hegel nicht bei dem einfachen Gegensatz von „Innen" und „Außen" stehenbleibt, vielmehr eine raffinierte Dialektik im Gegenbezug dieser Begriffe entwickelt und so z. B. vom Äußeren des Inneren und vom Inneren des Äußeren spricht und auch diese gekoppelten Begriffe wieder in mehrfachen Hinsichten „gebraucht". Jetzt stehen wir in der Optik auf den Organismus als vorfindliches, sinnlich wahrnehmbares Ding.

Was ist an diesem Gegenstand und Ding, das uns im Außenaspekt erscheint, das zugehörige „Innere"? Daß es nicht das mystische „Leben" ist, wurde von Hegel schon herausgestellt. Was ist es aber dann? Das Organismusgebild hat nicht weniger als der Steinblock ein raumfüllendes „Inneres". Und dieses ist zusammengehalten durch die Schwere. Wie jedes Stoffding auf der Erde, ist auch das organische Lebewesen im Bann der Schwere. Und dieses Schwersein kann als erste Bestimmung, als Grundbestimmung des Organismus, soweit es seine Verhaftung in der anorganischen Natur betrifft, ausgesprochen werden. Schwere ist meßbar und in Zahlwerten bestimmbar, kann durch Vergleichung von Beobachtungen gefunden werden. Als ein Ding, das für sich ist, auf sich reflektiert ist, kann dieses Einssein des Organismus wiederum auch durch die Zahl ausgedrückt werden. Das Eins des Organismusgebilds hält analog die mannigfachen Bestimmungen zusammen wie die Schwere die erfüllende Raummaterie. „Gestalt, Farbe, Härte, Zähigkeit und eine unzählige Menge anderer Eigenschaften würden zusammen die *äußere* Seite ausmachen und die Bestimmtheit des Innern, die Zahl, auszudrücken haben, so daß das eine am andern sein Gegenbild hätte". (213) Das Organismusgebild, das Äußere des Lebewesens also, würde auf diese Weise als ein Gegenbild-Bezug von äußerer Eigenschaftsvielfalt und zahlhaftem Einssein ausgelegt, und damit würde auch auf dieser Problemebene das Unruhige des Lebensprozesses verschwinden. Hegel formuliert: „Weil nun die Negativität hier nicht als Bewegung des Prozesses, sondern als *beruhigte* Einheit oder *einfaches Fürsichsein* aufgefaßt ist, so erscheint sie vielmehr als dasjenige, wodurch das Ding sich dem Prozesse widersetzt und sich in sich und als gleichgültig gegen ihn erhält." (213) Es gehört eine große Geduld dazu, Hegels Gedankenspur zu folgen. Es war aber eine weitaus größere Leidenschaft, vielleicht die größte Denkleidenschaft der menschlichen Geschichte, die diese Spur aufriß.

25. Gesetze des Äußeren (Kohäsion). Organische Idee. Gattung, Art, Individualität. Übergang zur Beobachtung des Selbstbewußtseins

Die beobachtende Vernunft ist nicht nacheinander auf verschiedene Bereiche oder Regionen der vorliegenden Weltwirklichkeit bezogen und probt daran ihre Kraft. Allerdings besteht der Anschein, als wäre zuerst der leblose Stoff, dann das Feld der Organismen und schließlich das Menschenreich mit der ihm eigentümlichen „Geschichte" im Thema. Was auf den ersten Blick als Themen-Wechsel aussieht, sind Stadien der Selbstfindung und Selbstentdeckung der Vernunft, die sich als das Wesen der Dinge und die Dinge als Entäußerungen der Vernunft begreifen will. In diesem ihren Begreifungswillen ist die Vernunft sich selber nicht durchsichtig. Die spekulative Identität von Denken und Sein wird in ontologischen Modellen formuliert, die nicht tragen und in ihrer Illegitimität erfahren werden müssen. Dabei ist Hegel keineswegs als Autor jeweils schon über alle Erfahrungsstadien der Vernunft, über alle Experimente, die sie mit sich selber macht, längst hinaus und beheimatet im „absoluten Wissen", um für den Leser im nachhinein den Weg darzulegen. Der Kampf der Vernunft mit der sperrigen Fremdheit der innerweltlichen Dinge ist nicht ausgekämpft und nicht triumphal als „Idealismus" beendet. Vielmehr kommt es darauf an, eine Kette „vermeintlicher Siege" zu durchlaufen und im Eingeständnis bitterer Niederlagen das Problem radikaler zu verstehen.

Ist die Vernünftigkeit des gegenstehenden, gegenständlichen Seienden erwiesen, wenn die Gesetze, die den Stoff regieren, der Gesetzgebung des Verstandes entspringen und mit einer solchen Ausdeutung die Kantische Frage beantwortet zu sein scheint: wie ist reine Naturwissenschaft möglich? Vernünftiges am Stein mag damit aufleuchten, jedoch nicht die Vernunft als Stein. Der Organismus ist „lebendig", doch wie muß das Lebendigsein gedacht werden, um die Vernunftspur darin zu finden? Für Hegel zielt der Begriff des Lebens auf das Leben des Begriffs. Doch bei solchem Abzielen verschätzt sich immer wieder die Vernunft. Am Organismus hat sie nichts bloß Vorhandenes vorliegen, sondern den Prozeß, den in sich zurückgebeugten, in sich zurückkehrenden Prozeß, als den zu denkenden Gegenstand. Dieser flüssige und zugleich sich in seiner Flüssigkeit erhaltende Gegenstand ist weitaus schwerer zu denken, obgleich er der Vernunft näherzuliegen den

Anschein hat. Die Denkmittel, die kategorialen Gedankenbestimmungen, die für das Verständnis vom Organismus nötig sind, können nicht dem Vorstellungskreis entnommen werden, „der Verstand schreibe der Natur die Gesetze vor".[1]

Hegel arbeitet ausdrücklich solche naiven Vernunftkonzeptionen ab, löst sie auf in einer verwirrenden Fragenfülle. Er geht nicht eingleisig vor: der Organismus ist Prozeß, der Prozeß ist ein in Entgegensetzungen verlaufendes Leben, das Leben ist Selbstbewegung des Begriffs. Was heißt in diesen Gleichungen das „ist"? Ist es immer das gleiche, neutrale „ist", das den Begriff, das Leben, den Prozeß, den Zweck, das Insichreflektiertsein, den Organismus bestimmt? Oder ist es selber in je verwandelter Weise zu denken? Der Organismus ist „lebendig" – der Organismus, den wir sehen an Pflanze und Tier, oder der Organismus, der wir selber sind? Der Denkende, Beobachtende und Vernünftige, der über den Organismus Reflektierende ist eingelassen in das Meer des Lebens, ist inkarniert und kann unterscheiden die Tastempfindung und die tastende Hand, aber auch die lebendig geführte Hand mit all ihrem Handwerk einerseits und die anatomische Wirklichkeit dieser Hand andererseits, kann unterscheiden das Denken und den Schädelknochen. Das am meisten gebrauchte Gedankenschema im Hinblick auf den Organismus ist die Distinktion von Innerem und Äußerem. Hegel stellt diesen Unterschied ins Zentrum der Beobachtung der organischen Natur – und examiniert dieses Schema so, daß es alle Plausibilität verliert und zu einem Irrgarten der Vernunft zu werden droht. Der Gedanke dieses Unterschiedes zersetzt sich, indem Hegel von einem Äußeren des Inneren und von einem Inneren des Äußeren spricht, und dies verschiedenartig am Verhältnis der Lebensmomente (Sensibilität, Irritabilität, Reproduktion) zu den dinghaften Erscheinungen derselben, oder überhaupt am Verhältnis des Einssein zum Vielsein, oder am Verhältnis von Lebensqualität und ihrer Quantifizierung exemplifiziert.

Die Aufteilung des Lebewesens in Inneres und Äußeres erweist sich als ein endloser, sich in immer neue Begriffe von Innerem und Äußerem auflösender Gedanke, der gewissermaßen nicht zu Ende gedacht werden kann. An dem Äußeren des Organismus, das wir als Gestalt – und in einem noch dunklen Sinne als Objektivation einer für uns ebenso dunkel bleibenden Innerlichkeit – fassen, kann, wie Hegel aus-

[1] Vgl. I. Kant, Prolegomena, II, § 36 (WW IV, 320).

führt, der Unterschied von Innerem und Äußerem „wiederholt" werden und als Inneres der materiellen Außengestalt des Organismus unterschieden werden die „Schwere", die sich im spezifischen Gewicht bekundet, und die anderen stofflichen Eigenschaften, die in der Schwere zusammengeschlossen sind. Sofern aber das als Schwere angesetzte Innere der Stoffgestalt sich nicht als Bewegung, vielmehr als „beruhigte" Einheit zeigt, muß der Vorrang der Schwere wieder aufgegeben werden und sie als eine Eigenschaft der Organismusgestalt neben vielen anderen Eigenschaften hingenommen werden. Die Rückübertragung der Unterscheidung, welche den Organismus wesentlich nach Innerem und Äußerem bestimmt, auf die eine Seite, auf die Außenseite des Organismus, erweist sich als ein Fehlschlag, weil dadurch keine Gesetzmäßigkeiten sich formulieren lassen.

Wollte man der Schwere einen Gegenbegriff geben, etwa in der Kohäsion als dem Bereich, worin die Schwere sich äußert, so wäre nicht viel gewonnen, – die Manier einer versuchten Gesetzgebung bliebe die gleiche wie an einer früheren Textstelle bei der Beziehung von Sensibilität und Irritabilität. Die Gesetzgebung beträfe keine wirklichen Gesetze, keine qualitativen und allgemeinen Verhältnisse, vielmehr nur Relationen, die sich im gleichgültigen Medium des Zahlhaften, der Größe ausdrücken lassen und einem Mehr auf der einen, ein Weniger auf der anderen korrespondieren lassen, ebenso gut als umgekehrte oder als gerade Proportionen ausgesagt werden können. Die zahlhafte Fassung bedeutet, wie Hegel sagt, „die Vertilgung aller Gesetzmäßigkeit". (215) Damit verwirft Hegel nicht eine quantifizierende Naturbetrachtung, nicht die Physik Galileis und Newtons, – jedoch die Vernunft, die sich in den Dingen und als die Dinge sucht, treibt weder Physik, noch Biologie und ist auf dem Niveau positiver Wissenschaften von vorliegenden und bestehenden Sachverhalten nicht „vorhanden". „So daß der Versuch, Körperreihen zu finden, welche an der einfachen Parallele zweier Seiten fortliefen und die wesentliche Natur der Körper nach einem Gesetze dieser Seiten ausdrückten, für einen Gedanken genommen werden muß, welcher seine Aufgabe und die Mittel, wodurch sie ausgeführt werden sollte, nicht kennt". (216)

Hegel schließt die Diskussion des Organismus, die dialektische Erörterung der Schematik des Inneren und Äußeren ab mit einer Besinnung, die das Fürsichsein des Organismus gegen das Fürsichsein eines anorganischen Dinges kontrastiert und auch Gattung-, Art- und Individuumsein in beiden Bereichen gegeneinander abhebt. Das bloße Stoff-Ding hat ein Inneres, das von gleicher Beschaffenheit ist wie sein Äußeres, es ist für sich, sofern es abgestückt ist, eingefaßt ist in einen zeitweise wenigstens verharrenden Umriß und z. B. dieser Felsblock in der Bergflanke ist. Als dieses Ding ist es bei vielen anderen Dingen, kommt neben ihnen vor, ohne sich jedoch in seiner abgestückten Sondergestalt auf die Umgebungsdinge zu beziehen, ohne sich zu ihnen zu verhalten. Dagegen ist der Organismus so für sich, daß er sich absetzt gegen das andere, das er nicht ist, – sich in sich verschließend behauptet er sich gegen seine Umgebung, auch wenn er und gerade wenn er Nahrung aufnimmt und verbrauchte Stoffe ausscheidet. „Das Fürsichsein des organisch Lebendigen aber tritt nicht so auf die Seite gegen sein Äußeres, sondern hat das Prinzip des *Andersseins* an ihm selbst". (216) Man könnte sagen, gerade indem der Organismus für sich ist, für sich als besonderes, eigenständiges Ding und auch für sich in der Zurückbeugung des Selbstbezuges, stellt er sich gegen Anderes, er ist nicht überhaupt unterschieden, er unterscheidet sich, solang er lebt, – ist unterschieden als Sichunterscheiden.

Hegel bleibt aber nicht bei einer deskriptiven Charakteristik des Organismus stehen, nimmt nicht nur phänomenologische Züge am Lebendigen auf. Vielmehr werden diese Züge in einer merkwürdigen Weise transparent gemacht, so nämlich, daß sie etwas durchscheinen lassen, was noch mehr und noch wahrhaftiger „Leben" ist als das organische. Hegels Organismus-Spekulation bedeutet zugleich den Verbrauch des Organismusmodelles für das Leben des Begriffs. Aber er bietet die Schärfe der härtesten Modell-Kritik auf, um eine Animalisierung der Vernunft, die sich in allen Animalia erkennen will, zu verhindern. Die Spekulation über das Organische ist ambivalent. „Bestimmen wir das Fürsichsein als *einfache sich erhaltende Beziehung auf sich selbst,* so ist sein Anderssein die einfache *Negativität;* und die organische Einheit ist die Einheit des sichselbstgleichen Sichaufsichbeziehens und der reinen Negativität. Diese Einheit ist als Einheit das Innere des Organischen; dies ist hiedurch an sich allgemein, oder es ist *Gattung*". (216)

Mit dem Stichwort „Gattung" kommt Hegel zu einem Problemkreis von großer philosophischer Relevanz. Das wollen wir uns vorläufig verdeutlichen. Es ist eine vertraute Vorstellung, die Gesamtheit aller Dinge sei geordnet nach Bereichen und Feldern, nach Teilbezirken und nach Teilbezirken von Teilbezirken. Obzwar alle Dinge insgesamt seiend sind, seiend allerdings in verschiedenen Graden der Seinsmächtigkeit, und obgleich alles, was entsteht, wert ist, daß es zugrundegeht, so sind die Dinge an ihnen selbst bestimmt durch Aussehen, Gepräge, gehören zu größeren und kleineren Gruppen, haben eine Typik, die sie gegeneinander abhebt. Man sagt, die Dinge unterstehen Gattungen und Arten – und drückt auf solche Weise ein statisches Verhältnis aus, gibt eine topologische Architektur der Welt. Doch was sagen denn die Worte „Gattung" und „Art" zunächst? Es sind doch Ausdrücke aus dem Geschlechtsleben. Haben damit die logisch-ontologischen Termini einen sexuellen Hintersinn? Die Frage ist nicht „tiefenpsychologisch" gemeint. Die Gattung umfaßt alle, die einer Herkunft, einer Abstammung sind, aus einer Wurzel kommen, – „Gattung" kann genealogisch verstanden werden und Zusammenhänge des Lebendigen in Stämmen, Sippen, Geschlechterreihen meinen. Ein ursprünglicher Lebensstrom gliedert sich auf, verzweigt sich mannigfaltig. Aus der Sphäre der Erotik und auch der pflanzenhaften und tierhaften Generationsphänomene werden Worte und Sachverhalte aufgenommen, um die Strukturen des Seienden überhaupt, die Bestimmtheit aller Einzeldinge durch engere und weitere Allgemeinheiten zu kennzeichnen. Ist dies lediglich eine Metaphorik aus einer bildkräftigen Frühphase der Menschensprache – oder verbirgt sich darin das Problem, ob das Logische in der organischen Welt lebt, das Geschlecht logisch und der Logos gewissermaßen geschlechtlich lebt – oder anders formuliert: ob durch die Selbstbewegung des Organismus die Selbstbewegung des Begriffs durchscheine? „Die *Bestimmtheit,* welche dem *Fürsichsein* des Unorganischen *als solchem* zukommt, tritt daher an dem Organischen *unter sein* Fürsichsein ... Das Organische aber ist eine Einzelheit, welche selbst reine Negativität [ist] und daher die fixe Bestimmtheit der Zahl, welche dem *gleichgültigen Sein* zukommt, in sich vertilgt." (217)[1] Von da aus kann Hegel zu der These kommen, der Organismus sei als Einzelheit selbst an sich allgemein, allgemein in seinem Gattungs- und Art-Wesen. Er untersteht nicht einer über ihn verhängten Ordnung, unter welche er zu subsumieren wäre, er hat das Gattungshafte als seine eigene Bilde- und Wachstumskraft an ihm selbst. Der Organismus fällt nicht unter außer ihm gesetzte Allgemeinheiten, er ist diese Allgemeinheiten. Gemessen am Sein des Leblosen, das Gattungen und Arten unterworfen ist, zeigt der Organismus den Vorzug, im Prozeß der Gat-

---

[1] Eckige Klammer im Original.

tung und Artung sich zu erhalten und in ihm selber Einzelnheit und Allgemeinheit zu verbinden. Aber Hegel schränkt gleich wieder ein: „Die Existenz, zu welcher die Negativität des Allgemeinen oder der Gattung gelangt, ist nur die entwickelte Bewegung eines Prozesses, welcher sich an den *Teilen der seienden Gestalt* verläuft." (217) Dabei spricht Hegel die These aus, wenn der Organismus in seiner Gattungsbestimmtheit zugleich Bewegung wäre, die nicht an der faktisch vorhandenen Gestalt angeheftet wäre, dann müßte der Organismus in Wahrheit „Bewußtsein" sein. Ist er also im ganzen die Verdinglichung des Bewußtseins oder die Bewußtseinsbeseelung der Dinge? Aus dieser zwei-deutigen Stellung des Organismus zwischen Materie und Geist führt keine Reflexion, wenn sie auch auf differenzierteste Weise mit dem Unterschied des Inneren und Äußeren operiert, befreiend heraus. „Die wahre Allgemeinheit, wie sie bestimmt worden, ist hier nur *innres Wesen;* als *Bestimmtheit der Art* ist sie formale Allgemeinheit, und dieser gegenüber tritt jene wahre Allgemeinheit auf die Seite der Einzelheit, die dadurch eine lebendige ist und sich durch ihr *Inneres über ihre Bestimmtheit als Art* hinwegsetzt." (218) In der zweideutigen, zwischen naturhaftem und bewußtseinsmäßigem Sein schillernden Seinsweise des Organismus – welche Zweideutigkeit als eine Gegenstellung des Inneren und Äußeren genommen werden könnte – steckt eine weitläufige und schwierige Dialektik und auch die Kehre des Hegelschen Naturbegriffs, sein Umschlag in die Geschichte und geschichtlich-gesellschaftliche Welt.

Einige Hauptzüge dieser Dialektik müssen wir uns vergegenwärtigen. Die Einzelheit des Organismus ist anders als die Einzelheit des Steins, der Organismus vollbringt sein Einzelnsein – in der Bewegtheit des Prozesses und erhält sich in der Gattung. Zwei Extreme verschlingen und verbinden sich, das eine Extrem, eben das allgemeine Leben als Allgemeines oder als Gattung – und das andere Extrem des Vereinzeltseins oder der Individualität. Jedoch ist jeder Organismus mit dem Moment seiner leiblichen Verkörperung wie sonst jedes Körperding eingebettet in das elementarische Individuum der Erde. Alle besonderten und vereinzelten Gestalten, welche im Gegenspiel von Gattung und Arten sich herausbilden, werden unterlaufen von einem Grund und Boden, der überall zusammenhängt und die Kerbungen und Risse trägt, durch welche die Einzeldinge sich gegeneinander absetzen. Hegel formuliert: „Die Gattung, welche sich in Arten nach der *allgemeinen Bestimmtheit* der Zahl zerlegt ... erleidet in diesem ruhigen Geschäfte Gewalt von der Seite des allgemeinen Individuums, *der Erde,* welches als die allgemeine Negativität die Unterschiede, wie sie dieselben an sich hat, und deren Natur um der Substanz willen, der sie angehören, eine andere ist als die Natur jener, gegen das Systematisieren der Gattung geltend macht. Dieses Tun der Gattung wird zu einem ganz eingeschränkten Geschäfte, das sie nur innerhalb jener mächtigen Elemente treiben darf, und das durch die zügellose Gewalt derselben allenthalben unterbrochen, lückenhaft und verkümmert wird." (219) Was liegt alles in diesem geballten Satze Hegels? Werden Gattungen und Arten gleichsam als Fächer betrachtet, in welche die Dinge nach Aussehen, nach ihrem Eidos, eingeordnet sind und als subjektive Begriffe, mit denen wir eine vorhandene und vorgegebene Gliederung des Seienden abbilden, dann mag diese naive Vorstellung noch am ehesten für die leblosen Naturdinge zutreffen, für Stein und Welle, Windhauch und Feuerschein. Auch bei solchen artgeprägten und unter Gattungen subsumierbaren Dingen liegen umfassendere Elementarfelder voraus, aus denen die leblosen Einzeldinge „abgestückt", hervorgehoben zu sein scheinen. Das weltweite Element, die Platonisch gedachte *chora,* die Materie, die den Raum und die Zeit erfüllt, ist die Aufnehmerin und Platzgewährerin der ideehaften Formen und bildet die *hetera physis ton onton,* die andere Natur des Seienden. Bei den Organismen aber geschehen Gattung und Arten der Lebewesen als Prozesse des Gattens und Artens, das Allgemeine zeigt sich als ein Tun und Vollbringen, als Bewegung des Lebens. Doch sofern dieses Leben als ein gegenständlich-vorhandener Vorgang, eben als das Naturgeschehen in der vegetativen und animalischen Region genommen wird, wird der Lebensprozeß nicht von der Verdinglichung frei und kommt in den Aspekt, in den zweideutigen Aspekt einer „Organlogik", einer „sich selbst systematisierende[n] Entwicklung". (220) Der organische Prozeß ist ein Analogon und eine Vorstufe des freien logischen Prozesses des Bewußtseins. „So hat das *Bewußtsein,* zwischen dem allgemeinen Geiste und zwischen seiner Einzelheit oder dem sinnlichen Bewußtsein, zur Mitte das System der Gestaltungen des Bewußtseins, als ein zum Ganzen sich ordnendes Leben des Geistes, – das System, das hier [= in der Ph.d.G.] betrachtet wird, und welches als Weltgeschichte sein gegenständliches Dasein hat." (220) Der Organismus mit all seiner Problematik des Inneren und Äußeren und seiner ontologisch zweideutigen Stellung zwischen dem reinen Ansichsein der Materie und dem reinen Fürsichsein des Bewußtseins ist als Bewegung zu „naturhaft" und als Naturding zu sehr bewegt (im Gegenbezug von Gattung und Art), um zu einer eindeutigen und gesetzeshaften Bestimmung gebracht werden zu können.

Der Organismus ist das Ärgernis für die beobachtende und reflektierende Vernunft, sofern in ihm in einer verwickelten und vertrackten Weise der Zusammenfall von Denken und Sein als irritierendes Phänomen vorzuliegen scheint. Ist der Organismus das gültige, dem Phänomenbereich entnommene Modell, um den „Idealismus" differenzierter formulieren zu können? Hegel stößt diese Anbietung wieder zurück, indem er sagt, die organische Natur habe keine Geschichte, in ihr sei das Werden zufällig und nicht durch die logoshafte Notwendigkeit bestimmt. Die beobachtende Vernunft gelangt in der Betrachtung der organischen Natur zu einer Anschauung ihrer selbst als „allgemeines Leben" und nicht ihrer selbst als der gliedernden, fügenden und entzweienden Macht, welche die Gattungen und Arten über die ganze Erde schickt und allem, was zwischen Himmel und Erde weilt, das Gepräge gibt. Weil die Vernunft sich im allgemeinen Leben der Organismen entweder zu früh oder zu spät erkennt, der Geist dort naturalisiert und die Natur halbwegs vergeistigt scheint, hat sie selbst in der kritisch-dialektischen Erörterung des Inneren und Äußeren die Basis zerstört, auf der ein weitläufiges Bauwerk von Gesetzen von ihr projektiert war. „Indem also in seiner Wirklichkeit die *Allgemeinheit des organischen Lebens* sich, ohne die wahrhafte fürsichseiende Vermittlung, unmittelbar in das Extrem der *Einzelheit* herunterfallen läßt, so hat das beobachtende Bewußtsein nur das *Meinen* als Ding vor sich; und ... ist ... auf das Beschreiben und Hererzählen von Meinungen und Einfällen der Natur beschränkt." (220) Hegel zieht daraus die abschließenden Folgerungen, daß keine Aufstellung echter Naturgesetze des Organischen gelingen könne, bestenfalls sich einige „... Anfänge von Gesetzen, Spuren von Notwendigkeit, Anspielungen auf Ordnung und Reihung, witzige und scheinbare Beziehungen darbieten" würden. (220) „... die Beobachtung [kann es] nicht über *artige Bemerkungen, interessante Beziehungen, freundliches Entgegenkommen dem Begriffe* hinausbringen. Aber die artigen *Bemerkungen* sind kein *Wissen der Notwendigkeit,* die *interessanten* Beziehungen bleiben bei dem *Interesse* stehen, das Interesse ist aber nur noch die Meinung von der Vernunft; und die *Freundlichkeit* des Individuellen, mit der es an einen Begriff anspielt, ist eine kindliche Freundlichkeit, welche kindisch ist, wenn sie an und für sich etwas gelten will oder soll." (221)

Die Abwertung des Organischen, die aus diesen Worten klingt, ist keineswegs eine Unterschätzung, der Organismus ist für Hegel ein Vernunftproblem allerersten Ranges, aber auch ein Problem, das Irreleitungen und Verführungen für das Denken bereithält. Man geht wohl nicht fehl mit der Annahme, daß Hegel hier nicht nur mit Kants Teleologiebegriff sich auseinandersetzt, sondern Kritik übt an Schellings Identitätsdenken, wonach die Natur unbewußter Geist und der Geist bewußte Natur sei. Der Organismus kann nicht aufgeteilt werden in zwei einander korrespondierende Seiten des schlicht-Inneren und schlicht-Äußeren, – er ist Bewegung und ruhendes Sein, Dynamik und Statik, Fürsichsein und Allgemeinheit zugleich in manchen diffizilen Verschränkungen und Übergängen. Die textmäßig abgeschlossene Beobachtung der beobachtenden Vernunft im Hinblick auf die anorganische und dann auf die organische Natur ist der Sache nach noch lange nicht abgeschlossen, auch wenn Hegel sich nunmehr einer anderen Thematik zuzuwenden scheint. Diese ist überschrieben: „Die Beobachtung des Selbstbewußtseins in seiner Reinheit und in seiner Beziehung auf äußre Wirklichkeit; logische und psychologische Gesetze."

In gedrängter Kürze vergegenwärtigt Hegel die Resultate des bisherigen Gedankenganges in seinem Vernunftkapitel der „Phänomenologie des Geistes". Er gibt Auskunft darüber, welche Funde die beobachtende Vernunft gemacht hat, – was die Beute an Einsicht in diesem Gedankenkampf schließlich sei. Die Vernunft sucht sich als die einzige und wahre Realität im Sein alles Seienden. Zunächst sucht sie den Begriff in der anorganischen Natur. Das ist etwas anderes als einen Begriff von der leblosen Materie. Begriffe können wir von allem und jedem suchen, sogar vom Nichts, dann vollziehen wir eine Reinigung unseres alltäglichen, gewöhnlichen und gedankenarmen Meinens, probieren, unseren Vorstellungen Prägnanz und eindeutigen Sachbezug zu geben. Bei Hegel geht es nicht darum, unsere Begriffe von der Natur in der rechten und gültigen Weise zu schöpfen, sei es aus der Naturerfahrung, sei es aus einem apriorischen Naturverständnis. Er sucht den Begriff in der Natur und sucht die Natur, soweit sie Begriff ist. Die Vernunft beobachtet, um den „Idealismus" zu erweisen. Und er sagt, die Naturbeobachtung finde den Begriff in der unorganischen Natur „realisiert". Aber in welcher Weise? Eben so, sofern in ihr Gesetze herrschen. Nicht irgendwelche fremden und unbegreiflichen Gesetze, vielmehr Vernunftgesetze in den Sachen selbst, Gesetze, „... deren Momente Dinge sind, welche sich zugleich als Abstraktionen verhalten..." (221) Die Vernunft weiß dabei nicht, wenn sie solche Gesetze ausspricht, was sie tut. Man könnte sagen, auch das Sichfinden der Vernunft in den Dingen und als die Dinge habe selber eine ansichseiende Form, eine fürsichseiende Form und zuletzt eine anundfürsichseiende Vernunftform. Der Vollzug des Idealismus durchlaufe selber die prinzipiellen Stufen, die das Bewußtsein im Bezug zu den Gegenständen durchlaufe. Hinsichtlich der organischen Natur gelingt es der Vernunft weniger, den Idealismus zu bestätigen. Das Ding, das Gesetze haben soll, der Organismus, ist viel komplexer als das bloße Stoffding, und die Verhältnisse des Inneren und Äußeren im Organismus bilden ein immer dichteres Dickicht für die Vernunft, je länger sie darüber nachdenkt.

Der Organismus sei, sagt Hegel, „in sich reflektierte Einfachheit". (221) Mit dieser Bestimmung hebt er das organische Lebewesen ab – nicht gegen etwas, was er schon behandelt und durchdacht hat, vielmehr gegen etwas, worauf hin der Organismus gewissermaßen „durchscheinend" werden kann. Er operiert mit dem Begriff eines Wesens, das als solches Begriff ist, – eines Wesens, das nicht steht, vielmehr schlechthinnige Bewegung ist. In der Betonung dessen, was der Organismus nicht ist, leuchtet etwas auf, woran die beobachtende Vernunft sich noch nicht versucht hat. Beim Organismus ist „... das Wesen... nicht die Gattung, welche in ihrem unterschiedslosen Elemente sich trennte und bewegte, und in ihrer Entgegensetzung für sich selbst zugleich ununterschieden wäre." (221)

Das ungelöste Organismusproblem wirkt als Wegweiser. Und nun stellt Hegel die Behauptung auf, die beobachtende Vernunft mache einen neuen und hochbedeutsamen Fund, eben etwas, für das zutrifft, was vom Organismus verneint werden mußte, sie finde eine sich zusammenhaltende und ebenso sich in sich entzweiende Sache, die nicht neben Gattung und Art, auch nicht unter Gattung und Art steht, vielmehr die dialektische Bewegung von Gattung, Art und Vereinzelung ist. Ob allerdings die Vernunft im Hinblick darauf sich „findend" verhält, kann bezweifelt werden. Hegel gebraucht aber den Ausdruck „finden" und sagt: „Die Beobachtung findet diesen freien Begriff, dessen Allgemeinheit die entwickelte Einzelheit ebenso absolut in ihr selbst hat, nur in dem als Begriff existierenden Begriffe selbst, oder in dem Selbstbewußtsein." (221) Das Interesse der Vernunft ist jetzt nicht mehr auf Dinge gerichtet, die außer der Vernunft und von ihr unabhängig zu sein scheinen, – die Vernunft interessiert sich an sich selber und an ihren auswärtigen Interessen. Aber kann dann noch das bisherige Ziel verfolgt werden, sich in den anscheinend fremden Dingen aufzudecken – oder kommt es hier eher zur Umkehrung, nämlich sich selbst als Dinge-aussetzende Macht zu erhellen?

Ein zweiter und neuer, anders gerichteter Denkweg wird nun in seinen Stadien, seinen Hauptschritten und auch Aporien entfaltet. Es ist wichtig klarzustellen, daß Hegel nach der Beobachtung der leblosen und der lebendigen Natur zur Beobachtung des Selbstbewußtseins übergeht. Denn man könnte argumentieren, vielleicht sei die ganze langwierige und mühselige Vorarbeit überhaupt nicht nötig gewesen, sie stelle einen Umweg dar, den man hätte vermeiden können. Dazu ist zu sagen: gewiß haben wir Menschen das Vermögen der Reflexion und noch ursprünglicher haben wir die Syneidesis, die Mitwisserschaft mit dem Lebensvollzug. Wir können uns aufmerkend, zuschauend und auch methodisch streng „beobachtend" zu unserem Erleben verhalten, unseren Akten zusehen, uns selber „analysieren" als einen „Strom von Erlebnissen" mit mannigfachen Intentionen, als ein Bündel von Vorstellungen und als einen Kristallisationspunkt von Verhaltungen. Die Husserlsche Phänomenologie hat diese Möglichkeiten einer beobachtenden Selbstbeziehung in weitem Ausmaße erforscht und klargelegt. Um eine systematische Bewußtseinsanalytik, eine Phänomenologie der Akte und Habitualitäten aufzubauen, ist es nicht erforderlich, vorher über die Materie und die Lebensformen zu handeln.

Hegel beabsichtigt keine Phänomenologie in dem heute üblichen Sinne. Für ihn ist die Situation wichtig, in welcher die beobachtende Vernunft (nicht das gewöhnliche Bewußtsein) nach ihrer negativen Erfahrung mit dem organisch-Lebendigen sich auf sich selbst bezieht, dabei nicht alles in den Blick faßt, was gerade in einem individuellen Geiste herumschwirren mag, vielmehr die Gedanken beobachtet. Denn diese Situation ist durch die Erfahrung bestimmt, daß an der leblosen Natur nur schwer wesentliche Gesetze, an der lebendigen Natur, sofern man das Verhältnis des Inneren und Äußeren als den Spielraum der Gesetze annimmt, kaum feste Zuordnungen fixiert werden können. In der Rückbeugung des Geistes lassen sich offenbar leicht und schnell „Gesetze" finden. Hegel formuliert: „Indem sie [= die Beobachtung] sich nun in sich selbst kehrt und auf den als freien Begriff wirklichen Begriff richtet, findet sie zuerst die *Gesetze des Denkens*." (222) Also nicht die Bewußtseinsakte, sondern die Denkgesetze sind es, was die Vernunft sucht. Nicht Bestände, Mengen, Gruppen und Klassen von „Erlebnissen" werden durchmustert, deskribiert und katalogisiert, vielmehr kommt die Vernunftbegier nach Gesetzen erst ins Ziel, wenn sie die Gesetze des Denkens erfaßt, – ob in einer statischen Weise, die nur feststellt, – oder in einer dynamischen Weise, die „entwirft", bleibt jetzt weiterhin zu fragen. Und davon wird es abhängen, ob der Selbstbezug der beobachtenden Vernunft eine harmlose Bewußtseinsforschung ist – oder die Probe auf den „Idealismus" entscheidend verschärft.

αβ) Die Beobachtung des Selbstbewußtseins in seiner Reinheit
und in seiner Beziehung auf äußre Wirklichkeit; logische
und psychologische Gesetze

26. Gesetze des Denkens (Logik).
Handelnde Wirklichkeit des Bewußtseins (Psychologie)

Wenn die beobachtende Vernunft auf der Suche nach Gesetzen schließlich sich auf sich selbst richtet, nachdem sie mit wenig Glück den Weltbereich der elementarischen Stoffe, der leblosen und der belebten Dinge durchforscht hat, macht sie einen Fund: die Denkgesetze. Die Frage dabei ist allerdings, ob sie in einem besonderten Gebiet „fündig" geworden ist, eben im Felde der Subjektivität, abgesetzt vom Objektfeld überhaupt. Gibt die „Selbsterkenntnis" mehr an Gesetzlichkeit her als die nach außen gedrehte Erkenntnis von fremden Sachen? Oder doch von scheinbar fremden Sachen? Uns liegen die gewohnten Vorstellungen nahe, mit massiver Sicherheit zwischen den Sphären des Subjekts und Objekts unterscheiden zu wollen, vom „Inneren" bei den Erlebnissen, vom „Äußeren" bei den raumhaft ausgebreiteten Dingen zu reden. Bedeutet das, was Hegel die Beobachtung des Selbstbewußtseins in seiner Reinheit nennt, eine Bewußtseinsforschung, eine methodisch installierte Reflexion auf den „Erlebnisstrom" und seine Intentionalitäten? Eine „phänomenologische" Untersuchung des Bewußtseins, seiner mannigfaltigen Akte und Aktstrukturen ist zweifellos ein Unternehmen, das einen philosophischen Rang hat und große Möglichkeiten des Selbst- und Welt-Verständnisses des Menschen in sich birgt. Doch ist Hegels Problemstellung eine völlig andere, wenn er von der Beobachtung des Selbstbewußtseins spricht. Denn erstens kann er die Sphärentrennung zwischen einem in sich geschlossenen „Subjekt" und einem ihm gegenständlich gegenüberliegenden „Objekt" nicht stehen lassen. Die beobachtende Vernunft sucht ja den „Idealismus" zu erweisen, d. h. sich selber in den Sachen zu finden. Und zweitens steht nicht das „Bewußtsein" als Inbegriff von „Erlebnissen" im Blick, als vielmehr das Bewußtsein als Inbegriff von Seinsgedanken. Und zu den Seinsgedanken, die problematisch werden, gehört die Trennung von Subjekt auf der einen und von Objekt auf der anderen Seite, ferner auch die Distinktion zwischen der „Innerlichkeit" der Seele und der „Äußerlichkeit" der raumhaften Dinge. Gerade die Denkweise, der gemäß das selbstbewußte Ich sich unterschieden hält vom Bereiche seiner äußeren Gegenstände, muß einer radikalen Prüfung unterworfen werden.

Das ist nun nicht sofort zu verstehen, da Hegel die Denkgesetze angibt als den Fund, den die beobachtende Vernunft bei ihrer Rückbeugung auf sich macht. Die Denkgesetze – was mag das heißen? Sind das feste Regeln, denen das menschliche Denken untersteht derart, daß es gar nicht anders kann als regelhaft zu denken, so wie der Stein nicht anders kann, als dem Fallgesetz gemäß zu fallen, oder sind es Regeln, die den Denkvollzug normieren, die aussagen, wie man denken soll, – wie richtiges Denken gegenüber einem falschen Denken beschaffen sein muß? Gleichen die Denkgesetze eher den Naturgesetzen oder den moralischen Freiheitsgesetzen? Das eigentümliche Wesen der Denkgesetze ist nicht einfachhin zu bestimmen. Vielleicht mag uns weiterhelfen, daß Hegel die Denkgesetze als das Erstgefundene bezeichnet, das sich ergibt, wenn die beobachtende Vernunft sich „... in sich selbst kehrt und auf den als freien Begriff wirklichen Begriff richtet..." (222) In sich findet sie den Begriff? Findet sie damit eine Ausstattung des Geistes, ein Arsenal von Mitteln, Waffen, Werkzeugen, einen Haufen von Begriffen oder ein geordnetes Begriffssystem? Gibt es darin eben Gattungs- und Art-Begriffe, Begriffe, die Individualität, Einzelnheit, und andere, die mannigfache Weisen des Allgemeinseins aussagen, auch die Begriffe vom Was-sein und vom Daß-sein, vom Möglich-, Wirklich- und Notwendig-sein der Dinge? Gibt es dergleichen Begriffe im Denken, ähnlich wie es Fische im Wasser oder wie es Geräte in einem Hause gibt? Oder ist das Denken gerade die Begreifung, das Leben der Seinsbegriffe, die Logik, die als Ontologik geschieht, als Wirken und Werk des Seinsverständnisses?

Die Denkgesetze machen die Logik aus. Nicht die Logik als eine lehr- und lernbare Wissenschaft, nicht als eine Formaldisziplin ähnlich wie die Mathematik, vielmehr die Logik als Vollzug, als fundamentales Geschehen, als das Urgeschehen in der Welt, die vernünftig, und in der Vernunft, die welthaft ist, findet jetzt die Selbstbeobachtung. Das Vernünftige in aller Welt sind die Denkgesetze. Allerdings stehen sie zunächst in einem Aspekt gegenteiliger Art, im Aspekt des Abstraktseins. „Diese Einzelheit, welche das Denken an ihm selbst ist, ist die abstrakte, ganz in die Einfachheit zurückgenommene Bewegung des Negativen, und die Gesetze sind außerhalb der Realität". (222) Ein solcher Satz ist ein harter Brocken für die Auslegung. Inwiefern ist das Denken an ihm selbst eine Einzelnheit? Einzeln sind jeweils die Dinge in der Welt, der Tisch, die Tabaksdose, das Federmesser, der Mensch, der denkt und schreibt. Denken geschieht mit mehr oder weniger Glück bei allen Menschen. Die Menschen sind einzeln, Atmen, Essen sind Lebensvollzüge, auch ihr Denken. Das Denken ist also zerstreut in den vielzahligen Bewußtseinen der vielköpfigen menschlichen Gesellschaft, – es ist also gerade nicht „einzeln", sondern ein allgemeiner Zug an vielen einzelnen Individuen. Hegel nennt das Denken eine Einzelnheit, – wie ist das möglich? Spricht er aus dem Verständnishorizont der phänomenalen Welt – oder bereits aus einem Sinnentwurf spekulativer Art? Das letztere ist der Fall.

„Das Denken" wird gefaßt – nicht analog einem Ding, eher analog einem Welt-Element, wird gedacht als eine elementarische Macht, die vieles durchwaltet – wie das Weltfeuer der Sonne. Und wie das Sonnenlicht die Dinge in ihren begrenzten Umriß stellt, sie gegeneinander abgrenzt und zugleich verbindet, indem sie trennt, auseinandersetzt und zusammenschließt, so kann das Denken gedacht werden als gliedernde und fügende Macht, welche negiert, indem sie bestimmt, und welche ihre Negationen wieder zurücknimmt, indem sie das Bestimmte im Allgemeinen versammelt. Das Denken ist „die Bewegung des Negativen", das Setzen von Bestimmungen und wieder ihr Aufheben.

Mit dieser Auffassung vom Denken steht Hegel im Gegensatz zur gewöhnlichen Ansicht, – die einmal das Denken als ein Vermögen des Menschen, und zum anderen am Denken nur das einseitige Moment des Bestimmens, nicht aber die ebenso wesentliche Aufhebung der fixierten Bestimmtheiten erkennt. Hegels Begriff vom Denken ist schon orientiert auf das „dialektische Denken", das in seiner Einzelheit als elementarischer Macht die „ganz in die Einfachheit zurückgenommene Bewegung des Negativen" ist. Woraus zurückgenommen, könnte man fragen – und müßte wohl antworten, ganz aus dem Weltinhalt zurückgenommen, der vom Denken durchmachtet wird. Die Logik als der Inbegriff der Denkgesetze umspannt auch das Denkbare, Denkgesetze sind Seinsgesetze, Strukturgesetze im Bezugsraum von Denken und Sein, was beides der Idealismus als „dasselbe" erklärt. Aber sofern die Logik aufgefaßt wird als von allem Inhalte entblößt, eben als System der reinen und leeren Formen, gilt sie als „abstrakt", ihre Gesetze sind außerhalb der Realität.

Das gewöhnliche Meinen der Menschen, in welchem wir alle zunächst befangen sind und auch lange gefangen bleiben, versteht den Ausdruck „Realität" handfest. Real sind Sachen, die hart im Raum sich stoßen, Naturdinge und auch Artefakte, Dinge, die Raum besetzen und Zeit verbrauchen. Bloße Gedanken haben wenig Gewicht, auch wenn es Gedankenbestimmungen sind, in denen das Dingsein der Dinge, das Gegenstandsein der Gegenstände, das Eins- und Vielessein und auch das Real-sein gedacht wird. Soweit das Selbstbewußtsein von der beobachtenden Vernunft als Logik, eben als die Denkgesetze angegangen wird, ist es der Ort des Abstrakten und Inhaltsleeren und steht damit „außerhalb der Realität". Die Logik, die wahre Herrin der Welt, erscheint in Magdsgestalt. In einer äußerst konzentrierten und daher schwer nachvollziehbaren Weise charakterisiert Hegel die uneigentliche und verkehrte Ansicht, welche das menschliche Alltagsbewußtsein von der Logik hat: sie sei leer-formal, außerhalb der Realität und damit außerhalb der wesentlichen Wahrheit – und sie sei bestenfalls ein Relationensystem, eine Statik von Beziehungen, von Verhältnissen der Unterordnung, Überordnung, der größeren und geringeren Allgemeinheit usf., sie betreffe keine Wahrheit der Sachen, sondern nur die ganz leer-allgemeinen Formengesetze für alles Wirkliche und Unwirkliche, Reale und Imaginäre, – sie habe bloß-formelle Wahrheit. Bei einer solchen Auffassung wird der Unterschied zwischen Form und Inhalt überhaupt nicht reflektiert, man hantiert damit wie mit einem handlichen Werkzeug, gebraucht die Distinktion, als ob sie sich wirklich von selbst verstünde. Das Bewußtsein, das in sich die Denkgesetze findet, kennt die Natur seines Fundes nicht – oder genauer: kennt sie nicht, gerade indem es sie zu kennen wähnt.

Diesem Mißverstand setzt Hegel seine Thesen entgegen, die er lapidar und in rücksichtsloser Direktheit formuliert. In seinem späteren Werke, in der „Wissenschaft der Logik" wird zu einer ausführlichen Problemexposition, was hier nur in geballten Kurzformen zu Wort kommt. „Allein das rein Formelle ohne Realität ist das Gedankending oder die leere Abstraktion ohne die Entzweiung an ihr, welche nichts anders als der Inhalt wäre." (222) Als „Gedankendinge", als entia rationis, hatte Kant die Totalitätsvorstellungen der Vernunft denunziert (Seele, Welt, Gott) und sie als Blendwerke eines Denkens bestimmt, welches den Boden der Erfahrung und die Rückbindung ans Anschauungshafte und Sinnliche verläßt. Während Kant das Nur-Gedankenhafte abwertet, wertet Hegel diese Abwertung ab. Abschätzig nennt er die übliche Trennung von logischer Form und sachlichem Inhalt selber ein Gedankending, um die Wesenlosigkeit dieser Unterscheidung zu betonen, er spricht die Sprache des Gegners in seiner Polemik. Denn für Hegel selber sind Gedanken keine blassen, unwirklichen Schemen, Begriffe keine Gespenster einer abgeschiedenen Wirklichkeit, – Gedanken sind „wirklicher" als massive Dinge, Begriffe lebendiger als Organismen, lebendiger als Pflanze und Tier. Die sogenannte „formale Logik" ist nur die ohnmächtigste Erscheinung der mächtigsten Macht der Welt, sie faßt den Begriff in einer unbewegten und leblosen Gestalt, – in einer fixen und fixierten Erstarrung. Der wahre, der lebendige Begriff ist das Negative – in mehrfachem Sinne: indem er umgrenzt, scheidet, auseinandersetzt, ferner indem er seine Setzungen wieder aufhebt, – nicht nur die Dinge, die er bestimmt, entzweit, auch sein eigenes Bestimmen entzweit, z. B. in den Gegensatz des Allgemeinen und Bestimmten. „Form" und „Inhalt" werden für den „freien" Begriff, für den lebendigen Prozeß der Begreifung, zu einem mannigfach sich wandelnden Unterschied. Denken und Sein, Denkgesetze und Sachen lassen sich nicht je auf verschiedene Seiten bringen, in zwei getrennten Sphären ansiedeln, und deren Verschiedenheit kann nicht mit der Differenz von Form und Inhalt ausgedrückt werden. Das Denken als Denken der Seinsbestimmungen betrifft von vornherein alle Sachen in der ganzen Welt, die Denkgesetze sind nicht im Kopf, sind kosmisch, subjektiv und objektiv zugleich. „Auf der andern Seite aber" – sagt Hegel – „indem sie Gesetze des reinen Denkens sind, dieses aber das an sich Allgemeine, und also ein Wissen ist, welches unmittelbar das Sein und darin alle Realität an ihm hat, sind diese Gesetze absolute Begriffe und ungetrennt die Wesenheiten der Form wie der Dinge." (222)

Mit dem Fund der Denkgesetze findet die beobachtende Vernunft im Selbstbewußtsein die Logik. Und die Logik wird von Hegel an unserer Textstelle in einem doppelten Aspekt gesehen, aus der Optik des Vernunftidealismus und aus der Optik der gewöhnlichen und gängigen Ansicht. In seiner Darstellung springt er zwischen beiden Sichtweisen hin und her. Der gewöhnlichen Ansicht gehört die übliche Unterscheidung zwischen bloßer Form und realem Inhalte an, der spekulativen Denkart aber die Negation dieser Unterscheidung, ihre Verkehrung in eine Form, die Inhalt, und einen Inhalt, der Form ist. „Da die sich in sich bewegende Allgemeinheit der *entzweite* einfache Begriff ist, hat er auf diese Weise *Inhalt* an sich, und einen solchen, welcher aller Inhalt, nur nicht ein sinnliches Sein ist. Es ist ein Inhalt, der weder im Widerspruche mit der Form noch überhaupt von ihr getrennt, sondern vielmehr wesentlich sie selbst ist; denn diese ist nichts anderes als das in seine reinen Momente sich trennende Allgemeine." (222) Mit sublimer Raffinesse dreht Hegel den gängigen Einwand gegen die formale Logik, sie sei ein vom Inhalt entblößtes Formensystem, geradezu um, indem er meint, nicht Inhalt fehle den Denkgesetzen, eher noch Form.

Wir können uns das verständlicher machen, wenn wir den Terminus „Form" zweifach denken, ihn auf Ruhe und auf Bewegung beziehen, also eine formierte Form und eine formierende Form unterscheiden. Ist die Logik ein System von Relationen oder ein Prozeß, in welchem begriffliche Seinsgedanken sich bewegen? Nehmen wir sie im ersten Sinne, so finden wir als Denkgesetze fundamentale Strukturen: die Identität, die Differenz, das Verhältnis des Grundes usw. Die Logik scheint so vorgegeben zu sein, als ein möglicher Fund für ein Bewußtsein zu bestehen, als ein Ganzes von Regeln und von möglichen Gegenstandsverhältnissen vorzuliegen. Dem Bewußtsein mag es dann obliegen, diese vorgegebene und reichhaltige Masse von Beziehungen zu überschauen, ja zu „erlernen" auf ähnliche Weise, wie man die Mathematik erlernt. Die Denkgesetze bilden ein Formenreich von festen, ruhenden Gesetzlichkeiten, „eine Menge abgesonderter Notwendigkeiten", um den Hegelschen Wortlaut zu gebrauchen. Damit seien sie aber „in der Tat der Form entzogen". (222) Diese kritische Aussage kann nicht den Sinn haben, das System der Denkgesetze sei in Wahrheit „formlos", gleichsam chaotisch. Es gibt außer der Mathematik ja keine strengeren Systeme als das System der logischen Denkgesetze – und eine Arbeit von vielen Jahrhunderten hat diese Strenge befestigt und gesichert. Hegel mißt den Form-Anspruch der Logik an der eigentümlichen Form des Selbstbewußtseins, an der denkenden Form oder der Form des Denkens. Die formierende Form ist Bewegung, Übergang, kennt kein Stehenbleiben bei einer abgeschlossenen Gestalt, durchpulst als Leben des freien Begriffs alle besonderten Momente. Von daher kann Hegel die Prozeßform, als die wahre, der ruhenden Gestalt, als der unwahren und erstarrten Form, gegenüberstellen. „Was für festes [,] an sich bleibendes Gesetz ausgesagt wird, kann nur ein Moment der sich in sich reflektierenden Einheit sein, nur als eine verschwindende Größe auftreten. Aus diesem Zusammenhange der Bewegung aber von der Betrachtung herausgerissen und einzeln hingestellt, fehlt ihnen nicht der Inhalt, denn sie haben einen bestimmten Inhalt, sondern sie entbehren vielmehr der Form, welche ihr Wesen ist." (222 f.)[1] Der erste Fund der sich selber beobachtenden Vernunft, eben die Denkgesetze, zeigt sich zuerst in einer verkehrten Ansicht, zeigt sich als System von Regeln und Relationen – und verbirgt sich darin, daß die Verflüssigung, die Liquidierung der Feststrukturen erst das Leben des Begriffs aufscheinen läßt. Solange der Gedanke von Gesetz orientiert bleibt an einer Ständigkeit gleichbleibender Strukturen, solange muß die Vorstellung von „Gesetzen des Selbstbewußtseins" abgewiesen werden.

Zur näheren Begründung verweist Hegel auf die „spekulative Philosophie", deren universelles Thema „das Ganze der denkenden Bewegung" ist, in welcher die angeblichen Denk-Gesetze „einzelne verschwindende Momente" sind. (223) Die Höhe der spekulativen Denkart hat die Vernunft, die sich beobachtend in der anorganischen, organischen Natur und jetzt in dem Formenreich des Logischen oder der Denkgesetze sucht, noch nicht erklommen. Ihr fällt noch auseinander in eine Seite gegenständlicher, wenn auch leerer Formen und in eine Seite der Denkvollzüge oder bewußtseinsmäßigen Tuns, was in der Tat eins ist als Bewegung des Begriffs, die Logik bleibt aufgespalten in die

---

[1] Eckige Klammer im Original.

legomena und in das *legein*. In dem Gesetz-Gedanken hatte die beobachtende Vernunft ganz Verschiedenes zusammenbringen gewollt: ein gebundenes, regel-beherrschtes Sein der Materie, der Organismen und des Selbstbewußtseins.

Nun gelangt sie vor ein neues Problem, wenn nicht die Denkgehalte, sondern die Denk-Handlung in den Blick kommt. Gibt es hier vielleicht Gesetze, Gesetze der Freiheit – oder doch wenigstens Gesetze darüber, wie die Freiheit des Denkens gewissermaßen mitdeterminiert ist durch die Regelbestimmtheit der anorganischen und organischen Natur, sofern eben das Denken unter leiblichen Bedingungen steht? Hegel führt das Motiv ein mit dem Satze: „Es eröffnet sich also für die *Beobachtung* ein *neues Feld* an der *handelnden Wirklichkeit des Bewußtseins*". (223) Das Wort „Handeln" darf man jetzt nicht so vag und ungenau auffassen, daß eben damit jeder biotische Vollzug gemeint sein könnte. Das Handeln ist Handeln des denkenden Geistes. Wie vorhin bei dem Titel „Selbstbewußtsein" nicht abgezielt war auf den ichzentrierten Strom seelischer intentionaler Erlebnisse, sondern das Denken als Logik und Ontologik, als „Seinsverständnis" Problem wurde, so wird nunmehr mit dem Titel „Handlung" nicht auf alle Tätigkeiten, Funktionen und Vollzüge des Ich oder der Person gezielt, sondern vorwiegend auf die Tat-Handlung und die Exekutive der menschlichen Freiheit.

Dieses Absehen bleibt zunächst verdeckt, weil Hegel von „Psychologie" spricht. Wir sind gewohnt, mit diesem Namen eine Wissenschaft zu bezeichnen, die apriorische Voraussetzungen enthalten mag, jedoch im ganzen eine rationalisierte Erfahrungswissenschaft ist, die Methode der Introspektion, der Zeichendeutung, eines Studiums des humanen Verhaltens, einer phänomenologischen Beschreibung und ideierenden Abstraktion und viele andere Verfahren noch handhabt. Hegels „Psychologie"-Begriff scheint unterbestimmt, aber ist doch ausgerichtet auf eine Erfassung von „Gesetzen". Allerdings werden keine Gesetze gesucht, die im psychischen Leben herrschen und es regeln, das Bewußtsein durchmachten und seinem Verlauf eine feste, invariante Typik geben, also Strukturgesetze der subjektiven Akte und Habitualitäten, sondern Gesetze, „... nach welchen der Geist gegen die verschiedenen Weisen seiner Wirklichkeit, als eines *vorgefundenen Andersseins*, sich verschieden verhält ...". (223) Das ist nicht sofort zu verstehen. „Gesetze", psychologische Gesetze werden in Mutmaßungen vorausgesetzt hinsichtlich des Verhaltens des Geistes. Ob es solche Gesetze gibt und ob und wie sie sich finden lassen, muß überlegt werden. Was aber ist der „Geist"?

Der Name ist doch allgemein bekannt. Besagt er etwas, was es gibt als Einzelding oder als einen allgemeinen Zug an vielen Einzeldingen – oder als eine überindividuelle, gleichsam elementarische Macht? Mehrere Fassungen stehen zur Wahl. Ist der Geist ein gewöhnlicher, hundsgewöhnlicher Artbegriff wie „der Hund", „die Katze", „die Tanne"? Oder handelt es sich um einen Begriff von einem menschlichen Vermögen, das bei jedem einzelnen Menschen vorkommt und gleichwohl in einer für alle Subjekte gültigen Weise bestimmt werden kann? Oder um etwas, was ebenso im oder am Individuum ist, wie im und am Kollektiv? Merkwürdigerweise treten alle die genannten Vorstellungen am „Geiste" auf: er ist als Individuum, ist als gemeinsamer Zug an vielen Individuen und ist kollektiver Lebensverband. Die Nachforschung nach Gesetzen hinsichtlich des Geistes soll aber, wie Hegel an der zitierten Textstelle klar sagt, nicht einfachhin den Geist untersuchen, sondern die Verhältnisse des Geistes, und zwar die Verhältnisse, die er einnimmt gegen seine „Wirklichkeit", die Tathandlung gegenüber dem eigenen Tatbestand. Der Geist ist je schon in der Welt, nicht bloß in der Welt der Natur, er kommt nicht zwischen Wasser und Felsen, nicht zwischen Baum und Strauch, Vogel und Fisch, Tisch und Bett vor, ist nicht angesiedelt zwischen wilder und bearbeiteter Natur, er ist immer auch in der menschlichen Welt, in Stämmen, Sippen, Völkern, Gruppen, Kasten, Klassen, ist objektiviert in Sitten, Gebräuchen, traditionalen Lebensformen, in Riten und Mythen. Der Geist findet sich selber vor in Gebilden des Vergegenständlichtseins, findet sich im „vorgefundenen Anderssein" und kann mannigfache Stellungnahmen dazu beziehen.

Hegel kennzeichnet zwei Grundmöglichkeiten solcher Stellungnahmen: der Geist als das von der beobachtenden Vernunft betrachtete Selbstbewußtsein kann danach streben, seinen bereits in der Welt vorhandenen Objektivationen „*gemäß zu werden*" (224), sich mit seinen Tathandlungen einzufügen in eine Menschenwelt, die schon ist und das Recht der Wirklichkeit für sich hat, – er kann aber auch gegen die etablierte Wirklichkeit von Staat, Sitten, Wertschätzungen sich stellen und auf das Recht des Einzelnen pochen, sich emanzipieren wollen von der Art, wie es alle treiben. Er greift dann, wie Hegel erläutert, mit

Neigung und Leidenschaft aus der Traditionsgestalt Einzelnes und Besonderes auf, wählt, zieht vor und verwirft, versucht, die vorgegebene Geistwirklichkeit „*sich gemäß zu machen*". (224) Gewiß kann kein Einzelner die Welt verändern, in seiner Tathandlung alle Tatbestände aus den Angeln heben. Er kann eine Bresche schlagen und zum Feuerzeichen werden eines künftigen Sturmes. In beiden Fällen aber verhält sich der Geist „negativ". Wo er sich einfügt, negiert er seine wesentliche Einzelnheit, – wo er rebelliert, negiert er seine ebenso wesentliche Allgemeinheit. Im Verbrechen gewinnt nach Hegel die Selbstentgegensetzung des Geistes gegen die Wirklichkeit seiner selbst in Institutionen und Rechtssatzungen die äußerste und zugespitzteste Individualform, weil das Individuum nur auf „einzelne Weise" die sittliche Welt aufhebt. Der bahnbrechende Genius tut dies auch, jedoch „auf eine allgemeine Weise und damit für alle" und „[bringt] eine andere Welt, anderes Recht, Gesetz und Sitten an die Stelle der vorhandenen..." (224) Solche Bahnbrecher einer neuen Welt erscheinen in der alten wie Verbrecher und können mit dem Gift-Trunk oder am Balkenkreuz der Schmach enden, das hernach zum Siegeszeichen erhöht wird.

Mit dem Hinweis auf die beiden Möglichkeiten der Einfügung und der Rebellion hat Hegel eine Vorzeichnung seines kommenden Gedankenganges gegeben. Nun setzt er wieder bei der Frage nach eventuellen Gesetzen des Geistes an, bei der Frage, welche die beobachtende Vernunft hinsichtlich des Selbstbewußtseins leitet. Das tätige Bewußtsein ist Thema der Beobachtung. Diese kann zunächst darauf ausgehen, viele und vielartige Tätigkeiten zu untersuchen, eine Inventur des Handlungsumtriebs aufzustellen, von den Erkenntnisvollzügen und den zugehörigen „Vermögen" bis zu konservativen oder revolutionären politischen Handlungen. Das Tätertum des Bewußtseins zeigt sich in einer Fülle von ganz verschiedenen Handlungstypen. Ironisch sagt Hegel hinsichtlich der „beobachtenden Psychologie": „... indem sich die Erinnerung an die Einheit des Selbstbewußtseins bei der Hererzählung dieser Kollektion nicht unterdrücken läßt, muß sie wenigstens bis zur Verwunderung fortgehen, daß in dem Geiste, wie in einem Sacke, so vielerlei und solche heterogene einander zufällige Dinge beisammen sein können, besonders auch da sie sich nicht als tote ruhende Dinge, sondern als unruhige Bewegungen zeigen." (224) Über die Verhältnisse des Geistes – und zwar als das Gegenspiel von Individualität und sittlicher Welt der Gemeinschaft – kann nicht in der Manier berichtet werden, wie sonst über Einzelnes und Allgemeines. Schon beim Problem des Organismus sahen wir, daß das Lebewesen seine Vereinzelung vollzieht und zugleich sich als gattendes Wesen verallgemeinert. In noch höherem Maße sind Einzelheit und Allgemeinheit beim Geiste von ihm selber hervorgebracht, täterisch geleistet, und nicht bloß von außen aufgeklebt. Der wirkliche Mensch ist der wirkende, und er ist zugleich Angehöriger eines Allgemeinen, eben des Gemeinwesens, wie er Einzelner ist und die Bande der Gemeinschaft negieren kann. Es bedeutet eine unangemessene Verdinglichung, die Handlungen des Geistes, des existierenden Begriffs, wie Naturbegebenheiten aufzuzählen und von den Einzelfällen aus das „Allgemeine" zu abstrahieren. Drastisch sagt Hegel, Menschen wie Kuriositäten abzuschildern, „... hat aber etwas viel Uninteressanteres, als selbst die Arten von Insekten, Moosen usf. aufzuzählen...". (225)

Aber selbst wenn das Interesse der beobachtenden Psychologie über das bloße Sammeln, Vergleichen und Typenbilden hinausgelangt, die Einzelnheit der Individuen auch als Allgemeinheit begreift, hat sie noch keineswegs einen gesicherten Boden gewonnen für eine Aufstellung von „Gesetzen" des Geistes. Sie könnte probieren, Bedingungsreihen herauszuheben, wonach das Individuum durch die naturalen und sozialen Umstände bestimmt und determiniert ist, und auch darauf zu achten, wie einzelne Individuen die Umstände verwandeln. Aber auf jeder Seite dieser gesuchten Gesetze ergibt sich ein antinomisches Verhältnis. Das Vorhandene ist in Wahrheit Tat – und die Taten schlagen in Vorhandensein um. Die Umstände, worin eine Gemeinschaft, eine Gruppe oder auch ein Einzelmensch lebt, das Ganze von naturhaftem Lebensschauplatz, Siedlung, Wohnung, Gewohnheit, Sitte, Lebensart usf., sind Werke des Menschengeistes, sind in Vorhandensein übergegangene ehemalige Tathandlungen.

Das Spannungsverhältnis von Tat und Bestand, von bewirkender Schöpfungskraft und deren Entäußerung im Werk, überkreuzt sich in Hegels Darstellung mit dem Spannungsverhältnis von Individuum und Gemeinschaft. Es gibt Verdinglichungen des kollektiven und des individuellen Schaffens – und es gibt Auflösung der erstarrten Geistgebilde im Protest des Individuums und in der Revolution der Massen. Hegel weist mit Nachdruck darauf hin, daß das Individuum ja nicht von vornherein aus dem allgemeinen Leben der Gemeinschaft herausgesetzt und entlassen ist und erstmals ein Verhältnis sucht. Es ist ja immer in einer Gemeinschaft situiert, vom gemeinsamen Leben durchpulst, – kann „... mit dem *vorhandenen* Allgemeinen, den Sitten, Gewohnheiten usf. zusammenfließen und ihnen gemäß ... werden, *als* sich entgegengesetzt gegen sie ... verhalten und sie vielmehr ... verkehren". (225) Die Einsicht, daß die sozialen Umstände nur für das Individuum sind, indem es entweder sich als sittliches Wesen in ihnen schon findet, das Bestehende anerkennt, – oder ihnen aufständisch sich widersetzt, – diese Einsicht schließt den Ansatz aus, „Gesetze" aufsuchen zu wollen in einem korrelativen Beziehungssystem zweier Seiten, hier der geistigen Tatsachen, dort der geistigen Tathandlungen. Das Trugbild einer Gesetzlichkeit beruht auf der massiven Unterscheidung von vorhandenen Umständen und Reaktionen des Individuums. „Wir hätten eine gedoppelte Galerie von Bildern, deren eine der Widerschein der andern wäre; die eine die Galerie der völligen Bestimmtheit und Umgrenzung äußerer Umstände, die andere dieselbe übersetzt in die Weise, wie sie in dem bewußten Wesen sind; jene die Kugelfläche, dieses der Mittelpunkt, welcher sie in sich vorstellt." (226) Die Absicht, psychologische Gesetze über das Verhältnis des Geistes zu seinen umweltlichen Bedingungen aufzustellen, ist deswegen problematisch, weil diese angeblichen Bedingungen keine abgetrennte, selbständige Macht sind, vielmehr in ihrem Vorhandensein als Abfall und Verdinglichung des lebendigen schöpferischen Geistes begriffen werden müssen. Dieser Gedanke Hegels schlägt allen modernen psychologischen und soziologischen Denkweisen ins Gesicht, – und damit kann Hegel auch noch unsere wissenschaftsstolze Zeit schockieren.

αγ) Beobachtung der Beziehung des Selbstbewußtseins
auf seine unmittelbare Wirklichkeit;
Physiognomik und Schädellehre.

27. Leiblichkeit. Physiognomik. Schädellehre

Die beobachtende Vernunft, die ausgezogen war, die Seins-These des Idealismus zu bewähren, d. h. sich selbst in allen Dingen zu finden, hat bereits die leblose und die organische Natur durchmustert, „Vernunfthaftes" als die reine Materie und als Lebensprozeß entdeckt, jedoch nirgends das, was sie erfahren hat, in Gesetzesform auszusprechen vermocht. Auch in der Rückbeugung auf sich selbst ist es dem Selbstbewußtsein nicht gelungen, die Gültigkeit der Denkgesetze für die Realität zu erweisen, und ebensowenig, das Verhältnis von Individuum und seiner naturhaft-geschichtlichen Lage gesetzeshaft zu bestimmen. Das Individuum kommt in seiner Umwelt nicht vor wie ein Stein im Erdreich, aber auch nicht wie ein Wildtier auf der Wildbahn, der Mensch hält sich nicht still inmitten der Dinge, inmitten der Landschaft, des Klimas, – inmitten der vorgegebenen Sitten, Sozialgebräuche, Rechtsauffassungen, Mythen und Religionen, er antwortet auf die vielfältigen Zumutungen, er reagiert auf die Umstände naturhafter und geschichtlicher Art. Und zwar in einer zweifachen und zweideutigen Weise: indem er sich anpaßt, die Umwelt „einfließen" läßt, wie Hegel sagt, sich formen läßt, das Bestehende akzeptiert, oder sich gegen die vorgegebene naturhafte und sittliche Welt behauptet und durch eigenes Tun diese negiert. Was Hegel damit zusammengreift, ist die Arbeit und die autonome Selbstsetzung des Individuums. Die menschliche Arbeit produziert nicht aus dem Nichts, sie ist angewiesen auf eine vorgegebene Natur als Schauplatz, Stätte, Werkfeld der Arbeit, ist ferner angewiesen auf formbares Material, das nach Menschenzwecken verändert werden soll. Die sittliche Selbstsetzung des Individuums ist angewiesen auf ein vorgegebenes Lebensfeld der menschlichen Gemeinschaft, auf die *polis*, angewiesen auf ein schon gedeutetes, normativ ausgelegtes Dasein, wenn die Sittlichkeit der Sitte in Frage gestellt werden soll durch den Eigensinn des Einzelnen, der revoltiert. Die sogenannte Welt des Individuums ist keine Summe äußerer Daten, die losgelöst betrachtet werden könnten, um Bedingungs- und Abhängigkeitsverhältnisse zwischen Umwelt und Individuum in „psychologischen Gesetzen" zu formulieren. Die Welt des Individuums ist das Individuum selbst – eben als seine Situation, die es durch Lassen und Tun hervorgebracht hat. „... der *Einfluß* der Wirklichkeit, welche als an und für sich *seiend* vorgestellt wird, auf das Individuum erhält durch dieses absolut den entgegengesetzten Sinn, daß es entweder den Strom der einfließenden Wirklichkeit an ihm *gewähren* läßt, oder daß es ihn abbricht und verkehrt. Hiedurch aber wird die *psychologische Notwendigkeit* ein so leeres Wort, daß von dem, was diesen Einfluß soll gehabt haben, die absolute Möglichkeit vorhanden ist, daß es ihn auch hätte nicht haben können". (226 f.) Mit diesem Verdikt spricht Hegel keineswegs der psychologischen Wissenschaft die Existenzberechtigung ab, wohl aber einem Verfahren der beobachtenden Vernunft, Beziehungen zwischen Individuum und Umwelt in Gesetzesform zu fixieren. Das scheitert an dem Umstand, daß das Individuum nicht bloß bestimmt, sondern auch bestimmend ist, bestimmend in Tun und Lassen. „Die Individualität" – sagt Hegel – „ist ... schlechthin nur Einheit des *vorhandenen* und des *gemachten Seins*...". (227) Mit dieser knappen Formel „Einheit des vorhandenen und gemachten Seins" stößt Hegel in eine Grundstruktur der menschlichen Existenz vor – in die naturhaftbedingte Freiheit, in das geschöpfliche Schöpfertum des Menschen. Der Mensch ist gesetzt und setzend, bedingt und bedingend zugleich, ist vorhandener Naturbefund und Selbstprojekt, Tatsache und Tathandlung – und selbst dies wiederum nicht nach einem Zwei-Seiten-Schema, er ist naturhaft, indem er sich zu seinem naturalen Sein verhält, und ist frei, sofern in seinem Freisein die Naturkraft der Verneinung und Zerstörung ihr Selbstbewußtsein findet. Oder anders gewendet, der Mensch ist das Tier, das aus der Tierheit sich erhebt im aufrechten Gang, im Veränderungswillen der Arbeit seine Lebensbedingungen selber schafft, durch Sprache, Vernunft, Wahl und Tat sein Freisein dokumentiert und doch in unwählbare Lagen versetzt ist und nie ganz den naturalen und geschichtlichen Bedingungen entkommt.

Dieser Aspekt des Menschen führt nun Hegels weiteren Gedankenschritt, der überschrieben ist: „Beobachtung der Beziehung des Selbstbewußtseins auf seine unmittelbare Wirklichkeit; Physiognomik und Schädellehre". An diesem Titel ist für uns wichtig, daß auch jetzt wieder die Beobachtung einer Beziehung gilt, einem Verhältnis – und nicht einem isolierten Thema. War zuvor erörtert worden die Beziehung des Selbstbewußtseins zur „äußeren Wirklichkeit" überhaupt, so wird nunmehr eine Beziehung beobachtet, die das Selbstbewußtsein mit einer ganz besonderen und ausgezeichneten äußeren Wirklichkeit verbindet und wobei das Schema von „Innerem und Äußerem" sich erneut kompliziert und begrifflich verdunkelt.

Zum neuen Gegenstand der Vernunftbeobachtung wird das Verhältnis von menschlichem Selbstbewußtsein und menschlichem Leib. Das Verhältnis ist bekannt, aber nicht erkannt. Jedermann ist damit vertraut, leibhaft zu existieren, in inkarnierter Weise dazusein. Doch sobald wir das vertraute Phänomen bestimmen sollen, geraten wir in Verlegenheit, werden unsicher, wie wir davon reden sollen. Die Alltagssprache hat viele Vorstellungen und Redeweisen bereitgestellt. Man sagt, der Mensch befinde sich in einem beständigen Umgang mit seinem Leibe, solange er lebt, – er wohne im Leibe, schalte und walte in ihm, habe darin seinen Ort, der Leib sei der ständige Begleiter, das unablegbare Gehäuse, das Zentrum für alle unsere Orientierungen, der bewegliche Nullpunkt unseres Koordinatensystems, von dem aus sich Nähen und Fernen der Umweltdinge bestimmen. Wir bewegen uns mit unserem Leibe und durch unseren Leib im allgemeinen, homogenen Raume, – bewegen uns aber nicht vom Leibe weg und auf ihn zu. Er hat offenbar eine Nähe eigentümlichster Art, die kein anderes Ding jemals für uns haben kann. Der Leib fixiert das Wo und in seiner Lebendigkeit das Wielange unseres irdischen Aufenthalts. Durch unseren Aufenthalt in ihm haben wir einen Aufenthalt in der Welt, – durch unsere Bewegungen im Leibe können wir andere Dinge bewegen, er gilt als das Ur-Werkzeug, das erst andere Werkzeuge, ihre Verfertigung und Handhabung möglich macht. Wir leben im Leibe, sagt man, wir handeln in ihm, aus ihm und mit ihm. Dabei zeigen sich zwei Perspektiven: auf den Leib von innen erfahren, im Handeln der Hand, in der Vollzugsbewegung der Augen, um zu sehen, der Sinnesorgane überhaupt, und andererseits auf den Leib, wie wir ihn sehen, wie eine Hand die andere tastet. Mit dem Leib machen wir dann an dem eigenen Leib Erfahrungen wie bei anderen Objekten, die wir sehen und tasten, – er nimmt einen pseudo-objektiven Charakter an. Eine Vielfalt von Analysen ist hier möglich, ein weites Feld phänomenologischer Deskriptionen tut sich auf. Der Leib als ein Bewegungssystem der Zuwendungen und Wahrnehmungen, als ein Gesamtgefüge von Sinnesorganen, oder als eine dem Bewußtsein unerreichbare Vitalvoraussetzung unwillkürlich verlaufender Körperfunktionen usf., wird aber dann mit einem Vokabular ausgelegt, das keineswegs unbedenklich ist. Der lebenslängliche Umgang des Menschen mit seinem Leibe ist in gar keiner Weise vergleichbar mit dem leiblichen Umgang mit fremdem Seienden. Und wir halten uns auch nicht im Leibe auf, analog wie wir uns leibhaftig in einem Hause, in einer Gegend, im Weltraum aufhalten. Strenggenommen „wohnen" wir im Leibe nicht. Die meisten Redeweisen, mit denen wir das „Im-Leibe-sein" des Menschen beschreiben, bedeuten verfängliche Rückübertragungen von leibhaften Weisen des Inseins in der Welt auf das problematische Insein des Menschen in seinem Leibe. Das Verhältnis des Menschen zu seinem Leibe nimmt einen schärferen Grad der Fragwürdigkeit an, wenn philosophische Überlegungen oder traditionale Vorstellungen, von einem Unterschied von „Seele" und „Körper", von res cogitans und res extensa beigezogen werden, das Ich, das Bewußtsein, das Seelending in einen schroffen und unvermittelten Seinsgegensatz gestellt werden zum Körperding, zum tierischen Organismus, und so der Mensch in zwei Hälften auseinanderfällt.

An unserer Textstelle gibt Hegel keine phänomenologische Analyse der Leiblichkeit überhaupt, noch eine philosophische Abklärung des Verhältnisses von Leib und Seele. Er nimmt kritisch Stellung zu zeitgenössischen Versuchen, „physiognomische" Gesetze aufzustellen, das Verhältnis des Selbstbewußtseins zum Leibe in Bedingungsbezügen formulieren zu wollen. Er polemisiert vor allem gegen Lavater. Doch von diesem Zeitbezug abgesehen, der sich bisweilen in einer weitläufigen Sarkastik äußert, steht Hegels Problem im Zuge der Reflexion auf die beobachtende Vernunft, die sich im Dinge finden will. Nun geht es um das nächste Ding, den Leib, der unleugbar auch ein Stück der „äußeren Wirklichkeit" ist. Wie ist das Verhältnis des Selbstbewußtseins zum Leibe zu denken, kann hier mit dem hermeneutischen Schema von „Innerem und Äußerem" gearbeitet werden? Kommt es hier nur zu einer überhöhenden Wiederholung der Probleme, die wir bei Hegels Erörterung des Organismus kennengelernt haben? Keineswegs. Zwar faßt Hegel das organische Leben, wenn er es als Prozeß bestimmt, bereits vom Leben des Begriffs her, jedoch nicht das Selbstbewußtsein vom Leben des Organismus her.

Vor allem ist wichtig, daß Hegel ansetzt bei der „realen Individualität" – nicht bei einem einseitigen Momente derselben, weder bei dem isolierten Bewußtsein, noch bei dem isolierten Körperding. Das Individuum wird angesprochen mit den Kategorien des Fürsichseins und zugleich des Ansichseins. Es ist für sich nicht insofern bloß, als es abgesetzt und abgegrenzt ist gegen andere Dinge, auch nicht nur, sofern es sich auf sich bezieht, sich spürt oder gar weiß, es ist mehr als ein Tier und mehr als ein Bewußtseinssubjekt, es ist für sich in seinem freien Tun. Die Handlung wird zum Kennzeichen des Fürsichseins, die Handlung, durch die das Individuum bestimmend und setzend sich selber bestimmt und hervorbringt. Aber kann es sich selbst bestimmen und in besonderen Weisen auch sich hervorbringen, wenn es nicht je schon ist, sich selbst vorgegeben ist und zugleich aufgegeben ist? Hegel legt der tuenden Freiheit des Individuums nicht einen schon-seienden Untersatz naturalen Seins unter als Sockel und Fundament der Selbstverwirklichung, – er geht von vornherein von einem ontologischen Aspekt aus, in welchem sich Fürsich- und Ansichsein verschränken und wechselseitig durchdringen: der Mensch als Individuum ist zugleich für sich und an sich, ist Selbstentwurf und vorhandener Bestand. „An ihm selbst tritt also der Gegensatz hervor, dies Gedoppelte, Bewegung des Bewußtseins und das feste Sein einer erscheinenden Wirklichkeit, zu sein, einer solchen, welche an ihm unmittelbar *die seinige* ist." (227) Der Mensch existiert im Tun und ist je schon leibhaft inkarniert.

Der Leib ist ein Sein des Menschen, das nicht aus seinem eigenen Tun hervorgegangen ist, – deswegen nennt Hegel den Bestand des Leibes „ein Nichtgetanhaben". Der Ausdruck ist aufschlußreich. Das Vorhandensein eines Steins z. B. ist ohne einen Bezug auf Freiheit, meint keine Grenze und keinen defizienten Modus derselben. Anders beim Menschen. Weil seine Seinsweise wesentlich durch das freie Tun charakterisiert ist, erscheint das, was unwählbar sein Dasein bestimmt, wie ein Unterlassenhaben des Tuns. Und so auch der Leib. Er ist dem Menschen gegeben, von der Geburt bis zum Tode, gegeben mit seinem Wachstum, Reifen und Verfallen, gegeben als ein Befund, den wir gutheißen oder verwerfen, zu dem wir vielerlei Einstellungen nehmen, von der asketischen Leibverachtung bis zur hedonischen Sinnenfreude. Wir können tun, insofern wir die Leiblichkeit bewerten, jedoch nichts tun, um einen Leib zu erhalten. Er ist uns zugeteilt, ebenso wie das am Leibe offenbare Geschlecht. Und doch hängt der Leib nicht dem Menschen an wie ein Naturkloß an seiner Freiheit, nicht wie ein Ballast und Schwergewicht. Ansich- und Fürsichsein durchdringen sich, Leib als Naturbefund und als Dimension der Freiheitsäußerungen sind miteinander verwirkt. Leib wird Ausdruck, wird Zeichen, wird Äußerungsfeld der Freiheit, die in der Leibeshand handelt. In den „angeborenen Leib" fällt der Ausdruck, der dem vorhandenen Leib fortlaufend eine Formation gibt.

Und nun gibt Hegel eine subtile Charakteristik der besonderen Art, wie der Menschenleib „Ausdruck" ist. Auch der Organismus ist Ausdruck, äußerlicher Abdruck eines innerlichen Vorgangs. Der Menschenleib ist nicht nur allgemein Ausdruck einer Beseelung, er hat Möglichkeiten des ausdruckhaften Bekundens, des Ausdrückens als eines freien

Vollzugs. Ausdruck ist also nicht bloß ein statischer Zustand, derart daß in einem äußerlich-Körperhaften ein innerlich-Seelisches aufscheint, vielmehr ein absichtlicher Vorgang, eine Ausdruckshandlung. Im Menschenleib sind beide Grundformen von Ausdruck beisammen, die Form des bestehenden und die Form des gemachten Ausdrucks. Ein Ausdrucksverhältnis „besteht", wenn an einem Lebewesen „innerliche Zustände und Vorgänge" am Erscheinungsbild der Leibbewegtheit erkennbar werden. Die tierische Mimik gehört hierher, der treue Blick des Hundes oder die fauchende Wut des Panthers. Die unreflektierte und spontane Menschenmimik ist davon nicht allzuweit entfernt. Jedoch hat der Mensch die gefährliche Möglichkeit, absichtlich mit seinem Mienenspiel etwas zu verstehen geben zu können oder auch einen kommunikativen Ausdrucksakt nur zu simulieren. Dann ist der Mensch nicht bloß Ausdruck, er vollzieht, vollbringt, „tut" Ausdruck. „Der sprechende Mund, die arbeitende Hand" – sagt Hegel – „... sind die verwirklichenden und vollbringenden Organe, welche das Tun *als Tun*, oder das Innre als solches an ihnen haben...". (229) An ihnen ist nicht etwas Inneres äußerlich geworden, vielmehr durch sie geschieht die Äußerung des Inneren. Der Mund spricht, die Hand arbeitet, – beide setzen aus, hinterlassen, wenn der Vollzug zeitweilig beendet ist, ein Relikt, das Tatwerk der Sprache und das Tatwerk der Arbeitshandlung.

Beide Werke sind nach vollbrachter Äußerung eine vom Individuum selbst abgelöste, sinnverwahrende Sache. Der gesprochene oder niedergeschriebene Satz ist Sprachdokument, niedergelegt in einem allgemeinen und intersubjektiven Medium, verwahrt einen „Sinn", der einmal einem Einzelnen gehörte, jetzt aber für alle besteht und für alle zugänglich ist, – das in der Arbeitshandlung verfertigte und gemachte Werkstück ist aus dem Produktionsvorgang hervorgekommen und hat sich davon abgelöst in einen Eigenstand, ist ein Artefakt, ein künstliches Ding, und kann von seinem Hersteller, aber auch von jedem anderen Mitmenschen in Gebrauch genommen werden. „Sprache und Arbeit sind Äußerungen, worin das Individuum nicht mehr an ihm selbst sich behält und besitzt, sondern das Innre ganz außer sich kommen läßt, und dasselbe Anderem preisgibt." (229) Es sind keine zufälligen Beispiele für die aktive, tuende Äußerung des Menschen, wenn Hegel Sprache und Arbeit nennt, es sind Grundphänomene des menschlichen Daseins, sind orientiert am „animal rationale" und am „homo faber", am Vollzug des Denkens und am Vollzug des Handelns. Zwei Züge werden von Hegel an diesen Freiheitsvollzügen ausdrücklich abgehoben, das eruptive Moment und das Moment der Zweideutigkeit. In Sprache und Arbeit geschieht nicht eine bloße Abbildung des Inneren im Äußeren, keine Zuordnung heterogener Sachen, geschieht vielmehr ein Ausbruch, ein tätiger Durchstoß durch alle Trennwände, ereignet sich ein aktualer Vollzug des Sich-äußerns.

Aber zugleich mit vollendeter Tathandlung wird der geäußerte Sinn in einem Sinngebild verwahrt, das Magma erstarrt in einer fixen Form, die nun von einer unverscheuchbaren Zweideutigkeit umhüllt ist. Niemand kann mit Sicherheit vom Gebild zurückschließen in seine aktuelle Sinnbildung. Äußerung kann echt oder scheinbar, wahrhaftig oder täuschend, offenbarend oder verstellend sein. Das Ausdrucksverhältnis im Felde von Sprache und Arbeit ist das spezifisch menschliche Verhältnis des Inneren und Äußeren, welches über alle organische Zuordnung von Seele und leiblicher Erscheinung hinausliegt. Es bedeutet daher einen Rückfall, wenn die Physiognomik glaubt, aus festen und vorhandenen Eigenschaften des menschlichen Leibes auf feste und vorhandene Eigenschaften der menschlichen Seele rückschließen zu können oder doch divinatorisch die Bedeutung und den Hintersinn leiblicher Phänomene deuten zu können – und so den Geist im geistlos-Scheinenden zu entdecken. Den Anspruch der physiognomischen Methode bekämpft Hegel, weil diese vorschnell darzubieten scheint, was die beobachtende Vernunft bisher vergeblich in den Weltreichen der leblosen Materie und des belebten, prozeßhaften Organismus gesucht hatte. Er verneint nicht schlechthin den Erkenntniswert der Physiognomik, die das Individuum, dieses Zentrum von Tätigkeiten und Handlungen, vorweg schon bestimmt sein läßt durch gewisse Eigenheiten und Befunde der leibhaften Erscheinung. Hegel konzediert, daß die Hand manches verraten kann, weniger durch ihre Linien, als durch ihre Arbeitsgestalt, – konzediert, daß in der Handschrift auch ein Bild der Person sich unbeabsichtigt spiegle. Doch ist die Deutung solcher Phänomene mehr eine seltsame Kunst denn ein wirkliches Wissen. Spöttisch sagt er: „Zu wissen nun, was sie [= die Individualität] an sich ist, dazu kommt der Chiromante wie auch der Physiognomiker auf eine kürzere Weise als z. B. Solon, der erst aus und nach dem Verlaufe des ganzen Lebens dies wissen zu können erachtete..." (231) Die Kritik Hegels an der Physiognomik spricht nicht von einer sicheren Warte aus, nicht von einem philosophischen unerschütterlichen Fundament aus, – vielmehr aus einer Problematik heraus, die noch unterwegs ist, noch keinen Abschluß gefunden hat. Eine Mannigfalt von Positionen werden gleichsam probeweise durchlaufen, das Verhältnis von Leib und Individuum in immer neuen Schemata zu denken versucht.

Ein besonderes wichtiges Schema ist die Auffassung der Individualität – nicht als eines innerseelischen vorhandenen Geistes, sondern als eines aus der Sphäre der Äußerlichkeit in sich zurückgegangenen Geistes. Das in sich reflektierte Individuum beobachtet sich selbst in seinen Äußerungsakten, es äußert sich nicht naiv und geradehin, es beobachtet sein Tun und Lassen – und spricht seine Erfahrung mit sich aus, vollzieht damit, wie es Hegel formuliert, eine *„Äußerung* als *Reflexion über* die wirkliche Äußerung". (232) Doch auch gegen diese Position wendet sich Hegel kritisch und abwertend, weil das leibhafte Erscheinungsbild zu einem bloßen Zeichen herabgesetzt wird, zu einem Zeichen, das nicht in einem notwendigen Bezug zur bezeichneten Sache selbst steht. Zustimmend zitiert Hegel einen Satz von Lichtenberg: *„Gesetzt, der Physiognom haschte den Menschen einmal, so käme es nur auf einen braven Entschluß an, sich wieder auf Jahrtausende unbegreiflich zu machen".* (233) Eng zusammenhängend mit der Position, welche das Individuum als ein solches nimmt, das auf seinen Ausdruck reflektiert, ist die andere Position, welche das subjektive Meinen, die Gesinnung, den Bewußtseinsinhalt des einzelnen Individuums als das Wesentliche erklärt, dem in der Leibgestalt bestimmte Anzeichen und Kennzeichen zugeordnet seien. Man stellt sich gleichsam zwei Reihen vor, eine Reihe indizierender Merkmale am Leibesbefund, und korrelativ dazu eine Reihe von Eigenschaften der Seele, von Fähigkeiten, Neigungen, guten oder bösen Tendenzen. Eine solche Denkart sei „bodenlos", sagt Hegel, und unterscheide sich kaum von der Redeweise des Krämers, der einen Zusammenhang zwischen dem Jahrmarkt und dem Regenwetter behaupte. Das Verfehlte einer physiognomischen Erkenntnis liegt in der statischen Zuordnung von menschlichem Seelenleben und menschlicher Leibstruktur. Denn damit wird verkannt, daß der Mensch niemals im ganzen vorliegt, obgleich er leibhaft vorzuliegen scheint. Der Mensch ist in erster Linie Täter, Selbstverwirklicher, – gewiß, er ist es und kann es nur sein auf der Basis einer vorgegebenen Kulturumwelt, deren Tradition er übernimmt oder verkehrt – und auf der Basis seelischer Anlagen und Fähigkeiten einerseits und einer vorhandenen leibhaften Ausstattung andererseits. Jedoch das freie Tun ist sein wahres Wesen. Weil Hegel unbeirrbar am wesentlichen Tätertum des Menschen festhält, kann er in einer Beobachtung, die nur innerlich-Vorhandenes wie Erlebnisse und äußerlich-Vorhandenes wie leibliche Daten in einem determinierten Entsprechungsbezug einander zuordnen will, keine Wissenschaft erkennen.

Noch schärfer als mit der Physiognomik geht Hegel ins Gericht mit der Schädellehre. Die Physiognomik hat doch wenigstens in ihrem Gegenstande, dem beseelten leiblichen Ausdrucksphänomen, dem Wort der Sprache, dem Klang der Stimme, dem Signalcharakter der mimischen Gebärde ein Moment des tätigen und tuenden Geistes oder doch sein Relikt erfaßt. Die Schädellehre aber (eine Mode der Hegelzeit) nimmt den Menschen als einen durch eine Knochenform determinierten Befund. So wie der Kopf gebaut ist, muß der Mensch sein. Selbstverständlich gibt es wissenschaftliche Aussagen biologischer und anatomischer Art über Schädelform, Körpertypus usw., auch über Beziehungen zwischen „Körperbau und Charakter" und über die psychosomatischen Strukturen überhaupt, – gibt es dergleichen als Erfahrungswissenschaften, die vorsichtig und selbstkritisch urteilen und dabei immer die Grenzen und die Reichweite ihrer Aussagen überprüfen. Doch die Schädellehre, die Hegel verwirft, ist keine Wissenschaft, sondern eine schlechte Mantik. Aus einem Knorren am Kopf will die Schädellehre Aussagen über Menschen und ihre inneren Eigenschaften, ihre offenen und hintergründigen Triebe machen, z. B. einen Dieb, einen Mörder erkennen ebenso wie einen Helden oder Heiligen an der Schädelform, ihren Ausbuchtungen und Vertiefungen. Der knöcherne Schädel hat als solcher keine Ausdrucksfunktion, wie der Mund, der spricht, wie das Auge, das leuchtet, wie das Lächeln, das bezaubert. Alle diese Ausdrucksformen hängen an ihm, spielen in dem weichen, lebendigen Fleisch, das ihn umgibt. Die Schädellehre rekurriert aber nicht auf den leibhaften Ausdruck, der vor sich geht, der geschieht, der eine Bewegung ist. Sie bleibt haften an der unbewegten und unbeweglichen Form, mit der etwas angezeigt und ausgedrückt sein soll, was vom Beobachter nicht auf eine Handlung des Anzeigens und Ausdrückens zurückgeleitet werden kann. Die Schädellehre operiert mit der Vorstellung eines Parallelismus zwischen knöchernen Befunden und geistigen Momenten, setzt in begriffsloser Weise eine „prästabilierte Harmonie" zwischen Knochen und Geist voraus und meint vom massiv gesetzten

Äußeren der leiblichen Kopfform auf einen ebenso massiv gesetzten geistigen „Kopfinhalt" schließen zu können.

Daß Hegel sich so lange und so ausgedehnt mit der Schädellehre auseinandersetzt, hat seinen Grund darin, daß hierbei das Verhältnis des Inneren und Äußeren auf die elendigste und schlechteste Weise gedacht worden ist. Die Absicht der beobachtenden Vernunft, sich im Ding und als Ding zu finden und zu erweisen, ist zu dem grotesken Resultat gekommen, den Schädelknochen als die Wahrheit des Geistes anzusehen. Ein solches Resultat läßt sich nicht ignorieren, noch durch ein rasch herbeigebrachtes besseres Wissen und Verstehen beseitigen. Es sind keine zufälligen Modegedanken des Zeitalters nur, die Hegel verwirft und karikiert, – es sind mögliche Konsequenzen, zu denen die beobachtende Vernunft geführt wird auf dem Wege, auf welchem sie alle Schemata und Modelle von Innerem und Äußerem verloren hatte.

Deswegen stellt Hegel an den Schluß des Abschnittes einen Rückblick auf den durchlaufenen Weg. In kurzen, geballten Sätzen charakterisiert er die Bewegung der beobachtenden Vernunft. Schon im Hinblick auf die anorganische Natur hat sie die Erfahrung gemacht, daß ihr selbst das sinnliche Sein verschwindet und die Materie als solche das Wesen des Unlebendigen ist. Doch um zu diesem Resultate zu kommen, mußte die Vernunft mannigfach den Gedanken bewegen, die Spannungsverhältnisse von Elementen und abgestückten Einzeldingen erörtern, ebenso das Gegeneinander von Allgemeinheit und Bestimmtheit usf., – die Bewegung blieb als denkende der gedachten Sache äußerlich. Anders dann bei der organischen Natur, denn der Organismus ist als ein beständiger Prozeß, als eine Bewegung, die zu einem inneren Ziele strebt. Der Organismus ist sich selber Zweck. Damit brechen in einer vieldimensionalen Weise die Gegenverhältnisse des Inneren und Äußeren auf, komplizieren und verkehren sich mannigfach. Die Lebensbewegung des Organismus kann mit den Denkmitteln der Vernunft, die sie in der Beobachtung der anorganischen Materie gewonnen hatte, nicht erfaßt und bestimmt werden, der Organismus wird zum Schlüsselproblem, welches von der Lebensbewegung zur Bewegung des lebendigen Begriffs, eben des Selbstbewußtseins überleitet. Die Vernunft beobachtet sich selbst in ihren Verhältnissen zur äußeren Wirklichkeit, – zu den umgebenden Dingen und dann zu jenem Ding, welches sie selbst als Leib eines Individuums ist. Und nun wurde das Verhältnis von Geist und Leib immer mehr fraglich und als Problem fragwürdig, – der Gedankengang führte nicht in größere Tiefen, er lief in einer immer größeren Seichtheit aus, – in den Denkweisen der Physiognomik und der Schädellehre. Die Seichtheit solcher Denkweisen hat aber für Hegel die von ihren Vertretern gar nicht beabsichtigte Bedeutung, klar zu sagen, was der Geist ist, wenn er überhaupt „ist", d. h. in der Weise eines Seienden gedacht wird. Die Verdinglichung ist unausweichlich, wenn und solange der Geist in der Form eines Vorhandenen, Vorliegenden und Bestehenden gedacht wird; dann ist in der Tat der Geist ein Knochen. Das wahre Ergebnis ist nicht ein Fund, den die beobachtende Vernunft macht, wenn sie sich in den Dingen sucht, vielmehr die Einsicht, daß sie sich findet, wenn sie das Suchen nach außen aufgibt. „Der Begriff dieser Vorstellung ist, daß die Vernunft sich *alle Dingheit, auch die rein gegenständliche selbst* ist; sie ist aber dies *im Begriffe,* oder der Begriff nur ist ihre Wahrheit...". (254)

Wenn die Vernunft am Ende ihres Beobachtens der Natur und des Selbstbewußtseins davon absteht, sich in der Gestalt der Dingheit in den Dingen der ganzen Welt finden zu wollen, wenn sie in der Weise des Begriffs, also in der Weise ihres Wesens, in den Dingen lebt, so ist damit das gegenständliche und dingliche Sein nicht überhaupt verworfen, vielmehr als eine Weise begriffen, wie das Vernünftige für die Vorstellung erscheint. Die Welt als Vorstellung und die Welt als Begriff sind keine sich unmittelbar ausschließende Auffassungen und Denkweisen; der Begriff muß sich entäußern zum Ding für die Vorstellung, wie dieses vergehen muß, mit seiner ganzen sinnlichen Pracht, wenn wirklich der Geist weht, wo er will. Mit einem harten Satze, in welchem noch das lange Räsonieren über die vielerlei Formen des Inneren und Äußeren am lebendigen Organismus zu einer kompakten Formel verhärtet scheint, schließt Hegel die Ausführungen über die „beobachtende Vernunft": „Das *Tiefe,* das der Geist von innen heraus, aber nur bis in sein *vorstellendes Bewußtsein* treibt und es in diesem stehen läßt – und die *Unwissenheit* dieses Bewußtseins, was das ist, was es sagt, ist dieselbe Verknüpfung des Hohen und Niedrigen, welche an dem Lebendigen die Natur in der Verknüpfung des Organs seiner höchsten Vollendung, des Organs der Zeugung und des Organs des Pissens naiv ausdrückt." (254)

β) Die Verwirklichung des vernünftigen Selbstbewußtseins
durch sich selbst

28. Volksgeist und Individualität.
Stellung des Individuums zur sittlichen Welt
und seine Geschichtlichkeit.
Glück. Der dreifache „Weg in die Bestimmtheit"

Hegels Lehre von der Vernunft in der „Phänomenologie des Geistes" hat drei Teile. Den ersten Teil haben wir nachzudenken versucht und haben dabei den Weg mitverfolgt, den die Vernunft durch das Reich der Natur geht. Dies ist etwas ganz anderes als eine erbauliche oder auch wissenschaftliche Betrachtung der „Vernunft in der Natur". Dergleichen Betrachtungen operieren mit dem fixen Unterschiede von subjektiver und objektiver Vernunft. Man sagt, die Vernunft ist uns Menschen bekannt als das höchste geistige Vermögen in uns, wir existieren als vernünftige Wesen, zumeist nur der Möglichkeit nach, während wir in Wirklichkeit dem kurzsichtigeren Erkennen der Sinnlichkeit verfallen sind und das Augenscheinliche und Handgreifliche bereits für das Seiende halten. Die Besinnung, die Reflexion bringt uns dazu, die Vernunft zu aktivieren, das Denken anzustrengen, uns über den sinnlichen Anblick der Welt zu erheben und eine wahrere Erkenntnis von dem, was ist, zu gewinnen. Die Vernunft schließt das Seiende gültiger und wesentlicher auf als das sinnlich gebundene Vernehmen. Oder man unterscheidet „theoretische" und „praktische Vernunft", sieht in der letzteren eine Hochform geistiger Lebensverständigung, die den Menschen als Willenswesen von dem sonst bestimmenden Einfluß der Sinnlichkeit, jetzt der Triebe, Begierden, der stoßenden Vitalimpulse befreit und eine geistbestimmte Lebensführung ermöglicht. Die Vernunft des Menschen findet Vernünftiges in der Welt, findet die mathematische Struktur der Gestirnsbewegungen, entdeckt die Baugesetze des Universums, das rationale Gefüge der Dingheit, – findet im scheinbaren Tumult des wuchernden vegetativen und animalischen Lebens einen „vernünftigen Sinn", wird genötigt, von der Natur wie von einem Wesen zu sprechen, das Zwecke verfolge, mit ihren Geschöpfen etwas Sinnvolles vorhabe usf., oder die Natur im ganzen als ein Werk eines vernünftigen Schöpfers anzusehen. Dann redet man von einer objektiven Vernunft in solchen Sachen und Sachverhalten, die selber keine vernünftigen Geister sind. Die Vernunftansicht der Welt ist eine menschliche Stellungnahme, die ihre Gründe und Bestätigungen hat, ist eine Grundaussage eines subjektiv-vernünftigen Geistwesens über objektiv-vernünftige Sachverhalte und Zustände im Weltall, – in den innerweltlichen Bereichen des Leblosen, des Organischen und im Menschenland mit seinen Institutionen.

Hegels Vernunftlehre ist keine Ansicht darüber, wie und in welchem Umfange Vernünftiges in der Welt und in ihren Regionen vorhanden ist. Er will den Weg der Vernunft aufhellen, – den Weg, wie sie im mühsamen Durchgang durch die Natur zu sich selber kommt. Natur als Stationen-Vielfalt einer sich aus ihr freikämpfenden Vernunft ist der wahre Gegenstand der „beobachtenden Vernunft". Diese beobachtet nicht etwas, was vorliegt und besteht, sie beobachtet sich selbst, wie sie in ihrem Verhalten zu der ungeheuerlichen Masse des Vorliegenden und Bestehenden, zur Natur, sich bewegt, ihre Gedanken von Sein, Bestehen, Allgemeinsein und Einzelnessein, Ansich- und Fürsichsein, also ihr eigenes Seinsverständnis in Bewegung bringt. Wenn wir den Weg der beobachtenden Vernunft im Rückblick überdenken, können wir das Ergebnis zuerst einmal negativ bewerten. Es ist nicht gelungen, wirkliche und gültige Gesetze zu finden im Verhältnis von Natur und Vernunft, weder im Felde des Anorganischen, noch des Organischen. Die naturhaften Aspekte, welche die Vernunft selbst an sich hat dadurch, daß sie im Menschen als einem Naturgeschöpf vorzukommen scheint, hat Hegel in seiner schneidenden Kritik der Physiognomik und Schädellehre „abgearbeitet". Der positive Ertrag des Kapitels über die „beobachtende Vernunft", die keine Gesetze finden konnte, besteht darin, daß sich die Vernunft selbst gefunden hat als die Wahrheit in allen Dingen, sich begriffen hat als die Essenz der Natur, sich als lebendigen Begriff erfahren hat, der in der Natur das Wesen, – dessen gegenständliche Erscheinung nur die sonst durch ihre Übermacht und Allgewalt imponierende Masse des Bestehenden ist. Indem sie vernünftige Gesetze suchte und nicht fand, hat sie sich selber als das dialektische Durchdenken des naturbezogenen Seinsverständnisses gefunden.

Der zweite Abschnitt, der nun folgt, setzt diese Bewegung des Vernunftdenkens fort; es sieht so aus, als ginge Hegel zu einem neuen Thema über, eben zur geschichtlich-gesellschaftlichen Welt, zum Verhältnis von Individuum und Polis. Hegel nimmt jetzt nur ein Motiv auf, das er bereits in vorläufiger Weise angeschlagen hatte vor der Erörterung der Leiblichkeit des Menschen. Wie erinnerlich, lautet die Überschrift des kommenden Gedanken-Gangs „Die Verwirklichung des vernünftigen Selbstbewußtseins durch sich selbst". Der Text ist schwierig nach Form und Inhalt. Er bedeutet den Übergang von der spekulativen Naturphilosophie zur Dialektik der sittlichen Welt, einen Übergang, den die Vernunft vollzieht und nicht einen, der nur dem Buchautor beifiele. Wenn man den Text unvorbereitet lesen würde, käme er einem wohl vor wie eine phantastische Gedankengeschichte, wie eine intellektuelle Odyssee, zu der immer neue Abenteuer hinzuerfunden werden könnten, immer neue vermeintliche Landungen an Ithakas Gestade und immer neue Enttäuschungen. Das Selbstbewußtsein verwirklicht sich als „vernünftiges" in immer neuen Unsicherheiten darüber, was „Wirklichkeit" ist.

Wenn man sonst den Ausdruck „Verwirklichung" hört, meint man zu wissen, was damit gemeint ist. Ein Plan wird verwirklicht, eine Absicht ausgeführt, ein Versprechen eingelöst, – etwas, was zuerst als Gedanke bestand, wird umgesetzt in Taten und Werke. Oder auch ein junger Mensch mit der offenen Zukunft vieler Möglichkeiten wählt und entscheidet, bringt damit in sein Dasein eindeutige Bestimmtheit, wählt Beruf, Lebenspartner, läßt sich ein mit den faktischen Umständen, realisiert seine Pläne im Kompromiß mit dem Gegebenen, tritt aus der Traumwelt vager Lebenshoffnungen in den Tag der harten Wirklichkeit ein und verwirklicht sich. Verwirklichen hat den Doppelsinn, das Innere ins Äußere tragen, den Gedanken umsetzen in Bestehen, oder sich einfügen in einen Bestand, einfügen in den harten Lebenskampf, in die ökonomische Realität, in die allgemeine Misere der menschlichen Schwächen, Sichanpassen an die Normen des gesellschaftlichen Treibens, Mitmachen der Konventionen usf. „Verwirklichung" kann produktiv und rezeptiv vor sich gehen.

Auch bei Hegel spielt der skizzierte Doppelsinn von Verwirklichung eine Rolle, nur daß dort nicht das simple Verhältnis vorausgesetzt wird, daß einmal der Gedanke dem Werk vorausläuft, das andere Mal der Gedanke dem Bestehenden nachläuft. Verwirklichung ist bei Hegel ein dialektischer Begriff. Am Beginn des neuen Abschnittes faßt er den vorausgegangenen Denkweg der Vernunft zusammen in dem Resultat: für sie habe das Unmittelbare (das Unmittelbare sowohl der vorgegebenen Natur als Stein, Pflanze, Tier und naturgeschöpflicher Mensch, als auch das Unmittelbare ihrer bloßen Gewißheit, alle Realität zu sein) den Charakter des Tatsächlichen, Faktischen, Vorhandenen eingebüßt. Die Vernunft werde nicht mehr vor den Kopf gestoßen durch das factum brutum, daß etwas vorliegt, was ihr ganz und gar fremd und unbegreiflich ist. Der Block „Natur" versperrt ihren Weg nicht mehr, sie ist hindurchgegangen und hat dabei die Erfahrung gemacht, wie falsch sie in ihrer Gesetzessucht die Natur „vernünftigen" wollte und wie sie zuletzt zur Erkenntnis kam, das Vernünftige in der Natur sei im Begriff und als lebendiger Begriff anzusetzen. Das „Unmittelbare" hat prinzipiell die Form des „Aufgehobenen" erhalten, des Vernichteten und zugleich Bewahrten, – vernichtet im Seinsanspruch, aufgehoben (bewahrt) als Erscheinungsbild. Hegel formuliert knapp: „... das Unmittelbare [hat für das Selbstbewußtsein] überhaupt die Form eines aufgehobenen ..., so daß seine *Gegenständlichkeit* nur noch als Oberfläche gilt, deren Inneres und Wesen *es selbst* ist". (255) Sofern also das Selbstbewußtsein der Natur gegenübersteht, steht es sich selber gegenüber, der offenbare Geist dem noch versenkten, der beisichseiende dem außersichseienden.

Weil die Resultatwahrheit der beobachtenden Vernunft ein Gegenverhältnis zweier Selbstbewußtseine ergab, kann Hegel sich nunmehr der Sphäre des Soziallebens zuwenden, wo Gegenbezüge mannigfacher Art in den Bewußtseinen auftreten. Hegel gibt einen Vorblick auf den kommenden Gedankengang und die Stationen des Weges. Er kennzeichnet den Weg als eine strukturelle Wiederholung, ja als eine Wiederholung der Wiederholung. Inwiefern? Die „Phänomenologie des Geistes" durchlief in ihrer Exposition die Stadien der sinnlichen Gewißheit, der Wahrnehmung und des Verstandes, – die Vernunft als beobachtende wiederholte auf einem höheren Niveau die Gedankenbewegung. Im bloßen Beschreiben der Naturphänomene war sie gewissermaßen „sinnlich", im Versuch der Gesetzesfindung „wahrnehmend", in der Dialektik des Inneren und Äußeren „verständig". Und nun zeichnet sich wieder eine Linie vor. Die tätige Vernunft, d. h. die sich vollbringende und verwirklichende, ist zuerst ihrer selbst als eines Individuums bewußt, dann als allgemeiner Vernunft, und schließlich als Spannungsverhältnis des individuellen und allgemeinen Geistes. Damit schließt sich für Hegel das „Reich der Sittlichkeit" auf.

Es wäre zu kurz gedacht, wenn man hier ethische Probleme vermuten wollte, Erörterungen darüber, wie der Mensch, der Einzelne und die Gesellschaft sein sollten. Eher handelt es sich um eine dialektische Ontologie, wie das ethisch bewegte Gemeinschaftsleben ist, – nicht wie das Sollen das Sein, sondern wie das Sein das Sollen bestimmt. Das Reich der Sittlichkeit wird von einer Spannung oder von einer Spannungsvielfalt in Unruhe gehalten. „Diese sittliche *Substanz* in der *Abstraktion der Allgemeinheit,* ist sie nur das *gedachte* Gesetz, aber sie ist ebensosehr unmittelbar wirkliches *Selbstbewußtsein,* oder sie ist *Sitte.* Das *einzelne* Bewußtsein ist umgekehrt nur dieses seiende Eins, indem es des allgemeinen Bewußtseins in seiner Einzelheit als seines Seins sich bewußt, indem sein Tun und Dasein die allgemeine Sitte ist". (256) Allgemeinheit und Einzelnheit, Eins und Vieles – diese uns bekannten Spannungsverhältnisse ontologischer Art bestimmen jetzt nicht Naturdinge oder naturale Momente am Selbstbewußtsein, vielmehr das Selbstbewußtsein selber, – bestimmen die Vernunft in ihrem Tätigsein, in ihrer Freiheit.

Die Selbstverwirklichung der selbstbewußten Vernunft ereignet sich im Leben eines Volkes. Das „Volk" tritt damit als ein spekulativer Begriff bei Hegel auf. Es ist mehr als ein zufälliges ethnisches Faktum, mehr als eine biologische Gruppe einer Abstammungsgemeinschaft, es ist eine sittliche Welt, eine „Weltgestalt des Bewußtseins". „Die Vernunft ist als die flüssige allgemeine *Substanz,* als die unwandelbare einfache *Dingheit* vorhanden, welche ebenso in viele vollkommen selbständige Wesen wie das Licht in Sterne als unzählige für sich leuchtende Punkte zerspringt ...". (257) Wie ist der Einzelne im Volk und wie ist das Volk, der Volksgeist in allen Einzelnen da und gegenwärtig? Diese Leitfrage wird jedoch von Hegel nicht beantwortet durch eine statische Analyse des komplexen Bezugssystems von Volk und Einzelmenschen, sondern ausgelegt als eine Bewegung, als ein geschichtliches Geschehen mit dramatischen Peripetien. Zuerst sieht seine Darstellung aus, als wäre sie gesprochen aus einer philosophischen Reflexion, die selber keinen Standort in der geschichtlichen Zeit habe oder wenigstens nicht angebe. Erst nach einer Weile kommt der konkrete Zeitbezug zum Vorschein.

Das volkhaft Allgemeine der sittlichen Substanz hält die Einzelnen in sich versammelt, so aber daß diese selbst sich dem Allgemeinen eröffnen, in ihrem Tun und Treiben das vollführen, was die allgemeine Sitte ist. Die Einzelnen sind im Volk, – nicht wie Steine in einem Haufen, nicht wie Bienen im Schwarm, sie tun das allgemeine Treiben mit

Bewußtsein und in der Anerkenntnis der Sitte. Sie leben, insofern sie sich „verallgemeinern". Sie wissen sich als diese Einzelnen, weil sie dem Volksganzen und seiner geistigen Welt aufgeschlossen sind. Und andererseits ist die Welt eines Volkes das zusammengeflossene Werk aller Einzelnen. Das Allgemeine, das Volk, hat seinen Widerschein im Individuum, sofern es volkhaft-sittlich denkt und handelt, das Moment der Einzelnheit aller bringt am Volke den Charakter der Tat an, es ist kein Tatbestand, es ist Tathandlung. Während das Allgemeine, z. B. der Artcharakter des Baumseins, zwar alle einzelnen Bäume bestimmt und prägt, diese selber sich zum Allgemeinen nicht verhalten, ist das Individuum im Volke nicht durch einen allgemeinen Charakter der Volkszugehörigkeit nur bestimmt, es lebt in seinem individuellen Leben das allgemeine Volksleben mit. Das Volk ist das Lebenssubjekt, aus welchem die Individuen sich in ihre Einzelnheit erheben, und das Lebensmedium, das sie alle durchwaltet. Das Allgemeine ist hier kein abstraktes Gedankending, es hat selber die konkrete Form des gemeinschaftlichen Lebens. Hegel charakterisiert das Verhältnis von Einzelnem und Volk als ein wechselseitiges In-einander-verflochtensein. Der Einzelne vollführt seine Lebenspraxis, indem er vor allem seine Bedürfnisse als Naturwesen befriedigt, er braucht Nahrung, Kleidung, Wohnung, – Bedürfnisse und ihre Befriedigung halten sich von vornherein in einem allgemeinen Bedürfnissystem, ihr „allgemeine[s] erhaltende[s] Medium" – sagt Hegel – ist „die *Macht* des ganzen Volks". (257) Dadurch daß es einen öffentlichen Stil gibt, wie die Lebensmittel produziert werden, kann der Einzelne produzieren, um sich zu erhalten. Das einzelne Produkt ist nicht seine Erfindung, nur in extremen Ausnahmefällen. Der Einzelne verhält sich schon allgemein, wenn er nur sich und seinen Vorteil sucht. In wesentlicherem Sinne aber ist er in seinem Tun volkshaft-allgemein. „... was er tut", sagt Hegel, „*ist* die allgemeine Geschicklichkeit und Sitte aller. Dieser Inhalt, insofern er sich vollkommen vereinzelt, ist in seiner Wirklichkeit in das Tun aller verschränkt". (257)

Hegel verweist auf die Arbeit, die ein Schlüsselphänomen der menschlichen Coexistenz ist. Arbeit ist nicht nur ein tätiger Bezug zur Natur, der ihr den Platz für die Siedlung, die Steine für den Hausbau, das Holz für Mobiliar, das Eisen für die Geräte, die Früchte und das Fleisch für die Ernährung entreißt, Arbeit ist ein kommunikativer Bezug, ist geteilte Arbeit als ein Wechselsystem von Tätigkeiten und austauschbaren Produkten. „Die *Arbeit* des Individuums für seine Bedürfnisse ist ebensosehr eine Befriedigung der Bedürfnisse der andern als seiner eignen, und die Befriedigung der seinigen erreicht es nur durch die Arbeit der andern". (257) Was in der Sphäre der Arbeit gewissermaßen in bewußtloser Form geschieht, eben die Allgemeinheit des vermeintlich nur einzelnen Tuns, das geschieht in einer offeneren Weise im sittlichen Verhalten, sofern dabei die Individuen sich „aufopfern", sich in die Sitte schicken. Die ausgeglichene Struktur des Bezugs von Polis und Bürger, von Volk und Individuum ist ein Gleichgewicht von Gemeingeist und Person, oder genauer, es besteht die Identifikation aller mit dem Volke und jedes Einzelnen mit jedem Einzelnen, sofern sie gleiche Glieder am selben Volkskörper sind. „In dem allgemeinen Geiste hat daher jeder nur die Gewißheit seiner selbst, nichts anders in der seienden Wirklichkeit zu finden als sich selbst; er ist der Andern so gewiß als seiner". (258)

Was Hegel dabei vor Augen steht, ist ein mehr oder weniger idealisiertes Bild der antiken Polis, jedenfalls das Bild einer „Geschlossenen Gesellschaft", – geschlossen in der Auffassung, was das Wahre und Wesenhafte sei, geschlossen im Kulte der Götter und der Abgeschiedenen, geschlossen in einem „mit Mythen umstellten Horizont" (Nietzsche)[1], geschlossen in einem System der Wertungen, in einer Hierarchie der Stände und Klassen. Jeder kennt seinen Ort, seine Stelle in der Rangordnung, tut das Seine und tut es für alle, wie auch alle Anderen das Ganze meinen und jeden Volksgenossen mittragen. In einer solchen Polis ist offensichtlich die Vernunft „verwirklicht", – sie ist darin, wie Hegel sagt, als „... gegenwärtiger lebendiger Geist, worin das Individuum seine *Bestimmung,* d. h. sein allgemeines und einzelnes Wesen, nicht nur ausgesprochen und als Dingheit vorhanden findet, sondern selbst dieses Wesen ist und seine Bestimmung auch erreicht hat. Die weisesten Männer des Altertums haben darum den Ausspruch getan: *daß die Weisheit und die Tugend darin bestehen, den Sitten seines Volks gemäß zu leben".* (258) Daß dieses Bild der Polis keine Idylle meint, nicht die friedliche Bürgerruhe nach Innen und die zum Lebensopfer bereite Vaterlandsliebe nach Außen, – daß sie ein Modell ist, zeigt die begriffliche Charakteristik Hegels: das Individuum hat am Volke und seinem Staate die ihm gegenständlich erscheinende Wirk-

---

[1] F. Nietzsche, Die Geburt der Tragödie aus dem Geiste der Musik, Kap. 23 (WW I, Leipzig 1923, 160).

lichkeit des allgemeinen Lebens. Am Volk ist der Gemeingeist wie ein Ding vorhanden, liegt dem Individuum wie ein Gegenstand, wie eine ungeheure Masse, fast wie eine Art von zweiter Natur gegenüber. Andererseits ist das Individuum vom Gemeingeist umgriffen, durchseelt und noch in den schärfsten Entgegensetzungen umfangen und getragen, derart daß das Allgemeine sich fortwährend vereinzelt und das Vereinzelte und Individuelle sich fortwährend verallgemeinert. Die sittliche Substanz des Volkes hat für den Einzelnen den Anschein, nicht „gemacht" zu sein, vorzuliegen als reine Übermacht, die all sein individuelles Tun und Handeln im vorhinein überholt hat, und andererseits doch der immerwährenden Verlebendigung zu bedürfen in den Taten und Werken der Einzelmenschen, die gleichsam das Unmachbare nach-machen, die sittliche Substanz durch sittliche Taten aktualisieren.

Hegel faßt das Modell der ausgeglichenen Spannung von Volkssubstanz und Individualität so, daß es den Anfang und das Ende der Geschichte bedeuten kann. Zielt er damit auf einen Urzustand im sagenhaften Goldenen Alter, wo nicht Löwe und Lamm nur in Frieden lebten, sondern der Mensch zugleich autonomes Individuum und den Sitten des Vaterlandes gemäß war, – oder denkt Hegel voraus, eschatologisch voraus auf einen Staat, der erbaut sein wird von den Aufopferungen der Individuen, von ihrer Erhebung ins *koinon* zustandegebracht wird? Weder – noch. Denn das Modell der ausgeglichenen Spannungen gibt nur die Folie ab für die Bewegungsgeschichte des Kampfes zwischen dem individuellen und substanzial-gemeinschaftlichen Geiste. Die Vernunft hat sich verwirklicht oder wird sich verwirklicht haben, wenn die Unruhe des Verwirklichens noch nicht begonnen ist oder dereinst beendet sein wird. Für die Zwischenzeit, für die Zeit der menschlichen Geschichte, die Volks- und Welt-Geschichte ist, muß die Vernunftbewegung des Sich-verwirklichens nun in den Blick gefaßt werden.

Hegel spricht davon, die Vernunft müsse aus dem Glücke, worin sie einstmals war oder worin sie in ferner endzeitlicher Zukunft vielleicht einmal sein wird, heraustreten, beziehungsweise dürfe das Glück noch nicht erreicht haben. Die reale Sittlichkeit eines Volkes ist die Weise, wie die Einheit von Allgemeinem und Einzelnen nur an sich ist, – selber noch nicht die Form des Fürsichseins erlangt. Und der Prozeß, durch welchen das Fürsichwerden der ansichseienden sittlichen Substanzialität eines Volkes erbracht wird, ist seine Geschichte, jetzt aber nicht als eine Historie der üblichen Art, sondern als die Gedankengeschichte der Freiheit, die auch die Geschichte des freien Gedankens ist. Der Einzelne, der eingebunden, gehalten und getragen in der Sitte des Volkes lebt, existiert als ein „gediegenes Vertrauen", um Hegels Ausdruck aufzugreifen, – als „... ein gediegenes Vertrauen, dem sich der Geist nicht in seine *abstrakten Momente* aufgelöst hat, und das sich also auch nicht als reine *Einzelheit für sich* zu sein weiß". (259) Bei dem gediegenen Vertrauen kann es nicht bleiben, sobald das Prinzip des Fürsichseins zu wirken beginnt. Der Einzelne wird verstört durch den Gedanken, ein Ich, ein Eins, ein Einziger zu sein, für den alles in der Welt, alle Dinge zwischen Himmel und Erde, Natur und das Reich der Sittlichkeit zu „Gegenständen" werden. Die Individualität wird zum Bezugspunkt aller Dinge und auch ihrer selbst für sich. Sie selber gilt sich als das Wesen, nicht mehr der allgemeine Geist. Der Einzelgänger stellt sich dem Volke und allen dessen Mitläufern gegenüber. Diese Opposition geschieht im Volke und auf dem Boden des Volksgeistes, ist zunächst darin eine verschwindende Größe, gleicht einem Wellengekräusel auf dem Meer. Die einzelne Selbständigkeit von „Wellen" ist rasch vorübergehend und flüchtig, verläuft sich bald in der allgemeinen Flüssigkeit des Elements. Das Individuum, das sich auf sich selbst stellt, stellt zugleich damit sich gegen den Volksgeist, aus dem es lebt, und bietet das Schauspiel eines ephemeren Trotzes. Vermessen negiert es das Bestehende, die Natur und die vorgegebene sittliche Welt; deren Gesetze gelten ihm nur als Konventionen, als „... ein Gedanke ohne absolute Wesenheit, eine abstrakte Theorie ohne Wirklichkeit ..." (259), nur das Individuum ist für das Individuum das wirklich und wahrhaftig Freie, Tätige, Sichselbstsetzende. Diese Situation des Bezugs von Volk und Einzelnem wird beherrscht und geprägt durch den Herausgang des Individuums aus dem bergenden, schützenden Lebensgrund des Volks und seiner Sitte.

Das Gegenbild dazu ist das Streben des Einzelmenschen, seiner Einsamkeit zu entrinnen, die Zufälligkeit seines Meinens und Tuns in den substanzielleren Grund des Volksgeistes zu bergen, seinen Willen in den allgemeinen Willen aller hinaufzuheben, „... sich ... dieser Einheit seiner Wirklichkeit mit dem gegenständlichen Wesen bewußt zu werden". (259) Das Ich strebt nach dem Einklang mit der bestehenden sittlichen Welt, will sich ihr anverwandeln, in sie eingehen, die Wahrheit des Allgemeinen auf seine besonderte Art darstellen. Auch für diese erstrebte Einheit des individuellen und des Gemeinschaftsgeistes gebraucht Hegel die Vokabel „Glück". „Indem diese Einheit *Glück* heißt, wird dies Individuum hiemit sein *Glück zu suchen* von seinem Geiste in die Welt hinausgeschickt." (259 f.)

Zwei Möglichkeiten stellt Hegel auf, wie die Wege, die geschichtlichen Wege verlaufen können: aus der sittlichen Substanz heraus in das Wagnis der Individualfreiheit – oder: aus der vereinzelten, bodenlos gewordenen Individualität in die zu leistende, zu vollbringende Gemeinschaft einer allseitig durchgebildeten Coexistenz. Der erste Weg führt aus der heilen Welt einer antiken Polis heraus, – der zweite führt aus der atomisierten Anarchie ungebundener Individuen in den totalen Staat. Es ist charakteristisch für die subtile und dialektische Denkart Hegels, daß er das Problem der Verwirklichung des vernünftigen Selbstbewußtseins in einer doppelten und gegenläufigen Bewegung darstellt. Der geschichtliche Akzent wird nun hereingeworfen durch die fast beiläufig klingende Bemerkung, „unsern Zeiten" (261) liege der Ausgang näher vom Verluste der realen Sittlichkeit eines Volks, wir müßten eher zusehen, aus der Lage isolierter Einzelfreiheiten herauszukommen, als Selbste uns in einer Substanz zu bergen. Das kann nicht als ein Sprung geschehen, vielmehr muß das Bewußtsein einen Gang geistiger Arbeit mit sich selbst durchlaufen. Das Selbstbewußtsein betritt einen Weg mannigfacher Erfahrungen, – von Erfahrungen, die es mit sich selber macht und wobei ihm die Sicherheit des Selbstvertrauens schwindet.

Zuerst ist es seiner selbst gewiß, als dieses einzelne Bewußtsein das „Wesen" selber zu sein. „Verwirklichen", meint es daher, könne es sich nur, wenn es sich auslebe, – alles andere, was ist, nur als eine Gelegenheit, einen Schauplatz, ein beliebiges Material verbrauche. Im ungehemmten Willen zur eigenen Einzelheit, zum eigenen Fürsichsein negiert das Ich in seiner ichbezogenen Selbstsetzung das Andere, was es umgibt, was vorhanden ist, jedoch für das Ich nicht die Bedeutung eines Ansichseienden hat. Das gilt nicht bloß für die umgebende Natur, auch für die umgebende sittliche Welt. An Vorgegebenem versucht das Ich die Negation, und zwar in einer ungehemmten Radikalität, es will alles, was ihm gegenübersteht, „aufheben", in den Charakter der Uneigentlichkeit abdrängen. Wahrhaft seiend hält es nur sich selbst, nichtig-seiend alles andere. Aber es hätte die Negation nicht vollbracht, wenn auch nur ein Rest, ein kümmerlicher Schatten, eine Seinsruine übrig bliebe, es muß also das Gegebene und Vorliegende als Schattenbild seiner selbst deuten, sich als die Essenz aller Dinge proklamieren. „... das Bewußtsein erscheint entzweit" – sagt Hegel – „in diese vorgefundene Wirklichkeit und in den *Zweck*, den es durch Aufheben derselben vollbringt, und statt jener vielmehr zur Wirklichkeit macht." (261) Die Gesetze der sittlichen Welt, in welcher ein Individuum sich erhebt und seine Kraft der Verneinung gegen alles richtet, was nicht es selber ist, – diese Gesetze werden bestritten, geleugnet, entthront, das Individuum ist sich sein eigenes Gesetz, spricht es aus als das Gesetz des Herzens, der Innerlichkeit, des subjektiven Gewissens, – macht es jedoch mit der Sprache, mit diesem allgemeinen Elemente, selber zugleich allgemein, – erlebt einen bestürzenden Widerspruch, weil es nicht handeln kann, wenn es nur sich will und nichts anderes. Hegel weist in wenigen Sätzen voraus auf den Gang, in welchem das Selbstbewußtsein seine vernünftige Verwirklichung sucht. Das braucht nicht zu bedeuten, daß es dabei immer vernünftig zugehe. Vielmehr macht das Bewußtsein Erfahrungen greller Unvernunft und von Verkehrungen, daß es nicht mehr aus noch ein weiß und das Bild der Vernunft ihm zu schwinden droht.

Der Abschnitt von der Verwirklichung des vernünftigen Selbstbewußtseins gliedert sich dreifach und trägt dabei drei merkwürdige Untertitel, die nicht sofort verstehbar sind: a. Die Lust und die Notwendigkeit; b. Das Gesetz des Herzens und der Wahnsinn des Eigendünkels; c. Die Tugend und der Weltlauf. Nur aus dem Textzusammenhang werden diese Titel verständlich. Das Selbstbewußtsein, das herausgegangen ist aus einer umfangenden sittlichen Welt und sich auf sich selbst stellt, ist die Realität, die wahre Wirklichkeit, umstellt nur von Schatten. Obzwar das Umgebende nicht den Rang hat wie das Ich, seinsminder und unkräftig ist, wird das Ich doch von der schemenhaften Umwelt irritiert, es drängt darauf, „dies Andre zu sich selbst zu machen" (262), es zu nichten, vernichten, umzudeuten. Die Selbstsetzung des Ich vollzieht dieses gegen Sitte und gegen die Theorie. Wie ist das zu nehmen? Die Sitte übersteigt in ihrer allgemeinen Verbindlichkeit das uneingeschränkt-willkürliche Tun des Ich, – und die Theoria gehört keinem Einzelnen, sie ist von vornherein im Medium des Allgemeinen. Wenn die Individualität also sich radikal nur selber will, kann sie nicht die Verbindlichkeit der Sitte und nicht die Objektivität der Theorie und der Wissenschaften anerkennen, sie wird sich sogar ausdrücklich dagegen wenden. In einem leis andeutenden Bezug zu Goethes „Faust" sagt Hegel: „Es ist in es [das Selbstbewußtsein] statt des himmlisch scheinenden Geistes der Allgemeinheit des Wissens und Tuns, worin die Empfindung und der Genuß der Einzelheit schweigt, der Erdgeist gefahren, dem das Sein nur, welches die Wirklichkeit des einzelnen Bewußtseins ist, als die wahre Wirklichkeit gilt." (262) Eine existenzielle Möglichkeit, ein *bios* (der in der Nähe des Aristotelischen *bios apolaustikos*, des Genußlebens, zu stehen scheint und doch in einem anderen Problemhorizont sich bewegt), wird nunmehr von Hegel in Grundzügen vorgeführt, eben als die Weise, wie zuerst das Selbstbewußtsein seine Verwirklichung betreibt. Das verhaltene Pathos, welches seine bald knappen, bald weitschwingenden Sätze durchstimmt, gehört der Spannung an, die ein spekulatives Denken, ein Denken in der Geschichte der Seinsbegriffe, durchschießen mag von den Kriegsschauplätzen der Zeitgeschichte her: von der Französischen Revolution – und vom Kaiser, von dem Hegel später sagen wird: „Den Kaiser – diese Weltseele – sah ich durch die Stadt zum Rekognoszieren hinausreiten..."[1]

βα) Die Lust und die Notwendigkeit

29. Der erste Weg:
Die Loslösung des Individuums von der sittlichen Welt (Genuß; Begierde; Genuß der Lust; die „leeren Wesenheiten"; lebloseπ (abstrakte) Notwendigkeit; Macht der Allgemeinheit)

Es ist Hegels einmalige Gabe, abstrakte Gedanken mit Leben zu füllen, als auch lebendiges Geschehen in der höchsten Reflexionsform von Gedankenprinzipien darzustellen, – den geschichtlichen Wandlungen, die als „Aufklärung", „Französische Revolution" und als das große korsische Individuum über die Bühne des Welttheaters zogen, eine spirituelle Bedeutung zu geben. Die Verwirklichung des vernünftigen Selbstbewußtseins spielt im Raume der Geschichte und betrifft das Verhältnis der tuenden, handelnden Vernunft zu dem, was

[1] G. W. F. Hegel, Brief vom 13. 10. 06 an Niethammer, in: Briefe von und an Hegel, ed. J. Hoffmeister, I (1785–1812), Hamburg ³1969, 120 (PhB 235).

sie als vorgegebene Bedingungen naturaler und gesellschaftlicher Art vorfindet. Der Grundtrieb der Vernunft strebt einzig und ausschließlich danach, im Vorwegbestehenden, in der Polis, in der Gemeinschaftsform des Staates sich zu finden, sich als das Wesen zu begreifen von dem, was ist und geschieht. Und was geschehen ist und als Lage die Vernunft in der modernen Welt umringt, ist der Verlust eines geglückten Verhältnisses von Polis und einzelnem Individuum. In der „Aufklärung" stellt sich der Mensch auf seine eigene, endliche Erkenntniskraft, in der Französischen Revolution wird die Souveränität des Volkes proklamiert, und Napoléon demonstriert das welthistorische Individuum.

Ins Prinzipielle umgeschrieben, bedeutet all dies, daß das Selbstbewußtsein in der Dimension der geschichtlichen Wahrheit sich zuerst erscheint als einzelnes Individuum, das nicht mehr eingebunden in eine sittliche Welt, nicht mehr verankert ist in einer alle umfassenden Substanz, vielmehr herausgefallen ist aus allen Bergungen, nicht mehr getragen wird von der Selbstverständlichkeit der Sitte, nicht mehr in der Hut der großen Autoritäten der Lebensdeutung steht. Der Einzelne ist ausgesetzt – in das Abenteuer der freien Selbstverwirklichung. Das Selbstbewußtsein hat die früheren Bindungen abgestoßen, die als Gesetze, Grundsätze und Wissenschaft seine Entscheidungen vordem einengten, es trumpft auf mit seiner Möglichkeit, sich zu allem bestimmen zu können, was immer es will, durch nichts gehindert zu sein, es hält sich für souverän. Aber nicht nur als frei gegenüber den Banden der überlieferten Sitte, vielmehr hält es sich selber für die Macht, die will und entscheidet und nunmehr in selbstbewußter Form dasselbe ist, was vorher wie eine fremde hoheitliche Gewalt als Sitte ihm begegnet war. Das Individuum versteht sich nicht nur als „unabhängig" von der in der Polis vorhandenen Sitte, es tritt auf mit dem Anspruch, selber die setzende Macht zu sein. Aus dieser doppelten Freiheit von ... und Freiheit zu ... ergeben sich für das übermütig beginnende Selbstbewußtsein alsbald Widersprüche und Verwicklungen, ein Weg hebt an, der auf dem Niveau der Geschichte und der Freiheit die Dialektik wiederholt, die früher das Bewußtsein durchlaufen hatte von der sinnlichen Gewißheit über die Wahrnehmung zum Verstand.

Das erste Wegstück dieser Dialektik legt Hegel dar in dem Abschnitt „Die Lust und die Notwendigkeit". In dieser Textpartie finden wir keine ausführlichen Analysen der hedonischen Lebenshaltung, keine differenzierende Explikation von Trieb, Begierde, Genuß, Lustempfindung, keine Skala der Lüste und Gelüste, keine Deskription des Lustmomentes von der Sexualität bis zu den sublimen Entzückungen des Geistes, keine Schilderung des epikureischen Gartenglücks. Nicht die Lust als solche ist Hegels Thema, nicht ihre Erschöpflichkeit, nicht ihr Sichselberverzehren und Erlöschen in der Sättigung, nicht jenes bekannte und gleichwohl nie lernbare Spiel von illusionärer Verzauberung und schaler Enttäuschung.

Das Selbstbewußtsein, das sich zuerst als die Individualität des freigesetzten Einzelnen versteht, sucht die Verwirklichung seiner selbst im Genuß. Die Sitte des Herkommens hat immer schon den Genuß eingeschränkt, ihn unter bestimmten Bedingungen gestattet. Der Mensch ist ein Naturgeschöpf mit Naturbedürfnissen, deren Befriedigung mäßigen Genuß gewährt, – er ist aber auch Freiheit und kann nicht nur das Genießbare, auch das Genießen luxurieren. Ein Selbstbewußtsein, dem die Sitte nicht mehr verbindlich und zwingend sagt, wie und was zu genießen schicklich und recht sei, genießt die Ungebundenheit im schrankenlosen Genuß. „Es stürzt also ins Leben" – sagt Hegel – „und bringt die reine Individualität... zur Ausführung". (262) Das, woran es seine losgelassene Willkür ungehemmt äußern kann, ist das Feld des Sinnengenusses. Die Freiheit des Individuums wähnt, sich im Genießen des Genießbaren zu bewähren. Sie verfällt ans Sinnliche. Das Leben wird wie eine reife vollmundige Frucht gepflückt. Doch dabei ist der Einzelne gerade verspannt in das allgemeine Treiben, seine vorgebliche Souveränität betätigt er in keiner originalen Weise. Der wilde Sinnengenuß erscheint ihm als Freiheitsvollzug. Von den Gesetzen und ihrer normativen Leitung befreit fällt er einer Naturmacht anheim, die auch jedes Tier durchströmt, – nur kann er tierischer als jedes Tier sein – dank seiner Freiheit. Das Sinnliche als Dimension ist kein von der individuellen Freiheit hervorgebrachtes Feld, vielmehr mit der Naturausstattung des humanen Lebewesens schon vorgegeben. Das Selbstverständnis der menschlichen Individualfreiheit bleibt unentwickelt und armselig, wenn sie sich nur als unbeschränktes Genießenkönnen versteht. Es wird nichts hervorgebracht, nur genommen, genossen, was sich als Genießbares zeigt. Eine derartige Freiheit ist im Grunde angewiesen auf das Finden von Genußobjekten, sie bleibt angepflockt an den Umkreis vorfindlicher Dinge, die sich genießen lassen. Sofern aber dieses Tun eine Handlung der vernünftigen Freiheit, des vernünftigen

Selbstbewußtseins ist, geht es nicht im bloßen Genießen auf. Das begierdehafte Genießen hat die innere Tendenz, die Sache, die genießbar ist, im Genusse zu verbrauchen, „zu vertilgen", sagt Hegel.
Begierde und Genuß sind Weisen eines negativen Verhaltens zu einem anderen Seienden. Nur ein Moment der uneingeschränkten, durch Sitte und ihre Gesetze unbeengten Freiheit des Individuums ist das Verfallen ans Sinnliche, ein anderes ebenso wichtiges Moment ist in dem Streben zu sehen, daß das vernünftige Selbstbewußtsein sich selber in der fremd scheinenden Sitte, die es durch sein sittenloses Treiben negiert, wiederfinden will. Die Sitte, die ihm gegenüberliegt, oder besser: zu der es sich selbst in Gegensatz gestellt hat, ist zunächst ein anderes Selbstbewußtsein, das eines Volkes. Im Gegenteil also will die Individualfreiheit sich finden und erkennen, sofern sie vernünftig ist. Der Widerspruch zur Sitte nimmt diese gerade als den Schauplatz, um eine Unabhängigkeit von ihr – vor ihr zu demonstrieren. Und dabei ist die wilde Freiheit zum Sinnesgenuß darauf aus, dem Genießen den phänomenalen Zug einer Vertilgung des Genußobjektes zu nehmen und zur Selbstfindung im scheinbar Anderen und Fremden vorzustoßen, die Sachen und Dinge, die Beute für den Genuß zu sein schienen, als ein Selbstbewußtsein zu entdecken, mit dem eine Identifikation hergestellt werden kann. Knapp formuliert Hegel: Das Selbstbewußtsein „... gelangt also zum Genusse der *Lust,* zum Bewußtsein seiner Verwirklichung in einem als selbständig erscheinenden Bewußtsein oder zur Anschauung der Einheit beider selbständigen Selbstbewußtsein[e]." (263)[1] Damit tritt eine völlige Verkehrung der ursprünglichen Absicht des freiheitstrunkenen Individuums ein: es wollte seine äußerste, völlig uneingeschränkte Einzelheit realisieren im schrankenlosen Genuß, macht aber bei der Ausführung dieses Vorhabens die Erfahrung, daß es gar nicht dieses fixe Einzelne bleiben kann, wenn es im Gegenstande, den es genießen will, schließlich sich selber entdeckt und findet. „Es begreift sich als *dieses einzelne fürsichseiende Wesen,* aber die Verwirklichung dieses Zwecks ist selbst das Aufheben desselben; denn es wird sich nicht Gegenstand als *dieses einzelne,* sondern vielmehr als *Einheit* seiner selbst und eines andern Selbstbewußtseins, hiemit als aufgehobenes Einzelnes oder als *Allgemeines*". (263)
Es ist nicht leicht, hier den dialektischen Umschlag nachzuverstehen, der in der unbeschränkten Freiheit zur Lust, in dem Programm einer

---
[1] Eckige Klammer im Original.

hedonischen Selbstverwirklichung des Individuums angelegt ist. Es verwirklicht sich, indem es zugleich sich aufhebt. Es übt Freiheit, indem es dem Sinnlichen verfällt, behauptet Selbstand, indem es sich hingibt. Als verfallende, sichhingebende Freiheit, die Wirklichkeit aus allen genießbaren Erscheinungen ziehen will, muß das Selbstbewußtsein die Erfahrung machen, daß es selber das ist, womit es sich anreichern und auffüllen wollte. Es erfährt sich als die unmittelbare Einheit des Fürsich- und Ansichseins. Es ist für sich als dieses einzelne Individuum und ist zugleich auch all das, was als Stoff und Material des möglichen Genusses ihm gegenüber zu liegen scheint. Das Ich wird sich zum Inhalt in einer Mannigfalt von Bezügen, sofern es zugleich Einzelnes und Allgemeines ist. Hegel formuliert: „Die erlangte Verwirklichung dieser Individualität besteht daher in nichts anderem, als daß sie diesen Kreis von Abstraktionen aus der Eingeschlossenheit des einfachen Selbstbewußtseins in das Element des *Für-es-seins* oder der gegenständlichen Ausbreitung herausgeworfen hat." (264)

Wenn uns erscheinen will, daß ein Individuum sich in seiner solitären Einzelheit am meisten verwirklicht, wenn es sich „ins Leben stürzt", den Tag pflückt, der Lust des Genusses sich völlig überläßt, so hat es dabei keinen anderen Inhalt, betont Hegel, als die leere und ganz allgemeine Struktur der Subjektivität, hat nur erst den Begriff der Vernunft zu ihrem Inhalte, das Gefüge der Begriffe „Einheit, Unterschied und Beziehung" (264), mit denen und in denen es sein Verhältnis zu sich und den Dingen bestimmt. Das Ich, das auf höchst originale Art selbständig sein will, kommt zum Strukturverständnis von Selbständigkeit und ihrer Aufhebung. Genießend bleibt es in einer wenig entwickelten Art vernünftig. Wenn Hegel am Beginn des ganzen Werkes bei der Erörterung der „sinnlichen Gewißheit" aufgezeigt hat, daß die Sinneserkenntnis die reichste zu sein scheint, sofern sie viele und vielfach differenzierte Eindrücke liefert, in Wahrheit aber die „ärmste" ist, weil sie das Seinsverständnis nur primitiv gebraucht, von ihrem Gegenstand nur sagen kann: er ist – und weiter nichts, so hat das Tun des Selbstbewußtseins zunächst seine üppigste Ausführung im schrankenlosen Genießen, in Wahrheit aber ist diese Üppigkeit eine Armut, weil dabei das Selbstbewußtsein der täterischen Vernunft in den abstrakten Begriffen hängenbleibt. „Die nur einzelne Individualität, die nur erst den reinen Begriff der Vernunft zu ihrem Inhalte hat, statt aus der toten Theorie in das Leben sich gestürzt zu haben, hat sich also vielmehr nur in das Bewußtsein der eignen Leblosigkeit gestürzt und wird sich nur als die leere und fremde Notwendigkeit, als die *tote* Wirklichkeit zuteil ... es erfährt den Doppelsinn, der in dem liegt, was es tat, nämlich sein *Leben* sich *genommen* zu haben; es nahm das Leben, aber vielmehr ergriff es damit den Tod." (265)

In einer überaus schwer verständlichen Art reflektiert Hegel auf das Ergebnis des ersten Schrittes einer vernünftigen Selbstverwirklichung des Individuums, das nicht mehr einer geborgenen und bergenden sittlichen Welt eines Volkes angehört. Die Erfahrung, die dabei gemacht wird, läßt sich also charakterisieren: das Bewußtsein, ein Einzelner zu sein, wird verkehrt und umgedreht, der Genießer ist ein Tuender in einer leeren und formellen Art, eine Freiheit, die sich nicht anders bewegt als in der Weise des Subjekts überhaupt und im allgemeinen. Im Gefühle noch, jedoch nicht im Denken ist das genießende Ich ein einzelnes. Es kommt zu einer Spannung von Selbstgefühl und Selbstdenken, das Individuum ist sich zu einem Rätsel geworden, sofern seine anfänglichen Meinungen über sich und sein Genießen sich aus dem Schein des Freiseins in die Wahrheit des allgemeinen Selbsthaftseins verkehrt haben. „Die *abstrakte Notwendigkeit*" – sagt Hegel – „gilt also für die nur negative unbegriffene *Macht der Allgemeinheit*, an welcher die Individualität zerschmettert wird." (266)

ββ) Das Gesetz des Herzens, und der Wahnsinn des Eigendünkels

Der zweite Weg: Gesetz des Herzens gegen sittliche Welt
(Widerspruch des allgemeinen Gesetzes und der Einzelheit;
das „Wohl der Menschheit" als Prinzip des Gesetzes des Herzens;
die Verwirklichung des Gesetzes des Herzens;
Entfremdung von sich selbst; „Verrücktheit des Bewußtseins")

Eine neue Gestalt des Selbstbewußtseins, gewissermaßen eine neue Station auf dem Wege der „Verwirklichung", erscheint, wenn das frei-tätige Individuum sich nicht mehr aus einer Gegenstellung gegen das Allgemeine begreifen und realisieren will. Vorher hatte es als einzelnes sich der Welt entgegengesetzt, die vorhandene Sitte wie einen lästigen Zwang abgeworfen und mit sich nichts weiter anzufangen gewußt, als sich dem Genusse und dem erschöpflichen Sinnesreiz hinzugeben. Was es von sich weghalten und abdrängen wollte, das Allgemeine, ist ihm dann als die Notwendigkeitsstruktur (Einheit, Unterschied, Beziehung) in ihm selber aufgegangen. Wird das einzelne Ich demaskiert als ein allgemeines, sofern in seinem Selbstverständnis generelle Strukturen bestimmend werden, so erfährt es auf bestürzende Weise, anders zu sein, als es zu sein meinte.

In der zweiten Gestalt, die Hegel aufweisen will, muß ein anderes Verhältnis von Allgemein- und Einzelnsein gedacht werden. Das Selbstbewußtsein nimmt absichtlich und freien Willens das Allgemeine in sich auf, es proklamiert sich als das Gesetz. Zwar noch nicht gleich als das Gesetz für die Anderen, jedoch als Gesetz für sich selber, stellt ein „inneres Gesetz" einem fremden „äußeren Gesetze" gegenüber. Die Tradition, in der der Einzelne zu sich erwacht, ist bereits vom Gesetz der Sitte beherrscht. Der Einzelne kann seine Verwirklichung suchen, indem er nicht zügellos wie der sinnliche Genießer, sondern gezügelt durch ein Gesetz, allerdings kein fremdes Gesetz, sein Leben vollbringt. Dem Gesetze draußen in der Polis, in den Gesetzesbüchern und auf den Gerichtshöfen, stellt er ein inneres Gesetz gegenüber, das er in sich findet. Das äußere Gesetz gilt für alle Glieder einer Rechtsgemeinde, einer Stadt, eines Staates, ist kodifiziert, niedergeschrieben und ausgelegt, wird angewendet auf Rechtsfälle aller Art, in einer Rechtssprechung praktiziert. Das innere Gesetz hat nicht den Charakter der öffentlichen und intersubjektiven Verhaltensnormen, der dem sittlichen Brauchtum und den es ausformenden juristischen Regeln gemeinsam ist, – das Individuum ist allgemein, sofern es inneres Gesetz ist, und das innere Gesetz ist individuell und einzeln, sofern es nur im Bewußtsein, nur für das einzelne Ich ist. Hegel nennt es das „Gesetz des Herzens". Das ist keine sentimentale Bezeichnung, es kommt nicht darauf an, Gefühle gegen Vernunft zu setzen, sondern einzelsubjektive Innerlichkeit gegen Intersubjektivität. Sofern der Einzelmensch sich bei allen Fragen, was recht ist, berufen kann auf die innere Stimme, die ihm das Rechte sagt, trägt er die Instanz, die über ethische Probleme der Lebensführung entscheidet, in sich selber, ist ein „Gerichtshof" aus eigener Souveränität. Mit dem Terminus „Gesetz des Herzens" spielt Hegel offensichtlich an auf Gedanken und Redewendungen Rousseaus, etwa auf seinen Begriff einer „religion du coeur". Im „Gesetz des Herzens" ist der Einzelne, der die Verbindlichkeit der Sitte negiert und sich allein höchster Zweck ist, durch ein Allgemeines in ihm bestimmt und geführt. „... [er ist] ein Herz, das aber ein Gesetz an ihm hat ...". (266) Das Tun des Individuums weiß sich im Gegensatz gegen die Vorschriften, Regeln und allgemeingehaltenen Weisungen des öffentlichen Gesetzes und stellt diesem die innere Gewißheit des Rechten gegenüber. Der Einzelmensch weiß sich im Mißverhältnis zur umgebenden sittlichen Welt, die aus einer langen Geschichte geworden ist. Mag diese aus verschiedenen Ursprüngen zusammengeflossen sein, teils der Freiheitstat von Wenigen, teils dem Gewohnheitstrott der Vielen entstammen, so tritt sie in der Öffentlichkeit des menschlichen Soziallebens auf als „gewalttätige Ordnung der Welt", und übt eine Herrschaft aus über eine „leidende Menschheit". (267) Der protestierende Einzelne entzieht sich nicht dem Machtbereich des öffentlichen Gesetzes nur, er setzt seine Sittlichkeit gegen die Sitte des Herkommens und der Überlieferung. Er weicht nicht aus ins scheinbar Gesetzlose – wie der Genießer –, er trotzt dem fremden Gesetz unter Berufung auf das eigene, widerspricht mit der Leidenschaft der Innerlichkeit jedem äußeren Zwang. Die Einkehr ins Gesetz des Herzens ist zugleich eine Verwerfung des öffentlichen Gesetzes, ist zugleich die Verleugnung der Geschichte, der Überlieferung, der gewordenen, gewachsenen Sitte.

Der Geist des Einzelmenschen erhebt seinen Widerspruch gegen den Geist der Menschheit, soweit dieser schon gesprochen zu haben behauptet und seine Dekaloge verlautbart hat. Das Gesetz des Herzens ist aber nicht nur individuell, es lebt im Individuum, aber als das Feuer der Begeisterung für Hohes und Schönes, und ist beflügelt von dem Verlangen, das Gesetz aller Herzen zu werden, – an die Stelle des toten Buchstabens der Rechtsgläubigkeit die lebendige Stimme des sinnverstehenden Gewissens setzen zu können. Damit ist eine Gestalt hervorgetreten, die nicht den Leichtsinn des Genießers kennt, vielmehr einen hohen Ernst bei ihrem Vorhaben hat, sich als Gesetz, – der Einzelne: als Gesetz des Herzens, und zuletzt als Gesetz aller Herzen sich zu verwirklichen. Was als eine höhere Form des Daseins aufzutreten scheint und der Protest, die Revolte des freien und tätigen Individuums gegen die ihm vorliegende sittliche Welt ist, kann nicht in einem freien, noch unbesetzten Raume sich verwirklichen, so als ob noch nirgends feste Bestimmungen, Sitten, Gebräuche, Wertschätzungen, gegesellschaftliche Rangordnungen und zugehörige Institutionen wären.

Unausweichlich muß es zum Streite kommen zwischen dem Gesetze, das öffentlich gilt, und dem Gesetze des Herzens, das die Welt verändern, verbessern, das Wohl der Menschheit fördern möchte. Das Gesetz des Herzens wird zur Legitimation von Umsturz und Revolution; es verbleibt nicht als Gesinnung und Überzeugung in den Seelen der Einzelnen, es strebt selber zur Ver-Öffentlichung und allgemeinen Anerkennung. In der Kritik der bestehenden Ordnung und ihrer Gesetze wird das Herz-Gesetz selber veräußerlicht. Damit erfährt es eine eigentümliche Verkehrung. Zuerst ist es seiner selbst gewiß in der Unmittelbarkeit seiner Empfindung fürs Rechte, für die nötigen Handlungen, die aus dem Rechtsgefühle hervorfließen. Das Individuum sieht seine Bestimmung darin, dem Gesetz seines Herzens zu folgen und sich freizuhalten von Gesetzen, die den Charakter des Vorwegbestehenden, bereits Eingeführten und öffentlich Geltenden haben, als herrschende Gewalten inthronisiert sind und die Unterwerfung des Individuums von diesem abverlangen. Solchem fremden Anspruch stellt das einzelne Selbstbewußtsein seinen Willen, seine Maximen, sein Gefühl fürs Schickliche und Gute entgegen, läßt sich nicht beugen, revoltiert gegen die Unterdrückung in der Erscheinung eines fremdgesetzten Rechtes. Das Individuum will in seiner Freiheit auch „Ursprung", auch produktive Setzung sein.

Solange es protestiert und revoltiert, stehen dem Individuum zwei Gesetze unversöhnlich gegenüber, das traditional-öffentliche und das innerliche des Herzens. Das erstere erhebt den Anspruch, für alle zu gelten, – das zweite gilt je für mich. Dem Individuum muß das Gesetz der Stadt und des Staates als eine Bindung erscheinen, die es selber nicht vollbracht, nicht getan hat, also als ein Inbegriff nicht-getaner, nicht selbsterwirkter Regeln für das eigene Wirken und Tun. Und wenn es sich an sein eigenes Innere wendet, findet es dort unmittelbar ein lautloses, schriftloses, gesetzbuch-loses Gesetz vor. Mit diesem tritt es der sittlichen Welt, von der es umringt ist, entgegen, um sie selbstherrlich zu negieren, – nicht aber, um sie dabei auf mögliche Beute fürs Genießen zu durchmustern, vielmehr um das vernünftige Selbstbewußtsein, das ein inneres Gesetz in sich trägt, zu verwirklichen. Es zeigt sich ein Widerspruch im menschlichen Sein, sofern und soweit es in zweifacher Weise beansprucht wird, entweder dem äußeren geltenden Gesetze gehorcht oder gegen dasselbe aufsteht. Mitunter mag es vorkommen, daß das herkömmliche Sittengesetz Vorschriften und Weisungen gibt, die inhaltlich auch mit den Weisungen des Herzgesetzes übereinstimmen können. Doch das ist dann zufälliger Natur; das äußere Gesetz, weil es das äußere ist, hat für das Individuum nicht die Bedeutung, Ausdruck seiner selbst zu sein, liegt vielmehr als eine fremde Vorschrift ihm nur gegenüber. Das fremde Gesetz hat nicht das Moment des individuellen Fürsichseins, nicht das Herzhafte an sich.

Der Widerspruch sitzt tiefer und ist mehr als der Protest oder die Revolte des Individuums gegen die herrschenden und etablierten Mächte des Gemeinwesens. Ein Widerspruch bricht dadurch auf, daß das Individuum, durch sich selbst begeistet und begeistert, sein Herzinneres „äußern" will und danach drängt, was für es Gesetz ist, zum Gesetz für alle zu machen, wenn es nur gelingt, die schöpferische Souveränität in allen Mitmenschen zu entbinden. Nicht um eine Unterjochung der Mitbürger, vielmehr um eine Gleichheit im Freisein aller, um die „égalité" in der liberté und um die darin sich bekundende „fraternité" handelt es sich nunmehr. Die Parolen, mit denen Aufklärung und Französische Revolution den Sturmlauf gegen die Ständegesellschaft begannen, schlagen mit dem Siege des Prinzips der gleichen Freiheit in Widersprüche um.

Der Hauptwiderspruch besteht aber darin, daß eine Verwirklichung des Gesetzes des Herzens dieses gerade zerstört. Das Gesetz des Herzens kann sich nur verwirklichen durch seine Aufhebung. Inwiefern? Wenn das Individuum das, was an ihm einzelnen als Gesetz, d. h. als Allgemeines „ist", auch allgemein „machen" will, das innere Gesetz als eine öffentlich bekundete Forderung aufstellt und an die Innerlichkeit der Anderen, der Mitmenschen und Mitbürger appelliert, mit ihrem Herzgeist die Gesetze des Gemeinwesens zu verlebendigen, dann verkehrt es in seinem Tun seine eigentliche Absicht, – weiß nicht nur nicht, was es tut, es tut auch gegen sich, gegen sein eigenes Tun, – die Freiheit des Individuums, sofern das Gesetz des Herzens zur Verwirklichung kommen soll, schlägt sich selber ins Gesicht. „Das Gesetz des Herzens hört eben durch seine Verwirklichung auf, Gesetz des *Herzens* zu sein. Denn es erhält darin die Form des *Seins* und ist nun *allgemeine* Macht, für welche *dieses* Herz gleichgültig ist, so daß das Individuum *seine eigene* Ordnung dadurch, daß es sie *aufstellt,* nicht mehr als die seinige findet". (268) Der Einzelne, der sich zum Allgemeinen erhebt, nicht wie es schon vorwegbesteht als Ordnung des Staates, vielmehr das Gesetz des Herzens verallgemeinern will, gerät in Widersprüche zwischen seinem Tun und seinem Tatwerk, zwischen „seinem" Gesetz und dem öffentlichen bisher anerkannten, jetzt verworfenen, aber noch nicht entthronten Gesetz, und weiter noch in Widersprüche mit den Mitmenschen. Denn auch diese können oder könnten doch ihre Innerlichkeit, das Gefühl und die Gesinnung ihrer Rechtlichkeit, zu einem allgemeinen Prinzip erheben und das Gesetz jeweils ihres Herzens zum Gesetz für alle machen wollen.

Mit dieser Betrachtung gibt Hegel eine versteckte Kritik des Souveränitätsprinzips Rousseaus und der „volonté générale". Die Forderung, das, was für ein einzelnes Selbstbewußtsein die Einheit der Individualität und des Allgemeinen, die Einheit von Herz und Gesetz ist, müsse und solle von jedem Herzen anerkannt werden, – diese Forderung ist utopisch, weil die Menschen zwar mehr oder weniger gleich in ihren Trieben und Bedürfnissen, ebenfalls gleich in der Struktur ihrer Subjektivität, aber ungleich in ihren Freiheitsentwürfen, ungleich in der produktiven Macht ihrer „Herzen" sind. „Daher finden in diesem Inhalte die Andern nicht das Gesetz ihres Herzens, sondern vielmehr das *eines andern* vollbracht; und eben nach dem allgemeinen Gesetze, daß in dem, was Gesetz ist, jedes sein Herz finden soll, kehren sie sich ebenso gegen die Wirklichkeit, welche es aufstellte, als es sich gegen die ihrige kehrte." (269) Von dem Widerspruche der Anderen, welche ebenso auf dem Allgemeinheitsanspruch ihrer individuellen Subjektivität bestehen wie das Ich, das seine Herzinnerlichkeit zum Gesetz für alle erheben möchte, wird der Einzelne auf sich selbst zurückgeworfen. Das bedeutet, wie Hegel ausführt: der einzelne kennt nicht die Natur der Verwirklichung, er möchte zugleich einzelne Individualität und Allgemeinheit festhalten und bewahren. Beides geht zusammen in der Sphäre der Innerlichkeit. Die Äußerung der Freiheit, die Äußerung, welche das Gesetz des Herzens zum Staatsgesetz der wirklichen Polis machen will, kann die tätige Individualität und ihr Gesetz nicht zusammenhalten, muß die Erfahrung machen, daß Äußerung immer das Individuum in die rauhe Zone der öffentlichen Wirklichkeit setzt, worin die zärtlich gehütete Einsamkeit des individuellen Geistes „untergeht". Der Untergang der Individualität geschieht als ihre Verwirklichung. Das Allgemeine, was der Staat, die Polis ist – und was als fremde Dimension der Innerlichkeit des ichhaften Subjektes gegenüberliegt oder gegenüberzuliegen scheint –, ist in Wahrheit eine Dimension der Individualität selbst – allerdings die zu ihm als Möglichkeit zugehörige Dimension seiner Entfremdung und seines Unterganges.

Mit der Kennzeichnung der Äußerung der Freiheit als Entfremdung der Individualität, die ein Werk vollbringt und ihm sich unterwirft, berührt Hegel ein zentrales Motiv seines Denkens, ein Motiv, das nach ihm weltgeschichtlich „Epoche gemacht hat". Die nähere und gründlichere Erörterung des Problems der Entfremdung findet erst in der Lehre vom Geist, und zwar im zweiten Abschnitt „Der sich entfremdete Geist, die Bildung" statt. Während Rousseau in der „aliénation", in der Entfremdung den eigentlichen Sündenfall des Menschengeschlechts sieht und die Freiheit der Individuen behalten möchte, auch wenn sie einen Staat bilden und zum Staatsvertrage zusammentreten, dadurch nämlich, daß jeder nur gleichviel von seiner Willkür abgibt und gleichviel an Freiheitsrest behält, sieht Hegel in der Entfremdung keineswegs ein unvermeidliches Übel, einen Mißstand, eine Beeinträchtigung der individuellen Freiheit, – er sieht im Allgemeinen das Gedankenhafte, das Vernunfthafte an der Menschenfreiheit, die ihr einzelnes Tun und dessen allgemeine geistige Sinnform nicht zusammenbringt. Das Bewußtsein des Ich wird vom Widerspruch verstört, zugleich ein einzelnes und ein allgemeines, allgemein-gültiges zu sein, – in der Verwirklichung des Gesetzes des Herzens selber „unterzugehen" im Gemeingeist.

Zwei Auffassungen vom Wesen und vom Wirklichen geraten in einen Konflikt. Zuerst ist das Individuum sich wesenhaft und wirklich, wenn es auf seiner Einzelheit beharrt, – in der Sphäre der Innerlichkeit verbleibt, – aber dabei sein Gesetz nicht äußern kann. Wird es aber dazu geführt, das innere Gesetz als öffentliches zu proklamieren, so gilt das „Allgemeine" der Staatssphäre, worein es sich wirft und woraufhin es sich entwirft, als das eigentlichere Wesen und als das wahrhaftigere Wirkliche, obgleich es sich dabei in seiner einmaligen Einzelnheit aufgibt, sich selber verlorengeht. In einem Widerspruch zweier unvereinbarer und unverträglicher Auffassungen zu existieren, in konträren Auffassungen über „Wesen" und „Wirklichkeit", verwirrt keineswegs nur die „theoretische" Vernunft, – nicht minder auch die tätige, die freituende, die sich zu verwirklichen strebt. Was soll Verwirklichung noch heißen, wenn unklar und trüb, vieldeutig schillernd und umrißlos die Begriffe selber geworden sind, mit denen das Selbstbewußtsein sein Tun und Vollbringen, den Geschehnischarakter der Freiheit fassen will? Hegel faßt die Verlegenheit, die hier zu einer Unsicherheit des Handelnkönnens der Vernunft aufgesteigert wird, in dem komprimierten Satze zusammen: „Indem es [= das Selbstbewußtsein] dies Moment seines sich bewußten Untergangs und darin das Resultat seiner Erfahrung ausspricht, zeigt es sich als diese innere Verkehrung seiner selbst, als die Verrücktheit des Bewußtseins, welchem sein Wesen unmittelbar Unwesen, seine Wirklichkeit unmittelbar Unwirklichkeit ist". (271) Die Antinomien der menschlichen Freiheit, sofern sie eine vernünftige zu sein trachtet, sind nicht weniger beunruhigend und bestürzend als die dialektischen Probleme des theoretischen Seinsverständnisses, – ja sie sind vielleicht noch dunkler und abgründiger. Wenn die „Aufklärung" der Autorität der Traditionsgesetze zu widersprechen wagte und den lebendigen Willen der Individuen als Grund der allgemeinen Staatsgesetze postulierte – oder wenn die große Revolution die Gleichheit der Bürger herzustellen versuchte, so ist im ersten Falle die leblose Leere der „volonté générale" ein negatives Ergebnis geblieben, im zweiten Falle die Gleichheit aller eindrucksvoll von der Guillotine demonstriert worden.

30. Der Wahnsinn des Eigendünkels.
Verkehrtheit der allgemeinen Ordnung. Der Weltlauf

Das Problem der Entfremdung wird von Hegel, auch in der noch vorläufigen Form unseres Textzusammenhangs, zwar geschichtlich gesehen, jedoch nicht als eine vermeidbare faktische Schwierigkeit betrachtet, – nicht als ein Unrecht oder Unglück angesprochen, das mit gutem Willen oder mit siegreicher Revolution wegzuräumen wäre. Die Entfremdung geschieht wesentlich, wenn das innere politische Wollen in Taten und Werken sich verwirklicht, wenn das Gesetz des Herzens, das zunächst der einzelnen Individualität angehört, sich umzusetzen versucht in objektive, geltende Verhältnisse, – wenn Gedanken der philanthropischen Aufklärer und Pläne der Umstürzler auf dem harten Schauplatz des politischen Tages sich äußern und veräußern. Hegel hat als Horizont dieses Problems die Verwirklichung des vernünftigen Selbstbewußtseins umschrieben – und zwar aus dem Ansatz heraus, daß in der modernen Welt der Einzelmensch nicht mehr in einer heilen und tragenden Gesamtordnung des Lebens sich befindet, nicht mehr ein Gleichgewicht zwischen Polis und Individuum besteht, nicht mehr das „Glück" des reinen Ausgleichs vorhanden ist, vielmehr das „Glück" gesucht wird, sei es, daß der Einzelne sich gegen die Sitte und die traditionale Ordnung stellt und, von ihr freigeworden, im Sinnengenuß sein Selbst bewähren oder seine geisthafte Innerlichkeit als Protest oder Revolte äußern will. Die Sphäre des bereits objektiv gewordenen Geistes, der Bereich der etablierten Macht und Rechtsordnung ist nunmehr das Medium, worin die Vernunft der vereinzelten Individualität ihre Verwirklichung versucht. Nicht in der Natur als Materie und Organismus, vielmehr in der Geschichte als politischer Wirklichkeit sucht die täterische Vernunft sich zu realisieren. Das, was im geschichtlichen Felde vorliegt, hat als das Bestehende dem Einzelnen gegenüber eine Übermacht und erscheint ihm als eine hoheitliche Gewalt, die Unterwerfung fordert. Der Staat als Sitte, Rangordnung, Institutionengefüge eines Volks ist gelebtes Leben von langer und ehrwürdiger Herkunft. Es mag als Vermessenheit erscheinen, wenn der Einzelne sich dieser Macht entzieht oder gar ihr zu widersprechen wagt. Wodurch ist eine solche Vermessenheit möglich? Einzig durch den Gedanken, daß es tuende, schaffende, schöpferische Vernunft war, was den Staat hervorgebracht hat, wenn auch nicht die Vernunft von losgelösten Einzelnen, – daß es dieselbe Kraft ist, welche die Polis hervorbringt und sie verneint, in Frage stellt, aus ihr ausbricht oder in sie mit einem vehementen Erneuerungswillen einbricht. Dieselbe Kraft, einmal als ein ehernes Monument objektiv geworden, das andere Mal als reines, noch unverbrauchtes Plasma, das seinen Stoff sucht, sein Tatwerk im Gedankentraum entwirft, gegen die Bastille des Bestehenden aufsteht. Der Einzelne mißt die äußere Wirklichkeit am Gesetz seines Herzens, das ihm das Wesenhafte ist, und von daher wirft er über das Bestehende eilfertig den Richtspruch, es sei wert zugrundezugehen.

Hegel gibt dem Problem eine Tiefe, die über das naive Bewußtsein von politischen Tätern hinausliegt. Diese sehen nur die Unzulänglichkeit der Polis, stürmen gegen sie an, vielleicht mit Herzen, die für das Hohe und Gute glühen, sie setzen ihren idealischen Traum gegen die Häßlichkeit der wirklichen Machtverhältnisse, wollen das Bestehende umändern, umstürzen und auf seinen Trümmern eine neue, bessere Menschenwelt errichten, – sie gehen aus von dem Gedanken, was der Mensch geschaffen hat, das kann er auch wieder zerstören, um einen besseren Entwurf von der Volks- und Staatsgemeinschaft ins Werk zu setzen, sie berufen sich auf die Selbigkeit der tathandelnden Vernunft in Staatsbestand und Staatsprojekt, versehen sich aber darin, was den Unterschied von Bestand und Projekt selber betrifft. Sie meinen, es komme nur darauf an, eine bestimmte Machtordnung zu beseitigen, ein bestimmtes Herrschaftssystem abzulösen, Platz zu schaffen für einen neuen Bau. Sie erkennen nicht, daß die Sphäre selber, in welcher sie handeln wollen, eine verfremdende Struktur hat, – daß jede Verwirklichung auch verwirkt. Die Innerlichkeit, die ins Äußere übergeht, kann nicht ihre Reinheit und Ursprünglichkeit bewahren, sie muß sich verändern und wird dadurch dem ähnlich, was sie verändern wollte. Der Sieg einer Revolution ist bereits ihr Verrat, das Gesetz des Herzens, welches politisch Erfolg hat, gibt seine Herz-Innigkeit auf. Das besagt jedoch für Hegel keine „malaise" der menschlichen Natur, keine Schwäche des Willens, keine Untreue gegen proklamierte Prinzipien. Hier geht es weder um Anklage, noch um Resignation. Eine Dialektik der Verkehrung bestimmt das Verhältnis des Inneren und Äußeren auch in der Dimension der politischen Verwirklichungsversuche des vernünftigen, zunächst individuellen Selbstbewußtseins. Hegels Gedanken halten ein Reflexionsniveau, das von keiner Revolutionstheorie bisher erreicht wurde. Die freie einzelne Individualität, die das Programm einer besseren Welt in ihrem Kopfe, die Begeisterung für sie in ihrem glühenden Herzen trägt, macht beim Versuche der Verwirklichung jene schon genannte Erfahrung, daß sich ihr alles verkehrt: das eigene Wesen als Unwesen, die eigene Wirklichkeit als Unwirklichkeit ihr vorkommen muß. Die Polis ist ebenso tathafte, allerdings tatgewordene Vernunft, wie der Staatsentwurf des Einzelnen vernünftig, aber noch nicht ausgeführte Vernunft ist. Sofern die Individualität, die sich verwirklichen, das Gesetz ihres Herzens zum Gesetz aller Herzen erheben will, selber in die Dimension des Gemeingeistes sich umsetzt, existiert sie als der reißende Widerspruch des Allgemeinen und der Individualität; denn sie will sich verallgemeinern und will das bestehende Allgemeine individualisieren, will das Herz verstaatlichen und den Staat herzinnig verinnerlichen; dabei wechselt unablässig hin und her, was für das Individuum das Wesen und das Wirkliche ist. Unwirklich und nichtig ist dem Individuum die bestehende Polis, sofern es diese verneint, – das wahrhaft Wirkliche ist ihm dann die schöpferische Kraft, die politische Produktivität gegenüber dem politischen Produkt. Doch sofern es seinen Entwurf ausführen will, ist ihm dieser als noch nicht realisierter das Unwirkliche, die Sphäre des Staates, in welche es sich zu werfen unternimmt, gerade das Wesen und das Wirkliche, nicht es selbst.

Wenn für ein Bewußtsein die Situation eintritt, daß es etwas Wesenloses für wesenhaft, etwas Unwirkliches für wirklich und umgekehrt hält, täuscht es sich über eine Sache, einen Sachverhalt, einen Gegenstand. Wenn es nun über die meisten Sachen sich täuscht, das Wirklichkeitsbewußtsein in ihm „verkehrt" ist, ist es in einen Wahn, in eine Wahnwelt verfallen, befindet sich im Wahnsinn. Dann ist nur der Gegenstand für es verrückt, aus der rechten Seinsordnung herausgestoßen. Anders verhält es sich, wenn das Selbstbewußtsein nicht zu Sachen, vielmehr zu sich nicht mehr im gültigen Verhältnis, sondern in einer unheimlichen Verkehrung steht, – wenn es sich als individuelles, das sich verallgemeinert, und als allgemein-gewordenes, das seine Einzelnheit festhält, in diesem Selbstwiderspruch erfährt. „In dem Resultate des Erfahrens, das sich hier ergeben hat, ist aber das Bewußtsein in seinem Gesetze sich *seiner selbst* als dieses Wirklichen bewußt; und zugleich, indem ihm ebendieselbe Wesenheit, dieselbe Wirklichkeit *entfremdet* ist, ist es als Selbstbewußtsein, als absolute Wirklichkeit sich seiner Unwirklichkeit bewußt, oder die beiden Seiten gelten ihm nach ihrem Widerspruche unmittelbar als *sein Wesen,* das also im Innersten verrückt ist." (271) Das Selbstbewußtsein, derart verstört bei seinem Versuche, sich vernünftig in der Politik zu verwirklichen, in der Umsetzung des innerlichen Gesetzes des Herzens in die staatliche Sphäre, was immer eine Entfremdung bedeutet, tut zunächst das Verkehrte, das es selber ist. „Das Herzklopfen für das Wohl der Menschheit geht darum in das Toben des verrückten Eigendünkels über, in die Wut des Bewußtseins, gegen seine Zerstörung sich zu erhalten...". (271) Wenn der weltverbesserische Traum, wie unvermeidbar und dialektisch notwendig, in der Ausführung sich verkehrt, dann schlägt das philanthropische Gefühl, das sich nicht rein zu vollbringen weiß, in Haß um, – die revolutionären Redner, die vor der Tat eine Erneuerung der menschlichen Welt verheißen, werden im Vollzug der Tat zu Tyrannen, auch wenn sie wie der „Unbestechliche", wie Robespierre, im Namen reiner und erhabener Prinzipien handeln.

Hegel faßt diesen Umschlag philosophisch prinzipiell. Das Selbstbewußtsein weigert sich zuerst, den Widerspruch in ihm selber anzuerkennen, es sucht die Schuld dafür außerhalb seiner, in bösen Zuständen und Umständen des Gemeinwesens. Die Sphäre des Staates, welche es erneuern will, ist bereits korrumpiert durch das üble Treiben der bisherigen Machthaber, die Bürger sind in Untertänigkeit und Sklavensinn, in der geduckten Gesinnung geschundener Kreatur aufgewachsen. Die Rechtfertigung für das eigene mißglückende Tun wird Anderen aufgelastet, den Feinden des Volks, den Unterdrückern und Ausbeutern. „Es [= das Bewußtsein] spricht also die allgemeine Ordnung aus als eine von fanatischen Priestern, schwelgenden Despoten und für ihre Erniedrigung hinabwärts durch Erniedrigen und Unterdrücken sich entschädigenden Dienern derselben erfundene und zum namenlosen Elende der betrogenen Menschheit gehandhabte Verkehrung des Gesetzes des Herzens und seines Glückes." (271 f.) Mit dieser Entlastung, die zur Anklage und zur Verfolgung der Volksfeinde führen kann, wird jedoch bereits die Individualität als solche angesehen als das verrückende, verkehrende und verwirrende Prinzip, — allerdings nicht die eigene, sondern die von Anderen. Bösewichter wohl, aber Täter werden verantwortlich gemacht, daß die tathafte Selbstverwirklichung der Individualität als die Äußerung des Gesetzes des Herzens nicht rein gelingt. Sofern diese auch Täter sind, liegt es wohl mehr am Tun und Tathandeln, als an einer bösen Gesinnung.

Die Einsicht dämmert auf, daß überhaupt eine Selbstverwirklichung des Selbstbewußtseins in der Sphäre der Polis vor immensen Schwierigkeiten steht. „Aber das Herz oder die *unmittelbar allgemeinseinwollende Einzelheit des Bewußtseins* ist dies Verrückende und Verkehrte selbst..." (272) — sagt Hegel. Er reflektiert dabei auf ein Räsonnement, welches das Selbstbewußtsein anstellt. Dessen Plan ist es, das Gesetz des Herzens in die Wirklichkeit zu bringen, eine neue Gemeinschaft auf den Trümmern der bestehenden Ordnung aufzubauen. Es ist ein Plan, ein Gedanke, der bestenfalls der Wirklichkeit vorausläuft, — das, was erstrebt wird, ist noch nicht, existiert vorerst als Gemeintes, als Gedankending. Und das Gedankending hat nicht wie die bestehende Machtordnung des Volks die Verwirklichung geleistet, nicht, um Hegels Wort aufzunehmen, „den Tag ausgehalten", sich als wetterfest in den Stürmen der Geschichte bewährt. In der Intention der Planenden liegt, daß es nicht bei dem bloßen Plane bleiben soll, daß er ausgeführt werden müsse. Damit wird zwar der faktisch bestehende Staat verneint, die Sphäre der Staatlichkeit überhaupt bejaht. Das Selbstbewußtsein drängt darauf, allgemein und als allgemeines Gesetz aller Herzen objektiv, den Tag aushaltende Wirklichkeit zu werden. „Es ist also nicht eine zufällige und fremde Individualität, sondern eben dieses Herz nach allen Seiten in sich das Verkehrte und Verkehrende". (272) Damit scheint der Grund für das Mißglücken der vernünftigen Selbstverwirklichung im Felde des Politischen einseitig verlagert zu sein auf die Individualität, die das Gemeinwesen stört mit ihren idealischen Forderungen und Träumen von Gerechtigkeit, Gleichheit, Freiheit, Brüderlichkeit.

Das Gemeinwesen ist belebt vom Geist seiner Bürger. Mögen sie gegen Mißstände klagen, Verbesserungen vorschlagen, so wollen sie doch nicht die Gemeinschaft aufheben, den politischen Verband überhaupt zerstören, nicht der Anarchie vor der öffentlichen Ordnung den Vorzug geben. Im Staate verhalten sie kritisierend sich zum Staate, ohne das Staatsleben ganz und gar aufgeben zu wollen. Die Einzelnen würden zerstreut werden ins Unbezügliche und vormenschlich Wildnishafte, wenn der Staat nicht die Stätte ihres Zusammenhangs und ihrer Wechselbezüge darböte. Aber diese gemeinschaftliche Lebensordnung, als die Burg aller Bürger, ist ebenso „das Verkehrte", wie die Individualität verkehrend und verkehrt ist. Denn der Staat wird von seinen Bürgern, von den Individuen gelebt. Gewiß ist er keine bloße Addition, kein Haufen von Ichen, er ist System einer objektiven Ordnung, worin den Einzelnen Rechte und Pflichten zugemessen sind. Sofern nun ein Einzelner gegen das Gemeinwesen den Vorwurf erhebt, es sei eine erstarrte, versteinerte Ordnung, die neu belebt werden müsse aus dem Gesetz des Herzens heraus, können andere Bürger unter Berufung auf das Gesetz ihres Herzens widersprechen und ihre Innerlichkeit realisieren wollen. Daraus ergibt sich ein Widerstand, und zwar ein vielzahliger Widerstand; indem der eine Projekte aufstellt, widersteht er bereits den Projekten von Anderen. „Das *Allgemeine,* das vorhanden ist, ist daher nur ein allgemeiner Widerstand und Bekämpfung aller gegeneinander, worin jeder seine eigene Einzelheit geltend macht, aber zugleich nicht dazu kommt, weil sie denselben Widerstand erfährt und durch die andern gegenseitig aufgelöst wird". (273) Das Gemeinwesen, obzwar es objektive, aus Taten gewordene Vernunftgestalt des Miteinanderseins, also öffentliche Ordnung ist, ist zugleich der kaum kaschierte Streit der Interessen und individuellen Lebensansprüche, „... ist also diese allgemeine Befehdung, worin jeder an sich reißt, was er kann, die Gerechtigkeit an der Einzelheit der andern ausübt und die seinige festsetzt, die ebenso durch andere verschwindet. Sie ist der *Weltlauf,* der Schein eines bleibenden Ganges, der nur eine *gemeinte Allgemeinheit,* und dessen Inhalt vielmehr das wesenlose Spiel der Festsetzung der Einzelheiten und ihrer Auflösung ist". (273)

βγ) Die Tugend und der Weltlauf

*Der dritte Weg: Vermittlung von Weltlauf und Tugend
(die Aufopferung; Versuch der Aufhebung der Verkehrtheit
des Weltlaufs durch Kampf gegen sie; der vorübergehende Sieg
des Weltlaufs über die Tugend; die Einsicht in die Notwendigkeit
des Weltlaufs; Vermittlung von Fürsichsein des Weltlaufs
und Ansichsein der Tugend; die Individualität
als Zweck an sich selbst)*

Was Hegel hier den Weltlauf nennt, ist nur der Lauf der menschlichen Dinge, nicht der Gang des Universums. Der „Lauf der Welt" ist gemeint als der realistisch-nüchterne Aspekt des menschlichen Treibens, wo jeder nur seinen Vorteil, seinen Nutzen, seinen Genuß oder seinen Ruhm sucht, das wirre Gewimmel der eigensüchtigen Individuen, welche vom Staate den Schutz ihres Eigentums, die Sicherung ihres Lebens gegen Gewalttat erwarten, jedoch wenig bereit sind zu Gegenleistungen oder gar zu Opfern. Es ist der Lauf der Welt, daß die Dummen von den Listigen übervorteilt, die Schwachen von den Starken beherrscht, die Armen von den Reichen ausgebeutet, die Wehrlosen von den Waffenträgern bedrückt und die idealischen Träumer von den nüchternen Geschäftsleuten ausgenutzt werden. Die Liste könnte noch lange fortgesetzt werden, in jeder Epoche gibt es die jeweils zeitgemäßen Formen von Unterdrückung, Ausbeutung und Versklavung. Gegen den Lauf der Welt opponiert in Ausnahmefällen der Einzelne, während in der Regel die Individuen mitspielen in dem allgemeinen Treiben und in dem unehrlichen Spiel wechselseitiger Übervorteilung und Ausnutzung, den Staat als Schutzmacht schätzen, von seinen Einrichtungen profitieren, aber nicht ihm sich anheimgeben. Wenn das individuelle Selbstbewußtsein nicht dem Weltlauf anhängt, vielmehr dagegen sich absetzt und die Gemeinschaft des Staates als eine Aufgabe betrachtet, seine Allgemeinheit als das Erhabene ansieht, zu dem die Individualität sich erheben könne, so realisiert es sich als Tugend.

Mit diesem Ausdruck „Tugend" meint Hegel keine individuellen Lebensvollzüge nach dem sittlichen Kanon überhaupt, sondern die politische Tugend, sich als Einzelnen dem gemeinsamen Wesen, dem Staate aufzuopfern. In dem Abschnitt „C. Die Tugend und der Weltlauf" exponiert Hegel mit seiner großartigen Kunst der Verschränkung, Verspannung gedankenhafter Positionen ein reiches Lineament von Figuren und Gegenfiguren, eine dialektische Komposition. Die Verwirklichung des vernünftigen Selbstbewußtseins bewegt sich nicht nur im Spannungsfeld von Individuum und Staat, auch in der besonderen Ausprägung beider als Tugend und Weltlauf. Die Tugend opponiert zunächst dem Weltlauf, weil sie ihn als eine unwürdige und eigensüchtige Art ansieht, das Leben zu leben. Der tugendhafte Einzelne opfert sich dem Staate auf, entäußert sich seiner selbst und seines Selbstzweckes, wenn er sich, sein Inneres in den Staat hineingibt, sich ins Objektive und Institutionale des Gemeinwesens hinein-äußert.

Der Staat, das Tun und Lassen, das Handeln und Werken aller Einzelnen, ist für das tugendhafte Bewußtsein in einer doppelten Form vorgestellt: einmal als das verderbte Lebensganze, verdorben durch die Selbstsucht oder aber durch die wechselseitige Befehdung der Einzelnen, – das andere Mal als das hoheitliche über-individuelle Lebenssubjekt (das Staatsvolk im Volksstaat), dem das Individuum sich zum Opfer bringt. Es gilt also, Tugend in das Gemeinwesen zu bringen und zugleich dabei das tuende, handelnde tugendhafte Individuum aufzuheben, zu opfern, zu verallgemeinern. Auch hieraus resultiert eine Verkehrung. Die Tat, wodurch der Staat befestigt wird, schließt Negation der Individualität ein, die tut und vollbringt. Im Weltlaufe, der zuerst nur das wesenlose Treiben konkurrierender Interessen, wetteifernder Eigensüchte zu sein schien, zeigt sich unter dieser unschönen Oberfläche das „Allgemeine Leben" als solches.

Das Individuum, das aus der Tugendgesinnung heraus dem Staate gegenübertritt, ihn reformieren oder umstürzen will, erfährt die Festigkeit des Systems, an dem es rüttelt, wird zurückgestoßen in die leere Hohlheit seines Eigendünkels oder doch zurückgetrieben in einen Kampf, in welchem es nicht gegen ein Fremdes bloß, auch gegen sich kämpft, sofern es noch nicht sich zum Staate gemacht, und auch, wenn es sich dazu gemacht hat. Die Tugend (d. h. Wille der Individualität zum Staate) wird geleitet von der Absicht, „... durch das Aufheben der Individualität, des Prinzips der Verkehrung..." (276) dem Gemeinwesen die wahre Wirklichkeit allererst zu geben. Die Absicht ist leicht ausgesprochen, doch schwer getan. Es kommt darauf an, „... den verkehrten Weltlauf wieder zu verkehren und sein wahres Wesen hervorzubringen". (276) Wenn das aus Tugend handelnde Individuum handelt in der Absicht, den Staat, wenigstens an seinem Teile, hervorzubringen, handelt es auf das Ziel hin, sein Handeln und das Handeln der Individualitäten abzuschaffen, die tätige Freiheit in ihrem Werke verschwinden zu lassen. Käme das Tugendhandeln ins Ziel, wäre sein Tun in dem mächtigeren Sein des Allgemeingeistes aufgehoben.

Hegel drückt das Spannungsverhältnis von Individualität und Gemeingeist, von Tugend und Weltlauf in der Metaphorik eines Kampfes aus, wobei die Waffen der Kämpfer sie selber, ihr jeweiliges Wesen, sind. Die Tugend befindet sich zunächst in der Situation eines Projekts. Der Staat ist erst zu machen, wie er dem Bilde entspricht, das die Tugend von ihm entwirft. Der gute Staat ist noch nicht, er hat eine Prae-Existenz in den Gedanken der Individualität, ist ein Zweck, der in einem Bewußtsein gesetzt ist. Andererseits muß aber der gute Staat schon sein, eben unter der schlimmen Oberfläche des Weltlaufs als das wahrhaftige Innere, als die Substanz des Gemeinwesens, in die das sich opfernde Individuum sich hinaufheben will. Der gute Staat, der als Gedanke des Individuums noch außerhalb der Wirklichkeit und also ein Gedankending ist – und der als das versteckte Wesen des Weltlaufs vorerst nur ansichseiendes Innere ist, muß durch die „Verwirklichung" aus dem Gedankenstoff in den härteren Stoff der Wirklichkeit – und aus dem nur ansichseienden „Inneren" in seine „äußere" Erscheinung übergehen. Diese Sachlage kann aber so betrachtet werden, sagt Hegel, „... daß das Gute, indem es in dem Kampf gegen den Weltlauf auftritt, damit sich darstellt als seiend für *ein anderes,* als etwas, das nicht *an und für sich selbst* ist, denn sonst würde es nicht durch Bezwingung seines Gegenteils sich erst seine Wahrheit geben wollen". (276 f.) Das Gute, interpretiert als ein gemeinter Zweck in einem Bewußtsein, oder als ein gemeintes Innere des Staates, das noch nicht an den Tag der Wirklichkeit und Bewährung herausgekommen ist, – beides sind Abstraktionen. Das Gute erhält so die Seinsweise zugewiesen, ein *dynamei on,* etwas der Möglichkeit nach zu sein – und selber der Verwirklichung zu bedürfen und dazu eben die Individualität brauchen zu müssen. Aber damit wird das Gute auf ein zweideutiges Element verwiesen, auf die machende, tuende, handelnde Gewalt des Menschen, der solches, was der Möglichkeit nach ist, so oder anders realisieren kann.

Positiv handelt der Mensch, wenn das Gesetz seines Herzens aus der Tugend, d. h. aus dem Streben zum Allgemeinen, ja aus der Aufopferung für das Allgemeine gedacht wird, – negativ aber, wenn er sich dem oberflächlichen Laufe der Welt überläßt. Das „Allgemeine" wird in einer solchen Ansicht fast zu einem neutralen Fluidum, das die Farbe des jeweiligen Täters annimmt, der in es eintaucht. Ein Gegenspiel von Abstraktionen durchzieht das Verhältnis der Individualität zum Staat. Hegel formuliert: „... ein passives Werkzeug, das von der Hand der freien Individualität regiert, gleichgültig gegen den Gebrauch, den sie von ihm macht, auch zur Hervorbringung einer Wirklichkeit mißbraucht werden kann, die seine Zerstörung ist; eine leblose, eigner Selbständigkeit entbehrende Materie, die so oder auch anders und selbst zu ihrem Verderben geformt werden kann". (277)

Damit zeigt sich eine weitere dialektische Komplikation. Der Staat hat nicht nur das Doppelgesicht, das Gesetz des Herzens zu verkehren und zugleich die einzige Erprobungsstätte für die Selbstverwirklichung der vernünftigen Individualität zu sein, ferner schlimme Oberfläche und gültige Ordnung, die überindividuelle, objektive Sinngestalt der Coexistenz und zugleich das von den Einzelsubjekten animierte und in Bewegung gebrachte Lebensganze zu sein, der Staat, der als herrschende Ordnung fix und fest geworden ist, ist dies geworden aus einem zuvor weichen und formbaren Material, weicher und nachgiebiger als Ton in des Töpfers Hand. Wenn die Tugend sich mit dem Weltlaufe in einen Kampf einläßt, so hat sie die Überzeugung der Umformbarkeit des bestehenden Gemeinwesens wie eine Fahne voraus. Sofern sie aber das Individuum ent-individualisieren und verstaatlichen will, hat der Staat überhaupt, nicht dieser bestimmte Staat, den sie bekämpft, a priori den Charakter des Guten an sich.

Daraus folgt, wie Hegel aufzeigt, wiederum eine neue Zweideutigkeit. Der Kampf der Tugend gegen den Weltlauf ist nicht ernst, ist kein Kampf auf Tod und Leben, – wie man es wohl erwarten würde. Es ist allerdings ein Kampf, bei dem es viele Tote geben kann, wenn die siegreich gewordene Tugend die Volksfeinde aufs Schaffott schickt, den Weltlauf von den Bösewichtern reinigt, die sein substanziales Wesen beflecken. Die Tugend weiß oder wähnt sich im Bunde mit dem eigentlichen und inneren Wesen des Weltlaufes, weiß sich in Übereinstimmung mit dem wahren Staat, wenn sie dessen schlechte und miserable Erscheinung angreift. Bildkräftig spricht Hegel davon, daß die Tugend ihren Glauben an die Identität dessen, was sie will und was im Wesensgrunde der Staat als solcher ist, „... in den Hinterhalt gelegt

[habe], welche dem Feinde während des Kampfes in den Rücken fallen ... soll, so daß hiedurch in der Tat für den Ritter der Tugend sein eignes *Tun* und Kämpfen eigentlich eine Spiegelfechterei ist, die er nicht für Ernst nehmen *kann*, – weil er seine wahrhafte Stärke darein setzt, daß das Gute *an und für sich selbst* sei, d. h. sich selbst vollbringe ...". (277)

Damit hat sich für die Position der Tugend der Kampf, den sie suchte und zu ihrer Verwirklichung als vernünftiges Selbstbewußtsein braucht, in einen Scheinkampf verkehrt, in ein Als-ob-Tun. Und auch der Gegner hat sich für sie verkehrt. Der Feind verliert die Eindeutigkeit des Bösewichts, der Weltlauf, das allgemeine Treiben, ist im Grunde das Gemeinwesen, dem die Tugend sich aufzuopfern bereit ist, ist nur in der tagtäglichen Betriebsamkeit der Leute das oberflächliche Jagen nach individuellem kleinen Glück und listig genutztem Vorteil oder das Verfallen an den Sinnengenuß. In Wahrheit schlägt das substanziale Wesen des Staates überall durch und kommt als objektive Vernunft im vernunftlosen Treiben der Individuen an den Tag. „Wo also die Tugend den Weltlauf anfaßt, trifft sie immer auf solche Stellen, die die Existenz des Guten selbst sind, das in alle Erscheinung des Weltlaufs, als das *Ansich* des Weltlaufs, unzertrennlich verschlungen ist und in der Wirklichkeit desselben auch sein Dasein hat; er ist also für sie unverwundbar." (278) Das führt zu der fast tragikomischen Situation, daß die scheinkämpfende Tugend nicht nur sich und ihre Waffen, sondern auch den Gegner selbst und dessen Waffen schont und für unverletzlich halten muß. Oder anders ausgedrückt: die Tugend wird durch ihren Glauben, das Gute sei bereits als Staat überhaupt verwirklicht, daran gehindert, diesen bestimmten Staat, etwa den Ständestaat, den Staat eines Gottesgnadentums oder einer absoluten Macht, radikal zu bekämpfen.

Anders als die gebrochene Kampfesweise der Tugend gegen den Weltlauf ist dessen Kampf gegen die Tugend. Er beruft sich ausschließlich auf die freie und souveräne Individualität des Einzelnen. Und der Einzelne prüft, wägt, nimmt an oder verwirft, was die öffentliche Ordnung ihm zumutet an regelgemäßer Lebensführung, nichts läßt er im voraus gelten, vor nichts scheut er zurück, die Dimension der möglichen Selbstverwirklichung, der Staat, ist ihm nicht ein unbedingtes Gutes, er kennt nichts Heiliges und Gültiges, das vor seiner Kritik sicher und ihr überhoben wäre. Der souveräne Einzelne kann setzen und aufheben, anerkennen und verwerfen und ist durch nichts im voraus schon gebunden. Durch solche Ungebundenheit ist er dem Tugendritter überlegen. Mit dem Einzelnen, mit dem Prinzip der Individualität, siegt der Weltlauf über die Tugend.

Hegel löst auch diesen Sieg wieder auf, macht ihn zweideutig und fragwürdig, weil die Tugend, die sich dem allgemeinen Wohl aufzuopfern gewillt ist, das Allgemeine als Abstraktion, als ein Gedankending versteht, das zwar als verborgenes Wesen, jedoch noch nicht als objektiv und äußerlich Wirkliches bestehe. „Er [= der Weltlauf] siegt aber nicht über etwas Reales, sondern über das Erschaffen von Unterschieden, welche keine sind, über diese pomphaften Reden vom Besten der Menschheit und der Unterdrückung derselben, von der Aufopferung fürs Gute und dem Mißbrauche der Gaben; – solcherlei ideale Wesen und Zwecke sinken als leere Worte zusammen, welche das Herz erheben und die Vernunft leer lassen, erbauen, aber nichts aufbauen...".
(280) Die Schärfe der verwerfenden und abschätzigen Ausdrücke, mit denen Hegel das Selbstverständnis der Tugend in der modernen Welt charakterisiert, ihre bloße Rednerei, leitet sich her aus der These, die antike Welt habe noch an der Substanz des Volkes eine wahrhaft allgemeingültige Sitte und Sittlichkeit gehabt, nicht aber der entwurzelte, emanzipierte, aufgeklärte und umsturzbereite Mensch der neueren Zeit. Wenn die Jakobiner auch wie die alten Römer reden, so sprechen sie doch nicht von einer Tugend, die allgemein war, ehe sie redeten, sondern von einer, die sie erst machen wollen – und durch tönende Reden machen zu können glauben.

Als Resultat seiner dialektischen Reflexion über das Verhältnis von Tugend und Weltlauf ergeben sich für Hegel folgende Einsichten: 1. Das Selbstbewußtsein, das nach vernünftiger Verwirklichung drängt, muß die Vorstellung verabschieden, es bestehe ein an sich Gutes, ohne daß es bereits geschichtlich-gesellschaftliche Wirklichkeit habe. 2. Der Weltlauf, welchen der Tugendblick in scheeler Blickweise ansah, sei nicht so übel, wie er als das selbstsüchtige Treiben isolierter Individuen diffamiert werde. 3. Die Aufopferung des Individuums für den Staat, für das Gemeinwesen, sei kein taugliches Mittel, das Gute hervorzubringen. 4. Die Individualität selber sei die Verwirklichung, als ein Vollzug, bloße Zwecke in Bestehen umzusetzen. „Es ist also *das Tun und Treiben der Individualität Zweck an sich selbst; der Gebrauch der Kräfte, das Spiel ihrer Äußerungen ist es,* was ihnen, die sonst das tote Ansich wären, Leben gibt, das Ansich nicht ein unausgeführtes existenzloses und abstraktes Allgemeines, sondern es selbst ist unmittelbar die Gegenwart und Wirklichkeit des Prozesses der Individualität." (282) Dieser Satz enthält in seiner gedämpft unpathetischen Formulierung eine Welt von Gedanken über Entfremdung, Aufklärung und Revolution.

γ) Die Individualität, welche an und für sich selbst reell ist

31. Durchdringung des Allgemeinen und der Individualität. Bewegung des Tuns an dem Tun selbst als Bewegung eines Kreises

Die Bewegung, welche die Vernunft durchlaufen hat auf dem Wege zu sich selbst – zuerst als beobachtende Vernunft, die sich in der Materie, im tierischen Organismus zu finden suchte und dabei keine Gesetze fand, dann als sich verwirklichende Vernunft in dem mannigfach umspringenden Gegenverhältnis des Inneren und Äußeren sich verfing, schließlich als tätige, tathandelnde Vernunft sich im Felde der Geschichte zu realisieren strebte, – diese Bewegung der Vernunft mündet in einem Selbstverständnis, das in der Überschrift des dritten Teiles der Hegelschen Vernunftlehre zum Ausdruck kommt. Die Vernunft begreift sich als „Die Individualität, welche sich an und für sich selbst reell ist". Die Dimension des Problems ist schwierig anzugeben. Denn das Selbstverständnis der Vernunft wird hier bezogen auf eine Situation, in welcher das menschliche Individuum an dem Wagnis der Gesetzgebung zerschellt. Das Verhältnis von Polis und Individuum, von Staat und Einzelmensch ist betrachtet worden aus dem Blickpunkt der neueren Zeit, d. h. der Aufklärung und der Revolution. Der Einzelne ist nicht mehr geborgen in einer sittlichen Welt, er hat sie nur noch als Erinnerung, die hinter ihm liegt. Aber er kann mit seiner leeren Freiheit nichts anfangen, sucht sich „Wirklichkeit" zu geben, indem er sich an die Lust klammert, die sinnliche Existenz zum Sinn des Daseins zu machen sucht, oder indem er sich in edler Aufwallung dem Gemeinwohl aufopfert, das Gesetz des Herzens gegen das tote und starre Gesetz der Tradition stellt und am Kampfe der Tugend gegen den Weltlauf teilnimmt. Doch dabei macht er die Erfahrung, wie alle seine guten Absichten sich verkehren und das Gute selbst in den idealischen Redensarten sich verflüchtigt. Das Resultat dieser Erfahrung liegt darin, daß die Gegenstellung der Individualität gegen die Allgemeinheit der Polis verschwindet in einer Einheit, die beides umgreift. Das macht Hegels Gedankenführung so außerordentlich schwierig und verwickelt, daß die seinsverstehende und die existenzverstehende Vernunft, die theoretische und die praktische Vernunft in ihren Bewegungen sich verschränken und einander auch wechselseitig explizieren.

Das Resultat, das mit den bisherigen Gedankengängen erreicht worden ist, kennzeichnet Hegel als eine „... sich bewegende Durchdringung des Allgemeinen... und der Individualität". (283) Von einer Durchdringung solcher Momente war schon verschiedentlich die Rede. Die labile Spannung zwischen Einzelnsein und Allgemeinsein war immer wieder Anstoß und Antrieb des dialektischen Denkens. Hier aber wird die wechselseitige Durchdringung als völlige und vollendete gedacht. Das Allgemeine reicht nicht über das Individuum hinaus. Alles Allgemeine ist gänzlich individualisiert, und die Individualität ist schlechthin und ohne Rest allgemein.

Einfach so hingesagt, klingt dies absurd. Wir scheinen mit einer solchen Aussage das Sagen überhaupt aufzuheben. Das träfe zu, wollte man die Gleichsetzung von Allgemeinheit und Individualität wie einen naiven Satz auffassen – wie einen Satz im Horizont eines stehenden und stagnierenden Seinsverständnisses. Der Hegelsche Satz hat Erfahrungen „im Rücken", ist Resultat einer langen und bewegten Gedankengeschichte, die wir mühsam nachbuchstabiert haben. Offensichtlich können die Begriffe „das Allgemeine" und „das Einzelne" nicht ohne den Rückbezug auf den bisherigen Denkweg verstanden werden. Das „Allgemeine" kennen wir gewöhnlich als das Art- und Gattungshafte, als Struktur des Dingseins überhaupt, oder als jene merkwürdigen Bestimmungen am Seienden überhaupt (ens, unum, verum, bonum), oder auch als die Charaktere des Jeweiligseins (das Dieses-sein überhaupt, die haecceitas usf.) – und schließlich das Allgemeine als die Totalität, als universellen Inbegriff. Mit allen diesen Bedeutungen hat Hegel operiert. Das „Einzelne" verstehen wir gewöhnlich aus dem Gegenbezug zum Allgemeinen, eben als dieses konkrete Ding, dieses vorliegende „Federmesser", diese unmittelbar anschaulich gegebene „Tabaksdose", an diesem Platz, zu dieser Zeit – vor mir, diesem Ich. Das Einzelne, meint man gewöhnlich, ist seiner Natur nach „wirklich", das Allgemeine seiner Natur nach „gedacht". Die naive Unterscheidungssicherheit, die wir alltäglich hinsichtlich des Einzelnen und Allgemeinen praktizieren, verfliegt mit der Frage, ob das Allgemeine nur im Menschenkopf, – dieser aber etwas individuell Wirkliches sei, das Individuelle dem Allgemeinen oder umgekehrt vorangehe. Die „Individualität" von Individuen ist ein allgemeiner Zug. Deswegen ist schon jedes Sagen über Individuen in das allgemeine Medium der Sprache eingetaucht. Einzig das Zeigen, das demonstrative Berühren ist als kommunikative Geste individualisierend: ich, dieses Ich, zeige auf diesen konkreten, einzelnen, anschaulich gegebenen Gegenstand. Doch sofern ich ihn ja nicht mir, sondern den Mitmenschen zeige, verstehe ich ihn bereits als einen, der nicht nur für mich, sondern auch für viele Andere ist, – und damit hat er bereits einen Allgemeinheitsbezug an ihm selbst. Auch mit solchen Begriffen vom Individuellen, das im Zeigen und im Sagen Allgemeinheitszüge annimmt, operiert Hegel an vielen Stellen seines Gedankenganges.

Hier an unserer Stelle sind Allgemeinheit und Individualität in besonderer Weise verstanden. Beide werden gedacht als einzig. Die Vernunft, in der Gewißheit, alle Realität zu sein, ist das einzige Allgemeine – und ist das einzige Individuum. Von außen gesehen, nicht von Hegels Philosophie aus, treten hier an der Vernunft Welt-Charaktere auf. Sie ist einzig, allgemein und individuell wie das Weltall, von ihm freilich unterschieden in dem Moment, als Ganzes ein Selbstbewußtsein zu haben. Die Hegelsche Vernunft in dem Stadium des Weges, das uns vorliegt, ist die „sich bewegende Durchdringung des Allgemeinen und der Individualität", – und ist die Einheit von Sein und Selbstbewußtsein, von innerem Sichwissen und gegenständlicher Wirklichkeit. Alle Gegenbezüge, die bisher vielfältig durchmustert und überprüft worden waren, wie „Inneres und Äußeres", wie Selbst und Gegenstand, treten nunmehr innerhalb des Vernunft-Individuums auf, das gewissermaßen eine Welt ist. War vorher die Vernunft beunruhigt durch die Frage, wie sie zur äußeren Wirklichkeit stehe oder wie sie ihren innerlichen Zweck äußere, ihre Gedanken Tag werden lasse, so ist dieses Problem weggefallen: die Vernunft verhält sich weder verstehend noch tathandelnd zu etwas, was sie nicht ist. Sie hat alles Sein in sich, ihr Tun ist bereits ihre Wirklichkeit. „Die Rechnung ist dadurch mit seinen vorherigen Gestalten abgeschlossen; sie liegen hinter ihm in Vergessenheit, treten nicht als seine vorgefundne Welt gegenüber, sondern entwickeln sich nur innerhalb seiner selbst als durchsichtige Momente". (284)

Das ganze Seins- und Tat-Verständnis der Vernunft ist umgewendet, bezieht sich nicht mehr auf eine fremde Wirklichkeit, in der sie ihre Spuren sucht, — bezieht sich nicht mehr planend auf einen herzustellenden Zustand von Dingen außer ihr. Die Wirklichkeit, an der sie sich versuchte, liegt in ihr selbst, der Zweck ist ihre eigene Bewegung, der Stoff, woran sie wirken wollte, überhaupt alles vermeintliche Äußere ist sie umgreifend selber. Die Vernunft verhält sich nicht mehr zur Welt, sie ist Welt, ist der einzige Ort von Welt und ist zugleich das Wissen von sich als „aller Realität". Es gibt für sie keine echten Gegensätze zu ihr, keine äußeren Bedingungen mehr, alles, was fremd und anders zu sein schien, ist in die Vernunft zurückgefallen, — eben indem sie wahrhaft in sich selbst zurückging, ihre „Transcendenz" umkehrte und als „Idealismus" sich verstand.

Was für einen Sinn hat es dann noch, von der Bewegung der Vernunft zu sprechen, wenn sie bei sich angekommen ist, allen Anschein getilgt hat, von Fremden umringt und umgeben zu sein, — wenn sie Projekte nicht mehr draußen in einem vernunftlosen Stoffe realisieren kann? Darauf gibt Hegel die Antwort: „Das Bewußtsein hat hiemit allen Gegensatz und alle Bedingung seines Tuns abgeworfen; es geht frisch *von sich* aus, und nicht auf *ein anderes,* sondern *auf sich selbst...* Das Tun hat daher das Ansehen der Bewegung eines Kreises, welcher frei im Leeren sich in sich selbst bewegt, ungehindert bald sich erweitert, bald verengert, und vollkommen zufrieden nur in und mit sich selbst spielt." (284) An diesem Satze fallen uns vor allem zwei sinnschwere Worte auf: Kreis und Spiel. Die Bewegung der Vernunft, die nichts Fremdes mehr sich gegenüber hat und keine Zwecke hinaustragen kann in ein äußeres Feld, — die mit ihrem Seinsverstehen und mit ihrer Freiheit allein ist, sich auf sich selber nur beziehen kann, wird charakterisiert als ein Kreisgang. Was ist das für ein Modell? Ist es ein mathematisches oder ein vegetatives Gleichnis — oder moderner noch, ein Regelkreis-Modell? Mathematische Kreise bewegen sich nicht, die Zyklen des naturhaften Wachstums sind Austauschprozesse zwischen Organismen und ihrer Umwelt. Obzwar die Vernunft von Hegel immer wieder im Bilde eines Organismus oder doch eines organischen Prozesses gesehen wird, läßt er gerade das Moment des vegetativ-animalischen Organismus weg, das im Stoffwechsel, im Austausch mit der Umgebung, in der Einverleibung und Abstoßung von stofflichen Elementen liegt. Streng gedacht kann der Bewegungskreis der Vernunft, die für sich alles ist, nicht an den Naturzyklen orientiert werden. Man könnte versucht sein, hinzuweisen auf die Bewegungsform des Wissens – und z. B. am apriorischen Wissen einen Kreisgang hervorzuheben, eben sofern wir mit der ausdrücklichen Einsicht in die apriorischen Strukturen nur etwas kennenlernen, was wir unausdrücklich längst gekannt haben. Doch das apriorische Wissen ist nur ein Wissensmoment, das Erfahrung ermöglicht, begleitet und in ihr sich bewährt. Das Erfahren, die Empirie hat jedoch keinen Kreisgang-Charakter. Eher ist sie zu vergleichen mit einer endlos fortschreitenden Bewegung, mit einer linearen Progression. Vielleicht kann man sagen, Hegel fasse die Bewegung der autarken, alle Realität in sich versammelnden Vernunft auf wie eine Selbsterkenntnis eines Ich, das in seinen vielen und vergeblichen Erkenntnisversuchen vor allem mit sich „Erfahrungen" gemacht habe und nun sich auf sich selber zu beschränken wisse. Nur stimmt dieser Vergleich wieder nicht darin, daß von einer Beschränkung gesprochen wird. Denn die Vernunft ist nicht „beschränkt", wenn sie nur auf sich geht, – es gibt in Wahrheit nichts außer ihr, – was äußerlich scheint, ist einbehalten in sie. Ihre Selbsterkenntnis wäre beschränkt, wenn sie etwas außer sich ließe. In ihrem Selbstbezug ist sie wahrhaft unbeschränkt und unbeengt durch Anderes, Fremdes, Außerihrseiendes. Der Kreisgang der Vernunftbewegung ist ein Durchgang durch alles, was ist, und eine Rückkehr der draußen vergeblich Gesetze suchenden Vernunft in sich als Totalität zurück.

Die Vernunftbewegung wurde in dem vorhin zitierten Satze angesprochen als Spiel. Das ist doch einigermaßen verwunderlich. Die immense geistige Aufarbeitung einer scheinbar der Vernunft gegenüberliegenden Wirklichkeit, der Kampf mit den verwirrenden Begriffen vom Ansich- und Fürsichsein, die leidenschaftliche Liebe zur Erhellung des uns Menschen bedrängenden Dunkels der Weltnacht, die Begegnung mit dem Tod als der Seinsweise des Erstarrten, in fixen Unterschieden Zerrissenen, – diese als Arbeit, Kampf, Liebe und Tod-Bewältigung sich erzeigende Bewegung wird in ihrem Totalcharakter bestimmt als Spiel. Welches Spielverständnis ist hier am Werk? Fraglich will uns scheinen, ob das Menschenspiel dabei im Blick stand. Denn das Spiel im anthropologischen Sinne vollzieht sich zwar in einer geschlossenen Sphäre, – im Spielwelt-Schein, in dieser imaginären Provinz unserer Phantasie, ist aber dabei auf den Kontrast zur einfachen, massiven Wirklichkeit angewiesen. Wenn jedoch die alles-umfangende Vernunft in ihrer Bewegung spielt, so besagt das nicht, eine imaginäre Sphäre neben der Wirklichkeit als den zugehörigen Spielraum vorauszusetzen. Mit diesen Bedenken geben wir nicht Hegels Gedanken wieder, – nur unsere kleinen oder kleinlichen Anmerkungen zu einem großen Text. Für Hegel stellt sich gewiß auch die Frage, was das für eine Bewegung sei, die die Vernunft in sich, als ihr Leben, Sein und Tun vollziehe. Inwiefern ist das überhaupt eine Frage? Unser gewöhnliches Verständnis von Bewegung und Tun kennt Selbstbewegung von Lebewesen und das menschliche Handeln. Die Selbstbewegungen der Lebewesen sind nicht nur noch vom Leeren, vom Nichts umgeben. Sie geschehen auf dem Erdboden oder in den elementarischen Medien Wasser und Luft. Das menschliche Handeln geht von einem Leibe aus und ist Tun einer inkarnierten Freiheit auch an anderen äußeren Dingen. Beides kann man strenggenommen nicht auf die Bewegung jener alleinen Vernunft beziehen, die einzig allgemein und individuell ist. Denn ihre Bewegung spielt nicht in einem umgebenden Medium, sie formt auch nicht etwas anderes um, – sie spielt in der Vernunft und formt nur die Vernunft selber um. Hegel formuliert: „... es ist der Tag überhaupt, dem das Bewußtsein sich zeigen will. Das Tun verändert nichts und geht gegen nichts; es ist die reine Form des Übersetzens aus dem *Nichtgesehenwerden* in das *Gesehenwerden,* und der Inhalt, der zu Tage ausgebracht wird und sich darstellt, nichts anderes, als was dieses Tun schon an sich ist". (284 f.) Wir können auch sagen, die Bewegung der Vernunft ist das Erscheinen, das *phainesthai,* eben der „Phänomenologie des Geistes". Während aber sonst der Ausdruck „erscheinen" meint, „zum Gegenstand für ein anderes werden", kann hier nur an die Erscheinung der Vernunft für sich selbst gedacht werden.

γα) Das geistige Tierreich und der Betrug, oder die Sache selbst

(Individualität als ursprüngliche Natur; Bedeutungslosigkeit der bisherigen Kategorien für die Selbstbewegung der Vernunft; das „Werk der Vernunft"; die Sache selbst)

Hegel gliedert den Text, der das Erscheinen der zugleich allgemeinen und individuellen Vernunft für sich selbst zum Thema hat, in drei Abschnitte, deren erster überschrieben ist: „Das geistige Tierreich und der Betrug, oder die Sache selbst". Der Titel muß aus dem Textverlauf verständigt werden. Zunächst müssen wir festhalten, daß die Bewegung, welche die Vernunft durchspielt, zwar keine nach außen, auf eine vernunftfremde Wirklichkeit bezogene Bewegung ist. Sie geschieht als innere Selbstartikulation der Weise, wie die Vernunft das Sein in vielerlei Hinsichten, doch das Sein, das sie nur allein und einzig ist, versteht, – und wie sie ihr eigenes Tun und Wirken in einem Durchdenken von Wirken als eines Erwirkens von Werk sich klarmacht. Das Substrat gleichsam der Bewegung, die wir das Erscheinen, Hegel das „Umsetzen aus der Nacht der Möglichkeit in den Tag der Gegenwart" nennt, ist die Individualität als ursprüngliche Natur.

Wir sind es gewohnt, zu unterscheiden ein Naturding und sein Erscheinen, einen Graben aufzureißen zwischen einer Sache, die ist, und dem Umstand, wie die Sache zum Gegenstande wird für einen Beschauer. Üblicherweise gehen wir geläufig um mit der Differenz von Bestehen und darstellendem Sichzeigen. Im massiven Beispiel gesprochen: wir unterscheiden unbedenklich und unbedacht das oberirdische Gewächs, das am Tage blüht, und seine verborgenen unterirdischen Wurzeln. Kann man auch so unterscheiden einerseits die vernünftige Individualität, ihre Natur, und ihre durch Selbstdurcharbeitung zustandegebrachte Erscheinung? Oder prinzipieller gefragt: lassen sich auf das Seins- und Tat-Verständnis der vernünftigen Individualität eben jene Begriffe anwenden, mit denen sonst Sein für die Vernunft, Tat und Tat-Werk der Vernunft im äußeren Stoffe der Welt verstanden werden? Die entscheidende Erfahrung, welche die so hin und her überlegende Vernunft dabei macht, vor allem mit sich macht, ist eine Einsicht in die Unanwendbarkeit aller bisherigen Begriffe und Verstehensmodelle.

Dies wird von Hegel in einer gedrängten und zugleich subtilen Darlegung durchexerziert. Die ursprüngliche Natur der Individualität wird verglichen mit dem Tierreich, nicht um sie selber ins Tierreich zu verrechnen und einen biologischen Aspekt der Vernunft zu gewinnen, als vielmehr einen Hinweis zu geben auf die Verspannung von Tier und Umgebung. Die Umgebung ist jeweilige Tierwelt, das Lebensganze, worin eine Tierart sich in ihrer Sphäre und Atmosphäre bewegt, aufhält und sich befindet. Analog dazu verbleibt die ursprüngliche Individualität, wenn sie sich durcharbeitend ins gegenständlich bestimmte

Sein, in den Tag des Erscheinens bringt, innerhalb ihrer „Welt". Nur eben, daß hier die Welt der Individualität nichts anderes ist als ihre Bewegung, ihr Leben, ihr Tun, ihre Tat, ihr Werk, ihr Zweck und dessen Ausführung – alles in einem. Und insofern stimmt der Vergleich nicht mit dem Tierreich. Es handelt sich nur um eine teilweise tragfähige Analogie. Hegel parallelisiert die Lebenseinheit von Tier und Umwelt mit der Lebenstotalität der Individualität der Vernunft. Er macht die Bemerkung, daß die Individualität ein durchsichtiges, allgemeines Element sei, worin diese sich frei und ungehindert entfalten könne und dabei doch sich selber gleich bleibe, wie „... das unbestimmte Tierleben etwa dem Elemente des Wassers, der Luft oder der Erde, und innerhalb dieser wieder bestimmtern Prinzipien seinen Odem einbläst, alle seine Momente in sie eintaucht, aber sie jener Beschränkung des Elements ungeachtet in seiner Macht und sich in seinem Eins erhält und als diese besondere Organisation dasselbe allgemeine Tierleben bleibt." (285 f.) Das geistige Tierreich ist noch viel mehr eine sich in einem einheimischen Elemente entfaltende, in eine Vielzahl von Unterschieden auseinandergehende und aus ihnen wieder rückkehrende, in dem umfangenden Eins sich wieder zusammenschließende Einheit, eine Einheit des Seins und des Selbstbewußtseins.

Es ist außerordentlich eindrucksvoll, wie Hegel die Begriffe, mit denen er das Bewußtsein bisher ausgelegt hat, in einer Selbstauslegung der Vernunftindividualität einen nach dem anderen verwirft oder doch wenigstens in seinem Bedeutungssinne verkehrt. Wenn sonst für jedes Tun, sei es erkennender oder handelnder Art, ein Stoff vorausgesetzt wurde, an dem das Tun sich abmühte, so ist jetzt nur noch die Vernunftindividualität Täter und Stoff in einem, ist das Substrat und die Bewegung an ihm selbst. „Nur daß *für es* sei, was *es an sich* ist, muß es handeln, oder das Handeln ist eben das Werden des Geistes *als Bewußtsein*". (287)

Und wenn sonst unterschieden werden konnte zwischen dem Anfang, dem Mittel und dem Ende einer Bewegung (die Bauleute erbauen ein Haus), so ist für die Bewegung der Individualität keine gleichartige Bewegungsform möglich: sie selber ist der Anfang, ist das Mittel und ist der Zweck ihrer Bewegung in sich. Es gibt für diesen Aspekt keine äußeren Umstände, die ein Tun bedingen, motivieren oder behindern, weil es überhaupt keine Umstände außerhalb der Individualität mehr gibt. Schwerer ist zu sehen, daß und wie auch der Gedanke des Werkes versagt oder doch umgedacht werden muß, wenn er auf das Tun und Handeln der Individualität der Vernunft bezogen wird. Hegel verweist auf Widersprüche, die in der Vorstellung beschlossen liegen, die Vernunft sei ihr eigenes Werk, sie verwirkliche sich, indem sie etwas anderes erwirke. Das Tun scheint den Charakter der Zufälligkeit zu haben hinsichtlich dessen, was getan, was erwirkt werde. Offenbar könne die vernünftige Freiheit vieles und vielerlei erwirken, ins Werk setzen und dabei sich als wirkende Macht erfahren. Die Werke scheinen behaftet mit dem Charakter der Zufälligkeit, sind nicht vorhersehbar, gehören der Willkür und dem unsteten Belieben an. Doch wenn sie bewirkt sind, lösen sie sich ab vom Tun, von der tuenden Subjektivität, und stehen als fertige Gebilde vor ihr oder vielmehr ihr gegenüber. Aus der Macht entlassen, die sie hervorgebracht hat, verharren sie in trotzigem Eigenstand – eine Weile. Sie alle haben den Keim des Vergehens in sich, sind zum Untergange bestimmt. Und was den Untergang der fixen Werke, der errichteten Monumente schaffender Kraft bewirkt, ist nicht nur der nagende Zahn der Zeit, nicht die temporale Ruinanz aller Dinge, ist besonders die Werktat anderer Subjekte, anderer Einzelner und anderer Völker, die auf den Trümmern besiegter Städte und Staaten ihre Reiche und ihre Denkmale erbauen. „Das Werk ist also überhaupt etwas Vergängliches, das durch das Widerspiel anderer Kräfte und Interessen ausgelöscht wird und vielmehr die Realität der Individualität als verschwindend, denn als vollbracht darstellt". (292) Das Werk-Modell kann nicht in gültiger Weise umgelegt werden auf das Tun, in welchem und durch welches das vernünftige Selbstbewußtsein zu sich kommt, das Werk der Selbstvergegenständlichung vollführt. Dieses Bewußtseinswerk am Bewußtsein ist weder zufällig, noch löst es sich als fertige Sache ab vom hervorbringenden Ich. Das Werk der Erscheinung und der Selbstdarstellung der Vernunft hat einen Werkcharakter ganz einziger Art, der nicht Zufälligkeit und subjektive Willkür oder Unständigkeit eines Gebildes besagt, das in den Strom der Zeit geworfen oder von den Gegenaktionen anderer freier Subjekte gestört und am Ende zerstört wird. Das Werk der Vernunft ist sie selbst, als Einheit des Seins und des Tuns ist es das Bleibende und Ständige.

Hegel nennt die geistige Wesenheit, die das Tun dieses Individuums und reines Tun überhaupt, Zweck und Ansichsein, Gegenständlichkeit und Substanz in einem ist, die Sache selbst. Aber gerade indem die Individualität sich mit dem Begriffe der „Sache selbst" anspricht, fällt sie auch alsbald wieder in die Distinktionen zurück, mit denen sie sonst eine Sache selbst gegen das zufällige und mannigfaltige Beiwerk abgesetzt hatte. Damit verwickelt sie sich in Widersprüche ohne Ende. Sie kann das Beiwerk nicht hinaustreiben und nur den eigenschaftslosen Kern der Sache behalten. Das Selbstbewußtsein als vernünftige Individualität ist ihr Tun und Treiben, ist selbst das Beiläufige und wie Zufall Aussehende. Die Vernunft als die Sache selbst kann nicht mit dem gleichen Gedanken von einer Sache überhaupt angegangen werden, den sie sonst über Dinge mit Eigenschaften, über Seiendes in Bewegungsprozessen und dergleichen denkt. Es ist ein Betrug, worin das Bewußtsein sich und andere täuscht, wenn es vorgibt, es sei ihm nur um die reine Sache, nicht um sein Tun an der Sache zu tun. Eine Sache sonst hat ihre Sachlichkeit auch in der gleichbleibenden Weise, wie sie aus vielen verschiedenen Aspekten her gesehen werden kann, wie sie einer Vielzahl von Subjekten, eben einer Intersubjektivität erscheint. Die sonstige Sache selbst hat den Plural von gewahrenden Subjekten außer sich, ist die gleiche und selbe Sache, wenn gleich viele diese Sache als die ihrige ansprechen und beanspruchen. Die Vernunftindividualität kann nie eine Sache selbst sein, welche das gewahrende oder das formierende Tun außer sich, eben an einem anderen hätte, – und kann auch nicht einem Plural von Subjekten einfach gegenüberliegen.

Hier geht es um eine Sache selbst, die alles Tun in sich befaßt und alle Subjekte in sich einbeschließt. Die Vernunftsache ist völlig anders, als sonst die seienden Sachen selbst für die Vernunft des Einzelnen oder für eine Intersubjektivität sind. „Es ist also ebenso Betrug seiner selbst und der Andern, wenn es nur um die *reine Sache* zu tun sein soll; ein Bewußtsein, das eine Sache auftut, macht vielmehr die Erfahrung, daß die Andern, wie die Fliegen zu frisch aufgestellter Milch, herbeieilen und sich dabei geschäftig wissen wollen..." (300) „... die Verwirklichung ist vielmehr eine Ausstellung des Seinigen in das allgemeine Element, wodurch es zur *Sache* aller wird und werden soll". (299 f.) Die Individualität ist „... ein Wesen, dessen *Sein* das *Tun* des *einzelnen* Individuums und aller Individuen, und dessen Tun unmittelbar *für andre* oder eine *Sache* ist und nur Sache ist als *Tun Aller* und *Jeder*...". (300) Durch diesen Gedankengang, in welchem Hegel das Sache-sein der Vernunft selber kritisch in einer Durchdenkung und teilweisen Aufhebung des üblichen Sache-Begriffs gewinnt und dabei eine Einheit des individuellen und allgemeinen Subjektes erreicht, allerdings keine ruhige Einheit, vielmehr eine unruhige und spannungsgeladene Einheit des besonderen und des allgemeinen Willens, der volonté individuelle und der volonté générale, hat er einmal das Seinsverständnis der Vernunft von sich selbst und das Tatverständnis ihres Wirkens und ihrer Werke von allen Rücküberlagerungen der sonst auf Dinge abzielenden vernünftigen Intentionen befreit, zum anderen aber eine Problematik vorbereitet, die sich in die Frage fassen läßt, wie die Vernunft bei ihrem ruhelosen Streben nach Gesetzen zur gesetzgebenden oder nur zur gesetzprüfenden Instanz wird, – ja ob sie nicht überhaupt weder das eine, noch das andere sein kann.

γβ) Die gesetzgebende Vernunft (die beiden Imperative).

Die beiden nächsten Abschnitte sind überschrieben: „b. Die gesetzgebende Vernunft", „c. Gesetzprüfende Vernunft". Diese Partien können wir nur noch in einer gerafften und bloß anzeigenden Weise behandeln. Die vernünftige Individualität, die Einheit von Bestehen und Selbst, von Allgemeinem und Einzelnen ist, umfaßt in sich alle Subjektivität und alle einzelnen Subjekte, es ist das „Wahre", das nicht etwas realisieren will in einem fremden Medium, sondern einzig nur in seiner eigenen Sphäre. Es ist das wahrhaft Sittliche, die sittliche Substanz selbst, die sich im Element der Weisungen und Normen, der Appelle und Ratschläge ausspricht. Hegel zeigt an zwei Beispielen sittlicher Imperative auf, wie wenig die Vernunft gesetzgebend ist. Der Imperativ „*Jeder soll die Wahrheit sprechen*" verkehrt sich ins Zufällige und nicht mehr einfachhin Gültige durch den Zusatz: „*wenn er die Wahrheit weiß*". (303) Denn damit wird es dem Zweifel, der Skepsis des Einzelnen überlassen, sich vom sicheren Besitze der Wahrheit freizusprechen, wenn es ihm nützlich erscheint, wenig oder gar nichts zu wissen. Der Imperativ kann ohne Sinnverdrehung nicht zu der Forderung aufgesteigert werden, es sei sittliche Pflicht zu wissen. Gewiß ist dies eine fundamentale Strebung im Menschen, aber ob wir wißbegierig in die rechte Kenntnis gelangen von dem, was das Rechte und Gültige sei, ist fraglich. Die „gesunde Vernunft", meint Hegel, ist von Skrupeln und Zweifeln nicht angekränkelt, sie kennt das Gute und sagt es schlicht. Das andere Beispiel ist für Hegel die Forderung

„*Liebe deinen Nächsten als dich selbst*". (304) Auch hier zeigt er eine Spannung auf, die bald in Widersprüche umschlägt, wenn die Liebe des Einzelmenschen zu dem anderen Einzelmenschen unter die vernünftige Bedingung gestellt wird, den Mitmenschen mit Vernunft, nicht mit blinder Sympathie zu lieben. Das Besorgen der Wohlfahrt der Mitmenschen geschieht, mehr als es isolierte Einzelne vermögen, durch den Staat. „Das verständige wesentliche Wohltun ist aber in seiner reichsten und wichtigsten Gestalt das verständige allgemeine Tun des Staats...". (304) Beide Imperative sind grundsätzlich nur „Gebote", aber keine „Gesetze". Die sittliche Substanz gibt den Maßstab ab für die Beurteilung der Brauchbarkeit solcher Gebote. Mit dem Gedanken des Maßstabes tritt das Problem auf, ob und wie weit die Vernunft Gesetze „prüfen" könne.

γγ) Gesetzprüfende Vernunft

Als prüfende Instanz erzeugt die Vernunft die Gesetze nicht, sie nimmt sie nur auf, wie sie zunächst in einer Gemeinschaft, in einem Volke, in einer durch gemeinsames Gruppenverhalten geprägten Intersubjektivität vorkommen. In einer radikalen Kritik dieses Prüfungsanspruches traktiert Hegel die Frage des Eigentums und entwikkelt aus der Struktur der brauchbaren Sache als einer Brauchbarkeit für jedermann das Moment, daß durch Bearbeitung, Besitznahme und Erwerbung auf vertraglicher Basis das Privateigentum einen generellen, allgemeinen Charakter und das Gemeineigentum einen notwendigen Bezug zum Gebrauchtwerden durch Einzelne in sich schließe, eine Dialektik, die bei unserem zeitgenössischen Streit zwischen Kapitalismus und Kommunismus noch lange nicht eingeholt ist. Das geistige Wesen, welches die Vernunft an und für sich ist, ist der einzige und allein wahre Boden aller sittlichen Gesetze. Diese haben kein Eigenwesen außerhalb der vernünftigen Individualität. Sie sind – sind, sofern sie das Seiende und Wirkende, die Substanz der sittlichen Welt ausdrücken. „Es ist ebenso ein ewiges Gesetz, welches nicht in dem *Willen dieses Individuums* seinen Grund hat, sondern es ist an und für sich, der absolute *reine Wille Aller,* der die Form des unmittelbaren *Seins* hat." (310) Wenn „... ich zu prüfen anfange", meint Hegel abschließend, „[bin ich] schon auf unsittlichem Wege." (312)

Damit ist die lange Bewegung der Vernunft ausgelaufen in die Konfrontation der Individualität mit den gigantischen „Weltgestalten des Bewußtseins", wie sie Hegel im Ausgang von der Antike vor uns auftürmt in dem nächsten Groß-Abschnitt seines Werkes, der überschrieben ist: „Der Geist".

Hat Hegel vielleicht nur *ein* Weltmoment im Zuge des *logos* übersteigert, – ein *einseitiges* Weltmoment, welches die europäische Philosophie vornehmlich in Atem gehalten hat und d a s deshalb eine differenzierte Durcharbeitung in der gedanklichen Reflexion erfahren hat? – in einer Reflexion von zweieinhalb Jahrtausenden? – während die verhangene Nachtseite der Welt, in die uns die Toten entgehen, – während der aller Vereinzelung vorauf liegende gestaltlose Grund aller Gestalten zwar von Dichtung und Religion geahnt, jedoch kaum vom philosophischen Begriff ergriffen worden ist?? –

Das *offene, aufgetane* Reich der Einzeldinge und ihre sie zusammenmenschließende Gesamtfügung – und schließlich die durchströmende Seinsbewegung – bilden das Feld des abendländischen Denkens von Parmenides bis Hegel. Der *verschlossene, aller Lichtung vorgängige Grund* – die *Erde* jedoch ist das *Neuzudenkende der Philosophie* und das *Ältesterfahrene, des Mythos,* ist die Basis, von woher vielleicht einmal eine *Auseinandersetzung* mit Hegel möglich werden kann – vielleicht gemäß der Forderung von *Nietzsches* „Zarathustra": Bleibt der Erde treu! –[1]

---

[1] F. Nietzsche, Also sprach Zarathustra, in: WW VI (Leipzig 1923), 13.

III. Nachwort des Herausgebers

Das vorliegende Buch ist aus Vorlesungen von Eugen Fink über Hegels „Phänomenologie des Geistes" zusammengestellt worden. Fink hat in ihnen den „Versuch"[1] durchgeführt, die von Husserl erhobene Forderung, „zu den Sachen selbst" zu gehen und von ihnen her zu philosophieren, für die Interpretation eines Textes aus der Philosophiegeschichte ernstzunehmen. Was Fink von Hegel sagt, nämlich, daß er „arbeitend an der Sache ... im Gespräch (stehe) mit ..." (111), gilt auch für seinen eigenen Ansatz, gemäß dem er in diesen Vorlesungen „den Denkweg Hegels mitgeht" (126) oder – wie er es auch ausdrückt – „nach-denkt". Daß das Werk von Hegel mit Hilfe einer phänomenologischen Interpretation erschlossen werden soll, könnte so verstanden werden, als solle lediglich das in der Phänomenologie entwickelte Instrumentarium bei diesem Unternehmen eingesetzt werden, da die Phänomenologie selber sich ja auf andere „Sachen" als auf philosophische Texte zu beziehen pflegt. Fink macht jedoch sehr deutlich, daß in seinem Verständnis Methode und Sache nicht zu trennen sind. Vielmehr ist nach seiner Meinung die Phänomenologie bei der interpretatorischen „Anwendung" der phänomenologischen Methode auf einen bedeutsamen philosophischen Text erst im eigentlichen Sinne „bei der Sache", nämlich bei sich selbst. Die Sache, um die es Fink geht, ist deswegen nicht die in einer festen Sprachform vorliegende „Phänomenologie" als Dokument der Philosophiegeschichte, sondern das Philosophieren, das im Buch nur seinen sekundären Ausdruck gefunden hat. Demgemäß verfällt für Fink der historische Abstand zu Hegel der Epoché. Im Nachvollzug des Hegelschen Philosophierens ereignet sich die Philosophie ganz neu. Von daher gesehen, ist jeder andere Zugang ebenfalls nur sekundärer Art, bleibt im bloß Historischen oder im Doxographischen befangen. Der Hegel-Text soll nicht durch nacherzählende „Wiederholung" und damit notwendigerweise verbundene Simplifizierung zur endgültigen Leblosigkeit des Lehrbuchwissens verurteilt, sondern im geraden Gegensatz dazu durch das Nach-denken zu einer potentiell auch gefährlich werdenden Lebendig-

---

[1] „Versuch über Hegel" war der ursprüngliche Titel der Vorlesungsreihe, in der noch weitere Werke interpretiert werden sollten.

keit wiedererweckt werden. „Das Philosophieren mag in der großen Form den Heroen des Geistes gehören. Wenn wir uns aber mit ihm einlassen, können wir nicht als brave Bürger in der Geborgenheit einer fraglosen Weltdeutung verharren und dem Streit der Denker zusehen. Hier gibt es keine Kriegsberichterstatter aus sicherer Distanz, hier wird überall scharf geschossen." (4)

Kann ein solcher Interpretationsansatz, der sich gegenüber allen möglichen anderen als der „sachgerechtere" versteht, ohne – im Sinne Hegels – die „reine Sache selbst" zum Ideal zu erheben, sich auch als solcher objektiv ausweisen? Entsteht nicht daraus, daß bestimmte „Verfahren" – wie Fink neutralisierend sagt –, die aus der von Husserl entwickelten Phänomenologie stammen und Fink durch seine philosophischen Lehrjahre bei Husserl in sehr tiefgehender Weise vertraut sind, eingesetzt werden, um dem „Verfahren" der „Phänomenologie des Geistes", die von ihrem Anspruch her nichts mit der Husserlschen Phänomenologie gemeinsam hat, nach-zu-denken, zwangsläufig die Gefahr, entweder Hegels Phänomenologie mit der anderen zur Deckung zu bringen oder die interpretierende der Hegelschen weitgehend anzunähern? Wird nicht am Ende der Hegel-Text zu einem bloßen Anlaß? – Fink hat eine solche Gefahr durchaus erkannt und auch benannt. Er hat ihr mit seinem Philosophieren zwischen „Nähe und Distanz" zu begegnen unternommen. Es soll nicht aus Hegel herausgelesen werden, was vorher in ihn hineingelegt wurde, sondern es geht im Nach-denken sowohl um das Nach als auch um das Denken. Vom „Wir aber" Hegels, das das Werden des Geistes von der unmittelbaren sinnlichen Gewißheit bis zur absoluten Vermittlung im Wissen begleitet und diese Entwicklung nach-denkt (er-innert), ist das „Wir aber", das die „Phänomenologie des Geistes" nach-denkt, stets zu unterscheiden. Die wissenschaftliche Distanz wird über der Nähe nicht vergessen, wenn auch die Distanz nicht eine der scheinbar nur „der Sache selbst" dienen wollenden, objektivierenden Wissenschaftlichkeit ist und folglich auch nicht eine immer gleichbleibende. Es handelt sich bei dieser Interpretation gleichsam um eine „Er-innnerung" zweiter Potenz. Die Ausführlichkeit der Interpretation mancher Kapitel des Hegel-Textes zeigt an, wenn die Nähe die Distanz minimal zu machen beginnt. Aber es bleibt eine Nähe der Distanz oder auch eine Distanz der Nähe; und das bedeutet grundsätzlich, daß nicht *über*, sondern *mit* Hegel philosophiert wird. Mit Hegel wäre zu sagen, daß sich die Sachgerechtheit der Interpretation allein durch das Resultat demonstrieren lasse.

Kann sich dieses philosophierende Eingehen auf das Philosophieren Hegels auch bewähren im Verhältnis zu als sekundär charakterisierten Interpretationen? Fink umgeht eine Auseinandersetzung mit Sekundärwerken nicht. Er führt diese jedoch nicht als offene Konfrontation durch. Vielmehr wird die Tatsache, daß es andere mögliche Gedanken über den Hegel-Text gibt, durch die Übernahme ihrer Argumente, die durch Wendungen wie „man sagt" oder „man hat gemeint" eingeführt und zumeist allein mit Hegelschen Maßstäben kritisiert werden, zum Ausdruck gebracht. Nur einmal kommt es zu einer direkten Auseinandersetzung – mit dem Werk von Kojève. Hegel wird grundsätzlich gegen solche Interpreten verteidigt, die ihn auf die Seite der Bewußtseins- oder Identitätsphilosophie zu schlagen versuchen. Fink ist der Ansicht, daß mit solchen Einordnungen nichts gewonnen, vielmehr der eigentliche Zugang zum Text verschlossen worden sei. Es geht ihm darum, in der nachdenkenden Interpretation das Ontologische und Kosmologische im Denken Hegels sichtbar zu machen, d. h. die Stufen der Bewußtwerdung des Geistes und damit auch der Vergegenständlichung des Wissens als Stationen der „Lichtung" des Seins verstehen zu lehren. Das Sein wird nach Fink bei Hegel nicht einseitig vom Bewußtsein und seinem absoluten Wissen her gedacht, aber auch das Denken nicht ebenso einseitig vom Sein her bestimmt, sondern das Bewußtsein (in dem auch bei Hegel vorkommenden umfassenderen Sinne) und sein Gegenstand entstehen in der Dialektik des Sich-zum-Vorschein-Bringens *des* Seins, das bei Fink den Titel „Welt" trägt. Finks Weltphilosophie, die er in seinen Werken explizit dargelegt hat und die als eine gegen die metaphysische Tradition gerichtete Philosophie exponiert ist, bildet den Hintergrund für die Interpretation Hegels. Von ihr her wird letztlich erst ganz verständlich, warum Hegels „Phänomenologie" phänomenologisch interpretiert und sein Denken als kosmo-ontologisches charakterisiert wird: die Phänomenologie nämlich begreift das zum Vorschein kommende Sein, ist im eigentlichen Sinne Logos der Phänomene. Damit deutet sich auch die Abstandnahme Finks gegenüber der Phänomenologie Husserls an und wird seine an verschiedenen Stellen angebrachte Husserl-Kritik verständlich.

Es wird jedoch auch vor diesem Hintergrund nicht etwa der Versuch unternommen, Hegels Philosophie zu einer Weltphilosophie im Sinne

Finks umzudeuten oder die „Phänomenologie des Geistes" als Vorstufe dieser Philosophie zu adaptieren, sondern im Nach-denken des Hegel-Textes werden die Möglichkeiten der eigenen Weltphilosophie an der Hegelschen, der Fink einen besonders hohen Rang zugesteht, kritisch erprobt. Der eigentliche Koinzidenzpunkt zwischen der Philosophie Hegels und der Finks ist deswegen nicht in erster Linie in der positiven Konzeption als vielmehr in der gemeinsamen Frontstellung zur einseitig subjektbezogenen Philosophie – insbesondere seit Descartes – zu suchen, in der die Substanz zum Subjekt wurde, oder – wie Fink in einem frühen Vortrag formuliert – „das Sein ... in einen inneren Zusammenhang mit der *Vernunft* als dem *Wesen des Menschen* gebracht (ist)".[1] In diesem Vortrag wird die Philosophie des Deutschen Idealismus bereits unter „... der Perspektive eines Versuchs, den *partialen* Bezug von Sein und Subjekt zu überwinden"[2], gesehen. Wie in den Vorlesungen erkennbar wird, ist es vor allem die Philosophie Hegels, auf die dieses Zitat gemünzt zu sein scheint. Um deutlich zu machen, worum es bei dieser Überwindung geht, kontrastiert Fink bei der nach-denkenden Interpretation Hegels Gedanken sowohl mit dieser anderen Philosophie (stellvertretend stehen die Namen von Descartes und Kant) als auch mit einem durch diese Philosophie wesentlich geprägten „gewöhnlichen" Weltverständnis, von dessen Vor-urteilen sich nach Fink zumeist auch die sekundären Interpreten leiten lassen. Dieses alltägliche Bewußtsein bildet gleichsam ein drittes „Wir aber", das es mit Hegel zu überwinden gilt. Durch diffizile phänomenologische Analysen werden diese Positionen in all ihrer Einseitigkeit erhellt. In einem fast hegelisch anmutenden dialektischen „Spiel der Kräfte" wird die Dramatik der Überwindung dieser für die Entwicklung des Bewußtseins notwendigen „unwahren" Weltverhältnisse nachvollzogen und das Ontologische im Denken Hegels als mögliche Wahrheit zum Vorschein gebracht.

Die über diese Wahrheit noch hinausweisende Hegel-Kritik Finks und deren mögliche Überwindung durch die Weltphilosophie, also der Aspekt der Distanz in der Nähe, wird in diesen Vorlesungen vielleicht nicht immer ganz deutlich. Ist es Hegel nicht doch mißlungen, den

---

[1] Die Idee der Transcendentalphilosophie bei Kant und in der Phänomenologie, in: E. Fink, Nähe und Distanz. Phänomenologische Vorträge und Aufsätze, ed. F.—A. Schwarz, Freiburg/München 1976, 30.
[2] a.a.O., 31.

„*partialen* Bezug von Sein und Subjekt zu überwinden" und warum mußte sein Versuch scheitern? Fink gibt keine direkte Antwort auf diese Frage, weil eine solche in überzeugender Form nur aufgrund einer Kontrastierung der Hegelschen Philosophie mit der eigenen möglich gewesen, damit aber über die selbstgestellte Aufgabe einer phänomenologischen Interpretation des Hegel-Textes hinausgegangen worden wäre. Fink bleibt dem phänomenologischen Grundsatz treu, den er in dem bereits genannten Vortrag wie folgt skizziert hat: „Der anfangende Phänomenologe lebt einzig in dem Willen, vorurteilslos anzufangen, d. h. keinen Glauben, keine Meinung, kein Wissen um die Dinge *im voraus* in Geltung zu halten, sondern allen Glauben, alle Meinungen, alles Wissen um die Dinge ganz neu aus der Begegnung mit dem Seienden selbst zu entnehmen".[1] Aber schon der konsequent durchgehaltene Interpretationsansatz, Hegels „Phänomenologie" kosmo-ontologisch zu verstehen, deutet an, daß diesem Werk der Philosophiegeschichte in der Geschichte der Überwindung der Metaphysik ein ausgezeichneter Platz zugewiesen wird. In diesem Zusammenhang ist die Interpretation der verschiedenen Ausprägungen des Idealismus von nicht zu übersehender Bedeutung (vergl. 20. Vorlesung). Einiges verweist auch darauf, daß die Hegel-Interpretation nicht nur ein Anfang sein und nicht nur im Anfang bleiben will, sondern daß ein Ziel über das Wissen um den Text hinaus anvisiert ist; daß die Sache selbst also nicht in Hegels „Phänomenologie des Geistes" und auch nicht im bloßen Nachdenken über sie liegt. Von diesem Ziel her müßte dann auch Hegel als Metaphysiker „entlarvt" werden. Erfüllt Hegel vielleicht den von ihm selbst formulierten Anspruch nicht? Fink entscheidet sich in dem vorliegenden Text nicht endgültig, und zwar nicht nur deswegen nicht, weil die „Phänomenologie des Geistes" nicht bis zum Ende durchinterpretiert wird, sondern weil ein Urteil darüber aus dem Nachdenken selber herausgelesen werden muß; denn nur wenn das gelingt, kann die phänomenologische Interpretation unter dem Gesichtspunkt von Nähe und Distanz als geglückt gelten. Es gibt allerdings auch direktere Hinweise. In dem verschiedentlich herangezogenen Vortrag wird der Bewußtseinsphilosophie „das eigentümliche Überspringen der Erfahrung", der „*ontischen Erkenntnis*"[2] zum Vor-

---

[1] a.a.O., 34.
[2] a.a.O., 31.

wurf gemacht. Von diesem Vorwurf her erhalten Hegel gegenüber eingebrachte Nietzsche-Zitate eine signalisierende Funktion, vor allem das aus der Vorrede Zarathustras: „... bleibt der Erde treu und glaubt denen nicht, welche euch von überirdischen Hoffnungen reden!" Aus dieser Perspektive ist auch die auffallend ausführliche Interpretation des „unglücklichen Bewußtseins" zu lesen. Dieser immer im Hintergrund bleibende Aspekt einer eigentlichen Distanz wird in erster Linie den Leser interessieren, der die Hegel-Interpretation als eine Interpretation *von Fink* liest. Denn die Vorlesung über Hegel führt ja den in dem zitierten Vortrag vorgezeichneten Weg konsequent weiter, und dieser erreicht sogar einen ersten Höhepunkt insofern, als die dort geäußerte „Vermutung" über den Idealismus nun an einem seiner Hauptexte geprüft wird. Das Hegel-Buch stellt in diesem Sinne einen Markstein auf dem Denkweg Finks dar. Die Nähe dagegen kommt dem zugute, der das Fink-Buch als Kommentar zu Hegels wohl schwierigstem Werk benutzen will. Wegen der Seltenheit von Kommentaren zur „Phänomenologie des Geistes" ist das Buch von Fink ein echtes Desiderat; und es ist zu bedauern, daß es nur bis zum Schluß des Vernunft-Teils den Gedankengang Hegels begleitet und nicht alle Teile in gleicher Ausführlichkeit behandelt. Die Nähe der phänomenologischen Interpretation zum Denken Hegels macht diesen Kommentar zudem zu einem wirklichen Schlüssel. Dennoch sollte nicht vergessen werden, daß es sich um ein Buch der Nähe *und* Distanz handelt, der Kommentar also nicht nur Hegels Gedanken erläutern und damit verständlicher machen will, sondern in einem genuinen Sinne Philosophie ist und als solche ihre eigene Anstrengung erfordert.

Die Vorlesungen über Hegels „Phänomenologie des Geistes" hat Fink erstmals im WS 1948/49 in Freiburg gehalten. Der Veröffentlichung liegt die zweite, zweisemestrige Fassung vom WS 1966/67 bis SS 1967 zugrunde. Gegenüber der ersten Konzeption, die noch in der originalen Form vorliegt, ist die zweite Fassung, die Fink selber für den Druck vorgesehen hat, einerseits gekürzt, andererseits erweitert worden. Die einsemestrige Vorlesung behandelt die ganze „Phänomenologie" und hat zudem eine sechs Stunden dauernde Einleitung zur geschichtlichen Situation, Aktualität und Problematik der Hegelschen Philosophie, die von Fink für die zweite Fassung eliminiert wurde, welche unmittelbar mit der Interpretation der „Einleitung" Hegels beginnt. Am Ende der 22. Stunde wurde im WS 1948/49 die Interpretation des „Selbstbewußtseins" abgeschlossen. Von der 23. bis zur 28. Stunde wurden die Teile „Vernunft", „Geist", „Religion" und „Das absolute Wissen" in großen Umrissen behandelt; der Schwerpunkt liegt bei der Problematik des absoluten Wissens. Fink verweist in diesem Zusammenhang auch auf die Weiterführung in der „Logik". In der letzten (28.) Stunde werden zudem Kriterien für eine Auseinandersetzung mit Hegel entwickelt, die insofern interessant sind, als sie die Distanz stärker zum Ausdruck bringen, als dies in der zweiten Fassung geschieht. Ein wichtiger Satz aus diesem Zusammenhang soll zur Erläuterung und Bestätigung der oben vertretenen Thesen angeführt werden: „Hegel denkt das in(s) Offene der Welt aufgebrochene Sein; – das Sein, das in allem Wirklichen anwest und doch nicht nur der Inbegriff oder die Summe der Dinge ist; er denkt das Unendliche und hat dabei im Blick die Weltoffenheit des Seins, das alle Dinge in sich einbehält und über alle hinaus ist. Aber Hegel vermag mit den Mitteln seiner Philosophie nicht mehr, den umfangenden Horizont, der das Unendliche und Endliche umgreift(,) die Welt(,) ursprünglich genug zu denken. Eine Auseinandersetzung mit Hegel muß notwendig die Frage nach ‚Welt und Endlichkeit' neu stellen." (MS 192)

Die zweite Fassung ist in 31 Vorlesungsstunden gegliedert, interpretiert den Text aber nur bis zum Ende der „Vernunft". Fink hat also die über diesen Teil hinausführende Kommentierung für die Druckfassung eliminiert und die auf zwei Semester verteilte Gesamtvorlesung so bearbeitet, daß der ersten Fassung gegenüber der Teil „Vernunft" in der Ausführlichkeit interpretiert wird, die den Teilen „Bewußtsein" und „Selbstbewußtsein" schon in der ersten Fassung zuteil geworden war. Die „Vernunft" wurde im SS 1967 behandelt und stellt nach Finks Kennzeichnung den zweiten Teil der Vorlesung dar. Daß hier die zweite Fassung publiziert wird, ist allein aus der durch die Bearbeitung sichtbar gewordenen Absicht Finks legitimiert. Es ging ihm dabei offensichtlich darum, die etwas großzügigere Interpretation des ganzen dritten Teiles der „Phänomenologie" durch eine stärker am Text orientierte Kommentierung allein des ersten Teiles („Vernunft" im engeren Sinne) zu ersetzen.

Beide Teile liegen in einem Typoskript vor, das keine großen Schwierigkeiten im Hinblick auf Lesarten macht. Die Aufgabe des Herausgebers bestand zunächst darin, die Korrektur der Tippfehler durchzuführen und die Zitate zu überprüfen. Prinzipiell wurde am Sprachduktus, der sich aus der gesprochenen Vorlesung ergeben hat, nichts geändert. Auch typische Eigenarten der Rechtschreibung wurden beibehalten. Ein nicht so leicht zu lösendes Problem ergab sich aus der Zitierweise Finks. Er hat entweder aus dem Gedächtnis zitiert oder verschiedene Ausgaben benutzt. Es erschien als sinnvoll, grundsätzlich zu vereinheitlichen, um die Benutzung des Buches als Kommentar zu erleichtern. Deswegen wurden alle Zitate nach der kritischen Ausgabe von Johannes Hoffmeister in der Philosophischen Bibliothek umgeschrieben. Die nicht aus dem von Hoffmeister herausgegebenen Text stammenden Zitate sind in Fußnoten nachgewiesen.

Eine noch größere Schwierigkeit ergab sich bei der Gliederung des Textes. Neben der durch die Verteilung auf zwei Semester gegebenen großen Einteilung (I. „Einleitung" bis „Unglückliches Bewußtsein" und II. „Vernunft") gibt es im Typoskript lediglich eine Gliederung nach Vorlesungsstunden. Letztere ist beibehalten worden und wird durch arabische Ziffern markiert. Gegenüber dem Typoskript, in dem die erste Vorlesung des zweiten Teils die Ziffer 1 trägt, wird in der vorliegenden Anordnung die Zweiteilung aufgegeben und fortlaufend numeriert (statt II/4 also 19). Aus einer sehr weitgehenden Gliederung der einzelnen Vorlesungsstunden in der Vorlesung von 1948 wurde erschlossen, daß der Verfasser selber eine spezifizierende Aufgliederung des Textes nach dem Inhaltsverzeichnis Hegels vorgesehen hatte. Diese Absicht wurde für diese Ausgabe als verbindlich angesehen und die Gliederung wie folgt durchgeführt: A–D entsprechen der von Hoffmeister beibehaltenen Gliederung des Hegel-Textes, wobei, da die „Einleitung" bei Hoffmeister keinen eigenen Gliederungsbuchstaben trägt, im Fink-Text A die Interpretation der „Einleitung", B die von A bei Hegel („Bewußtsein"), C die von B („Selbstbewußtsein") und D die von C (AA) („Vernunft") beinhaltet. Der Teil B ist wiederum gegliedert nach a) („Sinnliche Gewißheit"), b) („Wahrnehmung") und c) („Kraft und Verstand"), entsprechend Hegel-Hoffmeister AI, II und III. Cd entspricht bei Hoffmeister BIV. Hoffmeisters weitere Gliederung des zweiten Teiles in A und B wird durch α) und β) nachgeahmt; α) entspricht vom Inhalt her jedoch nicht ganz A, da in der 16. Vorlesungsstunde bereits Teile von B (Stoizismus, Skeptizismus) behandelt werden. Der Teil „Vernunft" (C (AA)) ist bei Hoffmeister weiter unterteilt durch die römische Ziffer V und durch Aa-c; Ba-c; Ca-c. Eine ausführlichere Gliederung ist nur noch bei Aa und Ac durchgeführt. C(AA)V entspricht in unserer Gliederung De; A–C α)–γ); Aa αα) usw. Ferner wurde den einzelnen Vorlesungen eine Kurzinhaltsangabe gemäß der Exposition von Fink für die erste Fassung beigegeben, um das Finden der kommentierten Hegel-Stellen zu erleichtern und ein Register überflüssig zu machen. Dabei wurden zumeist Hegelsche Stichworte verwandt. Eine vollständige Aufschlüsselung der einzelnen Vorlesungen wurde jedoch nicht angestrebt. Sie wäre auch insofern nicht sinnvoll gewesen, als Fink zumeist schon behandelte Probleme aufgreift, um den weiterführenden Gedankengang daran anzuknüpfen. Die Aufnahme solcher Anknüpfungen in die Inhaltsangabe hätte nur Unübersichtlichkeit zur Folge gehabt. Es ging aber darum, das Fortschreiten bei der Interpretation des Hegel-Textes sichtbar zu machen. Mit den oben genannten Gliederungsprinzipien war es möglich, die einzelnen Vorlesungsstunden als in sich geschlossene Grundeinheiten beizubehalten. Ein für die Vorlesung im WS 1966/67 angefertigter Schluß-Zusatz wurde an die letzte Vorlesung angehängt und ersetzt ein ephemeres Schlußwort. Rekapitulationen unter wechselnden Gesichtspunkten, wie sie durch die Vorlesungssituation bedingt waren, mußten, da sie stets auch weiterführen, stehenbleiben. Lediglich die beiden Vorlesungsstunden, in denen der Stoff mehrerer Unterkapitel (Hoffmeister C (AA) V Bb–Ca-c) abgehandelt wird, mußten aufgeteilt werden. Die angegebene Seitenzahl bezieht sich in diesen Vorlesungen also nicht auf den Beginn der Vorlesungsstunde allein, sondern auch auf den Beginn des jeweiligen Textabschnitts innerhalb der entsprechenden Vorlesungsstunde.

Eine Schwierigkeit bot keine allseitig befriedigende Auflösung. Sie ergab sich daraus, daß Fink der zweiten Vorlesung („Vernunft") als Auftakt für das SS 1967 eine allgemeine Einleitung für neu hinzukommende Hörer vorangeschickt hat, die die fortlaufende Kommentation des Hegel-Textes unterbrach. In drei Stunden werden einerseits in abstrakter Form Grundgedanken der voraufgehenden Vorlesung rekapituliert; andererseits – und zur Hauptsache – werden grundsätzliche Reflexionen, die auch für die erste Vorlesung gelten, angestellt. Es erschien als störend, für die Druckfassung die für die Vorlesung als Konzession konzipierte Einführung in der vorliegenden Form beizubehalten, zumal Fink gerade Wert auf das kontinuierliche Nachdenken des Hegel-Textes legt. Wegen der bedeutsamen grundsätzlichen Reflexionen war eine ersatzlose Streichung jedoch auch nicht vertretbar. In der hier vorgelegten Zusammenstellung wird ein Mittelweg versucht, der vielleicht auf Beifall hoffen kann. Die allgemeinen Gedanken, die sich auf den gesamten Versuch über Hegel beziehen, wurden als „Erläuternde Vorbemerkungen" mit der römischen Ziffer I der eigentlichen Interpretation vorangestellt. Die vorhandenen Rekapitulationen werden so zu abstrakten Vorwegnahmen. Zur Legitimation dieses Vorgehens läßt sich noch darauf verweisen, daß Fink gerade in diesen Vorlesungen – und sonst fast gar nicht – auf Gedanken aus Hegels „Vorrede" Bezug nimmt, die ja auch nur indirekt zur eigentlichen „Phänomenologie" gehört. Der Text blieb in seiner ursprünglichen Form erhalten. Ein Satz mußte wegen der direkten Bezugnahme auf das Vernunftkapitel gestrichen, konnte jedoch anstelle eines zu eliminierenden rückbezüglichen Satzes der vierten Vorlesungsstunde (jetzt 19.) wieder verwandt werden.

Ein weiterer Eingriff von geringerer Tragweite sei noch erwähnt. Fink hat – insbesondere im ersten Teil – die einzelnen Vorlesungsstunden nur selten durch Abschnitte gegliedert. In Korrespondenz zu der Aufgliederung der einzelnen Stunden im Inhaltsverzeichnis wurde – soweit vertretbar – an den Stellen, an denen ein Interpretationsschritt endet, ein Absatz gemacht.

Frau Susanne Fink hat einen wesentlichen Beitrag zur Fertigstellung des Textes geleistet. Ihr sei an dieser Stelle für ihre Hilfe sehr gedankt.

Freiburg, Februar 1977   Jann Holl